FRANK HÜPERS

Der Regreß der Sozialversicherungsträger bei Gesundheitsschäden aus Industrieimmissionen

Schriften zum Sozial- und Arbeitsrecht

Band 141

Der Regreß der Sozialversicherungsträger bei Gesundheitsschäden aus Industrieimmissionen

Von

Frank Hüpers

Duncker & Humblot · Berlin

Die Deutsche Bibliothek – CIP-Einheitsaufnahme

Hüpers, Frank:
Der Regress der Sozialversicherungsträger bei Gesundheitsschäden aus Industrieimmissionen / von Frank Hüpers. – Berlin : Duncker und Humblot, 1995
(Schriften zum Sozial- und Arbeitsrecht ; Bd. 141)
Zugl.: Augsburg, Univ., Diss., 1994/95
ISBN 3-428-08405-5
NE: GT

Fotoprint: Berliner Buchdruckerei Union GmbH, Berlin
Printed in Germany

ISSN 0582-0227
ISBN 3-428-08405-5

Gedruckt auf alterungsbeständigem (säurefreiem) Papier
entsprechend ISO 9706 ♾

Vorwort

Die vorliegende Schrift wurde im Wintersemester 1994/95 von der Juristischen Fakultät der Universität Augsburg als Dissertation angenommen. Sie wurde im Juli 1994 abgeschlossen. Rechtsprechung und Literatur konnten bis zum 30. November 1994 berücksichtigt werden.

Danken möchte ich zunächst meinem Doktorvater Prof. Dr. Christoph Paulus, LL. M., jetzt Humboldt-Universität Berlin, für eine Betreuung im besten Sinne des Wortes. Er hat mich in der kritischen Anfangsphase der Arbeit unterstützt und im weiteren Verlauf mit zahlreichen Anregungen, Ideen und ständiger Gesprächsbereitschaft begleitet. Prof. Dr. Helmut Köhler danke ich für die Erstattung des Zweitgutachtens, vor allem aber für die überaus lehrreiche und angenehme Zeit, die ich als Assistent an seinem Lehrstuhl verbringen durfte. Die freundschaftliche und harmonische Atmosphäre an seinem Lehrstuhl werde ich stets in guter Erinnerung behalten.

Meinen Freunden und Kollegen Alexander Hohnert, Dr. Jörg Fritzsche, beide Augsburg und Dr. Burkhard Heß, München, danke ich für vielfältige Unterstützung durch Rat und Tat.

Dankbar erwähnen möchte ich schließlich die Herren Prof. Dr. Dieter Hart, Prof. Dr. Gert Brüggemeier und Dr. Wolfgang Köck stellvertretend für das Graduiertenkolleg „Risikoregulierung und Privatrechtssystem" der Universität Bremen, dem ich kurze Zeit angehört habe. Den anregenden Gesprächen im Kolleg entstammt das Thema der Arbeit.

Augsburg, Dezember 1994 — Frank Hüpers

Inhaltsverzeichnis

Abkürzungsverzeichnis

a. A.	anderer Ansicht
a. a. O.	am angegebenen Ort
ABl.	Amtsblatt der EG
Abs.	Absatz
AcP	Archiv für die civilistische Praxis
a. E.	am Ende
a. F.	alte Fassung
AFG	Arbeitsförderungsgesetz
AG	Amtsgericht
AgrarR	Agrarrecht
AHB	Allgemeine Bedingungen für die Haftpflichtversicherung
AK	Alternativkommentar
Allg.	Allgemein(er)
Anm.	Anmerkung
AnwBl.	Anwaltsblatt
Art.	Artikel
AT	Allgemeiner Teil
AtomG	Atomgesetz
Aufl.	Auflage
BAG	Bundesarbeitsgericht
BAV	Bundesaufsichtsamt für das Versicherungswesen
BayBesG	Bayerisches Besoldungsgesetz
BayVBl.	Bayerische Verwaltungsblätter
BB	Betriebsberater
BBG	Bundesbeamtengesetz
BBiG	Berufsbildungsgesetz
Bd.	Band

BDI	Bundesverband der Deutschen Industrie
BeamtVG	Gesetz über die Versorgung der Beamten und Richter in Bund und Ländern (Beamtenversorgungsgesetz)
Bekl.	Beklagter
Bes.	Besonderes
BG	Die Berufsgenossenschaft
BGB	Bürgerliches Gesetzbuch
BGBl.	Bundesgesetzblatt
BGH	Bundesgerichtshof
BImSchG	Gesetz zum Schutz vor schädlichen Umwelteinwirkungen durch Luftverunreinigungen, Geräusche, Erschütterungen und ähnliche Vorgänge (Bundesimmissionsschutzgesetz)
BMJ	Bundesminister(ium) der Justiz
BRRG	Beamtenrechtsrahmengesetz
BSG	Bundessozialgericht
BSHG	Bundessozialhilfegesetz
BT	Besonderer Teil
BT-Drs.	Bundestag-Drucksache
BVerfG	Bundesverfassungsgericht
bzw.	beziehungsweise
Calf. L. Rev.	California Law Review
Col. L. Rev.	Columbia Law Review
DB	Der Betrieb
ders.	derselbe
d. h.	das heißt
dies.	dieselbe(n)
DIHT	Deutscher Industrie- und Handelstag
Diss.	Dissertation
DJT	Deutscher Juristentag
DOK	Die Ortskrankenkasse
DÖV	Die Öffentliche Verwaltung
DRiZ	Deutsche Richterzeitung
DVBl.	Deutsches Verwaltungsblatt

DWiR	Zeitschrift für Deutsches Wirtschaftsrecht
E	Entscheidungssammlung
EFZG	Entgeltfortzahlungsgesetz
EGV	EG-Vertrag
Einl.	Einleitung
EinlPreußALR	Einleitungsgesetz zum Preußischen Allgemeinen Landrecht
EuZW	Zeitschrift für Europäisches Wirtschaftsrecht
f.	folgende
ff.	fortfolgende
Fn.	Fußnote
FS	Festschrift
gem.	gemäß
GenTG	Gesetz zur Regelung der Gentechnik (Gentechnikgesetz)
Ges.	Gesammelte
GewArch	Gewerbearchiv
GewO	Gewerbeordnung
GG	Grundgesetz
GK	Gemeinschaftskommentar
HGB	Handelsgesetzbuch
HGrG	Haushaltsgrundsätzegesetz
h. M.	herrschende Meinung
Hrsg.	Herausgeber
i. S. v.	im Sinne von
IUR	Informationsdienst Umweltrecht (jetzt ZUR)
i. V. m.	in Verbindung mit
JA	Juristische Arbeitsblätter
JBl.	Juristische Blätter (Österreich)
JURA	Juristische Ausbildung
JurA.	Juristische Analysen
JuS	Juristische Schulung
JW	Juristische Wochenschrift
JZ	Juristenzeitung

KF	Karlsruher Forum
KJ	Kritische Justiz
Kl.	Kläger
KritV	Kritische Vierteljahresschrift für Gesetzgebung und Rechtswissenschaft
LFZG	Lohnfortzahlungsgesetz
LG	Landgericht
Lit.	Literatur
LM	Nachschlagewerk des Bundesgerichtshofs, herausgegeben von Lindenmaier, Möhring u. a.
MDR	Monatsschrift für Deutsches Recht
m. E.	meines Erachtens
m. w. N.	mit weiteren Nachweisen
NJW	Neue Juristische Wochenschrift
NJW-RR	NJW-Rechtsprechungsreport
Nr.	Nummer
NuR	Natur und Recht
NVWZ	Neue Zeitschrift für Verwaltungsrecht
NZS	Neue Zeitschrift für Sozialrecht
o. ä.	oder ähnliches
OLG	Oberlandesgericht
PflVG	Gesetz über die Pflichtversicherung für Kraftfahrzeughalter (Pflichtversicherungsgesetz)
PHI	Produkthaftpflicht - International
RabelsZ	Zeitschrift für ausländisches und internationales Privatrecht, begründet von Ernst Rabel
RdL	Recht der Landwirtschaft
RGBl.	Reichsgesetzblatt
RGRK	Reichsgerichtsrätekommentar
Rspr.	Rechtsprechung
r+s	Recht und Schaden
RVA	Reichsversicherungsamt
RVO	Reichsversicherungsordnung

Rz.	Randziffer
S.	Satz
SAE	Sammlung arbeitsgerichtlicher Entscheidungen
SchlHA	Schleswig-Holsteinische Anzeigen
SchR	Schuldrecht
SGB	Sozialgesetzbuch
SGb.	Sozialgerichtsbarkeit
sog.	sogenannt
SoldVersG	Gesetz über die Versorgung für die ehemaligen Soldaten der Bundeswehr und ihrer Hinterbliebenen (Soldatenversorgungsgesetz)
SozVers	Die Sozialversicherung
SRU	Sachverständigenrat für Umweltfragen
StVG	Straßenverkehrsgesetz
SZ	Süddeutsche Zeitung
Tz.	Textziffer
u. a.	unter anderem
UGB	Umweltgesetzbuch
UmweltHG	Umwelthaftungsgesetz
UPR	Umwelt- und Planungsrecht
usw.	und so weiter
UTR	Umwelt- und Technikrecht (Jahrbuch), Schriftenreihe der Forschungsstelle für Umwelt- und Technikrecht an der Universität Trier
u. U.	unter Umständen
UVNG	Unfallversicherungsneuregelungsgesetz
v.	von
VerBAV	Veröffentlichungen des BAV
VersR	Versicherungsrecht
VG	Verwaltungsgericht
vgl.	vergleiche
VO	Verordnung
Vol.	Volume
Vorb.	Vorbemerkung
VP	Versicherungspraxis

VR	Versicherungsrundschau
VSSR	Vierteljahresschrift für Sozialrecht
VuR	Verbraucher und Recht
VVG	Versicherungsvertragsgesetz
VW	Versicherungswirtschaft
WHG	Wasserhaushaltsgesetz
WHO	Weltgesundheitsorganisation
WiVerw.	Wirtschaft und Verwaltung
WM	Wertpapiermitteilungen
WzS	Wege zur Sozialversicherung
ZAU	Zeitschrift für Angewandte Umweltforschung
z. B.	zum Beispiel
ZfBR	Zeitschrift für deutsches und internationales Baurecht
ZfU	Zeitschrift für Umweltpolitik und Umweltrecht
ZfV	Zeitschrift für Versicherungswesen
ZfW	Zeitschrift für Wasserrecht
ZHR	Zeitschrift für das gesamte Handels- und Wirtschaftsrecht
ZPO	Zivilprozeßordnung
ZRP	Zeitschrift für Rechtspolitik
ZSR	Zeitschrift für Sozialreform
ZUR	Zeitschrift für Umweltrecht (vormals IUR)
ZVersWiss	Zeitschrift für die gesamte Versicherungswissenschaft
ZVP	Zeitschrift für Verbraucherpolitik
ZZP	Zeitschrift für Zivilprozeß

A. Einleitung

I. Die Problematik

In der vorliegenden Schrift soll untersucht werden, welche Rolle die Sozialversicherungsträger der Bundesrepublik Deutschland bei der zivilrechtlichen Regulierung und Bewältigung von Umweltschäden spielen. Wie betreiben die kollektiven Vorsorgeträger mit den Mitteln des Haftungsrechts den Ausgleich und die Verhinderung umweltbedingter Gesundheitsschäden?

Führen Immissionen eines Industrieunternehmens zu gesundheitlichen Schädigungen, können die Opfer an sich versuchen, den Emittenten auf Ersatz ihres Schadens in Anspruch zu nehmen. Der Gesetzgeber hat die Rechtsstellung der Betroffenen mit dem am 1.1.1991 in Kraft getretenen UmweltHG insoweit noch verbessert.[1] Da die weit überwiegende Mehrheit der bundesdeutschen Bevölkerung jedoch Mitglied der gesetzlichen Sozialversicherung ist, wird es anläßlich einer immissionsbedingten Gesundheitsverletzung regelmäßig nicht zu einer Auseinandersetzung zwischen Opfern und Tätern selbst kommen, sondern zu einem sozialrechtlichen Ausgleich der Gesundheitsschäden durch einen oder mehrere Vorsorgeträger. Diese erwerben dafür grundsätzlich im Wege der Legalzession Rückgriffsansprüche gegen den Schädiger. Den Sozialversicherungsträgern steht damit an sich das Haftungsrecht zur Weiterwälzung von immissionsbedingten Schäden zur Verfügung.

Allem Anschein nach funktioniert dieser Mechanismus in der Praxis nicht. Zwar kommen Umweltkrankheiten und immissionsbedingte Gesundheitsschäden vor, Regresse von Sozialversicherungsträgern gegen vermeintliche Schädiger offensichtlich aber nicht. Kürzlich erst ist dieser erstaunliche Befund für den verwandten Bereich der Produkthaftungsschäden veröffentlicht worden. *Herbert Stelz* berichtet in der ZEIT vom 17. April 1992 (Nr. 17, S. 32) von den „Kindertee-Fällen“: Durch die mehrjährige Verabreichung stark zuckerhaltiger Kindertees in speziellen Nuckelflaschen entstanden vielen Kindern erhebliche Schäden an Zähnen und Kiefer. Nach sachverständiger Hochrechnung habe sich ergeben, daß im Zeitraum von 1976 bis 1988 mindestens 180000 Kinder durch das Dauernuckeln geschädigt worden seien. Gehe man von Behandlungkosten von DM 2000 bis DM 10000 im Einzelfall aus, errechne sich für die Krankenkassen ein zu tragender Betrag von über einer

---

[1] Vgl. allerdings noch unten E.III.2.

Milliarde Mark. Diese gewaltige Summe gehe zu Lasten der Versichertengemeinschaft, denn in aller Regel verzichteten die Versicherungen bei solchen Produkthaftungsschäden darauf, ihre Ausgaben von den Verursachern zurückzufordern. So sei es auch in den Kindertee-Fällen gewesen. Die Krankenkassen seien untätig geblieben. Die Rechtsprechung hatte es nur mit den Klagen einiger weniger Geschädigter selbst gegen den Hersteller zu tun. Diese Klagen waren allerdings bis hin zum BGH erfolgreich.[2] Der Vorwurf, die Krankenkassen unterließen mutwillig zu Lasten der Allgemeinheit von Rechts wegen gebotene Regreßverfahren, sei von einem Justitiar des AOK-Bundesverbandes mit den Worten abgewehrt worden, man stehe nicht auf dem Standpunkt, daß die Krankenkassen in einer Vorreiterrolle Regresse durchführen und etwa eventuell gefährliche Produkte vom Markt klagen sollten. Aufgabe der Krankenversicherung sei vielmehr, Leistungen zu erbringen und zunächst mal nicht zu hinterfragen, welche Ursache hinter der Erkrankung stehe.

Fraglich ist, ob diese Ausführungen mit der Rechtslage in Einklang stehen. Mit der nachfolgenden Untersuchung soll das Regreßverhalten der Sozialversicherungsträger für einen bestimmten Bereich der ständig bedeutender werdenden Umweltschäden aufgeklärt werden. Tatsächliche und rechtliche Position sowie Funktionen der Sozialversicherungsträger im System der Schadensabwicklung sollen beleuchtet werden.

II. Gang der Darstellung

In Abschnitt B der Arbeit wird zunächst der Untersuchungsbereich abgesteckt. Es geht um Umweltschäden, die sowohl zivilrechtlicher als auch sozialrechtlicher Regulierung unterliegen, also um umweltbedingte Gesundheitsverletzungen. Zivilrechtlich reagiert auf derlei Schäden das hier sog. Immissionshaftungsrecht. Der Regelungsgehalt des Immissionshaftungsrechts wird vorab untersucht. Sodann wird versucht, die immissionsbedingten Gesundheitsschäden von haftungsrechtlicher Relevanz verschiedenen Fallgruppen zuzuordnen. Gesundheitsschäden sind aber auch Gegenstand sozialrechtlichen Ausgleichs. Regelmäßig überlagert der sozialrechtliche Ausgleich, soweit er reicht, den zivilrechtlichen. Die Reichweite des sozialrechtlichen Ausgleichs wird dargestellt. Die Schadensersatzansprüche des Geschädigten gehen im Gegenzug auf die Sozialversicherungsträger über. Dies gilt aber nicht für die Ansprüche aus Aufopferungshaftung.

Im Immissionshaftungsrecht findet die Abwicklung der Gesundheitsschäden regelmäßig nicht mehr zwischen Geschädigten und Schädigern, son-

---

[2] Vgl. BGHZ 116, 60 ff; sowie erneut BGH NJW 1994, 932 ff.

dern zwischen Kollektiven statt, den Sozialversicherungsträgern auf der einen und den Haftpflichtversicherern auf der anderen Seite. Im Abschnitt C wird dieser Wechsel in bzw. Einfluß auf Aktiv- und Passivlegitimation näher betrachtet. Die Aktivlegitimation der Sozialversicherer kann sich aus zwei grundverschiedenen Regreßformen ergeben, aus § 640 Abs. 1 RVO oder aus § 116 Abs. 1 SGB X. Im Zusammenhang mit dem haftpflichtversicherungsrechtlichen Schutz sind vor allem zwei Fragen interessant: Inwieweit sind die Risiken der Immissionshaftpflicht versicherbar und tatsächlich in Deckung genommen? Welche Auswirkungen hat die Haftpflichtversicherung auf die materielle Haftpflicht und die Passivlegitimation des Schädigers?

Anschließend soll die tatsächliche Bedeutung des Individualregresses im Immissionshaftungsrecht untersucht werden. Sodann wird dargestellt, daß kollektive Ausgleichsformen, insbesondere die an sich verbreiteten Teilungsabkommen, das Immissionshaftungsrecht noch nicht verdrängt haben.

Der die Praxis beherrschende Schadensausgleich zwischen Kollektiven anstelle des vom Gesetzgeber des BGB an sich intendierten Ausgleichs zwischen Täter und Opfer wirft die Frage auf, wie die Aufgaben und Zwecke des Haftungsrechts auf diesen Rollenwechsel reagieren. Im Abschnitt D der Arbeit wird diese Frage wie folgt abgeschichtet: Zunächst werden die Ansichten zu den Zwecken des Immissionshaftungsrechts, die in Literatur und Rechtsprechung durchaus kontrovers diskutiert werden, dargestellt. Danach wird überlegt, welchen tatsächlichen Einfluß das Eintreten der Vorsorgeträger auf die Zwecke des Immissionshaftungsrechts hat. Hier offenbart sich eine Diskrepanz zwischen Theorie und Praxis. Das Immissionshaftungsrecht erfüllt die ihm zugedachten Aufgaben gegenwärtig nicht. Daher soll in einem größerem Unterabschnitt untersucht werden, ob in der rechtspolitischen Diskussion befindliche Alternativen, wie Versicherungs- oder Fondslösungen, dem geltenden Schadenstragungssystem vorzuziehen sind. Da dem nicht so ist, wird anschließend der Frage nach den Zwecken des Regreßnormen nachgegangen, um zu klären, ob das Leerlaufen der Haftungszwecke auch den Regreßregeln widerspricht. Am Ende des Abschnitts kann festgestellt werden, daß sich die Aufgaben der Haftungs- und Regreßnormen theoretisch auf harmonische Weise ineinanderfügen und lediglich im tatsächlichen Regreßverhalten der Sozialversicherungsträger ein Störfaktor zu erblicken ist.

Daher wird im letzten Abschnitt der Arbeit die Frage gestellt, ob die Sozialversicherungsträger nach geltendem Recht zur Regreßnahme verpflichtet sind. Aus mehreren Normen läßt sich eine unterschiedlich weit reichende Regreßverpflichtung herleiten. Infolgedessen läßt sich jedenfalls feststellen, daß die Sozialversicherungsträger zumindest im Bereich des Immissionshaftungsrechts ihren gesetzlichen Verpflichtungen nicht in ausreichendem Maße nachkommen. Abschließend wird exkursweise mit der epidemiologischen Forschung ein Weg aufgezeigt, auf dem die Sozialversicherungsträger das erkannte Defizit zumindest einen Schritt weit wettmachen können. An einem Beispielsfall wird endlich demonstriert, wie der Rückgriff der Sozialversicherungsträger im Immissionshaftungsrecht vermittels eines epidemiologisch-probabilistischen Kausalitätsnachweises effizienter gestaltet werden kann.

B. Zivilrechtliche und sozialrechtliche Regulierung von Umweltschäden

Zivilrechtliche Handlungsspielräume zur Bewältigung von Umweltschäden stehen den Sozialversicherungsträgern vor allem durch das Regreßinstrument des Immissionshaftungsrechts zu Gebote.

Im folgenden soll zunächst dieser Begriff des Immissionshaftungsrechts erläutert werden. Das hier sog. Immissionshaftungsrecht entspricht weithin dem schon etablierten Begriff des Umwelthaftungsrechts, umfaßt aber insgesamt nur einen Teilausschnitt dieses Rechtsgebiets (I).

Sodann wird dargestellt, wie das Immissionshaftungsrecht mit dem Sozialversicherungsrecht verknüpft ist. Umweltschäden können sowohl immissionshaftungsrechtlich als auch sozialrechtlich erheblich werden. Das Ineinandergreifen beider Rechtsgebiete koordiniert § 116 Abs. 1 SGB X (II).

I. Der Regelungsbereich des Immissionshaftungsrechts

1. Umweltschäden

Das Immissionshaftungsrecht hat es mit der Regulierung von Umweltschäden zu tun. Nach dem herrschenden, weiten Begriffsverständnis umfassen Umweltschäden sowohl Beeinträchtigungen privater als auch öffentlicher Interessen. Zu diesen Umweltbelangen zählen neben den Naturgütern (Boden, Wasser, Luft, Pflanzen und Tiere) auch Sachgüter sowie die Gesundheit und das Wohlbefinden des Menschen.[1] Die Umweltschäden sind von beträchtlicher volkswirtschaftlicher Relevanz,[2] ubiquitär verbreitet und in

---

[1] Der Begriff des Umweltschadens ist freilich umstritten. Siehe die Darstellung der Diskussion bei *Engelhardt*, Haftung für Umweltschäden, S. 5-9 und etwa noch die Begriffsbildung bei *Nickel*, VW 1987, 1236 ff.

[2] Nach einer Ende 1990 veröffentlichten Schätzung des Heidelberger Umwelt- und Prognose-Instituts belaufen sich die Umweltschäden auf jährlich 475 Milliarden DM (in der Rechnung enthalten sind u. a. die Kosten der Luftverschmutzung, Lärmbelästigung, Wasserverschmutzung, Bodenkontaminierung und des Flächenverbrauchs sowie der Unfälle, die durch den KFZ-Verkehr verursacht werden) zitiert nach *E. Gassner*, Festschrift Lorenz, S. 81. Vgl. noch die älteren Schätzungen bei *Lummert/Thiem*, Rechte des Bürgers, S. 30 f. Zu den überaus großen Schwierigkeiten bei der monetären Bewertung von Umweltschäden vgl. etwa *Horlitz*, in: Donner/Magoulas/Simon/Wolf (Hrsg.), Umweltschutz zwischen Staat und Markt, S. 125 ff.; *Ch. Schröder*, Vorsorge, S. 22 ff. und ausführlich *SRU*, Umweltgutachten 1987, BT-Drs. 11/1568, Tz. 215 ff.

ihren mannigfaltigen Erscheinungsformen hier nicht abschließend aufzuführen.[3] Gleichwohl haben Umweltschäden bestimmte gemeinsame Aspekte, die sich typisieren lassen:[4] Umweltschäden sind regelmäßig das Ergebnis planmäßiger und dauerhafter Immissionen. Sie beruhen eher selten auf Unfällen (Störfällen). Umweltschäden treten oft erst langfristig auf und sind zudem schwer zu erfassen.[5] Einer Vielzahl von Verursachern steht eine Vielzahl von Geschädigten gegenüber. Über die Ursachen der Umweltschäden herrscht fast immer Unkenntnis, weil eine Vielzahl unterschiedlichster Stoffe zusammenwirken (summierte Immissionen, synergistische Wirkungen). Damit zählen die Umweltschäden zu den „Neuen Risiken", die der Soziologe *Ulrich Beck* eindringlich beschrieben hat.[6]

2. Umwelthaftungsrecht

Der Begriff des „Umwelthaftungsrechts" bürgert sich ein.[7] So gängig die Bezeichnung mittlerweile auch ist, so vielfältig sind seine tatsächlichen und möglichen Bedeutungen.[8] Umfassend ist etwa noch die Definition *Töpfers*, nach der Umwelthaftungsrecht bedeutet „die Gesamtheit aller Rechtsnormen, die den Ersatz von Schäden und von Vermögensaufwendungen zur Beseitigung von Umweltbeeinträchtigungen regeln, die durch eine vom Menschen verursachte Veränderung der physikalischen, chemischen oder biologischen Beschaffenheit von Wasser, Boden oder Luft herbeigeführt wurden".[9] Der Regelungsgehalt ist nach h. M., wie zu zeigen sein wird, indes enger.

Das Umwelthaftungsrecht ist also Teil des Haftungsrechts. Mit Haftungsrecht[10] ist der Bereich der außervertraglichen Haftung gemeint. Es ist dreispurig, weil man für schuldhafte Verletzung, Gefährdung oder Aufopfe-

---

[3] Pauschale Stellungnahmen zur Ersatzfähigkeit von Umweltschäden sind daher kaum möglich oder fallen naturgemäß sehr skeptisch aus; etwa bei *Hermann Lange*, Schadensersatz, VI 7, S. 23 f.

[4] Typologie nach *Lummert/Thiem*, Rechte des Bürgers, S. 25.

[5] Vgl. zu diesem Punkt noch *Rigoleth*, Luftverschmutzung, S. 15: „Der Mensch merkt nicht, daß ein Schaden droht, nur ein Apparat kann dies feststellen".

[6] *U. Beck*, Risikogesellschaft. Auf dem Weg in eine andere Moderne, 1986, insb. S. 29 f.; vgl. zu *Beck* noch *Köck/Meier*, JZ 1992, 548; *Köck*, KJ 1993, 125 ff. Siehe auch die Einteilung der „Existenzrisiken" bei *Frey/Walter*, ZVersWiss 77 (1988) 363 ff.

[7] Vgl. nur etwa die Titel der Kommentare von *Landsberg/Lülling* und *Schmidt-Salzer* zum Umwelthaftungsrecht.

[8] Kritisch dazu etwa *Henseler*, UTR 5 (1988) 205, 211; *Schmidt-Salzer*, NJW 1994, 1305, 1306.

[9] *Töpfer*, Bitburger Gespräche, Jahrbuch 1989, S. 119, 122.

[10] Abweichend von der gängigen juristischen Terminologie verwenden die Vertreter der ökonomischen Analyse des Rechts weithin synonym den Begriff des „Schadensrechts"; vgl. etwa *Schäfer/Ott*, Lehrbuch, S. 85 ff., 136 f.

rung eines fremden Guts einzustehen hat.[11] Das Umwelthaftungsrecht bewegt sich auf allen drei Spuren: als Verschuldenshaftung gem. §§ 823 ff. BGB, als Gefährdungshaftung gem. § 22 WHG, §§ 25, 26 AtomG, § 32 GenTG, § 1 UmweltHG[12] u. a. und als Aufopferungshaftung gem. § 906 BGB, § 14 BImSchG.[13] De lege ferenda soll das Umwelthaftungsrecht umfassend in einem Umweltgesetzbuch kodifiziert werden.[14] Auch auf europarechtlicher Ebene gibt es Aktivitäten, um eine harmonisierte zivilrechtliche Umwelthaftung in Europa einzurichten.[15]

3. Schutzbereich

Eine erste Schneise in die Fülle dessen, was Regelungsgegenstand des Umwelthaftungsrechts sein könnte, schlägt die von *Medicus* geprägte Differenzierung nach „Belastungen der Umwelt“ und „Belastungen aus der Umwelt“.[16] Diese Unterscheidung zielt auf den Schutzbereich der Normen, die das Umwelthaftungsrecht konstituieren. Welche Umweltschäden fallen in den Schutzbereich des Umwelthaftungsrechts? Die *Töpfersche* Definition enthält diese Differenzierung noch nicht.

---

[11] *Deutsch*, Haftungsrecht, S. 1. Vgl. aber *ders.*, NJW 1992, 72 ff. zu einer weitergehenden Auffächerung der Gefährdungshaftung. Für eine systematische Ansiedlung der Gefährdungshaftung beim Kondiktionsrecht *Bälz*, JZ 1992, 57 ff., 63 ff. Der Begriff der „Zwei- bzw. Dreispurigkeit des Haftungsrechts“ wird nicht einheitlich verwandt; dazu *Brüggemeier*, AcP 182 (1982) 385, 392.

[12] Die Einordnung von § 22 Abs. 1 WHG und § 1 UmweltHG als Tatbestände der Gefährdungshaftung ist nicht unstreitig. Dazu noch unten D.II.2.a).

[13] Vgl. zu den Normen des Umwelthaftungsrechts etwa *P. Marburger*, in: Held, Chemiepolitik, S. 221, 222 ff.; *Taupitz*, JURA 1992, 113; *Schmidt-Salzer*, Kommentar, Einführung, Rz. 58 ff.; *Engelhardt*, Haftung für Umweltschäden, S. 38 ff.

[14] Vgl. *Kloepfer/Rehbinder/Schmidt-Aßmann/Kunig*, Umweltgesetzbuch - Allgemeiner Teil - Berichte des Umweltbundesamtes, 7/90; dazu *Enders/Reiter*, VersR 1991, 1329 ff.; *G. Hager*, in: Koch, Auf dem Weg zum UGB, S. 125 ff.; *Papier*, in: Koch, Auf dem Weg zum UGB, S. 148 ff.; *Schimikowski*, r+s 1992, 253 ff.; *Paschke*, Kommentar, Einleitung Rz. 5.

[15] Siehe den Vorschlag für eine Richtlinie des Rates der Europäischen Gemeinschaften über die zivilrechtliche Haftung für die durch Abfälle verursachten Schäden (ABl. Nr. C 251 vom 4.10.1989 S. 3) sowie die „Konvention des Europarats über die zivilrechtliche Haftung für Schäden durch umweltgefährdende Tätigkeiten“ abgedr. in PHI 1993, 196 ff., 211 ff. Vgl. im übrigen *Roller*, PHI 1990, 154 ff.; *Salje*, DB 1990, 2053 ff.; *G. Hager*, UTR 15 (1991) 149 ff.; *Kretschmer*, Betrachtungen zum europäischen Haftungsrecht, VP 1991, 94, 97 f.; *v. Bar*, Neues Haftungsrecht durch Europäisches Gemeinschaftsrecht, Festschrift Hermann Lange, S. 373 ff.; *Friehe*, Der Konventionsentwurf des Europarats über die zivilrechtliche Haftung für Schäden, die aus umweltgefährlichen Aktivitäten herrühren, NuR 1992, 249 ff.; *Brüggemeier*, Festschrift G. Jahr, S. 225, 238 ff.; *Seibt*, Grünbuch der EG-Kommission zur zivilrechtlichen Umwelthaftung, PHI 1993, 124 ff. m. w. N.; *Schmidt-Salzer*, VersR 1993, 1311 f.; *Kiethe/Schwab*, EG-rechtliche Tendenzen zur Haftung für Umweltschäden, EuZW 1993, 437 ff.

[16] *Medicus*, JZ 1986, 778.

a) Die herrschende Meinung

Nach h. M. bietet das Umwelthaftungsrecht keine direkte Handhabe gegen Belastungen der Umwelt. Die Umwelt als solche wird durch das Haftungsrecht nicht unmittelbar geschützt.[17] Dem Umwelthaftungsrecht liegt - wie dem Zivilrecht ganz allgemein - ein anthropologischer Ansatz zugrunde. Die Haftung setzt stets eine Rechts(guts)verletzung voraus.[18] Beeinträchtigungen der Naturgüter Wasser, Boden, Luft, Klima sowie der Tier- und Pflanzenwelt sind folglich haftungsrechtlich nur dann erheblich, wenn sie zugleich eine Eigentumsverletzung darstellen.

Vor dem Hintergrund der allgemeineren, auch das öffentliche Recht einbeziehenden Diskussion,[19] welchen Interessen das Umweltrecht dienen soll, läßt sich das Umwelthaftungsrecht - im Verständnis der h. M. - also der überkommenen anthropozentrischen Sichtweise zuordnen. Der moderneren, im Anschluß an *Rehbinder*[20] sog. ressourcenökonomischen/ökologischen Sichtweise des Umweltrechts, wonach der Interessenschutz dieses Rechtsgebiets die Erhaltung und Bewirtschaftung der Ressourcen, Schutz der Biosphäre, der Ökosysteme und der natürlichen Kreisläufe sowie den Schutz der Tier- und Pflanzenwelt umfaßt, hat sich das Umwelthaftungsrecht nach ganz überwiegender Meinung nicht verschrieben. Infolgedessen können in den Schutzbereich des Umwelt(haftungs)rechts Gefährdungen fallen, die aus der Umwelt stammen und von ihr vermittelt werden, ohne sie aber selbst zu beeinträchtigen, wie insbesondere etwa Lärm.[21]

b) Erweiterungen

An dieser anthropozentrischen Konzeption des Umwelthaftungsrechts zu rütteln, ist konstruktiv in zweierlei Hinsicht denkbar. Zum einen könnten Umweltgüter, etwa herrenlose Tiere oder gar die Natur als solche, mit eigenen Rechten ausgestattet werden (Vermehrung der Rechtsgutsträger). Hier

---

[17] Vgl. nur *Diederichsen*, DJT-Referat, L 72; *v. Bar*, KF 1987, 4 m. w. N.; *Kloepfer*, Umweltrecht, § 4 Rz. 292; *Schirmer*, ZVersWiss 79 (1990) 137, 140 f.; *H. P. Westermann*, ZHR 155 (1991) 223, 226; Erman/*Schiemann*, BGB, Vor § 823, Rz. 16; *Alsleben*, Zufall und subjektives Risiko, S. 10.

[18] § 22 WHG bildet nur eine scheinbare Ausnahm. E. Zwar ist nach seinem Wortlaut eine Rechts(guts)verletzung nicht erforderlich. Nach der Rechtsprechung des BGH besteht eine Haftung im allgemeinen indes nur gegenüber dem, der durch die Veränderung der Wasserbeschaffenheit „persönlich betroffen" ist; BGH ZfW 1982, 214, 216; *J. Schröder*, BB 1976, 63, 64 f.; *Gieseke/Wiedemann/Czychowski*, Kommentar zum WHG, § 22, Rz. 22.

[19] Vgl. etwa den Überblick bei *SRU*, Umweltgutachten 1987, BT-Drs. 11/1568, Tz. 1604 ff.; *Seewald*, NuR 1988, 161 f. und *Hoppe/Beckmann*, JuS 1989, 425, 428 f.

[20] *Rehbinder*, RabelsZ 40 (1976), 363, 369. Dafür etwa *Bosselmann*, NuR 1987, 1 ff.

[21] Vgl. *Ch. Schröder*, Vorsorge, S. 48.

wird indes der Boden des geltenden Rechts verlassen. Vereinzelte Vorstöße und Vorschläge in diese Richtung haben keinen Anklang gefunden.[22] Zum anderen wäre zu erwägen, den Rechtsgüterkatalog des § 823 Abs. 1 BGB zu erweitern[23] oder erweiternd[24] auszulegen (Vermehrung der Rechtsgüter). Auch diese Ansätze haben sich nicht durchsetzen können und sollen daher hier nicht nochmals diskutiert werden. Der schon erwähnte Entwurf eines Umweltgesetzbuches sieht in § 118 einen öffentlich-rechtlichen Anspruch auf Wiederherstellung und Aufwendungsersatz bei Beeinträchtigungen des Naturhaushalts vor.[25] Ob diese Durchbrechung des überkommenen anthropozentrischen Haftungskonzepts je Gesetz wird, bleibt abzuwarten.

c) Schadensrecht

Die anthropozentrische Ausrichtung des geltenden Haftungsrechts wird konsequent im Schadensrecht durchgehalten. Die sog. ökologischen Schäden[26] sind nicht ersatzfähig, weil sie immaterielle Schäden im Sinne von § 253 BGB sind. Nachteilige Folgen am Naturhaushalt, die nicht zugleich Verletzungen des Eigentums[27] oder eines eigentumsähnlichen Rechts bedeuten, fallen durch

---

[22] Hinzuweisen ist etwa auf das Verfahren vor dem VG Hamburg, NVwZ 1988, 1058 (Seehunde der Nordsee) und die Kritik von *Medicus*, BGB AT, 5. Aufl. 1992, Rz. 1178a; weiterhin auf *Bosselmann*, KJ 1986, 1, 8 ff. („Eigene Rechte für die Natur?"); *ders.*, NuR 1987, 1, 3 ff. und wiederum die ablehnende Kritik bei *Medicus*, NuR 1990, 145, 153 m. w. N.; *P. Marburger*, KF 1990, S. 4, 8 f. Zur Problematik lesenswert *v. Lersner*, UTR 12 (1990) 55 ff.

[23] *Köndgen*, UPR 1983, 345, 348 ff. hat in Anlehnung an den Common-Law-Deliktstatbestand der public nuisance vorgeschlagen, die klassischen Umweltgüter wie saubere Luft, sauberes Wasser oder den Schutz vor Lärm zu sonstigen Rechten im Sinne von § 823 Abs. 1 BGB zu erheben. Dieser Vorschlag birgt die Gefahr in sich, daß die Popularklage Einzug ins Zivilrecht hält. Ablehnende Kritik daher bei *Diederichsen*, DJT-Referat, L 72 ff.; *P. Marburger*, DJT-Gutachten, C 120 ff; *Medicus*, JZ 1986, 778, 779 f.; Münchener Kommentar/*Mertens*, BGB, § 823, Rz. 106 f.; *Gmehling*, Beweislastverteilung, S. 197 ff.; *Engelhardt*, Haftung für Umweltschäden, S. 153 ff.

[24] So hat schon 1968 *Forkel*, Immissionsschutz und Persönlichkeitsrecht, insb. S. 24 ff., diskutiert, Beeinträchtigungen der Umwelt als Verletzungen des Allgemeinen Persönlichkeitsrechts zu qualifizieren. Sympathisierend *G. Roth*, NJW 1972, 921, 922 f. Die h. M. hält auch diesen Weg zur Erweiterung des Immissionsschutzes für ungeeignet, weil das Allgemeine Persönlichkeitsrecht zu konturenlos und damit letztlich die Popularklage gegen Umweltbelastungen eröffnet sei; vgl. nur *Diederichsen*, BB 1973, 485, 487; *Köndgen*, UPR 1983, 345, 348 f.; *P. Marburger*, Gutachten, C 116 f.; *Medicus*, JZ 1986, 778, 780; Münchener Kommentar/*Mertens*, BGB, Vor §§ 823-853, Rz. 65 a; *Hübner*, ZfBR 1988, 199, 201; *Gmehling*, Beweislastverteilung, S. 195; *M. Wolf*, UTR 12 (1990) 243, 247; *Engelhardt*, Haftung für Umweltschäden, S. 150-152; zweifelnd auch *Simitis*, VersR 1972, 1087, 1092.

[25] Dazu *Schimikowski*, r+s 1992, 253, 254 f.

[26] Zum Begriff Landmann/Rohmer/*Rehbinder*, Kommentar, § 16 UmweltHG, Rz. 3; weiterführend *ders.*, NuR 1988, 105 ff. (rechtsvergleichend); *Gassner*, UPR 1987, 370 ff.; *Schulte*, JZ 1988, 278 ff.; *Engelhardt*, Haftung für Umweltschäden, S. 127 ff.

[27] Der Umfang des Eigentumsschutzes im Hinblick auf die Einbeziehung ökologischer Güter

die Maschen des Haftungs- wie des Schadensrechts. Die neue Vorschrift des § 16 UmweltHG hat insoweit keine Änderung gebracht und auch nicht bringen sollen.[28] Diese Regelung schafft lediglich eine Modifizierung des Abwägungsmaßstabs gem. § 251 Abs. 2 BGB in Richtung auf eine bessere Berücksichtigung des ökologischen Interesses.[29]

4. Immissionen und Immissionshaftungsrecht

Das Umwelthaftungsrecht hat es also mit der Bekämpfung von Belastungen aus der Umwelt zu tun. Damit sind solche Verletzungen gemeint, die über den Umweltpfad verursacht werden. Die Haftung knüpft an eine „Umwelteinwirkung",[30] also eine anthropogene Veränderung der physikalischen, chemischen oder biologischen Beschaffenheit von Wasser, Luft oder Boden an. Begrifflich ausgegrenzt wird durch diese Formulierung zumindest auch der Bereich der produktvermittelten Schäden, der primär durch das Recht der Produktehaftung eingefangen wird.[31] Im Wortlaut des § 1 UmweltHG taucht die „Umwelteinwirkung" als Tatbestandsvoraussetzung auf. An sich bedeutet das nach dem soeben Gesagten eine Selbstverständlichkeit. Jedoch kann in der ausdrücklichen Aufnahme dieses Tatbestandsmerkmals ein Hinweis auf die Geltung der Lehre vom Schutzbereich der Norm gesehen werden, die die Haftung auf die spezifische Gefährlichkeit der Anlage begrenzt.[32]

Nicht zuletzt wegen der Übereinstimmung des Begriffs der „Umwelteinwirkung" mit dem Begriff der „Immission" des Bundesimmissionsschutzgesetzes vom 15.3.1974 (vgl. die Legaldefinition in § 3 Abs. 2)[33], soll hier

---

ist freilich umstritten. Vgl. *Ladeur*, NJW 1987, 1236, 1237 ff. sowie die Wiedergabe des Meinungsstandes bei *Engelhardt*, Haftung für Umweltschäden, S. 129-139.

[28] *Töpfer*, VW 1988, 466, 471.

[29] Möglicherweise hätte es auch dieser Vorschrift nicht bedurft, weil eine „ökologisch orientierte" Auslegung des § 251 Abs. 2 BGB die gleichen Resultate gezeitigt hätte. Vgl. etwa *Gassner*, UPR 1987, 370, 373; *P. Baumann*, JuS 1989, 433, 439.

[30] Vgl. die Legaldefinition in § 3 Abs. 1 UmweltHG.

[31] Das zu der Frage von *Deutsch*, JZ 1991, 1097, 1100, was denn durch die Beschränkung auf die benannten Umwelteinwirkungen in § 1 UmweltHG ausgegrenzt werden solle. Gleichwohl gibt es tatbestandsmäßige Überschneidungen von Produkthaftung und Umwelthaftung, etwa im Falle der Asbestose. Dazu *Ganten/Lemke*, UPR 1989, 1, 2, 9; *Diederichsen*, PHI 1992, 162, 165 f. mit weiteren Beispielen sowie ausführlich *G. Hager*, JZ 1990, 397 ff., 402 ff.; *Thomas*, UTR 15 (1991) 87, 89 ff.

[32] Diese eingrenzende Deutung des Tatbestandsmerkmals „durch eine Umwelteinwirkung" im Sinne der Schutzzwecklehre wird ausgeführt von *Medicus*, Festschrift Gernhuber, 1993, S. 299 ff. A. A. noch *Landsberg/Lülling*, DB 1990, 2205, 2206; *Peter/Salje*, VP 1991, 5, 9 (Haftung auch für untypische Gefahren); zweifelnd *Diederichsen*, PHI 1992, 162, 163 f.

[33] Die Übereinstimmung wird ebenso bejaht von Landmann/Rohmer/*Rehbinder*, Kommentar, § 3 UmweltHG, Rz. 4. *Weber/Weber*, VersR 1990, 688, 690 sehen in den Umwelteinwirkungen nur einen Ausschnitt der Immissionen. Umgekehrt ist nach *Nickel*, VW 1987, 1170 der Bereich der Umwelteinwirkungen größer als der der Immissionen. Das von *Nickel*, a. a. O., gebildete

der ältere und plastische Begriff der „Immissionen" verwendet werden.[34] Die sog. negativen Immissionen, die auch nicht dem Schutzbereich des UmweltHG unterfallen,[35] spielen für unser Thema keine Rolle. Auf die naturwissenschaftlich bedeutsame Scheidung der Immissionen von den Depositionen sei nur hingewiesen.[36] Im folgenden wird einheitlich von Immissionen gesprochen, statt „Umwelthaftungsrecht" ziehe ich den Begriff des „Immissionshaftungsrechts" vor. Die eingangs erwähnte *Töpfersche* Begriffsbestimmung des Umwelthaftungsrechts ist nach h. M. zu weit und umreißt den tatsächlichen Regelungsbereich nicht scharf genug.

5. Industrie als Schädiger

Eine weitere, freilich nicht begriffliche Eingrenzung im Anwendungsbereich des Immissionshaftungsrechts ergibt sich, wenn man nach der Person des Schädigers, also nach dem Emittenten fragt. Ich werde mich in meiner Arbeit auf Schäden aus Industrieimmissionen konzentrieren.[37] Hier hat das Immissionshaftungsrecht seinen eigentlichen Anwendungsbereich.[38] Dafür spricht zum einen die Erwägung, daß Umweltgefahren und Umweltschäden zu einem bedeutenden Teil auf industrieller Produktion beruhen[39] und zum anderen die Überlegung, daß das Immissionshaftungsrecht insbesondere bei dem industriellen Adressatenkreis ernstzunehmende Realisierungschancen hat.

Beispiel der versprühten Flüssigkeiten vermag diese Auffassung aber gerade nicht zu stützen. Vgl. dagegen *Salje*, Kommentar, §§ 1, 3 UmweltHG, Rz. 71.

[34] Zu einem genaueren Versuch, den Begriff der Immissionen zu definieren vgl. *Gmehling*, Beweislastverteilung, S. 116 ff. Im übrigen sei auf die üppige Kasuistik in den Kommentierungen zu § 3 BImSchG und § 3 UmweltHG verwiesen.

[35] Dazu *Deutsch*, JZ 1991, 1097, 1099. Negative Immissionen sind auch im übrigen, etwa nach §§ 1004, 906 BGB, nicht abwehrbar; kritisch dazu *Diederichsen*, DJT-Referat, L 52 f.

[36] Zur Abgrenzung *Ch. Schröder*, Vorsorge, S. 11 f.; ausführlich dazu und zur Emissions- und Immissionssituation in der Bundesrepublik Deutschland das Sondergutachten des Rates der Sachverständigen für Umweltfragen, BT-Drs. 10/113.

[37] Freilich kommt Umwelthaftung auch in anderen Lebensbereichen in Betracht, etwa in der Landwirtschaft. Vgl. dazu etwa die berühmte Hühnergülle-Entscheidung BGHZ 57, 257 ff.; zur Haftung der Landwirtschaft ausführlich *P. Marburger*, Beilage III in AgrarR 1990, 7-20 sowie *Voß*, AgrarR 1991, 293 ff.; *Schimikowski*, VersR 1992, 923 ff.; *Fleck*, Beilage II in AgrarR 1993, 2 ff. (auch zu den Versicherungsfragen). Eine ausführliche, differenzierte Darstellung der Emittentenstruktur der Bundesrepublik Deutschland findet sich bei *SRU*, Umweltgutachten 1987, BT-Drs 11/1568, Tz. 246-333.

[38] Auch der Gefährdungshaftungstatbestand des § 1 UmweltHG begründet keine Jedermann-Haftung, sondern beschränkt sich grundsätzlich auf (Industrie-)Anlagen; vgl. noch *Deutsch*, JZ 1991, 1097; für die Schweiz *Rigoleth*, Luftverschmutzung, S. 7. Für einen weiterreichenden Anwendungsbereich de lege ferenda vgl. §§ 114-117 UGB-Entwurf (Handelndenhaftung). Dazu *Enders/Reiter*, VersR 1991, 1329, 1332 ff. sowie allgemein *Engelhardt*, Haftung für Umweltschäden, S. 258, 262.

[39] Vgl. nur *Schimikowski*, Haftung für Umweltrisiken, Rz. 4.

Greift man nämlich etwa das bekannteste Beispiel der sog. Summationsschäden aus Luftverunreinigungen, das Waldsterben, heraus, so kommen als Verursacher neben der Industrie - zu der hier auch die Kraftwerke gezählt werden - noch private Haushalte und der KFZ-Verkehr in Betracht.[40] Einen gerechten Schadensausgleich wird man hier durch das Haftungsrecht nicht mehr erreichen können.[41] Daher sind etwa auch die Vorschriften im österreichischen Forstgesetz von 1975, die eine Haftung für forstschädliche Luftverunreinigungen vorsehen, praktisch totes Recht.[42] Abgesehen davon, daß die einzelnen Verursachungsanteile nicht festzustellen sein werden, wird es beim Schadstoffausstoß durch den Kraftverkehr sowie bei den Luftverschmutzungen durch Hausbrand regelmäßig schon an der Tatbestandsvoraussetzung der Rechtswidrigkeit des allein als Anspruchsgrundlage in Betracht kommenden § 823 BGB[43] fehlen. Erstere sind rechtmäßig infolge der Zulassung der Kraftfahrzeuge zum Straßenverkehr und der Widmung der Straßen zum Gemeingebrauch. Die Emissionen durch Hausbrand sind rechtmäßig, wenn und soweit sie sich im Rahmen der durch die Bezirksschornsteinfeger zu überwachenden, verordnungsmäßig festgesetzten Werte halten.[44] Entscheidend für die Beschränkung auf Industrieimmissionen und mithin industriespezifische Schäden ist also: Immer dann, wenn eine nicht mehr bestimmbare Vielzahl Emittenten für einen Schaden ursächlich geworden sein könnte, wird das Haftungsrecht dem Geschädigten keine Hilfe mehr sein können (Individualbezogenheit zivilrechtlicher Ansprüche).[45] Nur bei Schäden durch Großemittenten ist es überhaupt realistisch, eine Klage anzustrengen.[46]

Soweit im Verlauf der Arbeit von der Person des Schädigers die Rede sein wird, geht es regelmäßig um den Betreiber oder Inhaber einer emittierenden industriellen Anlage. In aller Regel handelt es sich dabei um eine juristische

---

[40] Vgl. dazu etwa *Rigoleth*, Luftverschmutzung, S. 6; *G. Wagner*, Kollektives Umwelthaftungsrecht, S. 20 m. w. N.; *Lummert/Thiem*, Rechte des Bürgers, S. 26; eine Übersicht über die Schadstoffanteile der verschiedenen Emittenten bei *Ch. Schröder*, Vorsorge, S. 5.

[41] Vgl. nur BGHZ 102, 350 ff. (Waldschaden-Urteil) m. Anm. *Medicus*, JZ 1988, 458 f. und *Töpfer*, VW 1988, 466, 470; *Geisendörfer*, VersR 1988, 421, 422; *Kinkel*, ZRP 1989, 293, 294; *Raeschke-Kessler*, in: Raeschke-Kessler/Hamm/Grüter, Aktuelle Rechtsfragen, Rz. 141 ff.

[42] Vgl. *P. Baumann*, JuS 1989, 433, 437.

[43] § 7 StVG greift nicht ein, weil sein Schutzbereich nicht betroffen ist. Zur (umweltrechtlichen) Reichweite dieses Tatbestandes vgl. RGZ 160, 129, 132 f.; *Diederichsen*, Gefährdungshaftung im Umweltrecht, S. 116 ff. § 1 UmweltHG greift nicht ein, weil keine Anlage gegeben ist.

[44] Vgl. dazu *Diederichsen/Scholz*, WiVerw. 1984, 23, 33. Siehe aber noch *Diederichsen*, KF 1987, S. 35, 36.

[45] *Diederichsen*, DJT-Referat, L 48, erblickt darin, daß das Zivilrecht seiner inneren Struktur nach auf die Regelung individueller Verhältnisse zugeschnitten ist, eine Schwäche, die es für einen effektiven Umweltschutz ungeeignet erscheinen läßt.

[46] *Lummert/Thiem*, Rechte des Bürgers, S. 182; *Simitis*, VersR 1972, 1087, 1090: „... den Beitrag des einzelnen Autofahrers an der Verschmutzung festzulegen, ist sinn- und hoffnungslos“.

Person. Die Haftung von Betriebsangehörigen, Mitarbeitern usw. wird hier nicht behandelt.[47]

6. Grenzüberschreitende Immissionen

Das Gebiet der Bundesrepublik Deutschland wird nicht nur von Immissionen deutscher Industrieanlagen betroffen. Mitunter - betrachtet man etwa die Gesamtdeposition von Schwefel - überwiegen sogar die Schadstofftransporte aus benachbarten Ländern.[48] Dieser tatsächliche Befund - Folge der „Politik der hohen Schornsteine“[49] - führt haftungsrechtlich gewendet zu internationalrechtlichen und völkerrechtlichen Implikationen, die im Rahmen dieser Untersuchung allerdings nicht behandelt werden sollen.[50]

II. Immissionshaftungsrecht und Sozialversicherung

Da auch umweltbedingte Gesundheitsverletzungen zu den Umweltschäden zählen, ist es nicht falsch zu sagen, daß auch die Sozialversicherung mit der Bewältigung von Umweltschäden befaßt ist. Im folgenden soll genauer untersucht werden, wie das Immissionshaftungsrecht mit dem Recht der Sozialversicherung verknüpft ist. Die Verbindung beider Rechtsmaterien stellt § 116 SGB X her.[51] Damit geht zunächst eine Differenzierung nach Personen- und Sachschäden einher. Sozialversicherungsrechtlich relevant sind lediglich die Rechtsgüter Leben, körperliche Unversehrtheit und Gesundheit (1, 2). Umweltbedingte Sachschäden sind sozialversicherungsrechtlich irrelevant (3). Die Aufopferungshaftung steht den Sozialversicherungsträgern als Regreßinstrument - wie zu zeigen sein wird - nicht zur Verfügung (4).

---

[47] Vgl. insoweit etwa *Raeschke-Kessler*, in: Raeschke-Kessler/Hamm/Grüter, Aktuelle Rechtsfragen, Rz. 166 ff.

[48] Vgl. etwa *Ch. Schröder*, Vorsorge, S. 9.

[49] Die Politik der hohen Schornsteine war in der Mitte des vorigen Jahrhunderts ein zentrales Element des Immissionsschutzes, vgl. *Andersen/F. J. Brüggemeier* in F. J. Brüggemeier/Th. Rommelspacher, Besiegte Natur, S. 64 ff., 68.

[50] Vgl. dazu etwa *Jayme*, in Nicklisch (Hrsg.), Prävention im Umweltrecht, S. 205-219; *Rest*, VersR 1987, 6 ff.; *ders.*, NJW 1989, 2153 ff.; zu den internationalrechtlichen Problemen des Umweltgerichtsstandes gem. § 32 a ZPO *Pfeiffer*, ZZP 106 (1993) 159, 167 ff.; insgesamt weiterführend *B. Heß*, Staatenimmunität bei Distanzdelikten, 1992.

[51] Nach dieser Vorschrift regreßberechtigt sind auch die Träger der Sozialhilfe. Diese werden hier nur am Rande erwähnt. Die Arbeit konzentriert sich auf die Sozialversicherungsträger.

1. Gesundheitsschäden und Industrieimmissionen

Zunächst muß die Frage geklärt werden, ob es denn überhaupt immissionsbedingte Gesundheitsverletzungen gibt.

Im Rechtsgüterkatalog der § 823 Abs. 1 BGB und § 1 UmweltHG - den zentralen Anspruchsgrundlagen des Immissionshaftungsrechts -werden, neben dem Leben, der Körper und die Gesundheit als geschützte Rechtsgüter aufgeführt. Im folgenden wird die Zweiteilung in Körper- und Gesundheitsverletzungen nicht aufrechterhalten, sondern nur von Gesundheitsschäden oder -verletzungen die Rede sein. Abgegrenzt wird die Körper- von der Gesundheitsverletzung üblicherweise danach, daß erstere durch äußere Eingriffe in die körperliche Unversehrtheit gekennzeichnet ist und letztere jede Verursachung einer Störung der inneren Lebensvorgänge umfaßt. Ein sachlich-medizinischer Unterschied zwischen Gesundheits- und Körperverletzungen läßt sich jedoch oftmals nicht ausmachen, eine genaue Abgrenzung ist daher nicht möglich.[52]

Die h. M. beschränkt den Begriff der Gesundheitsverletzung auf medizinisch diagnostizierbare Störungen der körperlichen oder geistigen Lebensvorgänge, nicht erfaßt werden bloße Beeinträchtigungen des allgemeinen Wohlbefindens ohne Krankheitswert.[53] Die Rechtsprechung tendiert, zumindest bei Lärmbeeinträchtigungen, zu einer weniger strikten, sensibleren Interpretation des Gesundheitsbegriffes.[54] Ob sich der BGH aber generell zu einer Übernahme des Gesundheitsbegriffs des BImSchG, das die weite Definition der Weltgesundheitsorganisation (WHO)[55] übernommen hat, verstehen wird, muß bezweifelt werden.[56] In der Literatur finden sich freilich Stimmen, die

---

[52] Deutlich in diesem Sinne Erman/*Schieman*, BGB, § 823, Rz. 17; vgl. noch BGB-RGRK/*Steffen*, § 823, Rz. 8; Staudinger/*Schäfer*, BGB, § 823, Rz. 12; *Brox*, Bes. Schuldrecht, Rz. 442; *Landsberg/Lülling*, Kommentar, § 1 UmweltHG, Rz. 26; Landmann/Rohmer/*Rehbinder*, Kommentar, § 1 UmweltHG, Rz. 34; *Schimikowski*, Umwelthaftungsrecht, S. 25. A. A. aber *Deutsch*, in „25 Jahre Karlsruher Forum" (Beiheft 1 zu VersR 1981) S. 93 ff.

[53] Münchener Kommentar/*Mertens*, BGB, § 823, Rz. 55; eingehend Staudinger/*Schäfer*, BGB, § 823, Rz. 24; *v. Bar*, KF 1987, S. 11. Allgemein zum Gesundheitsbegriff im Umweltrecht *SRU*, Umweltgutachten 1987, BT-Drs. 11/1568, Tz. 1722 ff.; *Seewald*, NuR 1988, 161, 163 f.

[54] Vgl. die unten bei der Fallgruppe „Lärmschäden" zitierte Rechtsprechung. Weitere Nachweise bei *Rest*, Luftverschmutzung, S. 71 ff.; *Spiller*, Umweltproblem, S. 251. Restriktiv aber etwa OLG Hamm VersR 1979, 579 (Lärmbeeinträchtigung durch Lautsprecheranlage). Unklar im Hinblick auf die Weite des Gesundheitsbegriffs bei Geruchsbeeinträchtigungen bleibt die Entscheidung BGHZ 97, 97, 102. Dazu *v. Bar*, KF 1987, S. 11; *Engelhardt*, Haftung für Umweltschäden, S. 142.

[55] Danach umfaßt Gesundheit körperliches, geistiges und soziales Wohlbefinden.

[56] Trotz *Lummert/Thiem*, Rechte des Bürgers, S. 145; *Thiem*, RdL 1983, 283, 284; *Rest*, Luftverschmutzung, S. 73, die im Anschluß an BGHZ 64, 220 ff. eine solche Tendenz für möglich halten. Vgl. auch BVerfGE 56, 54, 73 ff., das offenläßt, ob dieser weite Gesundheitsbegriff

eine derartige oder weniger weitgehende Ausdehnungen des Gesundheitsbegriffes befürworten.[57]

a) Schwierigkeiten der Befundsicherung

Wenn der Gesetzgeber des UmweltHG die genannten Personenrechtsgüter ausdrücklich im Tatbestand der Anlagenhaftung nach § 1 UmweltHG nennt, so scheint er vorauszusetzen, daß es industrieimmissionsbedingte Lebensverletzungen und insbesondere Gesundheitsschäden gab und gibt oder daß sie doch zumindest möglich sind. Daß die menschliche Gesundheit durch Industrieimmissionen belastet wird, scheint ein Gemeinplatz zu sein.[58] In den Kommentaren und der sonstigen Literatur zum Umwelthaftungsrecht findet sich zu diesem Fragenkomplex indes kaum Rechtsprechungsmaterial.[59] Spezifische Umweltkrankheiten mit Massencharakter haben die deutsche Rechtsprechung, soweit ersichtlich, noch nicht beschäftigt.[60] *Lummert/Thiem* sprechen sogar von einem „faktischen Ausschluß der Haftung" gerade für die besonders gravierenden Gesundheitsschäden der Umweltverschmutzung.[61]

Feess-Dörr/Prätorius/Steger haben in einer großangelegten empirischen Analyse im Jahr 1989 240 Schadensfälle im Umwelthaftungsbereich ausge-

---

Art. 2 Abs. 2 GG zugrundezulegen ist. Zweifelnd auch *Diederichsen/Scholz*, WiVerw 1984, 23, 30; *Engelhardt*, Haftung für Umweltschäden, S. 141 ff.

[57] Vgl. die Nachweise in der vorhergehenden Fn. Zusätzlich *Streckel*, ZVersWiss 65 (1976) 55, 61 (§ 1 BImSchG - mit dem weiten Gesundheitsbegriff - als Schutzgesetz i. S. von § 823 Abs. 2 BGB); *v. Bar*, KF 1987, S. 12; *Gerlach*, System, S. 285. *Medicus*, JZ 1986, 778, 783 hält die WHO-Definition als haftungsrechtliche Grundlage für ungeeignet, weil zu weitgehend. Er spricht sich aber dafür aus, durch Lärm verursachte Schlafstörungen großzügiger als Gesundheitsverletzungen zu werten als bisher. So auch *Diederichsen*, KF 1987, S. 35 und *Engelhardt*, Haftung für Umweltschäden, S. 144 f. Für eine allgemeine Sensibilisierung des Gesundheitsbegriffes *G. Winter*, DVBl. 1988, 659, 662.

[58] Vgl. statt vieler *Rest*, Luftverschmutzung, S. 71: „Auch das Rechtsgut Gesundheit spielt bei Umweltbeeinträchtigungen eine eminent wichtige, wenn nicht gar die wichtigste Rolle." und *Zinke*, NuR 1988, 1, 4 f.

[59] So enthält etwa die 14 Entscheidungen umfassende Darstellung wichtiger Umwelthaftungsfälle der letzten Jahre durch *Salje*, UPR 1990, 1 ff. nur zwei Fälle von Gesundheitsverletzungen (Lärmschaden durch eine Tiefziehpresse, Geruchsbelästigungen durch Kläranlage). Vollständige Fehlanzeige bei *Littbarski*, Zivilrechtliche Probleme des Umweltschutzes im Spiegel der höchstrichterlichen Rechtsprechung, 1984; *Boujong*, Bitburger Gespräche, Jahrbuch 1989, S. 35 ff. Vgl. auch *Lummert/Thiem*, Rechte des Bürgers, S. 145; *Steffen*, NJW 1990, 1817; *Brüggemeier*, Deliktsrecht, Rz. 776: „Haftpflichtprozesse wegen umweltschädigungsbedingter Gesundheitsverletzungen sind noch seltener als die Klagen verletzter Eigentümer."

[60] *Zinke*, NuR 1988, 1, 3 unter Hinweis auf BT-Drs. 10/6802, S. 5 f. Vgl. immerhin KG, VersR 1991, 826, das im Rahmen einer Schmerzensgeldklage eine Gesundheitsbeschädigung durch PER-Immissionen zu prüfen hatte.

[61] *Lummert/Thiem*, Rechte des Bürgers, S. 181. Zuvor schon *Gessner*, RabelsZ 40 (1976) 430, 442.

wertet.[62] Im Rahmen der Fallgruppe der umweltbedingten Personenschäden wird lediglich ein kleinerer Störfallschaden referiert.[63] Regulierungsfälle, bei denen „komplex-diffuse Krankheitsbilder" oder „chronische toxische Belastungen und Spätfolgen" die Haftung ausgelöst hätten, sind im Rahmen der Untersuchung nicht bekannt geworden.[64]

Für diesen weitreichenden faktischen Haftungsausschluß hinsichtlich umweltbedingter (Massen-) Gesundheitsschäden kommen mehrere Gründe in Betracht, auf die noch an späterer Stelle eingegangen wird. Ein Grund jedenfalls liegt darin, daß bei der Frage, ob denn durch Industrieimmissionen überhaupt Gesundheitsverletzungen hervorgerufen werden, auf nur zum Teil gesicherte, wissenschaftlich fundierte Aussagen zurückgegriffen werden kann.[65] Das hängt damit zusammen, daß präzise Messungen (welchen Schadstoffen ist der einzelne Mensch ausgesetzt?) kaum durchführbar sind und daß mannigfache andere Faktoren die Gesundheit des Menschen mitbeeinflussen (Rauchen,[66] Alkohol, Drogen, Veranlagung, falsche Ernährung, psychische Dispositionen usw.). Es ist also schon schwierig, eine Krankheit überhaupt als immissionsbedingte Gesundheitsverletzung zu identifizieren.[67] Im übrigen zeigt sich bereits hier in ganz grundsätzlicher Form das Dilemma, das den Umgang mit dem Immissionshaftungsrecht stets schwierig macht: die Kausalitätsproblematik.[68] Es gibt eben eine Vielzahl ganz unterschiedlicher, wie auch immer unter- und aufeinander reagierende Emissionen, so daß sich nur selten sagen läßt, ob eine Gesundheitsverletzung auf industrieller Immission, womöglich sogar auf einer bestimmt zu bezeichnenden, beruht.[69] Hinzu kommt, daß es sich bei den immissionsbedingten Gesundheitsschäden oftmals um Langzeitschäden handeln wird,[70] d. h. zwischen Immission und Erkrankung

---

[62] *Feess-Dörr/Prätorius/Steger*, Umwelthaftungsrecht, S. 25-87.

[63] *Feess-Dörr/Prätorius/Steger*, Umwelthaftungsrecht, S. 62 (Zerbersten eines Tankbehälters in einem Chemieunternehmen).

[64] *Feess-Dörr/Prätorius/Steger*, Umwelthaftungsrecht, S. 63 und S. 76 f.

[65] *Diederichsen/Scholz*, WiVerw. 1984, 23, 30; *Gmehling*, Beweislastverteilung, S. 122.

[66] *Adams*, ZZP 99 (1986), 129, 132 weist nachdrücklich hin auf die Bedeutung des Zigarettenrauchens als mitwirkende Krankheits- und Todesursache. Vgl. auch das Beispiel bei *Krasney*, in: Nicklisch (Hrsg.), Prävention im Umweltrecht, S. 233, 240: Von 100000 asbestexponierten Nichtrauchern erkrankten etwa 170 an Lungenkrebs. Bei den Rauchern sind es 1600. Das Risiko der Nichtraucher bei gleicher Asbestexposition ist also fast zehnfach geringer.

[67] *G. Wagner*, Kollektives Umwelthaftungsrecht, S. 27 ff.; *Brüggemeier*, KritV 1991, 296 f.

[68] Paradigmatisch etwa *Kormann*, UPR 1983, 281: „Keine Störung der Umwelt, die nicht verschiedene Gründe, keine Schädigung, die nicht mehrere Ursachen hätte."

[69] So auch Landmann/Rohmer/*Rehbinder*, Kommentar, § 1 UmweltHG, Rz. 36; Landmann/Rohmer/*Hager*, Kommentar, § 6 UmweltHG, Rz. 1: (Ist ein bestimmter Schadstoff überhaupt freigesetzt worden? War der Geschädigte dem Schadstoff ausgesetzt? Besteht zwischen Schadstoff und Rechtsgutsverletzung eine Ursache-Wirkungs-Beziehung?); zum Verhalten der Emissionen in der Luft noch *Rigoleth*, Luftverschmutzung, S. 10 ff.

[70] Vgl. nur *Kloepfer*, UTR 11 (1990) 35, 46 f.

liegt ein mitunter beträchtlicher Zeitraum. Bis heute gebe „es keine einzige Entscheidung, in der einmal ein Langzeitschaden auch nur überhaupt Verfahrensgegenstand gewesen wäre".[71]

Zusätzlich gibt *Schmidt-Salzer* zu bedenken, daß sich beileibe nicht jede Immission zu einem Schaden verdichte, sondern oftmals auf der Ebene bloßer Belästigung anzusiedeln sei.[72] Dieser Hinweis auf die Notwendigkeit, zwischen haftungsrechtlich relevanten Verletzungen und unbeachtlichen Belästigungen zu unterscheiden, kennzeichnet freilich keine immissionshaftungsrechtliche Besonderheit.[73] *Schmidt-Salzer* ist indessen vorzuwerfen, daß er nicht zwischen Rechtsgutverletzung und Schaden unterscheidet, sondern beides ineinssetzt.[74] Ein Schadensersatzanspruch entsteht aber nicht - anders Beseitigungs- und Unterlassungsansprüche -, wenn die Verletzung nicht zu einem Schaden führt.[75] Ein anschauliches Beispiel dafür bildet eine jüngere immissionshaftungsrechtliche Entscheidung des BGH[76]: Nach einem Störfall in der beklagten Chemiefabrik tritt eine Gaswolke aus, die beim Kl. zu starken Geruchsbelästigungen führt. Der Kl. läßt aus Sorge vor künftigen Störfällen vorbeugend eine gasdichte Haustür einbauen und verlangt die Kosten als Schadensersatz. Der BGH weist die Klage mangels ersatzfähigem Schaden ab, ohne die Geringfügigkeit der Gesundheitsverletzung problematisieren zu müssen. Die haftungsrechtlich erforderliche Kumulation von Verletzung und Schaden entschärft die von *Schmidt-Salzer* gesehene Abgrenzungsproblematik.

b) Fallgruppenbildung

Trotz der geschilderten Unsicherheiten lassen sich Zusammenhänge von Industrieimmissionen und Gesundheitsverletzungen vor dem Hintergrund

---

[71] So *Diederichsen*, UTR 5 (1988) 189, 197.

[72] *Schmidt-Salzer*, Kommentar, § 1 UmweltHG, Rz. 282-288; §§ 12-14 UmweltHG, Rz. 20-22.

[73] Zum Umfang des Gesundheitsbegriffes nach h. M. schon oben B.II.1. Richtig ist allerdings, daß eine Gesundheitsverletzung in immissionshaftungsrechtlichen Kontexten mitunter schwer zu konstatieren ist, weil Umweltgefährdungen sich „zumeist" in Reaktionen konkretisieren, die die organische Schwelle nicht überschreiten. So *Simitis*, VersR 1972, 1086, 1092; vgl. auch Staudinger/*Schäfer*, BGB, § 823, Rz. 26; *Landsberg/Lülling*, Kommentar, § 1 UmweltHG, Rz. 28.

[74] Z. B. *Schmidt-Salzer*, Kommentar, § 1 UmweltHG, Rz. 283: „Nicht jede tatsächlich erfolgte Immission ist automatisch ein Schaden." Kritikansätze dagegen auch bei *Salje*, Kommentar, §§ 1, 3 UmweltHG, Rz. 90.

[75] Vgl. nur *Deutsch*, Haftungsrecht, S. 7 („injuria sine damno"). Siehe aber auch die entgegengesetzte Entwicklung im amerikanischen Umwelthaftungsrecht *Abraham*, Col. L. Rev. Vol. 88: 942, 972 ff. (1988): „Liability for risk-creation without injury". Weitere Nachweise dazu bei *Lungershausen*, Unbekannte Klägerfälle, S. 108 ff.

[76] BGH NJW 1992, 1043 f. Dazu auch *Steffen*, ZVersWiss 82 (1993) 13, 34 f.; *Schimikowski*, Umwelthaftungsrecht, S. 48 f.

haftungsrechtlicher Relevanz finden. Diese sollen im folgenden durch eine Fallgruppenbildung grob kategorisiert werden.

Für alle Fallgruppen gilt es dabei zu beachten, daß sich an der haftungsrechtlichen Beachtlichkeit der Immissionen auch dann nichts ändert, wenn sie sich etwa dergestalt auswirken, daß die Mehrzahl der betroffenen Bevölkerung die Immissionen nur als Belästigungen unterhalb der Verletzungsgrenze empfände, aber einige Personen aufgrund konstitutioneller Schwächen oder Vorschädigungen tatsächlich Gesundheitsverletzungen mit Schadensfolgen erlitten. Es liegt in der Konsequenz einer ständigen BGH-Rechtsprechung,[77] daß auch derartige Gesundheitsverletzungen haftungsrechtlich erheblich sind, soweit nicht ausnahmsweise die adäquate Kausalität[78] zu verneinen ist. Wichtig ist diese Rechtsprechung deshalb, weil sich die bereits vorhandenen Erkrankungen oder Vorschädigungen als das „bedeutendste Problem" im Hinblick auf die gesundheitlichen Auswirkungen der Luftverschmutzung darstellen.[79]

aa) Störfälle, Verkehrspflichtverstöße

Eine wichtige Fallgruppe bilden diejenigen Gesundheitsverletzungen, die in einem räumlich und zeitlich verhältnismäßig engen und feststellbaren Zusammenhang mit betrieblichen Störfällen[80] oder offensichtlichen Verstößen gegen Umwelt- oder Verkehrssicherungsvorschriften stehen.[81] Das verfügbare Rechtsprechungsmaterial zu den immissionsbedingten Gesundheitsverletzungen läßt sich dieser Fallgruppe und im wesentlichen der verwandten unter bb) zuordnen. Die Bedeutsamkeit der ersten Fallgruppe besteht also primär darin, daß sie die Rechtsprechung zur Beschäftigung mit dem Umwelthaftungsrecht angestoßen hat.[82] Die Bedeutung der Störfälle für die Gesamtheit der Umwelt-

---

[77] Viele Fälle betreffen Neurose-Schäden. BGHZ 20, 137, 139; 107, 359, 363; BGH VersR 1974, 1030, 1031; BGH NJW 1993, 1523; BGH NJW 1993, 2234; OLG Frankfurt VersR 1993, 853 f. (Konversionsneurose); vgl. auch *Hermann Lange*, Schadensersatz, § 3 X, S. 129 ff.; *Schmidt-Salzer*, Kommentar, §§ 12-14 UmweltHG, Rz. 27; *Deutsch*, JZ 1991, 1097, 1099; Landmann/Rohmer/*Rehbinder*, Kommentar, § 1 UmweltHG, Rz. 28.

[78] Die Geltung der Adäquanzlehre im Bereich der Gefährdungshaftung ist freilich umstritten. Vgl. nur *Schünemann*, NJW 1981, 2796 f. m. w. N.

[79] Vgl. *Wiegand*, Kosten der Luftverschmutzung, Umweltbundesamt, 1986, S. 35, 40.

[80] Zum haftungsrechtlichen Störfallbegriff vgl. *Ganten/Lemke*, UPR 1989, 1, 3.

[81] Vgl. BGH MDR 1975, 46; BGH NJW 1983, 2935 (dazu *v. Bar*, KF 1987, S. 7 f.); BGH NJW 1992, 1043 f.; *Diederichsen/Scholz*, WiVerw. 1984, 23, 31. Siehe auch den Bericht über eine unveröffentlichte strafgerichtliche BGH-Entscheidung bei *Schmidt-Salzer*, VersR 1990, 124, 133 (Körperverletzungen infolge verkehrswidrig abgegebener Dämpfe von Locklösemitteln) sowie den außergerichtlich regulierten Störfall bei *Feess-Dörr/Prätorius/Steger*, Umwelthaftungsrecht, S. 62 und die überwiegend ausländischen Geschehnisse bei *Diederichsen*, PHI 1992, 162, 170 Fn. 60.

[82] Der berühmte Kupolofen-Fall, BGHZ 92, 143 ff. gehörte an sich ebenfalls in diese Fall-

schäden erscheint hingegen zumindest in der Bundesrepublik Deutschland insgesamt eher gering zu sein.[83] Hauptursache für Umweltschäden bildet der Normalbetrieb bei der Produktion, Nutzung und Beseitigung industrieller Güter.[84] Die entschiedenen Fälle betreffen überdies regelmäßig Einzelschäden. Immissionsschäden mit Massencharakter haben die deutschen Gerichte, soweit bekannt, (noch) nicht erreicht.

bb) Lärm

Die gesundheitsschädigende Wirkung von Lärm ist schon mehrfach von der Rechtsprechung anerkannt worden.[85] Urteilt man nach der Zahl der veröffentlichten Gerichtsentscheidungen nehmen die Lärmschäden den breitesten Raum unter den immissionsbedingten Gesundheitsverletzungen ein.[86] Insbesondere der Lärm am Arbeitsplatz kann als Langzeitfolge Gehörschäden nach sich ziehen.[87] Freilich sind die Lärmschäden diejenigen Umweltschäden, die mit den von *U. Beck* sogenannten „neuen Risiken“ die wenigsten Gemeinsamkeiten aufweisen, fehlt es den Lärmimmissionen doch an der für jene typischen bloß wissensvermittelten Wahrnehmbarkeit.[88] Diese offenkundige Lästigkeit des Lärms hat die Rechtsprechung auch zur ausnahmsweisen Zulassung des Anscheinsbeweises zwischen Immission und Gesundheitsverletzung bewogen[89] - soweit ersichtlich einmalig im Immissionshaftungsrecht der Personenschäden. Die Beweiserleichterung im Verein mit dem schon erwähnten,

---

gruppe. Es ging dabei indes nicht um Gesundheitsschäden. Zu dieser vielbesprochenen Entscheidung vgl. nur *P. Marburger/Herrmann*, JuS 1986, 354 ff. (zustimmend); *J. Hager*, JURA 1991, 303 ff. (ablehnend).

[83] *G. Wagner*, JZ 1991, 175, 180. Diametral entgegengesetzt zu diesem Befund verhält sich die Haftpflichtversicherungsbranche, die für Normalbetriebsschäden weit geringere Deckungssummen zur Verfügung stellt als für Störfallschäden. Dazu *Breining*, VW 1992, 1328, 1332.

[84] *Nawrath*, Umweltchemikalien, S. 64 ff.; *G. Hager*, NJW 1986, 1961; *Schmidt-Salzer*, VersR 1992, 793, 795 ff.

[85] BGH JZ 1954, 613 f.; BGH WM 1970, 1292 ff.; BGH MDR 1971, 37; BGH WM 1977, 788; BGHZ 79, 45, 52; BGH NJW 1982, 1046 f.; BGH VersR 1987, 174 f.; OLG Oldenburg NJW 1990, 3215 f.; BGH NJW 1993, 2173 ff.; vgl. allgemein zu den Auswirkungen des Lärms *v. Lersner*, UPR 1984, 177, 178 f.; *Lummert/Thiem*, Rechte des Bürgers, S. 29.

[86] *Diederichsen/Scholz*, WiVerw. 1984, 23, 29.

[87] *Lummert/Thiem*, Rechte des Bürgers, S. 29, 156; *Gitter*, Schadensausgleich, S. 97 f.; *Steiner*, Schadensverhütung, S. 71 f. Allgemein zu den Lärmwirkungen auf den Menschen *SRU*, Umweltgutachten 1987, BT-Drs. 11/1568, Tz. 1426 ff.

[88] Siehe oben B.I.1. mit Fn. 6. Zum Lärm und seiner Wahrnehmbarkeit *Fleischer*, Festschrift v. Lersner, S. 85 ff.; zu Entwicklung und Stand der Geräuschmessung *Finke*, Festschrift v. Lersner, S. 71 ff.

[89] *Diederichsen/Scholz*, WiVerw 1984, 23, 29. Andererseits weist *v. Bar*, KF 1987, S. 6 zu Recht darauf hin, daß Lärm typischerweise erst dann zum Problem wird, wenn die Immissionen von längerer Dauer sind und deshalb Beweisprobleme nur in sehr viel geringerem Umfang als bei sonstigen Umweltschäden auftreten.

gerade im Lärmbereich sensibleren Gesundheitsbegriff sind denn auch der Grund, warum Lärmschäden noch vergleichsweise häufig Gegenstand von Schadensersatzprozessen sind.

cc) Fernwirkungsschäden (Schockschäden - Unfallneurosen)

Eine weitere Fallgruppe bilden die psychisch vermittelten Gesundheitsverletzungen.[90] In Rechtsprechung und Literatur werden unter diesem Begriff die Fallgruppen der Schockschäden[91] und der Unfallneurosen[92] verstanden. So könnte die Nachricht von einem Störfall in einer Anlage zu Schockreaktionen der Nachbarn führen, oder die Vorstellung, dauerhaften Immissionen ausgesetzt zu sein, könnte Angstzustände auslösen. Soweit ersichtlich, haben derartige Gesundheitsschäden in immissionshaftungsrechtlichen Kontexten die Gerichte noch nicht beschäftigt. Gleichwohl werden sie im Schrifttum zum Umwelthaftungsrecht diskutiert. In dogmatischer Hinsicht ist diese Fallgruppe vor allem ein Problem der haftungsbegründenden Kausalität. Es geht um die Frage, ob und wann Fernwirkungsschäden, die isoliert und nicht etwa im Gefolge von physischen Gesundheitsverletzungen (als Folgeschäden) auftreten, dem Emittenten zugerechnet werden können.[93]

(1) Schockschäden

Landsberg/Lülling halten Schockschäden dann für haftungsrechtlich beachtliche Gesundheitsverletzungen, wenn der Schock im Hinblick auf das auslösende Ereignis verständlich ist, also eine „angemessene Erlebnisverarbeitung" darstellt. Eine Abgrenzung danach, ob durch das Ereignis ein naher Angehöriger physisch zu Schaden gekommen sei, erübrige sich.[94] Da Schock-

---

[90] In diesem Bereich ist die Frage, wann eine haftungrechtlich erhebliche Gesundheitsverletzung vorliegt, regelmäßig schwierig zu beantworten; vgl. Münchener Kommentar/*Mertens*, BGB, § 823, Rz. 57, 58.

[91] Die Leitentscheidung ist BGHZ 56, 163 ff.; ausführlich dazu und der Behandlung der Schockschäden allgemein *Hermann Lange*, Schadensersatz, § 3 X, S. 150 ff.; Staudinger/*Schäfer*, BGB, § 823, Rz. 506-525; aus schadensrechtlicher Sicht Münchener Kommentar/*Grunsky*, BGB, Vor § 249, Rz. 53 ff.

[92] Vgl. Fn. 24 und BGB-RGRK/*Steffen*, § 823, Rz. 12; aus schadensrechtlicher Sicht *Hermann Lange*, Schadensersatz, § 3 X 2, S. 141 ff.; Münchener Kommentar/*Grunsky*, BGB, Vor § 249, Rz. 71 ff.

[93] Abzulehnen ist daher die Ansicht von *Lipp*, JuS 1991, 809, 810, der die Fernwirkungsschäden generell dem Bereich der haftungsausfüllenden Kausalität zuordnen will.

[94] *Landsberg/Lülling*, Kommentar, § 1 UmweltHG, Rz. 184 ff., 189 (Beispiel: Das Miterleben eines katastrophenartigen Umweltschadensfalles löst einen Schock aus.). Für eine Beachtlichkeit der Schockschäden auch Landmann/Rohmer/*Rehbinder*, Kommentar, § 1 UmweltHG, Rz. 32.

schäden die seltene[95] Folge eines in aller Regel gewichtigen Unfalls bilden, dürfte diese Fallgruppe im Immissionshaftungsrecht kaum eine Rolle spielen.

(2) Neuroseschäden

Denkbar ist weiter, daß Gesundheitsverletzungen entscheidend auf neurotischen Fehlhaltungen beruhen. *Schmidt-Salzer* bildet den Fall, daß Gesundheitsschäden durch Angst vor den (dauerhaften) Emissionen einer mehr oder weniger entfernt gelegenen Industrieanlage entstehen.[96] Bei dieser Fallgruppe sind es also nicht eigentlich erst die Immissionen, sondern schon die bloßen Emissionen, die den Verletzungserfolg bewirken. Die haftungsrechtliche Relevanz dieser Fallgruppe im Hinblick auf § 1 UmweltHG[97] ist deshalb zweifelhaft, weil hier Gesundheitsschäden auch bei objektiv ungefährlichen Sachlagen[98] in erster Linie wegen individueller Fehlverarbeitungen eintreten. Die oben Fn. 77 erwähnte Rechtsprechungslinie des BGH könnte indes dafür sprechen, auch diese Sachverhalte als immissionshaftungsrechtlich erheblich zu berücksichtigen. Die Rechtsprechung unterscheidet die entschädigungslose Rentenneurose von der entschädigungswürdigen Aktualneurose. Erstere läge vor, wenn sich in dem Gesundheitsschaden das allgemeine Lebensrisiko des Verletzten verwirklichte.[99]

Schmidt-Salzer argumentiert hingegen für eine Begrenzung des Schutzumfangs des UmweltHG auf physisch verursachte Schäden.[100] Zum einen ist er der Auffassung, daß die Unfallneurose-Rechtsprechung nur im Bereich der deliktischen Verschuldenshaftung ihren Platz habe. Bei Vorliegen von Rechtswidrigkeit und Verschulden müsse die Zurechnung auch individueller

---

[95] Die sonstige haftungsrechtliche Rechtsprechung ist durchweg gekennzeichnet von Fällen, bei denen die Schockschäden durch die Nachricht oder das Miterleben eines schweren oder tödlichen Unfalls eines nahen Angehörigen ausgelöst worden sind; vgl. Staudinger/*Schäfer*, § 823, Rz. 507. Vgl. aber den Fall bei *Diederichsen*, PHI 1992, 162, 164 (Frau verliert nach einer Explosion in einer Chemikalienfabrik aus Schreck sämtliche Haare.).

[96] Ausführlich zu dieser Fallgruppe *Schmidt-Salzer*, Kommentar, § 12-14 UmweltHG, Rz. 29-51, mit weitergehender Differenzierung; § 8 UmweltHG, Rz. 11-13. Zu beachten ist, daß *Schmidt-Salzer* die Schockschäden nicht eigens erwähnt, vielmehr die psychisch vermittelten Gesundheitsschäden insgesamt als Neurose-Schäden abhandelt.

[97] Diese Fallgruppe ist vor allem für die Gefährdungshaftung nach § 1 UmweltHG interessant. Denn insoweit könnte die bloße Tatsache der Emission, ohne daß nach Rechtswidrigkeit und Verschulden zu fragen wäre, die Haftung auslösen.

[98] Keinen Unterschied macht in dieser Fallgruppe, ob die Emissionen infolge rechtmäßigen Normalbetriebs oder infolge eines Störfalls entstehen.

[99] Das ist das übliche Abgrenzungskriterium des BGH, vgl. BGH NJW 1991, 747; BGH NJW 1993, 1523 m. w. N.; Palandt/*Heinrichs*, BGB, Vorbem v § 249, Rz. 70, 88. Methodische Kritik an diesem Abgrenzungskriterium jüngst bei *H. Roth*, JuS 1993, 716, 718; *Deutsch*, VersR 1993, 1041 ff., 1045.

[100] *Schmidt-Salzer*, Kommentar, §§ 12-14 UmweltHG, Rz. 42.

Fehlverarbeitung erfolgen, bei bloßer Verursachungshaftung sei dies nicht gerechtfertigt.[101] Dieses Argument ist nicht stichhaltig, denn wenn sich bei § 823 Abs. 1 BGB die Haftpflichtanordnung aus dem Vorliegen von Rechtswidrigkeit und Verschulden legitimiert, dann legitimiert sie sich bei der Gefährdungshaftung des § 1 UmweltHG aus der Risikoverantwortung, die der Betrieb einer für gefährlich erachteten Anlage mit sich bringt.[102] Entscheidend für die einer Haftungsausuferung vorbeugende Abgrenzung sollte vielmehr mit der Rechtsprechung die Frage sein, ob sich in der Neurose die Folge des schädigenden Verhaltens oder das allgemeine Lebensrisiko des Verletzten (unangemessene Erlebnisverarbeitung) aktualisiert.[103]

Zum anderen meint *Schmidt-Salzer*, daß der Zweck des UmweltHG in erster Linie darin bestehe, den Schutz der Umwelt zu bewirken und erst in zweiter Linie im Schutz der Individuen. Dann aber sei für solche Schäden, die nicht zugleich eine wirkliche Umweltbelastung darstellten, sondern primär Folge individueller neurotischer Fehlverarbeitungen gewissermaßen umweltneutraler Vorgänge seien, die haftungsrechtliche Ausgrenzung geboten.[104] *Schmidt-Salzer* ist zwar zuzugeben, daß zur Ermittlung des Zurechnungszusammenhangs zwischen Bedingung und der Schutzgutverletzung nach ganz h. M. grundsätzlich auch auf den Schutzzweck der Norm abzustellen ist[105] und daß insbesondere im Bereich der psychisch vermittelten Gesundheitsschäden die Schutzzwecklehre eine gewichtige Rolle spielt.[106] Zweifelhaft erscheit jedoch, ob *Schmidt-Salzer* die Haftungszwecke des UmweltHG zutreffend qualifiziert, wenn er meint, daß der Umweltschutz den Geschädigtenschutz überwiege. In der Begründung zum Gesetzentwurf des UmweltHG der Bundesregierung[107] wird diese Rangfolge zumindest nicht deutlich: „Wie alle Haftungsvorschriften soll auch das Umwelthaftungsrecht einen gerechten Schadensausgleich bei individuellen Rechtsgutverletzungen herbeiführen. Darüber hinaus dient es aber auch der Verhinderung von Schäden. (...) Damit kommt dem Umwelthaftungsrecht neben den ordnungsrechtlichen Instrumenten des Umweltschutzes eine ergänzende Funktion zu". Nach vorherrschender Auffassung in der Literatur[108] sei dieser Begründung vielmehr zu entnehmen, daß in erster Linie die Verbesserung der Stellung des Geschädigten und erst in zweiter Linie der Umweltschutz erreicht werden solle. Nach überwiegender

---

[101] *Schmidt-Salzer*, Kommentar, §§ 12-14 UmweltHG, Rz. 46.

[102] Zur Gleichwertigkeit der Zurechnungsprinzipien grundsätzlich *Larenz*, JuS 1965, 373 f.

[103] In diese Richtung argumentieren auch Landmann/Rohmer/*Rehbinder*, Kommentar, § 1 UmweltHG, Rz. 14, 34; *Landsberg/Lülling*, Kommentar, § 1 UmweltHG, Rz. 191, 166 (Stichwort: Gefährdungszusammenhang); einschränkend aber Rz. 173 f.

[104] *Schmidt-Salzer*, Kommentar, §§ 12-14 UmweltHG, Rz. 40-42.

[105] Vgl. nur BGB-RGRK/*Steffen*, § 823, Rz. 90 f. m.N. aus der Rechtsprechung.

[106] BGHZ 107, 359, 364; BGH NJW 1993, 1523.

[107] BT-Drucksache 11/7104, Allg. Teil II.

[108] Vgl. etwa nur *Steger*, in: Wiebecke, Umwelthaftung, S. 56, 60.

Auffassung rangiert mithin der Geschädigtenschutz vor dem Umweltschutz als Schutzzweck des Umwelthaftungsrechts.[109] Umweltschutz als primäres Haftungsziel vertrüge sich auch nicht mit der anthropozentrischen Ausrichtung des Haftungsrechts.[110]

Mit der von *Schmidt-Salzer* gegebenen Begründung ist also eine Ausklammerung dieser Fallgruppe von Gesundheitsschäden nicht gerechtfertigt. Ihre grundsätzliche haftungsrechtliche Beachtlichkeit wird denn auch überwiegend bejaht.[111] In der Rechtsprechung der US-amerikanischen Gerichte ist es bereits zu Verurteilungen wegen immissionsbedingter Angst und Sorge (emotional distress, fear of cancer) gekommen. In einem Fall waren die Kläger durch krebserregende Schadstoffe, die aus der Mülldeponie der Beklagten austraten, einem erhöhten Risiko ausgesetzt, später an Krebs oder anderen Krankheiten zu leiden. Da die Angst und Sorge der Kläger vor Krebs vorhersehbar und rational nachvollziehbar waren, wurde Schadensersatz wegen Gesundheitsverletzung allein aufgrund des psychischen Zustandes zugesprochen.[112]

dd) Massenschäden

Abgesehen von Störfällen und eklaten Verkehrspflichtverstößen werden ganz grundsätzlich Zusammenhänge von Industrieimmissionen und Gesundheitsschäden diskutiert. Die hier angesprochenen Schäden betreffen - abseits des deutschen forensischen Alltags[113] - typischerweise immissionsbedingte Massenschäden.

(1) Wasser

Viele Flüsse und Seen in dichtbesiedelten oder hochindustrialisierten Gebieten - auch in der Bundesrepublik Deutschland - sterben langsam oder sind

---

[109] *Landsberg/Lülling*, Kommentar, § 1 UmweltHG, Rz. 1, 5; Landmann/Rohmer/*Rehbinder*, Kommentar, § 1 UmweltHG, Rz. 2.

[110] Dazu schon oben B.I.3.a). Zur Auffassung *Schmidt-Salzers* vgl. noch unten D.II.2.d).

[111] *Landsberg/Lülling*, Kommentar, § 1 UmweltHG, Rz. 191; *Salje*, Kommentar, §§ 1, 3 UmweltHG, Rz. 91; nach Landmann/Rohmer/*Rehbinder*, Kommentar, § 1 UmweltHG, Rz. 34 soll es freilich bei den Neurose-Schäden stets am Gefährdungszusammenhang fehlen. Skeptisch allerdings *v. Bar*, KF 1987, S. 11.

[112] Sterling vs. Velsicol, 855 F.2d 1188, 1205 ff. (6th Cir. 1988) zitiert nach *Lungershausen*, Unbekannte Klägerfälle, S. 46 ff.

[113] Anders die amerikanische Rechtsprechung, die sich schon mehrfach mit immissionsbedingten Gesundheitschäden mit Massencharakter beschäftigt hat. Vgl. die Nachweise bei *G. Hager*, NJW 1986, 1961, 1969 sowie die Schilderung des Bhopal-Falles bei *Kolvenbach*, DWiR 1992, 322 ff.

bereits „tot", d. h. sie enthalten kein natürliches Leben mehr.[114] Auch die Meere sind zunehmend bedroht. Durch die Gewässerverschmutzungen wird vornehmlich die menschliche Gesundheit betroffen. So haben z. B. Cadmium- und Quecksilberbelastungen aus Industrieabwässern oder die Nitratverschmutzung schon zu schwersten Gesundheitsschäden und Todesfällen geführt.[115]

(2) Luft

Insbesondere in industrialisierten Regionen ist die Luftverschmutzung ein kardinales Umweltproblem, das zu vielfältigen Gesundheitsschäden führen kann. So werden z. B. Benzolstickstoffoxide, Asbest- und Cadmiumstaub als krebserregend angesehen.[116] Im Fall der Asbestose etwa ist die oben erwähnte Ursache-Wirkungsbeziehung (Stoffkausalität) zwischen Rechtsgutsverletzung und Schaden kein Problem, weil es sich um einen sog. schadstoffspezifischen Schaden handelt, die Erkrankung also eine bestimmte Schadstoffexposition voraussetzt.[117] Ähnlich dürfte es auch bei den akuten und unterschwelligen Bleivergiftungen liegen, die durch Bleistaub, der z. B. bei der Abfallverbrennung emittiert wird,[118] ausgelöst werden.[119] Ebenfalls Abfallverbrennungsanlagen, aber auch Betriebe zur Herstellung von Halogen-Kohlenwasserstoff-Produkten, Metallindustrie sowie weitere Emittenten[120] sind ursächlich für die „Dioxine",[121] die bei allen unvollständigen Verbrennungsprozessen entstehen, bei denen Kohlenwasserstoffe, Chlor (oder Fluor, Brom), Sauerstoff und

---

[114] *Lummert/Thiem*, Rechte des Bürgers, S. 28.

[115] Schon klassisch gewordene Beispiele bieten die großen japanischen Umweltkatastrophen der 50er Jahre: die Itai-Itai-Krankheit (Cadmiumvergiftung durch Abwässer eines Industriekonzerns) und die Minamata-Krankheit (Methyl-Quecksilber-Vergiftung durch Industrieabwässer). Vgl. dazu *Spiller*, Umweltproblem, S. 116; *Diederichsen/Scholz*, WiVerw. 1984, 23, 30; *Diederichsen*, DJT- Referat, L 84; *G. Wagner*, Kollektives Umwelthaftungsrecht, S. 19 f.; weiterführend *Yamanaka*, in: Schulz, Lorenz (Hrsg.), Ökologie und Recht, S. 105 ff. Allgemein zu Gesundheitsschäden infolge Wasserverschmutzung *Simitis*, VersR 1972, 1087 f.; *Lummert/Thiem*, Rechte des Bürgers, S. 28 *Wemmer/Korczak*, Gesundheit, S. 80 ff.

[116] Vgl. *Ch. Schröder*, Vorsorge, S. 17; *Lummert/Thiem*, Rechte des Bürgers, S. 27; *Wemmer/Korczak*, Gesundheit, S. 76 f.; zum Cadmium *SRU*, Umweltgutachten 1987, BT-Drs. 11/1568, Tz. 1766 ff.; zu den Asbestgefahren *Schubert*, RabelsZ 47 (1983) 367 ff.

[117] Dazu Landmann/Rohmer/*Hager*, Kommentar, § 6 UmweltHG, Rz. 20.

[118] Eine weitere Ursache bildet freilich der KFZ-Verkehr.

[119] Vgl. dazu mit Nachweisen aus dem medizinischen Schrifttum *Mittenzwei*, MDR 1977, 99, 105. Siehe auch den Fall bei *Nawrath*, Umweltchemikalien, S. 71 Fn. 3, S. 72; ausführlich *Wiegand*, Kosten der Umweltverschmutzung, Umweltbundesamt, 1986, S. 35, 43 ff.

[120] Vgl. hierzu *Wemmer/Korczak*, Gesundheit, S. 82 f.

[121] Oberbegriff für die polyhalogenierten Dibenzodioxine und polyhalogenierten Dibenzofurane. Zum Begriff etwa *SRU*, Umweltgutachten 1987, BT-Drs. 11/1568, Tz. 737 ff.

niedrige Temperaturen zwischen 400 und 800°C zusammentreffen. „Dioxine" gelten als krebserregend.[122]

Schwerer zu begründen sind die Zusammenhänge von Immissionen und sog. schadstoffunspezifischen Schäden und Erkrankungen.[123] Bei diesem Schadenstyp mag die Schadstoffexposition zwar Ursache einer bestimmten Erkrankung sein (z. B. eines Krebses), diese tritt aber auch ohne Rücksicht auf die Schadstoffexposition auf.[124] Bisher hat man nur einen Bruchteil der menschlichen Krebserkrankungen auf Umweltverschmutzung oder auf berufsbedingte Schadstoffbelastungen zurückführen können.[125] Immerhin wird bei einem anderen schadstoffunspezifischen Schadenstyp, der Kinderkrankheit Pseudokrupp, vermutet, daß sie zumindest auch auf Luftverunreinigungen beruhen soll.[126] Weiterhin besteht offenbar ein Zusammenhang zwischen Luftverschmutzung und chronischer Bronchitis,[127] wobei diese schadstoff-unspezifisch ist, weil ihre wichtigste exogene Ursache das Rauchen ist. *Rigoleth* führt als weitere Krankheiten, die mit der Luftverschmutzung zusammenhängen, auf: Lungenemphysem, Lungenentzündung, Asthma, Tuberkulose und vor allem der Lungen- und Bronchialkrebs.[128] Zu den schadstoffunspezifischen Gesundheitsschäden müssen auch diejenigen gerechnet werden, die in Zusammenhang mit SO_2-Exposition gebracht werden[129]: Untersuchungen der Londoner Smog-Episoden[130] in den 50er Jahren haben gezeigt, daß Schwefeldioxid und Schwebstaub in entsprechend hohen Konzentrationen zu einer Erhöhung der Mortalität beitragen können. Ähnliche Beobachtungen sind u. a. 1962 bei Inversionswetterlagen im Ruhrgebiet gemacht worden.[131] Gesund-

[122] *Wemmer/Korczak*, Gesundheit, S. 83; *G. Wagner*, Kollektives Umwelthaftungsrecht, S. 20. Vorsichtig noch *Wiegand*, Kosten der Umweltverschmutzung, Umweltbundesamt, 1986, 35, 48.

[123] Zum Begriff Landmann/Rohmer/*Hager*, Kommentar, § 6 UmweltHG, Rz. 21.

[124] Nach deutschem Recht geht es freilich nicht an, daß man den haftungsrechtlichen Zusammenhang zwischen schadstoffunabhängigem Schaden und Immission über die Figur des „Verlusts einer Gesundheitschance" konstruiert; vgl. dazu *Deutsch*, JZ 1991, 1097, 1102 mit Nachweisen aus der französischen und Schweizer Rechtsprechung.

[125] Vgl. *Adams*, ZZP 99 (1976) 129, 152.

[126] Vgl. *Wiegand*, Kosten der Luftverschmutzung, Umweltbundesamt, 1986, 35, 42; *SRU*, Umweltgutachten 1987, BT-Drs. 11/1568, Tz. 1753 und die Nachweise bei *Gmehling*, Beweislastverteilung, S. 122.

[127] *Rigoleth*, Luftverschmutzung, S. 30 f.; *G. Wagner*, Kollektives Umwelthaftungsrecht, S. 19.

[128] *Rigoleth*, Luftverschmutzung, S. 31 ff.

[129] Weitere Nachweise bei *Ch. Schröder*, Vorsorge, S. 16; *Wiegand*, Kosten der Umweltverschmutzung, Umweltbundesamt, 1986, 35, 40 ff.; *G. Wagner*, Kollektives Umwelthaftungsrecht, S. 19.

[130] Allgemein zum Smog-Problem *SRU*, Umweltgutachten 1987, BT-Drs. 11/1568, Tz. 717 ff.

[131] *Lummert/Thiem*, Rechte des Bürgers, S. 26; *Spiller*, Umweltproblem, S. 114 f.; *Klingmül-*

heitsgefährlich ist auch der sog. Sonnensmog. Das ist ein Luftgemisch, das bei intensiver Sonnenbestrahlung durch ein Zusammenwirken von Stickstoffoxyden, Kohlenwasserstoffen und Ozon entsteht. Diese Verbindungen emittieren neben dem KFZ-Verkehr hauptsächlich Industriebetriebe. Schon bei niedrigen Ozonkonzentrationen können durch den Sonnensmog Funktionsstörungen der Lunge hervorgerufen werden.[132] Andererseits werden durch die Luftverschmutzung die Sonnenstrahlen abgehalten. So hat etwa der Mangel an UV-Strahlen in der stark verschmutzten Stadt Oberhausen im Ruhrgebiet dazu geführt, daß die Kinder dieser Stadt viel häufiger an Rachitis und Blutarmut leiden und allgemein weniger resistent als die Schulkinder der umliegenden Landkreise sind.[133] Hierher müssen auch die in einer Vielzahl von Erscheinungsformen auftretenden, zahlenmäßig stetig zunehmenden Allergien gerechnet werden.[134]

In einer amerikanischen Studie wird die Zahl der auf Schwefeldioxid sowie Sulfatananreicherung der Luft zurückzuführenden Todesfälle - hier ist also sogar das Rechtsgut Leben betroffen - auf jährlich 51000 Personen geschätzt.[135] Schadstoffunspezifisch sind diese Schäden, weil neben SO_2 und Schwebstaub auch andere Bestandteile der verschmutzten Luft gesundheitsverletzend wirken können. Weiter gilt als gesichert, daß etwa hohe Konzentrationen von Kohlenmonoxid einen Anstieg der Sterblichkeit an Herzinfarkt auslösen können.[136] Kohlenwasserstoffe, wie sie insbesondere in der erdölverarbeitenden Industrie entstehen, wirken mit großer Wahrscheinlichkeit krebserregend.[137]

Man darf ferner nicht übersehen, daß Industrieimmissionen die Gesundheit des Menschen auch mittelbar dadurch verletzen können, daß Giftstoffe sich zunächst in Nahrungsmitteln, insbesondere in den Pflanzen, anreichern.[138]

Desweiteren werden Umweltbeeinträchtigungen durch Industrieimmissionen mit Chromosomenschäden in Verbindung gebracht. Durch Terato-

---

ler, ZVersWiss 67 (1978) 1, 20; vgl. noch *Rigoleth*, Luftverschmutzung, S. 27 f. zu weiteren, ähnlich gelagerten Fällen.

[132] *Lummert/Thiem*, Rechte des Bürgers, S. 26 f.

[133] *Rigoleth*, Luftverschmutzung, S. 22 f. m.N.

[134] Vgl. etwa *Nawrath*, Umweltchemikalien, S. 72; *SRU*, Umweltgutachten 1987, BT-Drs. 11/1568, Kurzfassung Tz. 106; Tz. 1667 ff. Allergien können zweifelsohne auch dann tatbestandsmäßige Gesundheitsverletzungen sein, wenn sie schmerzfrei sind; vgl. dazu *Landsberg/Lülling*, Kommentar, § 1 UmweltHG, Rz. 27; *Schimikowski*, Umwelthaftungsrecht, S. 25.

[135] Vgl. die Nachweise bei *Diederichsen/Scholz*, WiVerw. 1984, 23, 30; *Wiegand*, Kosten der Luftverschmutzung, Umweltbundesamt, 1986, 35, 39.

[136] Vgl. *Ch. Schröder*, Vorsorge, S. 16; *Lummert/Thiem*, Rechte des Bürgers, S. 27.

[137] *Lummert/Thiem*, Rechte des Bürgers, S. 27.

[138] *Rigoleth*, Luftverschmutzung, S. 18; allgemein *SRU*, Umweltgutachten 1987, BT-Drs. 11/1568, Tz. 1232 ff.

gene und Mutagene werden Mißbildungen während der Schwangerschaft am ungeborenen Kind bzw. Schädigungen des Erbgutes ausgelöst, so daß das Kind mit einem Gesundheitsschaden zur Welt kommt.[139]

Die Auflistung der bekanntgewordenen Zusammenhänge zwischen Luftverschmutzung und Gesundheitsschäden ließe sich fortsetzen. Schon im Jahre 1980 existierten zu diesem Thema mehr als 100 einschlägige Veröffentlichungen.[140] Angereichert wird der Befund durch mutmaßliche Zusammenhänge (Entwicklungsrisiken)[141]: Mediziner rechnen etwa mit noch unbekannten Krankheiten aus dem Straßenstaub. Im Jahre 1978 erkrankte in der italienischen Stadt Aquila die komplette Belegschaft eines Betriebs an einer mysteriösen Krankheit, die auf Umweltverschmutzung zurückgeführt wurde (Schwindelanfälle, Schwächeanfälle, Juckreiz). Ungesichert ist auch, ob die Bleibelastung in den Milchzähnen mit verminderter Intelligenz der Schulkinder zu tun hat.

Die ökonomische Bewertung gesundheitlicher Schäden ist ähnlich schwierig wie die der Umweltschäden allgemein.[142] Repräsentative Aussagen über die Kosten im Bereich der immissionsbedingten Gesundheitsschäden liegen für die Bundesrepublik Deutschland, soweit ersichtlich, nicht vor. Nach amerikanischen Untersuchungen stellen sie den Hauptanteil an den Umweltschäden dar.[143] Immerhin errechnen vorsichtige Schätzungen für das Jahr 1985 bezüglich umweltbedingter Atemwegserkrankungen Kosten von 11,7 Milliarden DM.[144]

Zusammenfassend kann festgehalten werden, daß auf mannigfache Weise Gesundheitsverletzungen hervortreten, die zumindest auch auf Industrieimmissionen beruhen. Die haftungsrechtliche Reaktion auf diesen Befund ist bislang jedoch weithin ausgeblieben.

---

[139] Ausführlich zu diesem Problemkreis *Spiller*, Umweltproblem, S. 121-130 und S. 251-257.

[140] *Lummert/Thiem*, Rechte des Bürgers, S. 36 Endnote 17 m. w. N.; vgl. etwa auch die Literaturnachweise zum Thema Umwelt und Gesundheit bei *SRU*, Umweltgutachten 1987, BT-Drs. 11/1568, S. 619 ff. und allgemein die bei *Kloepfer*, Umweltrecht, § 1 Rz. 7 zitierten Standardwerke zur Umweltsituation.

[141] Vgl. zu den folgenden Fällen *Diederichsen*, PHI 1992, 162, 164.

[142] Siehe dazu oben B.I.1. und Fn. 2.

[143] Vgl. *Ch. Schröder*, Vorsorge, S. 24.

[144] *E. A. Marburger*, Kosten der Umweltverschmutzung, Umweltbundesamt, 1986, S. 51 ff., 56; *G. Wagner*, JZ 1991, 175, 181. Vgl. auch die Untersuchung von *Heinz*, ZfU 1992, 45 ff. Unterschätzt werden die Schadensbelastungen von *Rohde-Liebenau*, ZfV 1988, 348, 350, 356.

2. Gesundheitsschäden und Sozialversicherung

Soeben wurde über die Existenz von Gesundheitsverletzungen durch Industrieimmissionen berichtet. Haftungsrechtlich formuliert geht es dabei um die sog. Haftungsbegründung. Daran soll sich jetzt die Untersuchung der sog. Haftungsausfüllung[145] anschließen. Der oben geschilderte faktische Haftungsausschluß wird dabei in diesem Abschnitt ignoriert. Welche Schäden können dem an seiner Gesundheit Verletzten entstehen und welche Rolle spielen die Sozialversicherungsträger bei der Schadenstragung?

Die tatbestandsmäßige Gesundheitsverletzung kann im wesentlichen folgende Schadensposten nach sich ziehen: Heilungskosten, Verdienstausfall, Schmerzensgeld, vertane Freizeit bzw. Urlaub.

Den immissionshaftungsrechtlichen Vorschriften liegt die Vorstellung zu Grunde, daß sich bei der Schadensregulierung allein der Geschädigte und der Schädiger gegenüberstehen. Tatsächlich wird die zivilrechtliche Ersatzpflicht des Schädigers aber - zumindest vorläufig - von einem System kollektiver Sicherung und Schadensvorsorge weithin überlagert.[146] Diese Regelungsmechanismen sollen nun im Überblick dargestellt werden. Dabei wird auch auf die wenigen verbliebenen Schutzlücken hingewiesen.[147]

a) Heilungskosten

Gem. §§ 249 S. 2, 843 Abs. 1 BGB, § 13 UmweltHG sind die Kosten einer angemessenen Heilbehandlung einschließlich der Kosten für vermehrte Bedürfnisse zu ersetzen.[148] Diese Kosten werden zunächst vor allem durch Sozialversicherungsträger erbracht.

---

[145] Vgl. zu diesen Begriffen etwa *Hermann Lange*, Schadensersatz, § 3 II, S. 77 f.

[146] Palandt/*Heinrichs*, BGB, Vorbem v § 249, Rz. 3; *Kötz*, Deliktsrecht, Rz. 211 ff., 507. Zum Mechanismus und den Gründen der Schadensabwälzung nach Zivil- und Sozialrecht knapp *Medicus*, JuS 1972, 553 ff. Einen Überblick über die bei Umweltschäden betroffenen Versicherungszweige gibt *Grell*, ZVersWiss 65 (1976) 73, 74 ff.

[147] Vgl. dazu auch den Überblick bei *Güllemann*, ZRP 1974, 35, 38. Die Unterschiede sowie Vor- und Nachteile beider Sicherungssysteme beleuchtet *Schiemann*, Argumente, S. 243 ff., 248 ff.

[148] Vgl. allgemein Palandt/*Heinrichs*, BGB, § 249, Rz. 10; *Landsberg/Lülling*, Kommentar, § 13 UmweltHG, Rz. 3-9; zum Umfang ausführlich *Tempel*, Materielles Recht im Zivilprozeß, S. 619 ff, 624 f.

aa) Leistungen der gesetzlichen Krankenversicherung

Der immissionsbedingte Gesundheitsschaden manifestiert sich deliktsrechtlich in einer Rechtsgutverletzung und sozialversicherungsrechtlich im Versicherungsfall Krankheit.[149] Dem schadensrechtlichen Anspruch auf angemessene Heilbehandlung entspricht im Bereich der gesetzlichen Krankenversicherung der Anspruch auf Krankenbehandlung gem. § 27 SGB V.[150] Für vermehrte Bedürfnisse werden Hilfsmittel gem. § 33 SGB V geleistet.

Die Träger der gesetzlichen Krankenversicherung sind gem. § 4 Abs. 2 SGB V und § 21 Abs. 2 SGB I die Allgemeinen Orts-, Betriebs- und Innungskrankenkassen, die See-Krankenkasse, die Landwirtschaftlichen Krankenkassen, die Bundesknappschaft und die Ersatzkassen. Bei den gesetzlichen Krankenkassen handelt es sich um öffentlich-rechtliche Selbstverwaltungskörperschaften (§ 29 Abs. 1 SGB IV, § 4 Abs. 1 SGB V), deren Organe, der Vorstand und die Vertreterversammlung (§ 31 Abs. 1 SGB IV), sich grundsätzlich (vgl. § 44 Abs. 1 SGB IV, auch zu den Ausnahmen) paritätisch aus gewählten Vertretern der Versicherten und der Arbeitgeber zusammensetzen.[151] Zur Verbesserung von Flexibilität und Handlungsfähigkeit werden nach dem Gesundheitsstrukturgesetz ab 1. Januar 1996 Vorstand und Vertreterversammlung zu einem Gremium, dem Verwaltungsrat zusammengefaßt, der einen auf Zeit gewählten hauptamtlichen Vorstand bestellt.[152]

Die gesetzliche Krankenversicherung umfaßt derzeit ca. 90 % der Bevölkerung.[153] Der restliche Teil der Bevölkerung[154] besteht aus Personen, die auf andere Weise staatlich versorgt sind (Richter, Beamte, Soldaten), die über privaten Versicherungsschutz verfügen oder aber gar nicht versichert sind. Bei dieser letzten Gruppe ist zu unterscheiden nach solchen, die über ausreichende Mittel verfügen und solchen, die mangels Arbeitstätigkeit am Schutze der Krankenversicherung nicht teilnehmen können.[155]

---

[149] Vgl. zum Begriff der Krankheit im versicherungsrechtlichen Sinne *Gitter*, Sozialrecht, S. 82 ff.; *Bley/Kreikebohm*, Sozialrecht, Rz. 480 ff.

[150] SGB V vom 20.12.1988 (BGBl. I S. 2477). Früher galten insoweit §§ 182 ff. RVO a. F.

[151] Vgl. zur Selbstverwaltung der Sozialversicherungsträger soeben *Radek*, NZS 1994, 6 ff.

[152] BT-Drucksache vom 5. 11. 1992, 12/ 3608 S. 37. Dazu etwa *Balzer*, NZS 1994, 1 ff.

[153] Zahl nach *Krauskopf*, SGB V, Beck-Texte im dtv, 2. Aufl. 1992, Einführung S. IX: 91%; *Kötz*, Deliktsrecht, Rz. 214: 89% für das Jahr 1990.

[154] Zu dem nicht-sozialversicherten Personenkreis unten B.II.2.e).

[155] Vgl. zu dieser Personengruppe unten B.II.2.e). Nicht hierher zählen freilich diejenigen Arbeiter und Angestellten, die Leistungen nach dem Arbeitsförderungsgesetz beziehen, d. h. infolge von Arbeitslosigkeit Arbeitslosengeld, Arbeitslosenhilfe (§ 155 Abs. 1 AFG) oder Kurzarbeiter- oder Schlechtwettergeld (§ 162 Abs. 1 AFG) erhalten. Für diese Personen besteht Krankenversicherungsschutz, § 5 Abs. 1 Nr. 2 SGB V.

Zu den Versicherten in der gesetzlichen Krankenversicherung zählen zunächst die im Katalog des § 5 Abs. 1 SGB V aufgeführten pflichtversicherten Personengruppen, quantitativ herausragend Arbeiter, Angestellte und Auszubildende, die gegen Arbeitsentgelt beschäftigt sind. Außerdem sind versichert diejenigen Personengruppen, die von der Möglichkeit der freiwilligen Versicherung gem. § 9 Abs. 1 SGB V Gebrauch gemacht haben. Endlich sind unter den Einschränkungen des § 10 Abs. 1 Nr. 1 bis 5 und Abs. 2 SGB V Ehegatten und Kinder von Mitgliedern versichert.[156]

Untersuchungen über die Verteilung von Umweltschäden in der Bevölkerung haben ergeben, daß insbesondere die in der gesetzlichen Krankenversicherung Versicherten unter immissionsbedingten Gesundheitsverletzungen zu leiden haben.[157] So läßt sich allgemein sagen, daß Bewohner von Schwerpunktballungen - im Vergleich mit Bewohnern ländlicher Räume - besonders von Verschlechterungen der Umweltqualität betroffen sind.[158] Es wird zwar häufig versucht, sich durch Verhaltensänderungen (Umzug etc.) an die verminderte Qualität der Umweltgüter anzupassen und dadurch die „interpersonelle Verteilungsstruktur" der realen Umweltlasten zu verändern. Wille und Fähigkeit, auf verschlechterte Umweltbedingungen zu reagieren, hängen indes von Faktoren ab, die bei sozial schwächeren Schichten seltener anzutreffen sind, nämlich: subjektives Bewußtsein von der Existenz der Umweltbeeinträchtigungen, Bildungsniveau, soziale Mobilität, berufliche Flexibilität und nicht zuletzt die individuellen Einkommens- und Vermögensverhältnisse.[159] Fest steht, daß höhere Einkommensschichten (also insbesondere die Gruppe der nicht sozialversicherungspflichtigen Beamten und Selbständigen) ein erhebliches Maß an Ausweichkosten auf sich nehmen, um Umweltgüter von besserer Qualität nutzen zu können, während untere Einkommensschichten einerseits aus finanziellen Gründen nicht fähig, andererseits aufgrund einer möglicherweise anderen Einstellung zur Umwelt nicht willens sind, größere monetäre Mittel zur Vermeidung von Umweltbeeinträchtigungen einzusetzen.[160] Bei allen Vorbehalten, die sich aus den Unsicherheiten bei der Messung von Umweltbelastungen ergeben, belegt die Untersuchung von *Jarre* im Ruhrgebiet im Jahre 1970, daß die sozioökonomische Gruppe der Arbeiter aufgrund der Immissionsverhältnisse am Wohnort deutlich stärker durch Umweltbelastungen betroffen ist als die Gruppen der Angestellten, Beamten und

---

[156] Ausführlich zu den Versicherten etwa *Bley/Kreikebohm*, Sozialrecht, Rz. 322 ff.

[157] *Zweigert/Gessner*, Aus Politik und Zeitgeschichte, 1975, B 30, S. 31; *Lummert/Thiem*, Rechte des Bürgers, S. 187.

[158] *Jarre*, Verteilungspolitische Bedeutung, S. 22; *Gessner*, RabelsZ 40 (1976) 430 ff. Nach *Rigoleth*, Luftverschmutzung, S. 32 fand man in den USA eine direkte Beziehung zwischen der Größe der Städte, dem Grad der Luftverschmutzung und der Zahl der Todesfälle an Lungenkrebs. A. A. aber *G. Wagner*, Kollektives Umwelthaftungsrecht, S. 19, für Atemwegserkrankungen.

[159] *Jarre*, Verteilungspolitische Bedeutung, S. 24; *Spiller*, Umweltproblem, S. 157.

[160] Vgl. auch *Gessner*, RabelsZ 40 (1976) 430, 434 f.

Selbständigen. In Gebieten mit vergleichsweise günstiger Luftqualität sind diese Gruppen dagegen deutlich überrepräsentiert.[161] Arbeiter sind auch am Arbeitsplatz größeren Gesundheitsrisiken ausgesetzt als die Gruppen der Angestellten, Beamten und Selbständigen. Das schichtenspezifische Freizeitverhalten trägt noch zu einer tendenziellen Verstärkung der ohnehin schon unterschiedlichen Immissionsbelastungen bei, weil bei Arbeitern und unteren Einkommensschichten, die im Wohnbereich den höchsten Belastungen ausgesetzt sind, ein wohnungszentriertes Freizeitverhalten zu beobachten ist.[162] Die Gruppe der Angestellten, Beamten und Selbständigen kann hingegen aufgrund ihrer Freizeitaktivitäten weitere Verteilungsvorteile im Hinblick auf den Konsum von Umweltgütern realisieren.[163]

bb) Leistungen der gesetzlichen Unfallversicherung

Die immissionsbedingte Gesundheitsverletzung kann sich freilich auch im Bereich der gesetzlichen Unfallversicherung auswirken und dort den Versicherungsfall Arbeitsunfall oder Berufskrankheit auslösen.[164] Der Arbeitsunfall ist in § 548 Abs. 1 S. 1 RVO als ein „Unfall, den ein Versicherter bei einer der in den §§ 539, 540 und 543 bis 545 genannten Tätigkeiten erleidet" definiert.[165] Für die Zurechnung kommt es darauf an, daß die versicherte Tätigkeit „eine wesentliche mitwirkende Ursache" des Unfalls gewesen ist, wobei „eine hinreichende Wahrscheinlichkeit" genügt. Für die Annahme eines Arbeitsunfalls ist es danach noch nicht ausreichend, daß sich dieser während der versicherten Tätigkeit, also nur im zeitlichen und örtlichen Zusammenhang damit ereignet hat. Andererseits setzt der Arbeitsunfall nicht voraus, daß der Vorfall gerade auf einer spezifischen „erhöhten Gefahr" infolge der versicherten Tätigkeit beruht.[166] Schäden infolge von betrieblichen Störfällen können nach dem Gesagten als Arbeitsunfall zu subsumieren sein.[167]

---

[161] *Jarre*, Verteilungspolitische Bedeutung, S. 28; vgl. auch die Darstellung bei *Andersen/F. J. Brüggemeier*, in F. J. Brüggemeier/Th. Rommelspacher, Besiegte Natur, S. 64, 78 f.: privilegierte Wohngegenden wie Kur- und Villenvororte waren schon im 19. Jahrhundert vor Industrieansiedlungen gefeit.

[162] So auch *Gessner*, RabelsZ 40 (1976) 430, 436 f.

[163] *Jarre*, Verteilungspolitische Bedeutung, S. 181.

[164] Beispiele für immissionsbedingte Arbeitsunfälle bei *Elling*, VuR 1993, 110 ff.

[165] Vgl. allgemein zum Versicherungsfall Arbeitsunfall *Gitter*, Sozialrecht, S. 120 ff.; ausführlicher *Bley/Kreikebohm*, Sozialrecht, Rz. 549 ff.

[166] Zum Vorstehenden ausführlich Lauterbach/*Watermann*, Unfallversicherung, § 548 RVO, Anm. 8 ff., 16 ff., 24 ff.

[167] So auch *Gerlach*, System, S. 125, allerdings seien die Schadensfolgen aufgrund wirklich allgemeiner Gefahren der Natur oder etwa einer verbreiteten Luftbelastung - im Gegensatz zu deren besonderer Konzentration in einem Industriegebiet - nicht mehr als Arbeitsunfälle zu bewerten.

Neben den hier nicht interessierenden Arbeitsgeräte- und den Wegeunfällen stellt das Gesetz in § 551 RVO auch Berufskrankheiten den Arbeitsunfällen im engeren Sinne gleich. Diese Erkrankungen unterscheiden sich insofern von den Arbeitsunfällen gem. § 548 RVO, als in der Regel kein zeitlich begrenztes Ereignis vorliegt, sondern sie sich als Folge einer länger dauernden schädigenden Einwirkung darstellen.[168] Insbesondere die Berufskrankheiten dürften vielfache Berührungspunkte zu den oben B.II.1.b)dd) dargestellten Massenschäden aufweisen.[169] Freilich sind auch sogenannte arbeitsbedingte Erkrankungen von immissionshaftungsrechtlicher Relevanz als Folge der ständigen Tätigkeit in einer industriellen Anlage denkbar, die sich weder als Arbeitsunfall noch als Berufskrankheit (mangels Aufnahme in die Liste der Berufskrankheitenverordnung) darstellen.[170] In gewissen Fällen kann sich die Einstandspflicht des Unfallversicherungsträgers dann aus der Ausnahmevorschrift des § 551 Abs. 2 RVO ergeben.[171]

Dem Anspruch auf Ersatz der Heilungskosten entspricht im Bereich der gesetzlichen Unfallversicherung die Heilbehandlung als Rehabilitationsleistung gem. § 557 RVO. Für vermehrte Bedürfnisse wird uU. Pflege(-geld) nach § 558 RVO geleistet. Stellt der Gesundheitsschaden gleichzeitig eine Krankheit im Sinne des Krankenversicherungsrechts und einen Arbeitsunfall/Berufskrankheit im Sinne des Unfallversicherungsrechts dar, bestimmt § 11 Abs. 4 SGB V, daß auf die Leistungen der Krankenversicherung kein Anspruch besteht.[172] Soweit arbeitsbedingte Erkrankungen vom Unfallversicherungsträger nicht entschädigt werden, bleibt es bei der Einstandspflicht der gesetzlichen Krankenversicherung.

Träger der gesetzlichen Unfallversicherung sind in erster Linie die Berufsgenossenschaften (§ 22 SGB I, §§ 646 ff., 790 ff., 850 ff. RVO). Sie sind gleichfalls Körperschaften des öffentlichen Rechts, § 29 Abs. 1 SGB IV, und ihre Verfassung entspricht der der Krankenversicherungsträger.[173]

---

[168] Zu den Berufskrankheiten *Gitter*, Sozialrecht, S. 131; *Bley/Kreikebohm*, Sozialrecht, Rz. 590 ff.

[169] Vgl. das Verzeichnis der Berufskrankheiten bei Lauterbach/*Watermann*, Unfallversicherung, § 551 RVO, Anm. 10d.

[170] Vgl. *G. Wagner*, Kollektives Umwelthaftungsrecht, S. 163 f. sowie *Peter/Salje*, VP 1991, 5, 13 mit dem Beispiel einer leichteren Allergie aufgrund eines in der Anlage eingesetzten Stoffes.

[171] § 551 Abs. 2 RVO wird sehr restriktiv angewandt. Vgl. Lauterbach/*Watermann*, Unfallversicherung, § 551 RVO, Anm. 11.

[172] Hierzu und zum Regreß der Krankenkasse gem. § 105 SGB V *Gitter*, S. 132. Zur Rechtslage vor dem 1.1.1991, dem Inkrafttreten des § 11 Abs. 4 SGB V, vgl. *Bley*, Sozialrecht, 6. Auflage, S. 279. Zur Neuregelung durch das Gesundheits-Reform-Gesetz knapp *G. Wagner*, JZ 1991, 175, 182.

[173] Vgl. *Gitter*, Sozialrecht, S. 149 f.

Durch die gesetzliche Unfallversicherung werden etwa 40 Millionen Personen geschützt.[174] Es sind dies Versicherungspflichtige kraft Gesetzes, §§ 539 f. RVO, kraft Satzung, §§ 543 f. RVO und freiwillig Versicherte, § 545 RVO. Zahlenmäßig ragen die aufgrund eines Arbeits-, Dienst- oder Lehrverhältnisses Beschäftigen als Pflichtversicherte, § 539 Abs. 1 Nr. 1 RVO, heraus.[175]

cc) Leistungen der gesetzlichen Rentenversicherung

Führt die immissionsbedingte Gesundheitsverletzung zur Gefährdung, Minderung oder Aufhebung der Arbeitsfähigkeit auf Dauer (vgl. § 10 SGB VI), so greift die Rentenversicherung ein, sofern die Wartezeiten als versicherungsrechtliche Voraussetzung, § 11 SGB VI, erfüllt sind. Allgemeiner Zweck der Rentenversicherung ist die Alterssicherung und der Schutz vor den Folgen der Invalidität. In diesem letzteren Zusammenhang ist nach dem Gesetz die Finanzierung der der Erhaltung der Arbeitsfähigkeit oder der medizinischen und beruflichen Rehabilitation dienenden Maßnahmen vorrangig (§ 23 SGB I, § 9 Abs. 1, §§ 15 ff., §§ 28 ff., 116 SGB VI).[176] Praktisch wichtiger sind indessen die Rentenleistungen wegen verminderter Erwerbsfähigkeit, §§ 33 Abs. 1, 43 f. SGB VI (dazu sogleich).

Die Träger der gesetzlichen Rentenversicherung sind im wesentlichen die Landesversicherungsanstalten für die Arbeiter und die Bundesversicherungsanstalt für Angestellte, § 23 Abs. 2 SGB I.

Die Versicherten bestehen aus den Pflichtversicherten kraft Gesetzes, §§ 1 bis 3 SGB VI,[177] auf Antrag, § 4 SGB VI, und den freiwillig Versicherten, § 7 SGB VI.

Die Rehabilitationsleistungen der Rentenversicherung sind gegenüber gleichartigen Leistungen der gesetzlichen Unfallversicherung nachrangig, § 12 Abs. 1 Nr. 1 SGB VI. Das Zuständigkeitsverhältnis zur gesetzlichen Krankenversicherung in diesem Bereich wird durch § 13 Abs. 2 SGB VI geregelt.[178]

---

[174] Vgl. die Zahlen bei *Gitter*, Sozialrecht, S. 108.

[175] Vgl. im einzelnen *Gitter*, Sozialrecht, S. 109 ff.; *Bley/Kreikebohm*, Sozialrecht, Rz. 328 ff.

[176] Grundsatz „Rehabilitation vor Rente". Vgl. *Gitter*, Sozialrecht, S. 162 ff.; *Weyers*, Unfallschäden, S. 67 ff.

[177] Hierzu *Gitter*, Sozialrecht, S. 155 ff.

[178] Vgl. zur Abgrenzung und den Verflechtungen zwischen Kranken- und Rentenversicherung *Zweng/Scheerer/Buschmann/Dörr*, SGB VI, § 13, Rz. 22 ff.

b) Verdienstausfall

Der zivilrechtliche Schadensersatzanspruch erstreckt sich weiterhin auf den Verdienstausfall und sonstige Erwerbsschäden, §§ 249 S. 2, 252 S. 2, 842, 843 BGB, §§ 13, 14 UmweltHG. Auch insoweit findet eine Überlagerung durch andere Regelungen statt. So bestimmen § 616 BGB, § 63 HGB, § 133 c GewO, § 12 Abs. 1 BBiG und § 1 LFZG[179] eine sechswöchige Lohnfortzahlungspflicht des Arbeitgebers. Sozialrechtliche Bestimmungen greifen ebenfalls ein.[180] Arbeitslosengeld wird bei Arbeitsunfähigkeit für die Dauer von sechs Wochen weitergezahlt, § 105 b AFG.

aa) Leistungen der gesetzlichen Krankenversicherung

Nach Ablauf der Lohnfortzahlung durch den Arbeitgeber oder falls ausnahmsweise überhaupt kein Lohnfortzahlungsanspruch besteht, hat der Versicherte gem. § 21 Abs. 1 Nr. 2 SGB I, § 44 Abs. 1 SGB V Anspruch auf Krankengeld,[181] sofern die Gesundheitsverletzung zur Arbeitsunfähigkeit führt. Das Krankengeld wird wegen einer Krankheit bis zu eineinhalb Jahre gezahlt, § 48 Abs. 1 SGB V.

bb) Leistungen der gesetzlichen Unfallversicherung

Stellt die Gesundheitsverletzung einen Arbeitsunfall dar und ist der Verletzte arbeitsunfähig, so steht ihm ein Anspruch auf Verletztengeld gem. § 22 Abs. 1 Nr. 2 SGB I, §§ 560-562 RVO zu, das wiederum gegenüber den Leistungen der Krankenversicherung vorrangig ist, § 11 Abs. 4 SGB V. Sonstige Fortkommensschäden (vgl. Wortlaut des § 842 BGB) werden durch die Berufshilfe, § 567 RVO, ausgeglichen. Sofern die Erwerbsfähigkeit um mindestens 20 % gemindert ist und sie über die 13. Woche nach dem Arbeitsunfall andauert, entsteht ein Anspruch auf Verletztenrente, § 22 Abs. 1 Nr. 3 SGB I, §§ 580, 581 RVO.[182]

---

[179] Über den Erstattungsanspruch des Arbeitgebers nach §§ 10 ff. LFZG gegen die Ortskrankenkassen usw. besteht schon hier eine Verknüpfung zum Sozialrecht.

[180] Die Verwobenheit des Haftungs- und Sozialrechts ist hier sogar besonders eklatant. Während der Krankheit kann sich die sozialrechtliche Position des Verletzten verschlechtern (Beitragsausfälle), so daß die Höhe des Erwerbsschadens gem. § 842 BGB von sozialrechtlichen Besonderheiten abhängt. Vgl. dazu bereits *Medicus*, SchlHA 1964, 179 ff. und jetzt die Kommentierungen zu § 119 SGB X.

[181] Einzelheiten in den §§ 45-51 SGB V und bei *Gitter*, Sozialrecht, S. 88 f.; *Bley/Kreikebohm*, Sozialrecht, Rz. 659 ff. Entsprechendes gilt für Arbeitslose, §§ 105 b, 155, 158 f. AFG.

cc) Leistungen der gesetzlichen Rentenversicherung

Neben berufsfördernden und ergänzenden Maßnahmen der Rehabilitation (§ 23 Abs. 1 Nr. 1 a SGB I, §§ 9 Abs. 1, §§ 15 ff., §§ 28 ff. SGB VI) erbringt die gesetzliche Rentenversicherung bei verminderter Erwerbsfähigkeit Rentenleistungen, § 23 Abs. 1 Nr. 1 b, § 33 Abs. 1, 3, §§ 43 f. SGB VI.[183] Auf diese Weise erhalten dauerhaft Immissionsgeschädigte, die ihrem Beruf nicht mehr oder nur noch eingeschränkt nachgehen können, den ausfallenden Verdienst in Form von Rentenleistungen teilweise ersetzt. Gerade hier ist die sozialrechtliche Absicherung durch die gesetzliche Rentenversicherung, nämlich bei langwierigen oder irreversiblen Krankheiten, nicht vollständig, da zum einen nicht bei allen Geschädigten die Wartefristen (§ 50 ff. SGB VI) erfüllt sein werden und zum anderen die Höhe der Rente wegen der Abhängigkeit von der Anzahl der Versicherungsjahre gerade bei jüngeren Geschädigten unzureichend sein wird (vgl. grundsätzlich § 63 SGB VI).[184] Überdies kommt es bei den unfallbedingten Dauerschäden mitunter zu zweifelhaften und kaum nachvollziehbaren Differenzierungen. Soweit die gesetzliche Rentenversicherung nicht eingreift, können die unfallbedingten Dauerschäden allenfalls von der gesetzlichen Unfallversicherung aufgefangen werden. Diese erfaßt freilich nur Unfalltypen aus einem bestimmten Lebens-, Tätigkeits- oder Risikobereich. Das bereitet regelmäßig schwierige Abgrenzungsprobleme zwischen privilegierten und „gewöhnlichen" Unfällen, wobei oftmals der Eindruck sachlich nicht gerechtfertigter Unterscheidung verbleibt.[185]

Das Konkurrenzverhältnis zu den entsprechenden Sozialleistungen der gesetzlichen Krankenversicherung regelt § 50 I Nr. 1 und 2 SGB V (Rente löst Krankengeld ab). Das Zusammentreffen von Renten mit Leistungen der gesetzlichen Unfallversicherung regelt § 93 SGB VI.

c) Schmerzensgeld

Immissionsbedingte Gesundheitsverletzungen können gem. § 847 Abs. 1 BGB dem Geschädigten zu einem Schmerzensgeld verhelfen, sofern sich der Haftungsanspruch auf eine unerlaubte Handlung stützt. Die Tatbestände der Gefährdungshaftung, im Immissionshaftungsrecht also insbesondere § 22 WHG und § 1 UmweltHG, vermitteln kein Schmerzensgeld.[186] Hinsichtlich

---

[182] Einzelheiten bei *Gitter*, Sozialrecht, S. 132 ff.; *Bley/Kreikebohm*, Sozialrecht, Rz. 791 ff.

[183] Einzelheiten bei *Gitter*, Sozialrecht, S. 166 ff.; *Bley/Kreikebohm*, Sozialrecht, Rz. 686 ff.

[184] Dazu etwa *Weyers*, Unfallschäden, S. 147; *G. Wagner*, JZ 1991, 175, 179.

[185] Eindrucksvoll *Kötz*, Sozialer Wandel, S. 34 ff. mit Beispielsfällen.

[186] Vgl. nur Landmann/Rohmer/*Rehbinder*, Kommentar, § 1 UmweltHG, Rz. 47; Kritik am Ausschluß des Schmerzensgeldes bei Münchener Kommentar/*Mertens*, BGB, Vor §§ 823-853,

des Schmerzensgeldes bleibt der Geschädigte auf den Schädiger bzw. dessen Haftpflichtversicherung verwiesen. Insoweit findet keine Überwälzung auf die Sozialversicherung oder den Arbeitgeber statt. So orientieren sich etwa die Unfallrenten an den Kriterien der Minderung der Erwerbsfähigkeit und des Jahresarbeitsverdienstes, sind also auf den Ausgleich des materiellen Schadens, des Erwerbsschadens zugeschnitten. Der immaterielle Schaden wird durch die Leistungen der Sozialversicherung nicht abgegolten.[187] Dem Schmerzensgeldanspruch stehen keine sachlich kongruenten Leistungen der Sozialversicherungsträger gegenüber.[188]

d) Vertane Freizeit, vertaner Urlaub

Nach ganz h. M. stellt eine Einbuße an Freizeit, wie sie praktisch mit jedem Schadensfall verbunden ist, schon keinen Vermögensschaden dar und ist deshalb nicht ersatzfähig.[189] Grundsätzlich gilt das nach heute h. M. auch für vertane Urlaubszeit.[190]

e) Personen ohne Sozialversicherungsschutz[191]

Die verbliebenen etwa 9 % der Bevölkerung, die ohne gesetzlichen Sozialversicherungsschutz auszukommen haben, können zum größeren Teil gleichfalls auf andere Formen kollektiver Versorgung zurückgreifen.[192]

Rz. 25 m. w. N.; *Gerlach*, System, S. 345 f.; *K. Mayer*, MDR 1991, 813, 818. Die Entscheidung des Gesetzgebers wird verteidigt von *Schmidt-Salzer*, Kommentar, § 1 UmweltHG, Rz. 294-297. Der UGB-Entwurf sieht in § 129 einen auf die Umweltgefährdungshaftung aufbauenden Schmerzensgeldanspruch vor. Dazu *Enders/Reiter*, VersR 1991, 1329, 1335.

[187] Eine mögliche Ausnahme bildet die Verletztenrente in der Unfallversicherung. Dazu *Plagemann*, SGb. 1993, 197, 199 mit dem Hinweis auf das Hinterbliebenenrentenrecht, § 18 a Abs. 3 Nr. 4 SGB IV.

[188] *Gitter*, Sozialrecht, S. 142 f.; *v. Maydell* in: GK/SGB, § 116 SGB X, Rz. 94, 182; *Plagemann*, SGb. 1993, 197, 199.

[189] BGHZ 106, 28, 31 ff. Aus der Literatur statt aller Palandt/*Heinrichs*, BGB, Vorbem v § 249, Rz. 38 mit weiteren Nachweisen aus der Rspr.

[190] Palandt/*Heinrichs*, BGB, Vorbem v § 249, Rz. 40.

[191] Vgl. zu diesem Personenkreis *Weyers*, Unfallschäden, S. 65, 72 ff., 146 ff.

[192] Vgl. die Zahl bei *Kötz*, Sozialer Wandel, S. 8, wonach im Jahr 1971 nicht weniger als 99,1 Prozent der Wohnbevölkerung in der einen oder anderen Form gegen Krankheit versichert waren.

Beamte haben, sofern sich die Gesundheitsverletzung als Dienstunfall manifestiert, Anspruch auf Unfallfürsorge, §§ 30 ff. BeamtVG. Im übrigen bestehen für die Beamten und ihre Angehörigen Ansprüche auf Beihilfe nach den Beamtengesetzen und Beihilfevorschriften des Bundes (§ 79 BBG) und der Länder (z. B. in Bayern Art. 11 BayBesG). Ein hoher Prozentsatz der Beamten ist außerdem privatkrankenversichert. Der Beamtensold wird - Folge des „Alimentationsprinzips“ - bei vorübergehender Dienstunfähigkeit weitergezahlt.[193]

Der nun noch verbleibende, nicht-sozialversicherte Personenkreis - hierzu zählen vor allem die Selbständigen[194] - verfügt teilweise über private Heilkosten-, Tagegeld-, Unfall- und Lebensversicherungen.[195]

Kritischer sieht es hingegen bei den Dauerarbeitslosen und sonstigen Sozialhilfeempfängern bzw. -berechtigten aus. Diese Personen können mangels Arbeitstätigkeit nicht am Schutz der Sozialversicherung partizipieren - Konsequenz des Prinzips „work and welfare“.[196] In (immissionsbedingten) Krankheitsfällen kann hier nur noch die nachrangige, §§ 2, 28 BSHG, Sozialhilfe eingreifen. Sie gewährt den Verletzten Hilfe in besonderen Lebenslagen in Form der Krankenhilfe, §§ 27 Abs. 1 Nr. 4, 37 BSHG.

f) Weiterwälzung des Schadens

Soweit Systeme kollektiver Vorsorge zugunsten des Geschädigten einspringen, ist diese Schadenstragung regelmäßig nur vorläufig. Im Wege der Legalzession (vgl. § 116 SGB X, gegebenenfalls i. V. mit § 127 AFG oder § 90 Abs. 4 S. 2 BSHG; § 4 LFZG/§ 6 EFZG[197]; § 67 VVG; § 87a BBG; § 52 BRRG usw.) geht der Schadensersatzanspruch des Geschädigten auf den Vorsorgeträger über oder es entsteht ein originärer Rückgriffsanspruch (§ 640 RVO), so daß im Prinzip die Weiterwälzung des Schadens auf den eigentlichen Verursacher bzw. seine Haftpflichtversicherung gewährleistet ist. Das Immissionshaftungsrecht ist mithin im Bereich der Gesundheitsverletzungen weithin ein „Recht der Regreßvoraussetzungen“.[198] Die Regreßproblematik

---

[193] Vgl. die - teilweise nicht mehr ganz aktuelle - Übersicht bei *Weyers*, Unfallschäden, S. 72 f.

[194] Zu diesen *Medicus*, JuS 1972, 553, 557; *Fuchs*, Zivilrecht und Sozialrecht, S. 115 f.

[195] Vgl. zu diesem Personenkreis nochmals *Weyers*, Unfallschäden, S. 74.

[196] Vgl. zu dieser Personengruppe - im Jahre 1986 schon auf 3 Millionen angestiegen - *Bäkker*, ZSR 1988, 595 ff.; *Fuchs*, Zivilrecht und Sozialrecht, S. 151.

[197] Für Angestellte galt § 4 LFZG nicht entsprechend, BGHZ 107, 325 ff. Die Abtretungspflicht folgte aus dem Rechtsgedanken des § 255 BGB. § 6 EFZG vom 1.6.1994 kennt die unterschiedliche Behandlung von Arbeitern und Angestellten insoweit nicht mehr.

[198] Der Ausdruck stammt von *Weyers*, Unfallschäden, S. 401; vgl. *ders.*, ZRP 1977, 292;

und die Praxis der Schadensweiterwälzung in immissionshaftungsrechtlichen Kontexten soll im nächsten Abschnitt eingehender dargestellt werden.

3. Ausschluß der Sachschäden

Der große Bereich der immissionsbedingten Sachschäden (Stichwort: Waldsterben) bleibt mangels sozialrechtlichem Bezug in dieser Arbeit ausgeklammert. Abgesehen von den hier nicht interessierenden Ausnahmen der §§ 548 Abs. 2, 765 a RVO sind Sachschäden nicht Gegenstand des sozialrechtlichen Schadensausgleichs.[199]

4. Ausschluß der Aufopferungshaftung

Die oben erwähnten immissionshaftungsrechtlichen Anspruchsgrundlagen werden grundsätzlich von der Legalzession des § 116 Abs. 1 SGB X erfaßt.[200] Entgegen dem ersten Anschein steht die Aufopferungshaftung - als dritte Spur des Haftungsrechts[201] - den Sozialversicherungsträgern jedoch nicht als Regreßinstrument zur Verfügung. Denkbar wäre das nur, wenn § 906 Abs. 2 S. 2 BGB und § 14 S. 2 BImSchG Ersatz auch für Gesundheitsschäden gewähren. Daß dies nicht der Fall ist und welche Auswirkungen das für § 116 Abs. 1 SGB X als Schaltstelle zum Sozialrecht hat, soll kurz dargelegt werden.

Während immissionsbedingte Gesundheitsverletzungen - wie gesehen - selten Gegenstand deliktsrechtlicher Auseinandersetzungen waren und sind, finden sich - rechtssystematisch zweifelhaft[202] - in größerer Zahl Urteile zu Gesundheitsbeeinträchtigungen im Zusammenhang mit § 906 BGB.[203] Analysiert man die vorhandenen Urteile, finden sich Industriebetriebe unter den Beklagten freilich so gut wie nie.[204] Typische Gesundheitsschäden der Luftverschmutzung gelangen überhaupt nicht vor die Gerichte.[205]

---

ders., Versicherungsvertragsrecht, Rz. 607. Siehe auch *Kötz*, Sozialer Wandel, S. 27; *ders.*, Deliktsrecht, Rz. 211.

[199] *Gunkel/Hebmüller*, Ersatzansprüche, Band 1, S. 96; *Fuchs*, Zivilrecht und Sozialrecht, S. 158, Fn. 2. Zum ausnahmsweisen Übergang von Sachschadensansprüchen vgl. *v. Maydell* in: GK/SGB, § 116 SGB X, Rz. 183-186.

[200] Das gilt auch für die neue Gefährdungshaftung gem. § 1 UmweltHG. Vgl. nur *H. Marburger*, WzS 1991, 129, 133.

[201] Vgl. zur Aufopferungshaftung allgemein *Deutsch*, Haftungsrecht, S. 387 ff.

[202] *Rest*, Luftverschmutzung, S. 71.

[203] Vgl. etwa BGHZ 49, 148, 152 ff.; BGHZ 79, 45, 48 ff.; OLG Hamm, NVwZ 1991, 506 ff. (Thallium-Emissionen); BGH NJW 1993, 1656 ff. (Lärmimmissionen); BGH NJW 1993, 1700 ff. (militärische Fluglärmimmissionen) und die Nachweise bei *Rest*, Luftverschmutzung, S. 77; *Adams*, ZZP 99 (1986) 129 f.

[204] Überhaupt zeichnet sich die Rechtsprechung zu § 906 BGB durch eine sehr starke Ver-

Zu § 14 S. 2 BImSchG sind - soweit ersichtlich - noch keine Urteile ergangen, bei denen Gesundheitsverletzungen eine Rolle gespielt hätten.[206]

§ 906 BGB ist indessen nach seiner ursprünglichen Ausrichtung nicht dazu bestimmt, Haftungsvorschrift zu sein. Es handelt sich vielmehr um eine - §§ 903, 1004 BGB einschränkende - Abgrenzungsregel über den Inhalt des Eigentums.[207] Die Rechtsprechung hat § 906 Abs. 2 S. 2 BGB jedoch über seinen eigentlichen Anwendungsbereich hinaus auch auf zurückliegende, etwa aus tatsächlichen Gründen nicht abwehrbare Schadensereignisse bezogen und auf Störfälle angewandt[208] und somit aus dem Aufopferungsanspruch eine „Quasi-Gefährdungshaftung" gemacht.[209] Vor diesem Hintergrund ist es zu verstehen, wenn dem § 906 Abs. 2 S. 2 BGB eigentumsschützende Wirkung zugesprochen wird.

Der Ausgleichsanspruch nach § 906 Abs. 2 S. 2 BGB setzt eine wesentliche Beeinträchtigung des Grundstücks voraus. Diese kann uU. dann bejaht werden, wenn auf den Eigentümer gesundheitsbeeinträchtigend eingewirkt wird. Daß Beeinträchtigungen der Gesundheit häufig im Rahmen des § 906 BGB beachtlich werden, hängt wesentlich damit zusammen, daß dort die Eingriffsschwelle niedriger ist als bei den deliktsrechtlichen Tatbeständen. Soweit bei § 906 BGB die wesentliche Einwirkung auf das Grundstück mit einer Gesundheitsbeeinträchtigung begründet wird, liegt regelmäßig noch keine Gesundheitsverletzung vor. Im Falle einer Gesundheitsverletzung entfiele im übrigen stets die bei § 906 Abs. 2 S. 2 BGB vorausgesetzte Duldungspflicht.

Infolgedessen ist die Aussage nicht falsch, daß schon eine erhebliche Belästigung der Gesundheit des Nachbareigentümers, unterhalb der Schwelle der Gesundheitsverletzung, für einen Ausgleichsanspruch genügt.[210] Freilich ist

---

kehrs- und Industriefreundlichkeit aus. Vgl. *Diederichsen*, Festschrift Reimer Schmidt, 1976, 1, 3 ff.; *Klingmüller*, ZVersWiss 67 (1978) 1, 11.

[205] *Lummert/Thiem*, Rechte des Bürgers, S. 148.

[206] *Littbarski*, Zivilrechtliche Probleme des Umweltschutzes, S. 50; *Feess-Dörr/Prätorius/Steger*, Umwelthaftungsrecht, S. 15, 36; Landmann/Rohmer/*Rehbinder*, Kommentar, § 14 BImSchG, Rz. 74: Die dort verzeichnete Rechtsprechung, RGZ 104, 81, 84 f. (ergangen zu § 26 GewO a. F.) und OLG Frankfurt, VersR 1983, 41 ist unergiebig, weil es jeweils nicht um Schadensersatz infolge Gesundheitsverletzungen geht.

[207] Statt aller Palandt/*Bassenge*, BGB, § 906, Rz. 1. Zur Problematik der §§ 1004, 906 BGB im privaten Umweltrecht vgl. *Olzen*, JURA 1991, 281 ff.

[208] BGHZ 48, 98, 105; BGHZ 62, 361, 371; BGHZ 70, 102, 111; BGHZ 85, 375, 384; BGHZ 90, 255, 263; BGHZ 111, 158, 162 ff.; BGH NJW 1993, 1855. Zur Auslegung und Geschichte des § 906 BGB vgl. auch *F. Baur*, JZ 1987, 317 ff.

[209] *Landsberg/Lülling*, Kommentar, § 906 BGB, Rz. 15; *G. Hager*, NJW 1991, 134, 135; *Spieker*, BayVBl. 1991, 263; *Feess-Dörr/Prätorius/Steger*, Umwelthaftungsrecht, S. 60; *Paschke*, Kommentar, Einleitung Rz.14.

[210] *Lummert/Thiem*, Rechte des Bürgers, S. 147. Wegen dieser geringeren Eingriffsschwelle wird der Grundstückseigentümer gegenüber anderen Betroffenen privilegiert. Zu diesem Argu-

der Schutz der Gesundheit in § 906 Abs. 2 S. 2 BGB nur mittelbar, gewissermaßen als Reflex, enthalten, vordergründig ist stets die Grundstücksbezogenheit des Anspruchs.[211]

§ 906 Abs. 2 S. 2 BGB gewährt eine „billige Entschädigung in Geld". Die Schnittstelle zum Sozialrecht bildet § 116 SGB X. Gem. § 116 Abs. 1 SGB X gehen indes nur Schadensersatzansprüche auf den Sozialversicherungsträger über. Wenn auch die Bandbreite der übergangsfähigen Ansprüche weit gezogen ist, so wird doch - soweit ersichtlich - die Übergangsfähigkeit des § 906 BGB nicht bejaht,[212] wohl schon deshalb nicht, weil er kein „echter" Schadensersatzanspruch ist.[213]

Diese Argumentation aus dem Wortlaut versagt jedoch bei § 14 S. 2 BImSchG, der ausdrücklich Schadensersatz gewährt.[214] Entscheidend für die sozialversicherungsrechtliche Irrelevanz der Aufopferungshaftung insgesamt ist denn auch der schon angesprochene Gesichtspunkt der Immobiliarfixierung: § 14 S. 2 BImSchG und § 906 Abs. 2 S. 2 BGB schützen - aus der Warte des immissionsbelasteten Nachbarn - primär das Eigentum, die Gesundheit hingegen nur mittelbar. Daher umfaßt der Ausgleichsanspruch in der Regel nur vermögenswerte Einbußen infolge geminderten Grundstückswertes und sonstige Substanzeinbußen. Das Gesundheitsinteresse des Anspruchsberechtigten erfährt dagegen im Rahmen des § 906 Abs. 2 S. 2 BGB[215] wie des § 14 S. 2 BImSchG keinen gesonderten finanziellen Ausgleich.

---

ment *Engelhardt*, Haftung für Umweltschäden, S. 68 f. Für möglicherweise verfassungswidrig hält diesen Zustand *Salje*, ZRP 1988, 153, 156; *ders.*, Kommentar, Vorwort und § 1 UmweltHG, Rz. 5.

[211] *P. Marburger*, Gutachten, C 118; *Gerlach*, System, S. 184, kritisch zur Immobiliarbezogenheit S. 230 ff.; *Rest*, Luftverschmutzung, S. 76; *Kloepfer*, Umweltrecht, § 4 Rz. 298.

[212] Die Übergangsfähigkeit eines Aufopferungsanspruchs pauschal verneinend BGHZ 20, 81 ff. (für § 75 EinlPreußALR); im übrigen wird die Übergangsfähigkeit der §§ 906 BGB, 14 BImSchG ausdrücklich nirgendwo bejaht; vgl. etwa *Hermann Lange*, Schadensersatz, S. 703 ff.; Geigel/*Plagemann*, § 116 SGB X, Rz. 10 ff.; *Gunkel/Hebmüller*, Ersatzansprüche, Band 3, S. 19 ff., insbesondere S. 88 ff. bei der Darstellung der Aufopferungsansprüche.

[213] Vgl. zur Rechtsfolge des § 906 Abs. 2 S. 2 BGB auch Soergel/*J. F. Baur*, BGB, § 906, Rz. 109.

[214] Landmann/Rohmer/*Rehbinder*, Kommentar, § 14 BImSchG, Rz. 76. Nicht zuletzt wegen dieses Rechtsfolgenausspruchs ist die dogmatische Natur des § 14 S. 2 BImschG umstritten. Vgl. dazu die Nachweise bei *Engelhardt*, Haftung für Umweltschäden, S. 43 f. Nach h. M. im haftpflichtversicherungsrechtlichen Schrifttum handelt es sich sowohl bei § 906 Abs. 2 S. 2 BGB als auch bei § 14 S. 2 BImSchG nicht um (unter § 1 AHB fallende) Schadensersatzansprüche, vgl. Prölss/Martin/*Voit*, Kommentar, § 1 AHB, Anm. 2 b; und die Nachweise bei *G. Wagner*, VersR 1992, 261, 265 Fn. 37.

[215] Explizit BGHZ 92, 143, 145; *Lummert/Thiem*, Rechte des Bürgers, S. 174; *Gerlach*, System, S. 241 (für § 906 Abs. 2 S. 2 BGB, anders für § 14 S. 2 BImSchG); *Knebel*, UTR (5) 1988, 261, 262; *Töpfer*, VW 1988, 466; *Schirmer*, ZVersWiss 79 (1990) 137, 149; *G. Hager*, JZ 1990, 397, 400; *ders.*, NJW 1991, 134, 135; *Spieker*, BayVBl. 1991, 263; *Feess-Dörr/Prätori-*

Das verkennt *Engelhardt*, wenn er meint, daß Gesundheitsbeeinträchtigungen auch in der Rechtsfolge des § 906 Abs. 2 S. 2 BGB als „Folgeschäden" berücksichtigt werden.[216] Hier sei nochmals darauf hingewiesen, daß gesundheitliche Beeinträchtigungen im Rahmen von § 906 BGB nur für die Frage der Grundstücksbeeinträchtigung relevant werden können. Ersatz für Gesundheitsschäden kann § 906 Abs. 2 S. 2 BGB nicht gewähren.

Die Immobiliarbezogenheit als prägendes Moment des § 906 BGB hat der BGH nochmals in der sog. Kupolofen-Entscheidung betont.[217] Damit scheidet im übrigen eine analoge Anwendung des § 906 Abs. 2 S. 2 BGB in Richtung auf einen allgemeinen Aufopferungsanspruch (auch) für Schäden an Leib und Leben aus, weil es jedenfalls an der Vergleichbarkeit der Sachverhalte fehlt.[218]

Die Aussage, daß das Gesundheitsinteresse keinen gesonderten Ersatz erfährt, ist allerdings, soweit sie § 14 S. 2 BImSchG betrifft, umstritten. Nach Auffassung von *G. Wagner*,[219] *Peine*[220] und *Rehbinder*[221] umfaßt der in § 14 S. 2 BImSchG normierte Anspruch auch Schäden an immateriellen Rechtsgütern, gewährt mithin Ersatz für Gesundheitsschäden. Auf eine vertiefte Auseinandersetzung mit dieser mit beachtlichen Gründen vertretenen Ansicht muß hier verzichtet werden. Die Auslegung des § 14 S. 2 BImSchG kann nicht isoliert vorgenommen werden. In letzter Linie berührt der Meinungsstreit die Fundamente der Aufopferungsdogmatik und ihre Entwicklungsmöglichkeiten vor dem Hintergrund der schon lange umstrittenen Frage, ob und vor allem wie das öffentliche Recht das private Nachbar- und Deliktsrecht - und dort insbesondere die Kategorie der Rechtswidrigkeit - beeinflußt.[222] Nach Inkrafttreten des UmweltHG mit seiner von Rechtswidrigkeit unabhängigen Gefähr-

---

us/Steger, Umwelthaftungsrecht, S. 16; *Paschke*, Kommentar, Einleitung, Rz. 14; *Alsleben*, Zufall und subjektives Risiko, S. 17.

[216] *Engelhardt*, Haftung für Umweltschäden, S. 56 und 68. Das von *Engelhardt* zu Unrecht in bezug genommene Urteil des BGH WM 1970, 1292 beschäftigt sich nicht mit einem Anspruch aus § 906 Abs. 2 S. 2 BGB, sondern aus § 823 Abs. 1 BGB. Mißverständlich auch *P. Baumann*, JuS 1989, 433, 434.

[217] BGHZ 92, 143, 145; so auch *Pfeiffer*, Bedeutung, S. 171; unrichtig *Engelhardt*, Haftung für Umweltschäden, S. 54 ff.

[218] *Pfeiffer*, Bedeutung, S. 177; Nachweise der Diskussion bei *Engelhardt*, Haftung für Umweltschäden, S. 57-69.

[219] *G. Wagner*, Öffentlich-rechtliche Genehmigung und zivilrechtliche Rechtswidrigkeit, S. 269 ff.

[220] NJW 1990, 2442, 2447 f.

[221] Landmann/Rohmer/*Rehbinder*, Kommentar, § 14 BImSchG, Rz. 74 mit weiteren Nachweisen pro und contra. Dieser Auffassung hat sich jetzt auch *Jarass*, Kommentar zum BImSchG, 2. Aufl., § 14, Rz. 27 angeschlossen.

[222] Dazu etwa *Gerlach*, JZ 1988, 161, insb. S. 169 ff.; ausführlich *G. Wagner*, Öffentlichrechtliche Genehmigung und zivilrechtliche Rechtswidrigkeit, 1989.

dungshaftung für bestimmte Anlagen hat dieser Konflikt insoweit allerdings stark an Bedeutung verloren.

Ein Einwand sei immerhin formuliert: Systematisch setzt die den § 14 S. 2 BImSchG aus seiner „Immobiliarfixierung" herauslösende Ansicht von *G. Wagner*, *Peine* und *Rehbinder* voraus, daß die Präklusionswirkung der Genehmigung über § 14 S. 1 BImSchG auch gegenüber Beeinträchtigungen der Gesundheit wirkt.[223] Nur dann ist nach dem Wortlaut des § 14 S. 2 BImSchG der Weg frei zum Aufopferungsanspruch. Die h. M.[224] verneint hingegen die Erstreckung der Präklusion auch auf Gesundheitsbeeinträchtigungen. Dafür spricht die Erwägung, daß der Genehmigung nach BImSchG privatrechtsgestaltende Wirkung dahingehend zukommt, daß die über § 14 S. 2 BImSchG auszugleichenden Eingriffe rechtmäßig sind.[225] In Anbetracht des hohen verfassungsrechtlichen Ranges von Leben und Gesundheit sind Einwirkungen von gesundheitsschädigender Intensität indes in aller Regel unverhältnismäßig. Eine öffentlich-rechtliche Genehmigung vermag sie nicht zu rechtfertigen.[226] Ob eine dennoch erteilte Genehmigung damit ihren Bestandsschutz verliert oder behält, dann aber die Berufung auf den Bestandsschutz rechtsmißbräuchlich[227] ist, kann dahinstehen. Jedenfalls muß bei Gesundheitsschäden bewirkenden Eingriffen die rechtfertigende Kraft der Genehmigung entfallen. Damit ist dann aber auch die Präklusionswirkung des § 14 S. 1 BImSchG hinfällig und deshalb eine Anwendungsvoraussetzung für den Aufopferungsanspruch.

Nach h. M.[228] regelt § 14 BImSchG lediglich die Schäden an Nachbargrundstücken, er ist „immobiliarbezogen". Die Norm soll immaterielle Schä-

---

[223] Diesen Einwand sieht auch Landmann/Rohmer/*Rehbinder*, Kommentar, § 14 BImSchG, Rz. 47-49, 74.

[224] Die h. M. behandelt § 906 Abs. 2 S. 2 BGB und § 14 S. 2 BImSchG insoweit unterschiedslos. Vgl. daher Fn. 214. Zum hier Gesagten ausdrücklich *Jarass*, Kommentar zum BImSchG, 1. Aufl. 1983, § 14, Rz. 17 (die gegenteilige Meinung wird vertreten in der 2. Aufl. 1993, § 14, Rz. 27); *Larenz*, Schuldrecht II, BT, 12. Aufl., § 78 6, S. 738; anders jetzt wohl *Larenz/Canaris*, Schuldrecht II/2, 13. Aufl., § 85 II 5, S. 663. Weitere Nachweise bei Landmann/Rohmer/*Rehbinder*, Kommentar, § 14 BImSchG, Rz. 47. Auch die wenigen Äußerungen des BGH im Kupolofen-Fall, BGHZ 92, 143, 145 f. und im Waldschaden-Urteil, BGHZ 102, 350, 352 ff. deuten auf eine enge, „immobiliarbezogene" Auslegung des § 14 S. 2 BImSchG.

[225] *Peine*, NJW 1990, 2442, 2445 m. w. N.; vgl. auch *Gerlach*, JZ 1988, 161, 162 f. Unstreitig ist das nicht. Der BGH hat diese Problematik im Kupolofen-Urteil, BGHZ 92, 143, 151 f., nicht erörtert, obwohl sie dort nicht unerheblich war. Kritisch dazu *G. Wagner*, Öffentlichrechtliche Genehmigung, S. 2.

[226] So im Ergebnis auch Landmann/Rohmer/*Rehbinder*, Kommentar, § 14 BImSchG, Rz. 48 f.; vgl. noch *J. Hager*, JURA 1991, 303, 305 mit Fn. 36: Die ortsübliche Benutzung eines emittierenden Grundstücks kann nicht die Gesundheitsverletzung eines Mitmenschen rechtfertigen.

[227] Einen Rechtsmißbrauch der Genehmigung bei gesundheitsschädigenden Einwirkungen nimmt an *G. Wagner*, Öffentlich-rechtliche Genehmigung, S. 271, 251 f.

[228] S. oben Fn. 214.

den nicht erfassen. Folglich erstreckt sich der Schadensersatzanspruch nach h. M. gem. § 14 S. 2 BImSchG nicht auf Gesundheitsschäden.

Kommt es folglich weder bei § 906 Abs. 2 S. 2 BGB noch bei § 14 S. 2 BImSchG zu einem gesonderten Ersatz des Gesundheitsschadens, wird es stets schon an der für den Übergang nach § 116 Abs. 1 SGB X erforderlichen sachlichen Kongruenz zwischen der Leistung des Sozialversicherungsträgers und dem Inhalt des Ausgleichsanspruchs fehlen.[229] Die Leistungen des Sozialversicherungsträgers müssen „denselben" Zweck erfüllen wie der vom Schädiger zu erbringende Schadensersatz, müssen sich also auch auf denselben konkreten Schaden beziehen. Nur dann ist die sachliche Kongruenz zu bejahen und damit die Übergangsfähigkeit des Schadensersatzanspruchs. Weil die Leistungen der Sozialversicherungsträger sich aber im wesentlichen auf Krankenbehandlung und den Ersatz des Erwerbsschadens[230] beschränken, diese in der Rechtsfolge der § 906 Abs. 2 S. 2 BGB und § 14 S. 2 BImSchG jedoch nicht berücksichtigt werden, fehlt es an der nach § 116 SGB X nötigen Behebung eines Schadens der „gleichen Art", also der sachlichen Deckung.

III. Zusammenfassung von B.

Das Immissionshaftungsrecht dient der zivilrechtlichen Bewältigung solcher Umweltschäden, die sich als Belastungen des Menschen aus der Umwelt darstellen. Haftungsrechtlich relevant sind primär Industrieimmissionen. Diese Immissionen verursachen neben anderen Schäden vielfältige Gesundheitsverletzungen. Hier liegt nun eine Schnittstelle insbesondere zum Sozialversicherungsrecht. Die aus einer Gesundheitsverletzung resultierenden Schäden werden zum überwiegenden Teil zunächst von Sozialversicherungsträgern ausgeglichen. Das Immissionshaftungsrecht wird diesen zum Recht der Regreßvoraussetzungen. Das Aufopferungsrecht bildet allerdings wegen seiner Grundstücksbezogenheit kein Regreßinstrument.

---

[229] Zum Erfordernis der sachlichen Kongruenz vgl. etwa *v. Maydell* in: GK/SGB, § 116 SGB X, Rz. 92 ff., 95; *Seitz*, Ersatzansprüche, S. 132 ff.

[230] Ausführlicher dazu oben B.II.2.a), b).

C. Schadensabwicklung zwischen Versicherungskollektiven

Im vorherigen Abschnitt haben wir gesehen, daß Gesundheitsschäden aus Industrieimmissionen zum weit überwiegenden Teil von Systemen kollektiver Sicherung und Vorsorge ausgeglichen werden. Der vorgegebenen Themenbeschränkung folgend und der tatsächlichen Bedeutung gemäß stehen insofern die Sozialversicherungsträger im Vordergrund. Der Regreß im Recht der Lohnfortzahlung durch den Arbeitgeber sowie der Rückgriff von Versorgungsträgern nicht sozialversicherter Personen werden im weiteren nicht behandelt.[1]

In diesem Abschnitt soll nun der Frage nachgegangen werden, ob es mit dem Schadensausgleich durch die Versichertengemeinschaften auch in Fällen haftungsrechtlicher Relevanz sein Bewenden hat oder ob die Schadenstragung dann nur eine vorläufige ist, weil eine Weiterwälzung stattfindet. Angesprochen ist also die Regreßproblematik im Immissionshaftungsrecht im Hinblick auf die Sozialversicherungsträger.

Unter Regreß wird hier verstanden der „Rückgriff eines Schuldners, der das Interesse seines Gläubigers ganz oder teilweise befriedigt hat, gegen einen anderen Schuldner dieses Gläubigers, der für dasselbe Interesse einstehen muß".[2] Darunter fallen sowohl originäre Rückgriffsformen, etwa nach § 640 RVO oder aufgrund eines Teilungsabkommens, als auch die - aufgrund einer Legalzession oder einer Abtretung - abgeleiteten Modalitäten der Inanspruchnahme eines anderen.[3]

Zunächst wird die Geschädigtenseite beleuchtet, also der Wechsel in der Person des Aktivlegitimierten (I). Anschließend wandert der Blick auf die Schädigerseite. Die alleinige Passivlegitimation des Schädigers wird durch das regelmäßige Hinzutreten von Haftpflichtversicherern berührt (II). Es folgen Betrachtungen zur praktischen Bedeutung des Individualregresses im Immissionshaftungsrecht (III). Endlich wird zum Vorkommen pauschaler Rückgriffsformen (Teilungsabkommen) auf dem Anwendungsgebiet des Immissionshaftungsrechts Stellung genommen (IV).

---

[1] Dazu knapp statt aller Soergel/*Mertens*, BGB, Vor § 249, Rz. 196 ff. m. w. N.

[2] *Hüffer*, Der Rückgriff gegen den deliktisch handelnden Schädiger, S. 9.

[3] Vgl. einstweilen *H. Baumann*, Regreß, S. 9.

I. Die Aktivlegitimation

1. § 640 Abs. 1 RVO

Sofern die immissionsbedingte Gesundheitsverletzung neben dem Versicherungsfall in der gesetzlichen Unfallversicherung[4] an sich auch einen zum Schadensersatz verpflichtenden Tatbestand darstellt, ordnen die §§ 636, 637 RVO[5] in Abweichung von den allgemeinen Regeln an, daß gegen den Arbeitgeber bzw. die Arbeitskollegen, die den Arbeitsunfall (schuldhaft)[6] verursachen, kein Schadensersatzanspruch entsteht. Das Unfallversicherungsrecht beschränkt mithin unmittelbar die zivilrechtliche Ersatzpflicht des Arbeitgebers bzw. der anderen Betriebsangehörigen. Ein Rückgriffsrecht des Unfallversicherungsträgers gewährt § 640 Abs. 1 RVO nur dann, wenn der Arbeitsunfall vorsätzlich oder grob fahrlässig verursacht wurde.[7]

a) Rechtsnatur des Rückgriffsanspruchs

§ 640 RVO leitet nicht den Schadensersatzanspruch des Geschädigten im Wege einer Legalzession auf den Träger der Unfallversicherung über, sondern begründet vielmehr einen zivilrechtlichen,[8] originären Rückgriffsanspruch.[9] Insofern unterscheidet sich die Regelung von anderen Regreßnormen, etwa § 67 Abs. 1 VVG, § 116 Abs. 1 SGB X. Dogmatischer Grund für diese Konstruktion ist die Haftungsfreistellung bei grober Fahrlässigkeit (§§ 636, 637 RVO), die einen überleitungsfähigen Anspruch verhindert.[10] Das bedeutet freilich nicht, daß ein zivilrechtlicher Schadensersatzanspruch gar nicht entsteht. Die Überleitungsunfähigkeit ergibt sich vielmehr daraus, daß der Anspruch gegen den Schädiger nicht durchgesetzt werden kann. Im Verhältnis

---

[4] Gemeint ist hier freilich nur die echte Unfallversicherung, der sämtliche Arbeitnehmer angehören. Für die sog. unechte Unfallversicherung (vgl. etwa § 539 Abs. 1 Nr. 14 RVO) ist § 640 RVO ohne Bedeutung. Kritisch zur unechten Unfallversicherung *Sieg*, VersR 1980, 1085, 1087. - Regreßberechtigt nach § 640 RVO sind nicht nur Berufsgenossenschaften, sondern auch andere Versicherungsträger, vgl. BGHZ 57, 314 ff. (Rentenversicherung).

[5] Eine den §§ 636, 637 RVO entsprechende Regelung gilt für die Beamten und Soldaten, § 46 BeamtVG, § 91 a SoldVersG.

[6] Ausnahmen: Vorsatz und Teilnahme am allgemeinen Verkehr. Soweit kein Verschulden vorliegt, geht es um die Ablösung von Gefährdungshaftung.

[7] Das System wird ergänzt durch die Möglichkeit der Beitragserhöhung für Betriebe mit besonderer Unfallhäufigkeit (§ 725 Abs. 2 RVO) und durch die Möglichkeit der Erhebung von Geldbußen nach § 710 RVO wegen Verstößen gegen Unfallverhütungsvorschriften.

[8] Daß Rechtsnatur und Rechtsweg zivilrechtlich sind, ist nicht unstreitig, vgl. die Nachweise bei *Weyers*, Unfallschäden, S. 137; BSGE 37, 20, 21 (umfassender Überblick zum Streitstand).

[9] *Fuchs*, Zivilrecht und Sozialrecht, S. 203.

[10] *Marschall v. Bieberstein*, VersR 1972, 991, 995.

etwa zu einem (nicht privilegierten) Zweitschädiger besteht ein echtes, wenn auch „gestörtes" Gesamtschuldverhältnis, § 840 Abs. 1 BGB. Ein Gesamtschuldverhältnis könnte es nicht geben, wenn §§ 636 f. RVO schon die Anspruchsentstehung als solche hinderten.[11]

b) Haftungsersetzung durch Versicherungsschutz

Da die Schuldformen des Vorsatzes und der groben Fahrlässigkeit, soweit ersichtlich,[12] in immissionshaftungsrechtlichen Konstellationen praktisch wohl kaum Bedeutung erlangen, kann festgestellt werden, daß im Bereich der gesetzlichen Unfallversicherung Immissionshaftung durch Versicherung ersetzt ist.[13]

Unverständlich erscheint demgegenüber, warum *Ihrig/Rühling* das „Nebeneinander von UmweltHG und sozialrechtlichen Sonderbestimmungen (§§ 551 III, 636 ff. RVO)" als ungeklärt bezeichnen. Das UmweltHG habe Personenschäden von Arbeitnehmern von der Ersatzpflicht nicht ausgenommen, was zu einer Doppelbelastung der Anlagenbetreiber führen könne, da diese bereits Beiträge an die Unfallversicherungsträger entrichtet hätten.[14] Nach dem Gesagten ist eine derartige Doppelbelastung der Anlagenbetreiber nicht zu besorgen. Allenfalls der - sicherlich schmale - Bereich der sog. arbeitsbedingten Erkrankungen könnte hier eine Ausnahme bilden.[15] Soweit der Schutz der gesetzlichen Unfallversicherung reicht, steht den Arbeitnehmern gegen ihre anlagenbetreibenden Arbeitgeber der Anspruch aus § 1 UmweltHG nicht zur Verfügung.[16]

---

[11] Dazu *Fuchs*, Zivilrecht und Sozialrecht, S. 200 f., der die Haftungsfreistellung gem. § 636 f. RVO als rechtshemmende Einwendung begreift.

[12] Eine Ausnahme könnte allenfalls die oben B.II.1.b)aa) angeführte Fallgruppe der Störfälle und eklatanten Verkehrspflichtverstöße bilden. Vorsatz bzw. grobe Fahrlässigkeit müssen jedoch auch Eintritt und Umfang des Schadens umfaßt haben, BGHZ 75, 328, 332 f.; kritisch *Baltzer*, SGb. 1989, 529, 530 ff.

[13] BGHZ 75, 328, 331 spricht von einem „in sich geschlossenem System der Schadensbereinigung". Umfassend *Gitter*, Schadensausgleich, S. 51 ff.; vgl. noch *Marschall v. Bieberstein*, VersR 1972, 991; ; *Fuchs*, Zivilrecht und Sozialrecht, S. 200; Erman/*Schiemann*, BGB, Vor § 823, Rz. 9 (zitiert irrigerweise SGB V als sedes materiae der gesetzlichen Unfallversicherung).

[14] *Ihrig/Rühling*, Umwelthaftungsgesetz, § 18, Erl. 2.

[15] Zu diesen siehe oben B.II.2.a)bb) und nochmals *Peter/Salje*, VP 1991, 5, 13 auch zur haftpflichtversicherungsrechtlichen Seite. Das Beitragsargument von *Ihrig/Rühling*, a. a. O.., verfängt schon deshalb nicht, weil die Arbeitgeber-Beiträge zur Finanzierung der Versicherungsfälle in der Unfallversicherung aufgebracht werden, die sog. arbeitsbedingten Erkrankungen vorbehaltlich § 551 Abs. 2 RVO aber gerade keinen Versicherungsfall in der Unfallversicherung auslösen.

[16] Zum Problem vgl. auch *Gerlach*, System, S. 342 f.; *Schmidt-Salzer*, Kommentar, § 1 UmweltHG, Rz. 305-308; Landmann/Rohmer/*Rehbinder*, Kommentar, § 3 UmweltHG, Rz. 12 f.

In der Sache wirkt sich damit die Unfallversicherung für die durch §§ 636, 637 RVO privilegierten Schädiger wie eine Haftpflichtversicherung aus, die den sonst Haftpflichtigen die Haftungslast - außer im Falle der vorsätzlichen Schädigung - abnimmt.[17] Die gesetzliche Unfallversicherung ist also nicht nur eine Leistungsversicherung zugunsten des Geschädigten. Zentrales gesetzgeberisches Anliegen war auch die Entlastung des Schädigers.[18]

Freilich deckt der private Haftpflichtversicherer abweichend von der gesetzlichen Unfallversicherung auch den grob fahrlässig herbeigeführten Versicherungsfall: Gem. der Sondernorm des § 152 VVG tritt insoweit die regelmäßige Leistungsfreiheit nach § 61 VVG nicht ein, während § 640 RVO dem gesetzlichen Unfallversicherer hier den Rückgriff gewährt. Diese unterschiedliche Behandlung ist denn auch Gegenstand der Kritik.[19] Besonders zweifelhaft ist die Situation deshalb, weil die Berufsgenossenschaften den Unternehmen gleichzeitig einen Haftpflichtversicherungsschutz gewähren, der gegen die von ihnen in ihrer Eigenschaft als Unfallversicherer geltend gemachten Regreßansprüche Deckung gibt.[20]

c) Sachliche Rechtfertigung der Haftungsersetzung

aa) Finanzierungsargument

Sachlich gerechtfertigt wird die Haftungsersetzung im Falle des § 636 RVO zum einen dadurch, daß die Entschädigungsleistungen der Unfallversicherung ausschließlich aus Beiträgen der Unternehmer finanziert werden (Finanzierungsargument).[21]

Allerdings umfassen die Leistungen der gesetzlichen Unfallversicherung nicht den Ersatz des immateriellen Schadens.[22] Eine „Vorfinanzierung" etwaiger Schmerzensgeldansprüche findet mithin nicht statt. Gleichwohl wird nach h. M. auch der Schmerzensgeldanspruch nach § 847 Abs. 1 BGB durch § 636 RVO mit der Folge ausgeschlossen, daß wegen dieses Anspruchs auch

---

[17] *Gitter*, Schadensausgleich, S. 76 f.; *Fuchs*, Zivilrecht und Sozialrecht, S. 202; BGH SGb 1978, 213, 214.

[18] *Fuchs*, Zivilrecht und Sozialrecht, S. 202.

[19] *Marschall v. Bieberstein*, VersR 1968, 509, 515 f.; *Gitter*, Schadensausgleich, S. 252 f. Deutlich *Fuchs*, Zivilrecht und Sozialrecht, S. 202: „Mißachtung des Versicherungsprinzips". Zu den rechtspolitischen Folgerungen vgl. unten D.IV.

[20] *Gitter*, Schadensausgleich, S. 253; *Weyers*, Unfallschäden, S. 138. Dieser Aspekt wird unten D.V.1.b) bei den Regreßzwecken noch etwas näher betrachtet.

[21] BGHZ 19, 114, 121; BGHZ 24, 247, 250; *Bley/Kreikebohm*, Sozialrecht, Rz. 893; *Gitter*, Sozialrecht, S. 141. Kritik am Finanzierungsargument bei *Gitter*, Schadensausgleich, S. 239 m. w. N.

[22] Dazu schon oben B.II.2.c).

bei schuldhafter Herbeiführung des Unfalls nicht gegen den Unternehmer vorgegangen werden kann.[23] Diese vom Wortlaut des § 636 RVO gebotene Auslegung enthält nach Ansicht des Bundesverfassungsgerichts keinen Verstoß gegen Art. 3 Abs. 1 GG,[24] weil das Ausgleichssystem der RVO mit anderen Schadensersatzregelungen nicht vergleichbar sei. Denn: Abweichend von den Wertungen des § 254 BGB hat ein Mitverschulden des Geschädigten nur unter den qualifizierten Voraussetzungen der §§ 553, 554 RVO Auswirkungen auf den Leistungsbezug. Daher könne auch ein Verschulden des Arbeitgebers anders als nach dem BGB derart gewürdigt werden, daß es kein Schmerzensgeld nach sich ziehe.[25] Nach anderer Ansicht[26] ist der Ausschluß des Schmerzensgeldanspruchs rechtspolitisch verfehlt und verfassungsrechtlich bedenklich, weil vor allem bei schweren Schäden der Geschädigte durch diese Regelung oft schlechter stehe als nach allgemeinem Deliktsrecht.

Eine Schlechterstellung kann sich aber auch bei leichten Schäden ergeben, etwa dann, wenn der Versicherte eine Minderung der Erwerbsfähigkeit unter 20 % erleidet und deshalb gem. § 581 Abs. 1 Nr. 2 RVO keine Rente erhält. Sollte er aber gleichwohl einen Erwerbsschaden erlitten haben, kann er sich diesbezüglich nicht bei seinem Arbeitgeber erholen.[27]

bb) Friedensargument

Zum anderen soll durch die Vermeidung von Schadensersatzstreitigkeiten innerhalb des Unternehmens der Betriebsfrieden gefördert werden (Friedensargument).[28] Das Friedensargument scheint indessen empirisch nicht belegt zu sein.[29] Im übrigen schließen §§ 636, 637 RVO die Haftung für Sachschäden des Arbeitnehmers nicht aus, so daß zumindest bezüglich dieser Schadensposten Prozesse gegen den Arbeitgeber geführt werden können.[30] Verfechter des Friedensarguments müßten daran an sich Anstoß nehmen.

---

[23] BAG NJW 1967, 1925; BAG NJW 1970, 442; BGHZ 3, 298 (zu § 889 RVO a. F.); BGHZ 26, 152, 157; *Gitter*, Sozialrecht, S. 143.

[24] BVerfGE 34, 118.

[25] Vgl. zu diesem Argument auch *Gitter*, Sozialrecht, S. 143.

[26] Erman/*Schiemann*, BGB, Vor § 823, Rz. 9; *Fuchs*, Zivilrecht und Sozialrecht, S. 201; *Kötz*, Deliktsrecht, Rz. 600. Ablehnend auch schon *Steindorff*, SAE 1967, 272; *Hanau*, JurA 1970, 112, 114 ff.

[27] Vgl. zu diesem Fall *Gitter*, Sozialrecht, S. 142.

[28] *Gitter*, Schadensausgleich, S. 240-242; *ders.*, Sozialrecht, S. 141.

[29] Vgl. *Hanau*, JurA 1970, 112, 120; sowie die Nachweise bei *Fuchs*, Zivilrecht und Sozialrecht, S. 201.

[30] Das führt auch *Steindorff*, SAE 1967, 272 gegen das Friedensargument an, das er überdies für antiquiert hält.

Das Friedensargument wird von den Vertretern der h. L. auch zur Rechtfertigung des Schmerzensgeldausschlußes herangezogen.[31]

cc) Rechtfertigung des § 637 RVO

Die sachliche Rechtfertigung des § 637 RVO (Haftungsfreistellung der Arbeitskollegen) folgt nicht aus dem Finanzierungsargument, weil die Arbeitnehmer in der Unfallversicherung keine Beiträge zu entrichten haben.[32] Als Begründung wird vielmehr erneut das Friedensargument verwendet.[33] Zusätzlich wird die Haftungsfreistellung mit dem Hinweis gestützt, daß die Arbeitnehmer eine „Funktions- und Gefahrengemeinschaft" bilden[34]: Einerseits erhalte der Arbeitnehmer als Schädiger eine gesicherte Position, andererseits müsse er dafür als Geschädigter die die Leistungen der Unfallversicherung übersteigenden Schadensersatzansprüche gegen den Arbeitskollegen opfern. Für den Haftungsausschluß spricht endlich die Erwägung, daß die Arbeitskollegen bei Inanspruchnahme durch den Geschädigten nach den Grundsätzen über gefahrengeneigte Arbeit einen Freistellungsanspruch gegen den Arbeitgeber hätten und damit den Haftungsausschluß des § 636 RVO indirekt zunichte machen würden.[35]

2. § 116 Abs. 1 SGB X

a) Rechtsnatur

Erlangt ein Sozialversicherter gegen einen Dritten einen Schadensersatzanspruch und erbringt wegen dieses schädigenden Ereignisses, das gleichzeitig einen Versicherungsfall in der gesetzlichen Kranken-, Unfall[36]- oder Rentenversicherung auslöst, ein Sozialversicherungsträger Leistungen, dann geht der zivilrechtliche Schadensersatzanspruch im Wege einer Legalzession in gleicher Höhe auf den Sozialversicherungsträger über. Diese Rechtsfolge spricht

---

[31] *Gitter*, Sozialrecht, S. 143. Dagegen *Steindorff*, SAE 1967, 272.

[32] *Gitter*, Sozialrecht, S. 144.

[33] *Gitter*, Schadensausgleich, S. 243 m. w. N.; *ders.*, Sozialrecht, S. 144; *Bley/Kreikebohm*, Sozialrecht, Rz. 898.

[34] Ausführlich dazu *Gitter*, Schadensausgleich, S. 243-247; *ders.*, Sozialrecht, S. 144.

[35] *Tempel*, Materielles Recht im Zivilprozeß, S. 571.

[36] Die Träger der gesetzlichen Unfallversicherung sind nicht etwa auf den Regreß gem. § 640 RVO beschränkt. Vielmehr bildet § 116 SGB X auch für die Unfallversicherungsträger die grundsätzliche Regreßnorm. § 640 RVO greift nur „subsidiär" für den durch §§ 636, 637 RVO geregelten Bereich ein. Vgl. BSGE 37, 20, 21 f. Ein Beispiel für das Eingreifen des § 116 SGB X findet sich etwa bei *Gitter*, Sozialrecht, S. 144. Vgl. auch den Fall des OLG Karlsruhe, VersR 1977, 936 f. (zu § 539 Abs. 1 Nr. 9 RVO) und dazu *Medicus*, Bürgerliches Recht, Rz. 424.

§ 116 Abs. 1 SGB X, der § 1542 RVO a. F. zum 1. Juli 1983 abgelöst hat, aus. Die Vorschrift unterscheidet sich von § 640 RVO grundlegend dadurch, daß sie eine Legalzession anordnet. Es entsteht kein originärer Rückgriffsanspruch, sondern es ist der Schadensersatzanspruch des Geschädigten, der auf den Sozialversicherungsträger übergeht.[37]

Die Vorschrift bedeutet damit die wesentliche Schnittstelle zwischen Immissionshaftungsrecht und Sozialrecht. Abgesehen von dem durch §§ 636, 637 RVO erfaßten Bereich wird folglich das Immissionshaftungsrecht nicht durch gesetzlichen Versicherungsschutz ersetzt. Diese Einschätzung kann freilich in dieser apodiktischen Kürze nur eine vorläufige sein.

b) Wirkungsweise des § 116 Abs. 1 SGB X

Nach allgemeiner Meinung enthält § 116 Abs. 1 SGB X die wesentliche Besonderheit, daß der Schadensersatzanspruch bereits im Zeitpunkt seiner Entstehung die Inhaberschaft wechselt, mithin nur eine logische Sekunde beim Geschädigten verbleibt.[38] Die Legalzession findet schon statt, wenn eine weit entfernte Möglichkeit des Eintritts von Leistungspflichten besteht; es darf nur nicht die Entstehung völlig unwahrscheinlich, also geradezu ausgeschlossen erscheinen.[39] Kenntnis des Sozialversicherungsträgers vom Schadensfall und seiner daraus resultierenden Leistungspflicht sowie ein Antrag des Verletzten auf die jeweiligen Sozialleistungen sind keine Voraussetzungen für den Forderungsübergang.[40] Im Zeitpunkt der Entstehung des Schadensersatzanspruchs sind freilich in aller Regel weder der genaue Umfang des gesamten eingetretenen Schadens noch der Umfang der Leistungsverpflichtung des Sozialversicherungsträgers bekannt. Daher geht der Anspruch des Geschädigten „gewissermaßen" zunächst nur dem Grunde nach über.[41] Ist schon das Bestehen des Anspruches im Zeitpunkt des schadensstiftenden Ereignisses unsicher, wie häufig in immissionshaftungsrechtlichen Kontexten, geht die Rechtsstellung des Geschädigten gewissermaßen als potentielle Rechtsposition auf den Sozialversicherungsträger über.[42]

---

[37] BGHZ 9, 179, 189; *v. Maydell*, in: GK/SGB, § 116 SGB X, Rz. 28.

[38] BGHZ 19, 177, 178; BGH VersR 1960, 709; BGH NJW 1987, 1696; BGH NJW 1990, 2933 ff. m. w. N.; BGH NJW-RR 1990, 343; *Gunkel/Hebmüller*, Ersatzansprüche, Band 1, S. 100 ff.; *v.Maydell*, in: GK/SGB, § 116 SGB X, Rz. 194; *Hermann Lange*, Schadensersatz, § 11 C II 3, S. 700; *Plagemann*, SGb. 1993, 197, 198 f.; *A. Müller*, NZS 1994, 13 f.; *André*, NZS 1994, 307 (auch zu den hier nicht interessierenden Ausnahmen).

[39] BGHZ 48, 181, 184; BGH NJW-RR 1990, 344, 345; BGH NJW 1990, 2933, 2934.

[40] *v. Maydell*, in: GK/SGB, § 116 SGB X, Rz. 198.

[41] BGHZ 19, 177, 178; BGHZ 27, 107, 111; GK-SGB/*v. Maydell*, § 116 SGB X, Rz. 199.

[42] Das ist die Konsequenz aus dem Satz, daß Entstehung und Übergang der Forderung sich im gleichen Augenblick vollenden. Vgl. BGHZ 48, 181, 191.

Stellt sich dann später heraus, daß - aus welchen Gründen auch immer - keine Leistungspflicht des Sozialversicherungsträgers besteht, ist der Forderungsübergang gegenstandslos. Der Verletzte tritt wieder in seine Rechte ein. Konstruktiv wirkt das Ausbleiben der Sozialleistungen wie eine auflösende Bedingung der Legalzession.[43] Eine Legalzession findet ferner ausnahmsweise dann nicht statt, wenn der Verletzte auf Sozialversicherungsleistungen verzichtet hat, was gem. § 46 Abs. 1 SGB I möglich, praktisch aber wohl selten ist.[44]

Der Geschädigte ist folglich im Regelfall von vornherein nicht aktivlegitimiert.[45] Die Rechtsprechung benennt als Grund für den frühen Übergang des Schadensersatzanspruchs die Interessen des Sozialversicherungsträgers. Der Geschädigte soll nicht bis zur endgültigen Festlegung der Sozialleistungen zum Nachteil des Sozialversicherungsträgers über den Schadensersatzanspruch verfügen können, etwa durch Abschluß eines Abfindungsvergleichs oä.[46] Andererseits benachteiligt die fehlende Aktivlegitimation den geschädigten Sozialversicherten. Er wird in seiner Privatinitiative gelähmt.[47] Direkte Vereinbarungen zwischen Schädigern und Geschädigten, also jegliche Form von Verhandlungslösungen, die gerade auch als Steuerungsinstrument des privaten Umweltrechts diskutiert werden,[48] scheiden mithin aus, soweit § 116 Abs. 1 SGB X im Immissionshaftungsrecht reicht.

Daß Klagen Privater wegen immissionsbedingter Gesundheitsschäden so gut wie nicht vorkommen, beruht folglich zumindest auch darauf, daß der überwiegende, sozialversicherungsrechtlich gewappnete Teil der Bevölkerung zur Geltendmachung derartiger Schäden nicht befugt ist. Eine Ausnahme gilt

---

[43] BGH VersR 1960, 709; BGH NJW 1987, 1696, 1697; *Gunkel/Hebmüller*, Ersatzansprüche, Band 1, S.72; Schroeder-Printzen/*Schmalz*, Kommentar, § 116 SGB X, Anm. 2.2. § 116 SGB X kommt also etwa dann nicht zum Zuge, wenn der Verletzte seine Heilkosten selbst trägt, vgl. BGH VersR 1965, 161, 163.

[44] *Gunkel/Hebmüller*, Ersatzansprüche, Band 1, S. 73 f.; *v. Maydell*, in: GK/SGB, § 116 SGB X, Rn. 305 ff.; *Hasse*, Der Regreß im Sozial- und Privatversicherungsrecht, S. 20; Geigel/*Plagemann*, Haftpflichtprozeß, Kap. 30, Rz. 49 ff. Zu den konstruktiven Schwierigkeiten des Wahlrechts *Fuchs*, Zivilrecht und Sozialrecht, S. 184 ff.

[45] Daher besteht zwischen Sozialversicherungsträger und Schädiger auch keine Gesamtschuld. Vgl. nur Palandt/*Heinrichs*, BGB, § 421, Rz. 6 mit Nachweisen auch zur Gegenansicht.

[46] BGHZ 19, 177, 178; BGH VersR 1960, 709; BGHZ 48, 181, 184; BGH NJW 1990, 2933, 2934. Schließt der Geschädigte nach der Legalzession einen Abfindungsvergleich mit dem Schädiger, hängt die Wirksamkeit gem. §§ 412, 407 BGB vom guten Glauben des Schädigers ab. Dazu *v. Maydell*, in: GK/SGB, § 116 SGB X, Rz. 262-269. Bei Wirksamkeit ist der Erstattungsanspruch des § 116 Abs. 7 S. 1 SGB X zu beachten, der die sonst geltenden §§ 816 Abs. 2, 818 Abs. 3 BGB verdrängt. Dazu *Hermann Lange*, Schadensersatz, § 11 C II 12, S. 719 f.

[47] *Hermann Lange*, Schadensersatz, § 11 C II 3, S. 700; *Hasse*, Der Regreß im Sozial- und Privatversicherungsrecht, S. 19; *Tempel*, Materielles Recht, S. 562.

[48] Vgl. etwa *Kloepfer*, Umweltrecht, § 4 Rz. 293 f.

für das Schmerzensgeld[49] und die nicht gedeckten Schadensspitzen.[50] Soweit hinsichtlich der nicht gedeckten Schadensposten die Aktivlegitimation beim Geschädigten verbleibt, ist freilich noch zu klären, wem das Gesetz das sog. Quotenvorrecht[51] einräumt. § 116 Abs. 2 SGB X legt ein absolutes Quotenvorrecht zu Gunsten des Geschädigten fest, wenn die Höhe eines Schadensersatzanspruchs durch eine gesetzliche Regelung begrenzt wird. Immissionshaftungsrechtlich von Interesse ist hier vor allem die Vorschrift des § 15 UmweltHG, die bei Gesundheitsschäden aus einer einheitlichen Umwelteinwirkung eine Haftungshöchstgrenze von DM 160 Millionen festlegt. Allerdings dürfte selbst bei spektakulären Großschäden das Erreichen derartiger Größenordnungen zweifelhaft sein,[52] § 116 Abs. 2 SGB X also keine Bedeutung im Immissionshaftungsrecht erlangen. Wichtiger ist § 116 Abs. 3 S. 1 SGB X, der die Frage des Quotenvorrechts im Falle eines Mitverschuldens des Geschädigten (§ 254 BGB, § 11 UmweltHG) regelt. Anders als im Privatversicherungsrecht, wo auch insoweit der Geschädigte das Quotenvorrecht besitzt,[53] tragen im Sozialversicherungsrecht im Ergebnis der Sozialversicherungsträger und der Geschädigte einen teilweisen Ausfall ihres ersatzfähigen Schadens in Höhe der Mitverschuldensquote des Geschädigten (sog. relative Theorie).[54] Praktisch wirkt sich die Regelung des § 116 Abs. 3 S. 1 SGB X als weitere Schmälerung der verbliebenen Aktivlegitimation des Geschädigten aus.[55]

---

[49] Der Schmerzensgeldanspruch ist mangels sachlicher Kongruenz nicht übergangsfähig. Vgl. dazu oben B.II.2.c).

[50] Der beim Geschädigten verbleibende Teil des Schadensersatzanspruchs heißt Differenzschaden. Vgl. *v. Maydell*, in: GK/SGB, § 116 SGB X, Rz. 33.

[51] Beim Quotenvorrecht geht es um die Frage, in welchem Umfang der Schadensersatzanspruch in den Fällen übergeht, in denen er nicht den gesamten Schaden abdeckt. Beispiel (nach *v. Maydell*, in: GK/SGB, § 116 SGB X, Rz. 330, im übrigen ausführlich zum Quotenvorrecht Rz. 329-396): Entsteht durch einen Schadensfall ein Schaden von insgesamt DM 10000, der in Höhe von DM 5000 durch kongruente Leistungen eines Sozialversicherungsträgers abgedeckt wird, haftet der Schädiger aber nur mit einer Quote von 70 %, so stellt sich die Frage, welcher Teil des begrenzten Schadensersatzanspruchs des Geschädigten in Höhe von DM 7000 nun auf den Sozialversicherungsträger übergeht. - Grundsätzlich zum Quotenvorrecht *Marschall v. Bieberstein*, Reflexschäden, S. 264 ff.; *Sieg*, JuS 1968, 357 ff.

[52] *Schmidt-Salzer*, Kommentar, § 15 UmweltHG, Rz. 19. Skeptisch aber *Kirchgässner*, ZfU 1992, 15, 36.

[53] Vgl. BGHZ 13, 28, 31 f.; aus der Literatur statt aller *Kamps*, JURA 1981, 410 ff.; *Weyers*, Versicherungsvertragsrecht, Rz. 628; *Holtmann*, JuS 1991, 649, 650: Es entspreche der modernen Auffassung vom Wesen der Assekuranz, daß der Versicherungsnehmer seinen Schaden vorab voll ausgleichen solle; der Forderungsübergang solle nur eine Überdeckung bei ihm vermeiden.

[54] *Hermann Lange*, Schadensersatz, § 11 C II 7, S. 713; *Steinfeltz*, in: Wussow, Unfallhaftpflichtrecht, Rz. 1478 mit Berechnungsbeispielen Rz. 1474 ff.; Schroeder-Printzen/*Schmalz*, Kommentar, § 116 SGB X, Anm. 4.1.; *Plagemann*, SGb. 1993, 197, 201.

[55] Kritik an dieser den geschädigten Sozialversicherten benachteiligenden Regelung bei *Marschall v. Bieberstein*, ZVersWiss 72 (1983) 99, 113 ff. Freilich darf nicht übersehen werden, daß

Mit dem Übergang des Schadensersatzanspruchs wird das Risiko der Rechtsverfolgung des Anspruchs auf den Sozialversicherungsträger überwälzt.[56] Der Geschädigte gelangt in den Genuß der sozialen Leistungen, ohne zuvor den Schwierigkeiten der prozessualen Rechtsdurchsetzung ausgesetzt gewesen zu sein. Insoweit wirkt sich der frühe Übergangszeitpunkt des Schadensersatzanspruchs zugunsten des Geschädigten aus: Der sofortige Forderungsübergang findet seine Entsprechung in der sofortigen Leistungspflicht des Sozialversicherungsträgers. Der Geschädigte kann sich wegen der erforderlichen sozialen Leistungen sofort an den Sozialversicherungsträger wenden.[57] Er muß nicht etwa bis zur Klärung der Haftungsfrage aus Geldmangel auf notwendige Heilmaßnahmen verzichten.[58]

Ein weiterer Grund für den frühen Zeitpunkt des Anspruchsübergangs und zugleich ein schadensrechtlicher Effekt dieser Art der Wiedergutmachung besteht in der sozialrechtlich gebotenen Versagung der weithin geltenden wirtschaftlichen Dispositionsfreiheit des Geschädigten, den Ersatzanspruch für die Kompensation seines Schadens tatsächlich zu verwenden oder nicht.[59] Der Geschädigte erhält primär die sozialen Leistungen. Für diese gilt - im Bereich der gesetzlichen Krankenversicherung gem. § 2 Abs. 2 SGB V - das Sachleistungsprinzip.[60] Das bedeutet, daß bloße Kostenerstattung für Heilbehandlungen grundsätzlich verboten ist. Vielmehr sind die Träger der gesetzlichen Krankenversicherung ihrerseits gehalten, zur Erfüllung ihrer Aufgaben Ärzte, Krankenhäuser, Apotheken und Heilmittellieferanten einzuschalten. Dieses im Sachleistungsprinzip zum Ausdruck kommende versicherungsmäßige Interesse an der wirklichen Verwendung des Schadensersatzanspruchs zur Heilung und Rehabilitation des Geschädigten, das sich mit einer Dispositionsfreiheit des Geschädigten nicht verträgt, bleibt über § 116 SGB X gewahrt.[61]

---

ursprünglich ein uneingeschränktes Quotenvorrecht des Sozialversicherungsträgers galt. Dazu etwa *Sieg*, VR 1968, 181, 188 ff.

[56] BGHZ 9, 179, 186.

[57] § 17 SGB I hebt die Verpflichtung der Leistungsträger zur schnellen und effektiven Leistungserbringung deutlich hervor.

[58] *v. Maydell*, in: GK/SGB, § 116 SGB X, Rz. 197.

[59] Vgl. zum Grundsatz der wirtschaftlichen Dispositionsfreiheit statt aller *Medicus*, Schuldrecht AT, § 55 IV 1, S. 280 m. w. N. *Steiner*, Schadensverhütung, S. 10, hält die fehlende Zweckbindung des Schadensersatzes bei Personenschäden für bedenklich. Der BGH (BGHZ 97, 14, 16 ff.; BGHZ 118, 312, 327) hat den Grundsatz der Dispositionsfreiheit für den Bereich der Heilungskosten freilich nicht anerkannt. So auch die h. M. in der Literatur. Vgl. *Honsell/Harrer*, JuS 1985, 161, 167 f.; *dies.*, JuS 1991, 441, 446; umfassend *Ch. Huber*, Fragen der Schadensberechnung, S. 266 ff. mit Nachweisen zum Streitstand.

[60] Dazu etwa BSGE 69, 170.

[61] *Reinhardt/Schultz*, JuS 1961, 2, 3; *v. Maydell*, in: GK/SGB, § 116 SGB X, Rz. 30, 196 f.

Der frühe Zeitpunkt des Anspruchsübergangs hat endlich Konsequenzen für die Verjährung des Schadensersatzanspruchs. Die Verjährung richtet sich zwar nach den Vorschriften des Immissionshaftungsrechts, also nach § 852 BGB.[62] Entscheidend für den Fristenlauf der Verjährung des Anspruchs nach § 116 Abs. 1 SGB X ist aber nicht die Kenntniserlangung durch den Geschädigten, der in der juristischen Sekunde seiner Inhaberschaft dazu keine Möglichkeit haben wird, sondern allein der Zeitpunkt, in dem der Sozialversicherungsträger die maßgebliche Kenntnis erlangt.[63] Kenntnis des Sozialversicherungsträgers vom Schaden und der ersatzpflichtigen Person besteht erst, wenn eine ausreichende Information darüber den zuständigen Bediensteten zugeht.[64] Sind innerhalb der regreßbefugten Behörde mehrere Stellen für die Bearbeitung eines Schadensfalles zuständig, dann kommt es für den Beginn der Verjährung auf den Kenntnisstand der Bediensteten der für Regresse zuständigen Stelle an.[65] Ob freilich die Kenntnis der zuständigen Regreßabteilung regelmäßig später vorliegen wird als die Kenntnis des Geschädigten,[66] muß jedenfalls im Immissionshaftungsrecht bezweifelt werden. Typisch ist hier ja gerade die weitreichende Unkenntnis des Geschädigten, insbesondere hinsichtlich der Person des Schädigers.

II. Die Passivlegitimation

Die immissionshaftungsrechtlichen Anspruchsgrundlagen sehen eine Haftung des Emittenten, also des Schädigers selbst, vor. Die Legalzession gem. § 116 Abs. 1 SGB X wirkt sich auf die Passivlegitimation naturgemäß nicht aus. Die Regreßpraxis der Vorsorgeträger ist allerdings von der Tatsache geprägt, daß die Rückgriffe ganz überwiegend gegen Haftpflichtversicherer gerichtet sind.[67] Fraglich ist mithin, welchen Einfluß das Bestehen industriellen Haftpflichtversicherungsschutzes auf Seiten der Schädiger ausübt.

Die Existenz industriellen Haftpflichtversicherungsschutzes für die Risiken der Immissionshaftpflicht darf indessen nicht einfach vorausgesetzt werden, wenn auch der Anteil der haftpflichtversicherten Betriebe relativ hoch ist.[68]

---

[62] § 852 BGB gilt entsprechend für die Gefährdungshaftung nach § 22 WHG, vgl. *Gieseke/Wiedemann/Czychowski*, Kommentar, § 22 WHG, Rz. 36, und für § 1 UmweltHG, vgl. § 17 UmweltHG.

[63] BGHZ 48, 181, 184; BGH NJW 1987, 1696, 1697; *v. Maydell*, in: GK/SGB, § 116 SGB X, Rz. 225; Münchener Kommentar/*Mertens*, BGB, § 852, Rz. 17; *Landsberg/Lülling*, Kommentar, § 17 UmweltHG, Rz. 11; *Salje*, Kommentar, § 17 UmweltHG, Rz. 5.

[64] BGH NJW 1985, 2583; BGH NJW 1986, 2315, 2316.

[65] BGH NJW 1992, 1755, 1756. Weniger restriktiv soeben BGH NJW 1994, 1150 f.

[66] So aber wohl *v. Maydell*, in: GK/SGB, § 116 SGB X, Rz. 226.

[67] *Weyers*, Unfallschäden, S. 115.

[68] Großbetriebe hatten schon 1970 zu 100% Betriebshaftpflichtversicherungen abgeschlossen,

Denn die Versicherung und schon die Versicherbarkeit der Immissionshaftpflicht warf und wirft[69] vor dem Hintergrund des neuen UmweltHG mit seiner Dekungsvorsorgeregelung (§§ 19, 20 UmweltHG) vielfältige Probleme auf, die hier zunächst kurz abzuhandeln sind. Zu untersuchen ist dann anschließend die für unser Thema wichtige Frage, wie ein Haftpflichtversicherer in den Mechanismus der Abwicklung eines Immissionshaftungsfalles eingebunden ist und welche Auswirkungen Haftpflichtversicherungsschutz auf die materielle Haftpflicht hat.

1. Die Versicherung der Immissionshaftpflicht

Bevor die Frage nach der Funktion der Haftpflichtversicherer im immissionshaftungsrechtlichen Regreß beantwortet werden kann, muß geklärt werden, ob und wieweit Haftpflichtversicherung gegen die Risiken der Immissionshaftpflicht überhaupt besteht. Der vorgegebenen Themenbeschränkung auf industrielle Schädiger folgend, ist für die Untersuchung der versicherungsmäßigen Deckung die Gesamtheit der industriellen Emittenten in drei Gruppen zu unterteilen. Diese Differenzierung wird durch das UmweltHG wegen seiner Anwendbarkeit nur auf bestimmte Anlagen[70] vorgegeben.

a) Einteilung der Schädiger

Die erste Gruppe setzt sich zusammen aus den Anlagen, die im Anhang 2 zum UmweltHG aufgeführt sind. Erfaßt sind in diesem Katalog für besonders gefährlich befundene Anlagen. Der Anhang 2 orientiert sich demgemäß an der 12. Verordnung zur Durchführung des BImSchG (Störfallverordnung).[71] Für diese Anlagen besteht nach § 19 Abs. 1 UmweltHG die Pflicht zur Deckungsvorsorge. Bei dieser Deckungsvorsorgeregelung handelt es sich um eine faktische Pflichthaftpflichtversicherung ohne Kontrahierungszwang der Versicherer und ohne Direktanspruch des Geschädigten gegen die Versicherer.[72] Ob-

---

Mittelbetriebe zu 70-90% und nur Kleinbetriebe zu geringeren Anteilen, vgl. *v. Bar*, AcP 181 (1981) 289, 293 Fn. 24; siehe auch *Landsberg/Lülling*, Kommentar, § 19 UmweltHG, Rz. 2.

[69] Zur nach wie vor bestehenden Aktualität des Themas vgl. *Peter* in: Salje, Kommentar, § 19 UmweltHG, Rz. 12, S. 437 f.

[70] Kritik an der Anlagen-Liste bei *Rehbinder*, NuR 1989, 149, 154 f.; *Medicus*, NuR 1990, 145, 148. Der UGB-Entwurf sieht eine weitergehende Haftung vor („offene Liste" der Anlagen, Handelndenhaftung). Dazu *Enders/Reiter*, VersR 1991, 1329, 1331 ff.

[71] *Landsberg/Lülling*, Kommentar, § 19 UmweltHG, Rz. 8; ausführlich zu den betroffenen Anlagen *Peter*, in Salje, Kommentar, § 19 UmweltHG, Rz. 3-8. Zum gestörten Gleichklang zwischen Anhang 2 zum UmweltHG und der StörfallVO nach deren Änderung am 28.8.1991 vgl. *Peter*, VP 1992, 150 ff.

[72] Um eine faktische Pflichtversicherung handelt es sich deshalb, weil das Wahlrecht in § 19 Abs. 2 UmweltHG wohl nur theoretische Bedeutung hat. Vgl. *G. Wagner*, VersR 1991, 249, 253; *Peter*, IUR 1992, 79, 80; *ders.*, in: Salje, Kommentar, § 19 UmweltHG, Rz. 11, 15.

wohl §§ 19, 20 UmweltHG sich in der Anordnung einer faktischen Pflichtversicherung erschöpfen, gelten nach - soweit ersichtlich einhelliger - Auffassung trotz § 158 b VVG die besonderen Vorschriften über die Pflichthaftpflichtversicherung, §§ 158 c ff. VVG.[73]

Die zweite Gruppe wird gebildet von solchen Anlagen, die zwar im Anhang 1 zum UmweltHG genannt sind, nicht aber im Anhang 2. Diese Emittenten unterliegen daher zwar der Gefährdungshaftung nach § 1 UmweltHG, nicht aber der Pflicht zur Dekungsvorsorge.[74] Die Begründung betrieblichen Haftpflichtversicherungsschutzes erfolgt auf freiwilliger Basis.

Die dritte Gruppe endlich besteht aus solchen Industrieanlagen, die schon nicht vom Anhang 1 zum UmweltHG erfaßt werden. Diese Emittenten sind von der neuen Gefährdungshaftung nicht betroffen. Bestehende freiwillige Betriebshaftpflichtversicherungsverträge decken folglich nur die Risiken der überkommenen Immissionshaftungstatbestände.

b) Versicherungsschutz vor Inkrafttreten des UmweltHG

Vor Inkrafttreten des UmweltHG waren die (für alle drei) Gruppen einheitliche Grundlage der betrieblichen Haftpflichtversicherung die allgemeinen Versicherungsbedingungen für die Haftpflichtversicherung (AHB).[75] Die AHB sehen in § 1 Nr. 1 eine generelle, grundsätzlich also auch Umwelt-Schadensfälle einschließende Deckung für Haftpflichtansprüche privatrechtlichen Inhalts vor. Allerdings gehen die AHB von einem Begriff des Versicherungsfalls aus, der für die typischen Umwelt-Schadensfälle, wie sie im vorherigen Abschnitt geschildert werden, unzureichend sein dürfte. §§ 1 Nr. 1, 5 Nr. 1 AHB beschreiben den Versicherungsfall als das „Schadensereignis", das Haftpflichtansprüche gegen den Versicherungsnehmer zur Folge haben könnte. Unter „Schadensereignis" wird der äußere Vorgang verstanden, der die Schädigung des Dritten und damit die Haftpflicht des Versicherungsnehmers unmittelbar herbeiführt.[76] Diese Definition ist erkennbar

---

[73] Arg. § 20 Abs. 1 Nr. 5 UmweltHG; vgl. *G. Wagner*, VersR 1991, 249, 255; *Peter*, in: Salje, Kommentar, § 20 UmweltHG, Rz. 13; *Renger*, PHI 1992, 86, 87.

[74] Übersehen von *G. Wagner*, VersR 1991, 249, 253; Kritik an der nur partiellen Dekungsvorsorgepflicht bei *Peter*, in: Salje, Kommentar, § 19 UmweltHG, Rz. 3.

[75] Den allgemeinen Versicherungsbedingungen kommt eine wichtige Ergänzungsfunktion im bewußt nicht perfektionistischen VVG - hier der §§ 149 ff. - zu. Vgl. zur Bedeutung der AVB Prölss/Martin/*Prölss*, VVG-Kommentar, Vorbem. I 6; *Weyers*, Versicherungsvertragsrecht, Rz. 123 ff.

[76] BGHZ 25, 34, 36 ff.; Prölss/Martin/*Voit*, Kommentar, § 149 VVG, Anm. 2 A a. (sog. Folgeereignistheorie). Nach a. A. (so die vereinzelt gebliebene Entscheidung BGHZ 79, 76, 89) kommt es auf den Zeitpunkt der Ursachensetzung an (sog. Kausalereignistheorie). Umfassende Nachweise zum Streitstand in der Versicherungsfall-Diskussion bei *Limberger/Koch*, VersR 1991, 134, 137 ff.; *Späte*, Haftpflichtversicherung, § 1 AHB, Rz. 17 ff.

auf unfallartige Geschehnisse zugeschnitten. Sofern Gesundheitsschäden das Resultat dauerhafter, vielleicht jahrelanger Immissionen sind, würde der Eintritt des Versicherungsfalls kaum mehr begründbar sein.[77] Zudem weisen die AHB gerade für den Bereich der Immissionshaftpflicht wichtige Ausschlüsse[78] auf und stellen sich daher als insgesamt lükenhaft dar.[79] Schon bisher sind deshalb von den Haftpflichtversicherern Zusatzdeckungen, insbesondere die Gewässerschadenhaftpflichtversicherung, die WHG-Restrisikodekung und die Umweltschaden-Zusatzdeckung, angeboten worden, die die bestehenden Lükken teilweise schließen.[80] Allerdings werden auch von den Zusatzdeckungen, sofern sie nicht ohnehin nur einen Teilbereich (Gewässerschäden) abdecken, regelmäßig nur die Folgen plötzlich eintretender Ereignisse umfaßt, die vom ordnungsmäßigen, störungsfreien Betrieb abweichen. Das sog. Normalbetriebsrisiko bleibt von ihnen weithin ungedeckt.[81]

c) Deckungsprobleme nach Inkrafttreten des UmweltHG

Mit dem Inkrafttreten des UmweltHG gibt es nun jedoch einen Gefährdungshaftungstatbestand, der eine Haftung auch für den Fall der Verwirklichung eines Normalbetriebsrisikos[82] anordnet. Nach den Ausführungen oben B.II.1.b)aa) stellen ohnehin die nicht auf Störfällen beruhenden, sondern die dauerhaften, womöglich rechtmäßigen Immissionen die Hauptursache der Gesundheitsschäden dar. Für die industriellen Emittenten der Gruppe 2 und vor allem 1 ergibt sich somit das Problem, kongruenten Versicherungsschutz für die UmweltHG-Haftung zu erhalten.

---

[77] Vgl. *Nickel*, VW 1987, 1170, 1174; *ders.*, VW 1988, 600, 606 f.; *Peter*, IUR 1992, 79; *G. Wagner*, VersR 1992, 261, 266; *Schmidt-Salzer*, VersR 1992, 793, 798 ff.; *Alsleben*, Zufall und subjektives Risiko, S. 52 ff.; *Schramm*, in: Schmidt-Salzer/Schramm, Kommentar, Rz. 4.3 f.; *Klinkhammer*, VP 1994, 54. Zu den diesbezüglichen Schwierigkeiten bei der Umweltschaden-Haftpflichtversicherung in den USA vgl. *Kleindorfer*, ZVersWiss 76 (1987) 1, 15 ff. Die Schadensereignis-Prinzip kann sich freilich auch zum Nachteil der Versicherer auswirken. Dazu *Schmidt-Salzer*, in: Schmidt-Salzer/Schramm, Kommentar, Einl 0.208.

[78] Bedeutsam etwa der Ausschluß für Allmählichkeitsschäden in § 4 Abs. 1 Nr. 5 AHB. Dazu ausführlich *Voit*, VersR 1991, 627 ff.

[79] Zum Deckungsumfang *Alsleben*, Zufall und subjektives Risiko, S. 59 ff.

[80] Dazu etwa *Nickel*, VW 1988, 600, 604 ff.; *Domeyer*, Auswirkungen, S. 11 ff., 15 ff.; *Limberger/Koch*, VersR 1991, 134, 136 ff.; *Hinsch*, VersR 1991, 1221 ff.; *G. Wagner*, VersR 1992, 261 m. w. N.

[81] Vgl. *Diederichsen*, BB 1973, 485, 491; *Schimikowski*, Haftung für Umweltrisiken, Rz. 95 f.; *Peter*, IUR 1992, 79; *Alsleben*, Zufall und subjektives Risiko, S. 63 ff. Siehe aber auch *Feess-Dörr/Prätorius/Steger*, Umwelthaftungsrecht, S.45 f.: Tatsächlich wurden und werden mitunter aber auch Allmählichkeitsschäden von den Versicherern reguliert. Anders auch *Meyer-Kahlen*, VP 1988, 1, 2 ff., der das Prinzip weitreichender Kongruenz von Haftpflicht und Deckung durch die früheren Policen verwirklicht sieht.

[82] Zum Normalbetrieb vgl. die Legaldefinition in § 6 Abs. 2 S. 2 UmweltHG.

Daran ändert auch der Befund nichts, daß sich die bestehenden Haftpflichtversicherungsverträge grundsätzlich auf die neue Gefährdungshaftung erstrekken. Regelungstechnisch folgt das aus § 1 Nr. 2 b 2.HS. AHB i. V. m. §§ 27, 29, 24 Abs. 2 VVG, wonach Gefahrerhöhungen[83] infolge legislatorischer Verschärfungen des Haftungsrechts automatisch mitversichert sind, wenn nicht der Versicherer von seinem einmonatigen Kündigungsrecht Gebrauch macht.[84] Soweit ersichtlich, ist das praktisch nicht geschehen.[85]

Die geschilderten Schwächen der AHB und der bisherigen Zusatzdeckungen haben also eine Inkongruenz der verschärften Umwelthaftung - auch und gerade für den Normalbetrieb - und überkommener Umwelthaftpflichtdeckung entstehen lassen.[86] Anderer Ansicht ist etwa *G. Wagner*, der zu einem günstigen Ergebnis weitgehender Kongruenz der verschärften Haftung mit dem überkommenen Deckungsumfang der (Umwelt)haftpflichtversicherung gelangt.[87] Dann wären aber die Bestrebungen des HUK-Verbandes und anderer, ein neues Versicherungsmodell für Umweltrisiken zu schaffen, nur mit dem Ziel zu erklären, die zu weite Versicherungsdeckung einzuschränken.[88]

Für die Betreiber von Anlagen der Gruppen 1 und 2 besteht also an sich Bedarf nach neuartigen Deckungskonzepten. Sobald die Bundesregierung die Deckungsvorsorge-Rechtsverordnung nach § 20 Abs. 1 UmweltHG[89] erlassen haben wird, werden die Anlagenbetreiber der Gruppe 1 diesen Bedarf auch

---

[83] Nach h. M. wirkt sich der Erlaß neuer Haftpflichtnormen in der Haftpflichtversicherung als Gefahrerhöhung aus. Vgl. Prölss/Martin/*Prölss*, Kommentar, § 23 VVG, Anm. 2 A b.

[84] Vgl. *Werber*, VersR 1991, 522 ff., 525 ff.; *Peter/Salje*, VP 1991, 5, 11 ff; *Meyer-Kahlen*, VP 1991, 109, 110 ff.; *Peter*, IUR 1992, 79, 80.

[85] Vgl. *G. Wagner*, VersR 1992, 261, 262. So auch schon die Vermutung bei *Peter/Salje*, VP 1991, 5, 13 f.

[86] So auch *Nickel*, VW 1987, 1170, 1174 ff.; *Geisendörfer*, VersR 1988, 421, 422; *Küpper*, VP 1990, 181, 185; *Alsleben*, Zufall und subjektives Risiko, S. 69 ff.(*Alsleben*, a. a. O., S. 45 ff. ist freilich der - m. E. nicht überzeugenden - Ansicht, daß das UmweltHG keine materielle Haftungsverschärfung gebracht hat. Die Inkongruenz zwischen Haftung und Deckung bestand nach seiner Ansicht also schon vor Inkrafttreten des UmweltHG. Zum Vergleich der Haftungsregime ähnlich wie *Alsleben* freilich *Salje*, UPR 1990, 1 ff., 6. *Schmidt-Salzer*, VersR 1993, 1311, 1313 behauptet gar die Überlegenheit des § 823 BGB gegenüber § 1 UmweltHG).

[87] *G. Wagner*, VersR 1992, 261, 262. Wohl auch *Schmidt-Salzer* in Schmidt-Salzer/Schramm, Kommentar, Einl 0.158 f.

[88] So in der Tat *Töpfer*, VW 1988, 466, 467; *Meyer-Kahlen*, VP 1988, 21; 41, 47; *Alsleben*, Zufall und subjektives Risiko, S. 178 ff. Andererseits schildert *G. Wagner*, VersR 1992, 261, 266 f. selbst die zu Schutzlücken führende Unzulänglichkeit der Versicherungsfall-Definition für Allmählichkeits- und Langzeitschäden. Vgl. auch die Ausführungen von *Grell*, ZVersWiss 65 (1976) 73, 81, 85, der wie selbstverständlich davon ausgeht, daß Normalbetriebsrisiken weder versichert noch versicherbar sind.

[89] Die Deckungsverordnung steht drei Jahre nach Inkrafttreten des UmweltHG noch aus. Vgl. *Peter*, in Salje, Kommentar, § 19 UmweltHG, Rz. 13. Zu den Schwierigkeiten und ersten Konkretisierungen der Verordnung soeben *Feldmann*, PHI 1994, 162 ff.

tunlichst befriedigen. Ansonsten scheint die Industrie umfassenden Deckungsschutz auch für Allmählichkeitsschäden gegenwärtig nicht nachzufragen, womöglich weil sie das mit dem Normalbetrieb von Anlagen verbundene Risiko unterschätzt[90] oder im Hinblick auf die praktisch nicht vorhandene Geltendmachung von Schadensersatzansprüchen zumindest im Personenschadenbereich gerade richtig einschätzt.[91] Es soll sogar vorkommen, daß für gefährliche Unternehmungen kleine kapitalschwache Gesellschaften beauftragt oder gerade zu diesem Zweck gegründet werden (etwa zum Transport von Giftmüll), weil ihr Konkurs in Kauf zu nehmen ist.[92] Um dem vorzubeugen, wäre die Einführung einer allgemeinen Pflichtversicherung sinnvoll gewesen.

d) Versicherbarkeit der Immissionshaftpflicht

Indessen hat schon lange vor Inkrafttreten des UmweltHG die Versicherungswirtschaft vor allem Einwände gegen die Versicherbarkeit[93] des Normalbetriebs sowie des rechtswidrigen Dauerbetriebs erhoben und vorgetragen, daß sie kongruenten Versicherungsschutz für die UmweltHG-Haftung nicht bereitstellen könne.[94]

---

[90] So *Spiller*, Umweltproblem, S. 459; *G. Wagner*, VersR 1991, 249, 259; *ders.*, VersR 1992, 261, 266. *Küpper*, VP 1990, 181, 185 ist allerdings der Auffassung, daß die mangelhafte Versicherungsdeckung der Unternehmen gegen Umwelthaftungsrisiken auf Deckungsverschlechterungen der Versicherer zurückzuführen ist.

[91] Wenn ein potentieller Schädiger damit rechnen kann, daß sein zu leistender Schadensersatz unterhalb der durch ihn verursachten Schäden liegt, hat das naturgemäß Konsequenzen für seine Versicherungsentscheidung. Die Ökonomen sprechen hier vom Problem der „Schadensdiskontierung". Dazu *Endres/Schwarze*, ZfU 1991, 1, 18 ff. Interessant in diesem Zusammenhang ist die Bewertung des UmweltHG durch *Kreuzer*, JA 1991, 209, 214, der meint, daß für die Haftung nach dem UmweltHG nur die kleinen und mittleren Störfälle bleiben. Eine Haftung für Normalbetriebsrisiken hält er trotz ihrer Normierung in § 1 UmweltHG offensichtlich für gar nicht möglich. Da verwundert die „entspannte" Haltung der Unternehmen hinsichtlich der Deckungssuche nicht.

[92] Vgl. *Kleindorfer*, ZVersWiss 76 (1987) 1, 11 f. (mit dem Beispiel der Amoco Cadiz); *Karten*, ZVersWiss 77 (1988) 343, 357; weiterführend zur Haftungssegmentierung durch Konzernierung *H. P. Westermann*, ZHR 155 (1991) 223, 233 ff.

[93] Allgemein zur Versicherbarkeit des Umwelthaftungsrisikos *Spiller*, Umweltproblem und Versicherung, S. 455 ff.; *Karten*, ZVersWiss 77 (1988) 343, 352 ff.; *Alsleben*, Zufall und subjektives Risiko, S. 79 ff., 149 ff.; *Endres/Schwarze*, in: Endres/Rehbinder/Schwarze, Haftung und Versicherung, S. 83 ff. Zum Begriff der Versicherbarkeit *Karten*, ZVersWiss 61 (1972) 279, 286 ff.; *Kleindorfer*, ZVersWiss 76 (1987) 1, 13 ff.; *G. Wagner*, VersR 1991, 249, 254 jeweils mit einer Auflistung der Kriterien (Zufälligkeit, Eindeutigkeit, Schätzbarkeit, Unabhängigkeit und Größe) und weiteren Nachweisen; *Peter*, IUR 1992, 79, 80 f.

[94] Vgl. *Grell*, ZVersWiss 65 (1976) 73, 81, 85; *ders.*, KF 1987, S. 24 f.; *Klingmüller*, ZVersWiss 67 (1978) 1, 27, 31; *Mehlhorn*, VW 1987, 688, 690; *Breining*, Reform des Umwelthaftungsrechts, S. 49, 55; differenzierend *Nickel*, VW 1988, 1311 ff. A. A. hingegen *Rohde-Liebenau*, ZfV 1988, 348, 357. Überblick auch bei *G. Wagner*, VersR 1991, 249, 254 mit Nach-

aa) Der rechtswidrige Dauerbetrieb

Zum rechtswidrigen Dauerbetrieb umweltbelastender Anlagen wird geltend gemacht, daß über kurz oder lang zwangsläufig Beeinträchtigungen vorkommen und vom Betreiber in Kauf genommen werden.[95] Versicherbar sind aber grundsätzlich nur Ereignisse, deren Eintritt zumindest in zeitlicher Hinsicht ungewiß ist. Der Versicherungsvertrag ist insoweit mit den anderen Chancenverträgen wie Spiel und Wette vergleichbar.[96] Bei der Haftpflichtversicherung bedeutet dies, daß Versicherbarkeit zu verneinen ist, wenn der Eintritt des Versicherungsfalls aus der Sicht des Versicherungsnehmers gewiß ist.[97]

Ob der rechtswidrige Dauerbetrieb tatsächlich unversicherbar ist, kann freilich dahinstehen, wenn insoweit Versicherungsschutz ohnehin nicht besteht. Ein Risikoausschluß für den rechtswidrigen Dauerbetrieb läßt sich denn auch in der Tat § 152 VVG entnehmen. Sollte der Inhaber seine Anlage bewußt rechtswidrig betreiben, also unter Verstoß gegen öffentlich-rechtliche Grenzwerte und Genehmigungen gefährliche Stoffe emittieren, dann handelt er zumindest mit bedingtem Vorsatz hinsichtlich möglicher Schädigungen Dritter.[98] § 152 VVG regelt die Leistungsfreiheit des Versicherers in solchem Falle.[99] Für die Anlagenbetreiber der Gruppe 1 folgt auch nichts anderes aus § 158 c Abs. 1 VVG, wonach der Versicherer im Außenverhältnis auch dann haftet, wenn er im Innenverhältnis gegenüber seinem Versicherungsnehmer von der Deckungspflicht befreit ist. Denn zum einen gilt § 158 c Abs. 1 VVG ohnehin nicht für den Rückgriff nehmenden Sozialversicherungsträger, § 158

---

weisen zu einem Positionspapier des HUK-Verbandes zur Neukonzeption des Versicherungsschutzes für Umweltschäden; weitere Nachweise bei *Rehbinder*, NuR 1989, 149, 153 f.; *Peter*, in Salje, Kommentar, § 19 UmweltHG, Rz. 12 und *G. Hager*, NJW 1991, 134, 141.

[95] Etwa *Grell*, VW 1987, 1509, 1515.

[96] Vgl. dazu knapp *Deutsch*, Versicherungsvertragsrecht, Rz. 7.

[97] „Nur die bare Unvernunft könnte gegen unmögliche Ereignisse Versicherung suchen oder gegen gewisse Ereignisse Versicherung gewähren" *Ehrenberg* zitiert nach *G. Hager*, NJW 1991, 134, 142. Ausführlich zu den versicherungstheoretischen Begriffen der Zufälligkeit und Ungewißheit *Alsleben*, Zufall und subjektives Risiko, S. 79 ff. Vgl. auch noch *G. Wagner*, VersR 1991, 249, 255 m. w. N.

[98] Vgl. ausführlicher *G. Wagner*, VersR 1991, 249, 255. § 152 VVG verlangt Schädigungsvorsatz, Prölss/Martin/*Voit*, Kommentar, § 152 VVG, Anm. 1. In Abweichung von § 152 VVG greifen Risikoausschlüsse in AVB ggf. schon dann ein, wenn der Versicherte die Schadenszufügung unter bewußtem Verstoß gegen gesetzlich oder auf anderem Wege begründete Pflichten herbeigeführt, aber ohne Schädigungsvorsatz gehandelt hat. BGH VersR 1987, 174, 175 geht von der Zulässigkeit derartiger Verstoßklauseln aus. Zum vorstehenden ausführlich *Alsleben*, Zufall und subjektives Risiko, S. 227 ff.

[99] Die meisten Anlagen werden von juristischen Personen betrieben. Hier entsteht dann die Frage der Vorsatzzurechnung der angestellten Mitarbeiter. In Betracht kommt die analoge Anwendung des § 166 Abs. 1 BGB. Vgl. dazu Palandt/*Heinrichs*, BGB, § 166, Rz. 6 m. w. N. Aus betriebswirtschaftlicher Sicht *A. Reuter*, DB 1993, 1605 ff.

c Abs. 4 VVG.[100] Und zum anderen haftet der Versicherer gem. § 158 c Abs. 3 VVG nur im Rahmen der vom ihm vertraglich übernommenen Gefahr. Eine Erweiterung der Deckungspflicht soll durch § 158 c Abs. 1 VVG nicht begründet werden. Folglich kann der Versicherer dem Geschädigten bzw. seinem Rechtsnachfolger den subjektiven Risikoausschluß des § 152 VVG entgegenhalten.[101] Der rechtswidrige Dauerbetrieb stellt mithin kein eigentliches Problem der Versicherbarkeit dar.

bb) Der Normalbetrieb

Die zentralen Einwände der Versicherungswirtschaft betreffen denn auch die Versicherung des Normalbetriebsrisikos. Die Argumente werden im folgenden dargelegt und auf ihre Stichhaltigkeit überprüft.

Erstens seien Schäden infolge rechtmäßigen Dauerbetriebs nicht versicherbar, weil sie vom Versicherungsnehmer im Rahmen öffentlich-rechtlicher Genehmigung, also gewissermaßen mit staatlicher Billigung, vorsätzlich-planmäßig herbeigeführt werden. Hier werde das Zufälligkeitsprinzip verletzt. Solche Schäden seien vorhersehbar und gewiß.[102] In gewissem Widerspruch zu diesem Argument wird zweitens geltend gemacht, daß sich die Unversicherbarkeit daraus ergebe, daß die Risiken nicht schätz- und kalkulierbar, sondern unabsehbar seien. Schäden aus Normalbetrieb seien vielfach die Realisierung von naturgemäß in ihren Dimensionen unbekannten Entwicklungsrisiken. Die ungefähre Kenntnis der Risikogröße sowie die Schätzbarkeit der durchschnittlichen Schadensfrequenz und -höhe bilden hingegen unabdingbare Daten für die Frage der Versicherbarkeit.[103] Entwicklungsrisiken geben überdies unter dem Aspekt der Unabhängigkeit der Gesamtheit der versicherten Risiken Anlaß zu Bedenken. Ergibt sich irgendwann die Schädlichkeit eines emittierten Stoffes, könnten Schadensersatzansprüche nicht nur auf ein, sondern gleich auf eine Vielzahl von Unternehmen, die diesen Stoff emittieren, zukommen. Sollten dann mehrere Unternehmen dieser Branche im Portfeuille eines Versicherers stehen, folgt aus dieser Verschränkung der versicherten Risiken (mangelnde Unabhängigkeit) zumindest eine Kumulgefahr, vielleicht

---

[100] Vor Inkrafttreten des Abs. 4 n. F. war die Frage, ob die Rechtswohltat des § 158 c Abs. 1 VVG auch dem rechtsnachfolgenden Sozialversicherungsträger zugute kommen soll, heftig umstritten. Überblick bei *Alten*, Der Regreß des Versorgungsträgers, S. 20 ff. Zur heutigen Rechtslage knapp *Sieg*, SGb. 1987, 441, 442; Prölss/Martin/*Knappmann*, Kommentar, § 158 c VVG, Anm. 7 c. Für verfehlt hält sie etwa *Motsch*, JZ 1984, 211, 218.

[101] BGH VersR 1971, 239; Prölss/Martin/*Knappmann*, Kommentar, § 152 VVG, Anm. 6 b.

[102] So z. B. *Nickel*, VW 1987, 1170; *Grell*, VW 1987, 1509, 1512; *ders.*, VR 1988, 57, 60; *Anger*, VW 1988, 1609, 1610; *Albrechtskirchinger/Braun*, in: Held, Chemiepolitik, S. 234. Zu diesem Argument auch *G. Wagner*, VersR 1991, 249, 256.

[103] Vgl. *Albrechtskirchinger/Braun*, in: Held, Chemiepolitik, S. 234, 235; *Breining*, Reform des Umwelthaftungsrechts, S. 49, 55. Dazu *G. Wagner*, VersR 1991, 249, 256.

Unversicherbarkeit.[104] Weiterhin stellen sich gerade für die Normalbetriebsrisiken die schon geschilderten Schwierigkeiten mit der Versicherungsfall-Definition.

Das erste Argument beruht auf einer unzulässigen Gleichsetzung von Emissions- und Schädigungsverhalten des Anlagenbetreibers. Die sich im Rahmen der Genehmigung haltenden Emissionen werden freilich vorsätzlich-planmäßig hervorgebracht. Ob sie sich aber zu Rechtsgutsverletzungen verdichten, die Schwelle hinzunehmender Beeinträchtigungen nicht verlassen oder aber gänzlich folgenlos bleiben, ist eine andere Frage. Nicht die Emissionen, sondern die Auswirkungen der Immissionen geben den Ausschlag und hier herrscht durchaus das Prinzip der Zufälligkeit und Unvorhersehbarkeit, unabhängig davon, ob die Schäden lang- oder kurzfristig entstehen.[105] Wäre der Eintritt der (Personen-)Schäden gewiß, dürfte im übrigen die öffentlich-rechtliche Genehmigung für den Anlagenbetrieb schon nicht erteilt werden (vgl. § 5 Abs. 1 Nr. 1 BImSchG).[106] Sollte hingegen der Versicherungsnehmer um die schädigenden Resultate seiner Emissionen wissen, steht dem Versicherer wiederum der subjektive Risikoausschluß des § 152 VVG zur Seite. Daß ein Versicherungsnehmer möglicherweise ein geringes Interesse an Schadensvermeidung hat, eben weil er versichert ist und die Versicherung ja schon für den Schaden einsteht, ist kein spezifisches Phänomen der Versicherbarkeit von Umweltrisiken, sondern stellt sich jeder Haftpflichtversicherung. Es wird als Problem des moralischen Risikos bezeichnet und soll unten bei der Frage des Einflußes der Versicherung auf die Haftpflichtfunktionen im Zusammenhang erörtert werden.

Soweit vornehmlich im Hinblick auf die Entwicklungsrisiken die mangelnde Schätzbarkeit des Risikos als Grund für die Unversicherbarkeit angeführt wird, stecken hinter diesem Argument die Schwierigkeiten der angemessenen Prämienberechnung, wie sie sich indes stets bei neuen Deckungskonzepten, bei denen Erfahrungswerte fehlen, einstellen.[107] Die Versicherungswirtschaft

---

[104] *Fees-Dörr/Prätorius/Steger*, Umwelthaftungsrecht, S. 116.

[105] Vgl. *Feldmann*, UPR 1991, 45, 50; *G. Wagner*, VersR 1991, 249, 258; *Peter*, IUR 1992, 79, 81; *Feess-Dörr/Prätorius/Steger*, Umwelthaftungsrecht, S. 108; *Alsleben*, Zufall und subjektives Risiko, S. 156 ff., 162. Zu einem Sonderfall *G. Hager*, NJW 1991, 134, 142 (Schadstoffemittierende Anlage zahlt benachbarten Bauern für Ernteverlust regelmäßig Entschädigung - unversicherbares Unternehmerrisiko).

[106] *G. Hager*, NJW 1991, 134, 142; *Peter*, in Salje, Kommentar, § 19 UmweltHG, Rz. 12.

[107] Vgl. *Karten*, ZVersWiss 77 (1988) 343, 349, 351; *Schmidt-Salzer*, KF 1990, S. 21, 22; *G. Wagner*, VersR 1991, 249, 258; *G. Hager*, NJW 1991, 134, 143; *Peter*, in: Salje, Kommentar, § 19 UmweltHG, Rz. 12. Ein Parallelproblem ergibt sich insoweit übrigens für die Deckungsverordnung, die gem. § 20 Abs. 1 Nr. 2 UmweltHG insbesondere die Höhe der Dekungsvorsorge angeben muß. Ein Grund dafür, daß diese Verordnung noch immer nicht existiert, liegt sicher in diesem Kardinalproblem der Deckungssummenangabe; vgl. dazu pointiert *Schmidt-Salzer*, Kommentar, § 20 UmweltHG, Rz.2-7; *ders.*, VersR 1993, 1311, 1312 ff.; *Peter*, in: Salje, Kommentar, § 20 UmweltHG, Rz. 5; *Renger*, PHI 1992, 86, 89 ff.; *Breining*, VW 1992, 1328, 1332 ff.; *Feldmann*, PHI 1994, 162 ff.

befürchtet, wohl in Erinnerung an die schlechten Erfahrungen mit der WHG-Zusatzdeckung,[108] die Entwicklungsrisiken zu unterschätzen und deshalb die Prämien falsch zu berechnen. Indes scheint auch dieses Argument der Unversicherbarkeit nicht haltbar zu sein. Die Versicherer können das Entwicklungsrisiko, das zudem im Bereich der Umwelthaftung nicht extrem hoch sein dürfte,[109] dadurch kalkulierbarer machen, daß sie vor Abschluß eines Vertrages eine eingehende Risikoanalyse[110] durchführen, insbesondere versicherungsfremdes Wissen über Stoffrisiken beschaffen und auswerten.[111] Es können Rückstellungen aus Sicherheitszuschlägen zur reinen Risikoprämie gebildet werden, um so die Unsicherheit zu reduzieren. Die Durchsetzbarkeit eventuell nicht unbeträchtlicher Sicherheitszuschläge wäre vor allem bei den Emittenten der Gruppe 1 gewährleistet, da hier die faktische Pflicht zum Abschluß einer Haftpflichtversicherung besteht. Weitere Möglichkeiten zur Risikominimierung bieten Rückversicherungen und Poolbildungen entsprechend den Vorbildern der Versicherung der Kernenergierisiken oder des Pharmapools.[112] Ferner können Prämienanpassungsklauseln vereinbart oder nachträgliche Prämienberechnungen durchgeführt werden.[113] Nach allem können die Versicherer die Schwierigkeiten angemessener Prämienberechnung infolge Unkenntnis über die versicherten Risiken auf verschiedenen Wegen relativ gering halten.

Versicherbarkeit setzt ferner voraus, daß das versicherte Schadensereignis eindeutig erkennbar ist. Der Normalbetrieb führt aber nun typischerweise zu schwer identifizierbaren Allmählichkeitsschäden, so daß der Begriff des Versicherungsfalls nach den AHB (s.o.) unzureichend ist. Neuere, speziell für Umweltschäden konzipierte Deckungen schlagen einen anderen Begriff des Versicherungsfalls vor, nach dem die Realisierung von Normalbetriebsrisiken keine Schwierigkeiten bereitet. Danach gilt z. B. als Versicherungsfall die erste nachprüfbare Feststellung einer Rechtsgutsverletzung oder die Anspruchserhebung durch den Versicherungsnehmer.[114] Diese neuen Konzeptionen

---

[108] Vgl. zu diesen *Schmidt-Salzer*, VersR 1988, 424, 426 ff.; *ders.*, in Schmidt-Salzer/Schramm, Kommentar, Einl. Rz. O.113 ff.; *Limberger/Koch*, VersR 1991, 134 ff.; *G. Wagner*, VersR 1991, 249, 259 m. w. N. in Fn. 96; *ders.*, VersR 1992, 261, 270. Vgl. zum schlechten Geschäftsverlauf 1986 *Grell*, VW 1987, 1509.

[109] So die Einschätzung bei *Karten*, ZVersWiss 77 (1988) 343, 353 f.; *G. Hager*, NJW 1991, 134, 143. Ausführlich zum Problem der Größe des Umweltrisikos *Endres/Schwarze*, in: Endres/Rehbinder/Schwarze, Haftung und Versicherung, S. 84, 97 ff.

[110] Vgl. etwa *Nickel/Mirkes*, VP 1992, 161 ff.: Risikosegmentierung durch Emissionsradius-Vereinbarungen.

[111] So *G. Wagner*, VersR 1991, 249, 258 f.; *Peter*, IUR 1992, 79, 81.

[112] Vgl. *Rehbinder*, NuR 1989, 149, 153 f.; *G. Wagner*, VersR 1991, 249, 259; *G. Hager*, NJW 1991, 134, 143.

[113] Dazu ausführlich *Abraham*, Col. L. Rev. Vol. 88: 942, 980 ff. (1988); *G. Hager*, NJW 1991, 134, 143.

[114] *Sieg*, SGb. 1987, 441, 442; *Grell*, VW 1987, 1509, 1514; *G. Hager*, NJW 1991, 134, 142

verlagern allerdings im Vergleich zum AHB-Schadensereignis den Versicherungsfall recht weit nach hinten, so daß für die Haftpflichtversicherer das Risiko, für Schäden in Anspruch genommen zu werden, die vor Abschluß des Versicherungsvertrages verursacht wurden, steigt.[115]

Nach dem Gesagten kann festgestellt werden, daß die Einwände der Versicherungswirtschaft gegen die Versicherbarkeit der UmweltHG-Haftung größtenteils nicht zu halten sind. Die auftretenden Probleme bei der Bereitstellung kongruenten Versicherungsschutzes sind zu bewältigen.[116] Eine ernsthafte Verweigerungshaltung der Versicherungswirtschaft ist trotz allem nicht zu erwarten. Daher scheint auch die Einführung eines Kontrahierungszwangs entbehrlich, ganz abgesehen davon, daß er wohl ohnehin kaum zu bewerkstelligen wäre.[117] Vermutlich sollten die bei den Beratungen zum UmweltHG so lautstark vorgetragenen Bedenken gegen die Versicherbarkeit der Umweltrisiken in Wahrheit den Gesetzgeber von einem deep-pocket-Denken im Hinblick auf die Haftpflichtversicherer abhalten.[118] Tatsächlich scheint es ja durchaus gängige Praxis zu sein, daß die Assekuranz vor der Einführung oder Novellierung von Haftpflichtregeln die „Versicherbarkeit" des neugeschaffenen oder modifizierten Haftpflichtrisikos zur Diskussion stellt. Umgekehrt freilich wird der Gesetzgeber keine neuen Haftpflichtgesetze verabschieden, ohne die Möglichkeiten ihrer Versicherbarkeit bedacht zu haben.[119] Im Falle des UmweltHG war die von der Versicherungswirtschaft angezettelte Debatte zum Zwecke der Haftungsabschwächung nicht erfolglos[120]: Es gibt keinen allgemeinen Versicherungszwang, die Haftung erstreckt sich nur auf gewisse Anlagen,[121] für den Normalbetrieb gilt die Ursachenvermutung des § 6 Abs. 1 UmweltHG nicht und § 5 UmweltHG schließt die Ersatzfähigkeit von Bagatell-Sachschäden aus.

(mit Nachweisen auch zu amerikanischen claims made policies); *Limberger/Koch*, VersR 1991, 134, 144 ff.; *Peter*, IUR 1992, 79, 81; *Endres/Schwarze*, in: Endres/Rehbinder/Schwarze, Haftung und Versicherung, S. 84, 106 ff.

[115] *Feess-Dörr/Prätorius/Steger*, Umwelthaftungsrecht, S. 112.

[116] So auch das Fazit von *G. Wagner*, VersR 1991, 249, 259; *G. Hager*, NJW 1991, 134, 143; *Feess-Dörr/Prätorius/Steger*, Umwelthaftungsrecht, S. 92; *Peter*, IUR 1992, 79, 81; *ders.*, in: Salje, Kommentar, § 19 UmweltHG, Rz. 12.

[117] *Grell*, VW 1987, 1509, 1512 f.: Voraussetzung für einen Kontrahierungszwang ist ein fester Tarif, der bei der Vielzahl heterogener Umweltrisiken jedoch nicht möglich ist. So auch *Rehbinder*, NuR 1989, 149, 153.

[118] Vgl. auch *Rehbinder*, NuR 1989, 149, 154; *G. Wagner*, VersR 1991, 249, 256.

[119] Vgl. schon *Weyers*, Unfallschäden, S. 426 m. w. N.; *Rodopoulos*, Reflexwirkungen, S. 31 f.

[120] Vgl. *G. Wagner*, VersR 1992, 261. Nach *Nicklisch*, VersR 1991, 1093, 1098 ist der Normalbetrieb derartig privilegiert, daß die Versicherungswirtschaft mit dem UmweltHG gegenüber der bisherigen Haftungslage kaum ein größeres Risiko in Deckung genommen hat.

[121] Dafür etwa schon *Nickel*, VW 1988, 961, 965.

e) Das Umwelthaftpflicht-Versicherungsmodell

Inzwischen gibt es denn auch ein Umwelthaftpflichtversicherungsmodell des HUK-Verbandes.[122] Auf der Basis dieses neuen Versicherungskonzeptes wollen die deutschen Haftpflichtversicherer künftig die betrieblichen Umweltrisiken versichern. Wegen der noch ausstehenden Deckungsvorsorgeverordnung muß zwar uU. noch mit einigen Modifikationen gerechnet werden. Das Bundesaufsichtsamt für das Versicherungswesen hat das Modell aber mittlerweile genehmigt.[123] Einige Versicherer verwenden das Modell schon längere Zeit im Markt.[124] Aufgabe dieser Arbeit ist es nun nicht, die Besonderheiten und Einzelheiten dieser Police darzustellen.[125] Im Vordergrund stehen die immissionsbedingten Massenschäden, die typischerweise das Resultat rechtmäßigen Normalbetriebs der Industrieanlagen sind. Folglich wird die neue Police vordringlich unter diesem Aspekt beleuchtet.

aa) Neue Versicherungsfall-Definition

Es handelt sich um eine Einheitspolice für die gesamte Versicherung von Umweltschäden. Die bisherigen Betriebshaftpflichtversicherungen decken diese Risiken nicht mehr. Die AHB weisen nunmehr einen Umweltausschluß auf, § 4 Abs. 1 Nr. 8 AHB. Die bisherigen auf der Basis der AHB abgeschlossenen Haftpflichtversicherungsverträge decken das Umweltrisiko weithin nicht mehr.[126] Im übrigen gelten die AHB-Klauseln grundsätzlich aber auch für die Einheitspolice.[127] Das Umwelthaftpflichtmodell ist als sog. Bausteinmodell konzipiert. Für die Schädiger/Versicherungsnehmer der Gruppen 1 bis 3 (zur Einteilung oben) existieren unterschiedliche Risikobausteine, die

---

[122] Das Modell in der Fassung vom Dezember 1992 ist abgedruckt bei *Schmidt-Salzer/Schramm*, Kommentar, S. 19 ff.; *Salje*, Kommentar, Anhang VII, S. 590 ff., eine frühere Fassung in VW 1992, 188 ff. = VP 1992, 9 ff. Das vom BAV genehmigte Modell ist abgedruckt in VP 1993, 24 ff., 27 ff.

[123] VerBAV 1993, 30, 31 ff.

[124] Vgl. *Küpper*, VP 1992, 1.

[125] Überblicke bei *Breining*, VW 1991, 1327, 1328 ff.; *Küpper*, VP 1992, 1 ff.; *Reiff*, VW 1992, 122, 123 ff.; *Kurth*, PHI 1992, 48 ff.; *Meyer-Kahlen*, PHI 1992, 126 ff.; *Schmidt-Leithoff*, VP 1992, 197, 203 ff.; *G. Wagner*, VersR 1992, 261 ff.; *Schimikowski*, ZfV 1992, 262 ff.; *Poschen*, VersR 1993, 653, 654 ff.; *Peter*, in: Salje, Kommentar, § 19 UmweltHG, Rz. 13, S. 441-448; *Alsleben*, Zufall und subjektives Risiko, S. 303 ff.; *Späte*, Haftpflichtversicherung, § 1 AHB, Rz. 116-118. Zu dem vom BAV genehmigten Umwelthaftpflichtmodell *Küpper*, VP 1993, 17 ff.

[126] Zu Systematik und Konsequenzen des § 4 Abs. 1 Nr. 8 AHB vgl. *Koch/Sigulla*, VP 1993, 181 ff.

[127] Offen ist freilich, ob die Haftpflichtversicherer die Umstellung auf die neue Police auch bei marktmächtigen Versicherungsnehmern ohne weiteres durchsetzen können. Vgl. *Peter*, IUR 1992, 79, 82; *Feess-Dörr/Prätorius/Steger*, Umwelthaftungsrecht, S. 81.

der tatsächlichen Risikosituation des Versicherungsnehmers entsprechen sollen und individuell vereinbart werden müssen.[128]

Die Definition des Versicherungsfalls ist dahingehend geändert worden, daß nach Nr. 4 des Modells die erste nachprüfbare Feststellung des Schadens während der Wirksamkeit der Versicherung, die sog. Manifestation,[129] den Versicherungsfall darstellt.[130] Ansprüche wegen bei Vertragsbeginn bereits eingetretener Schäden sind gem. Nr. 6.3 nicht gedeckt (sog. Vorbelastungs- bzw. Altlastenausschluß).[131]

bb) Versicherung des Normalbetriebs?

Weitere Besonderheiten ergeben sich bei der schwierigen versicherungsmäßigen Deckung von Normalbetriebsrisiken. Zwar ist der Normalbetrieb grundsätzlich von der Deckung umfaßt (Nrn. 1 und 2 Umwelthaftpflichtmodell). Fraglich ist aber, inwieweit er durch den 16 Ausschlüsse umfassenden Katalog der Nr. 6 Umwelthaftpflichtmodell wieder ausgegrenzt wird. In der Praxis werden die Versicherer möglicherweise daneben noch weitergehende individualvertragliche Ausschlüsse vereinbaren.[132]

Nach Nr. 6.1 Umwelthaftpflichtmodell sind solche Schäden nicht gedeckt, die beim Normalbetrieb dadurch entstehen, daß beim Umgang mit wassergefährdenden Stoffen diese Stoffe durch Verschütten, Abtropfen, Ablaufen, Verdunsten, Verdampfen oder ähnliche Vorgänge in den Boden oder ein Gewässer gelangen (sog. Kleckerklausel). Zugunsten dieser Ausschlußklausel ist der bisherige Ausschluß für Allmählichkeitsschäden gem. § 4 Abs. 1 Nr. 5 AHB, der allerdings nur für Sachschäden galt, gestrichen worden.

---

[128] Vgl. Nr. 2 des Umwelthaftpflichtmodells. Dazu *Reiff*, VW 1992, 122, 124 ff.; *Poschen*, VersR 1993, 653, 654 f., 658 f.

[129] Ausführlich *Schmidt-Salzer*, in: Schmidt-Salzer/Schramm, Kommentar, Einl 0.195 ff. Der Begriff der „Manifestation" als Versicherungsfalldefinition ist nicht neu. Noch unter Geltung des § 1 Abs. 1 AHB hat das OLG Köln als Berufungsinstanz im „Herbizidfall" daran anknüpfen wollen, vgl. BGHZ 79, 76, 85.

[130] Der Versicherungsfall setzt also erst sehr spät ein. Zu den Problemen, die daraus für den Versicherungsnehmer im Hinblick auf das Nachhaftungsproblem, Rettungsmaßnahmen und den Ersatz der Rettungskosten entstehen, vgl. *Meyer-Kahlen*, VP 1988, 21, 25; *ders.*, PHI 1992, 126, 128; *G. Wagner*, VersR 1992, 261, 267 ff.; *Peter*, in: Salje, Kommentar, § 19 UmweltHG, Rz. 13, S. 445. Auf die Problematik der Rettungsmaßnahmen und -kosten wird unten D.III.1.c)cc) bei den Haftungszwecken noch einmal eingegangen.

[131] Bedenken gegen die Zulässigkeit dieser Ausschlußklausel bei *Renger*, PHI 1992, 86, 92. Sehr kritisch wegen der weitreichenden Ausschlußwirkung auch *Rohde-Liebenau*, ZfU 1992, 299, 305 f.

[132] Dazu *Schramm*, in: Schmidt-Salzer/Schramm, Kommentar, Rz. 6.4 ff.

Ob es sich angesichts der rigiden Bestimmungen im WHG hinsichtlich des Umgangs mit wassergefährdenden Stoffen bei diesen auch V3A2-Schäden genannten Schadensfällen überhaupt noch um Normalbetrieb handeln kann, ist zweifelhaft.[133] *Alsleben* ist demgegenüber der Auffassung, die Kleckerklausel könne dahingehend ausgelegt werden, daß durch sie die Normalbetriebshaftung einschließlich der Haftung für Entwicklungsrisiken für alle wassergefährdenden Stoffe ausgeschlossen werde. Da im Grunde nun jeder emittierte Stoff die Eignung zur Gewässergefährdung habe und den durch die Klausel Nr. 6.1 inkriminierten Pfad gehen könne, „könnte sich rein nach dem Wortlaut dieser Klausel die Normalbetriebshaftung (insgesamt) de facto auf Null reduzieren.[134] Ob der Klekerklausel tatsächlich eine derart weitreichende, über die bisherige Funktion beträchtlich hinausgehende Ausschlußwirkung zukommen wird, muß zwar vor dem Hintergrund ihres überkommenen Verständnisses sehr skeptisch beurteilt werden. Indes schränkt schon die Klekkerklausel die Dekung für Normalbetriebsrisiken jedenfalls nicht unerheblich ein.

Wichtig ist dann der Ausschluß in Nr. 6.2: Ansprüche wegen Schäden aus betriebsbedingt unvermeidbaren, notwendigen oder in Kauf genommenen Umwelteinwirkungen sind von der Deckung ausgenommen. Unproblematisch erscheint zunächst der Ausschluß wegen in Kauf genommenener Umwelteinwirkungen.[135] Hinter den „Schäden aus betriebsbedingt unvermeidbaren oder notwendigen Umwelteinwirkungen“ verbergen sich hingegen die eigentlichen Normalbetriebsrisiken. Der Ausschluß kommt indes nur zum Tragen, wenn der Versicherer seine Voraussetzungen nachweist.[136] Ob dem Versicherer der Nachweis gelingen wird, hängt maßgeblich vom hierbei angelegten Beweismaß ab.[137] Führt der Versicherer den Nachweis, bleiben die Normalbetriebsrisiken gleichwohl eingeschlossen, wenn der Versicherungsnehmer seinerseits nachweisen kann, daß er nach dem Stand der Technik zum Zeitpunkt der ursächlichen Umwelteinwirkung unter den Gegebenheiten des Einzelfalls die Möglichkeit derartiger Schäden nicht erkennen mußte (Nr. 6.2 Satz 2). In diesem Fall sind also sogar Entwicklungsrisiken gedeckt. In der Literatur ist die Frage, ob die Nachweise der Ausschluß- und Öffnungsklausel geführt werden können und damit die Schlüsselfrage, ob der Normalbetrieb denn nun gedeckt ist oder nicht, schon streitig geworden.[138] Einigkeit dürfte indes hin-

---

[133] Verneint von *G. Wagner*, VersR 1992, 261, 264 unter Bezug auf §§ 19 b Abs. 2, 19 g Abs. 1, 19 i, 26 Abs. 2, 34 Abs. 2 WHG.

[134] *Alsleben*, Zufall und subjektives Risiko, S. 306 ff., 309.

[135] Vgl. dazu noch die personenbezogenen Verstoßklauseln in Nr. 6.9 f. und nochmals BGH VersR 1987, 174 ff.

[136] Vgl. *Peter*, in: Salje, Kommentar, § 19 UmweltHG, Rz. 13, S. 446.

[137] Nach *Küpper*, VP 1992, 1, 6, werden die Versicherer „in vielen Fällen keine Schwierigkeiten haben ... die Voraussetzungen für den Ausschluß zu beweisen“.

[138] Eine weitgehende Versicherung des Normalbetriebs wird bejaht von *Breining*, VW 1991, 1327, 1332; *ders.*, VP 1991,279, 281; *G. Wagner*, VersR 1992, 261, 264; wohl auch von *Reiff*,

sichtlich der für den Versicherungsnehmer ungünstigen Beweislastverteilung bestehen. Möglicherweise kann hier die Deckungsverordnung noch mehr Klarheit bringen (vgl. § 20 Abs. 1 Nr. 2 UmweltHG). In der Praxis kommt wegen fehlender Rückversicherungskapazitäten nunmehr zusätzlich eine sog. Betriebsstörungsklausel zum Einsatz, die im Bereich der höheren Deckungssummen die Deckung auf betriebliche Störungsfälle begrenzt. Jedenfalls im Großrisikobereich existiert mithin keine Deckung des Normalbetriebs.[139]

cc) Serien- und Massenschäden

Klärung erhofft man sich von der Deckungsverordung auch im Hinblick auf die Zulässigkeit der sog. Serienschadenklausel (Nr. 7.2), nach der Serien- oder Massenschäden infolge einer Umwelteinwirkung als nur ein Versicherungsfall gelten. Für alle Serienschäden stünde dann die - vermutlich deutlich hinter den Haftungshöchstgrenzen des § 15 UmweltHG zurückbleibende[140] - Dekungssumme nur einmal zur Verfügung.[141] Da (Personen-)Serienschäden im Umweltbereich häufig sind (s. o. B II 1 b dd), droht durch die Serienschadenklausel eine Entwertung der Deckungsvorsorgeregelung.[142]

dd) Selbstbehalte

Zweifelhaft ist ferner die Vereinbarung von Selbstbehalten für Personenschäden (Nr. 7.3). Selbstbehalte sind in den AHB nicht geregelt und im Be-

---

VW 1992, 122, 127; *Poschen*, VersR 1993, 653, 656 f. Verneint wird sie von *Peter*, IUR 1992, 79, 83 (mit einem Beispielsfall); *ders.*, in: Salje, Kommentar, § 19 UmweltHG, Rz. 13, S. 446; *Alsleben*, Zufall und subjektives Risiko, S. 313 ff., 341 ff., 349 (mit ausholender Argumentation); wohl auch von *Küpper*, VP 1992, 1, 6; *Meyer-Kahlen*, PHI 1992, 126, 128 f.

[139] Ausführlich zur Betriebsstörungsklausel *Schmidt-Salzer* in: Schmidt-Salzer/Schramm, Kommentar, Einl 0.181 ff.

[140] Nach *Schmidt-Salzer*, VersR 1991, 9, 13, sind die Haftungshöchstgrenzen des § 15 UmweltHG noch nicht einmal als Indiz für die Ermittlung der zweckmäßigen Deckungssummen verwertbar.

[141] Einen Anhalt über die Höhe der Deckungssummen gibt der Entwurf zur Dekungsverordnung nach dem GenTG, das die gleichen Haftungshöchstgrenzen hat wie das UmweltHG (§ 33 GenTG). Nach dem Entwurf sind Mindestdeckungssummen zwischen 10 und 30 Mio. DM, gestaffelt je nach Sicherheitstufe der Anlage, vorgesehen. Dazu *G. Wagner*, VersR 1992, 261, 270; ausführlich *Renger*, PHI 1992, 86, 89 ff.

[142] Vgl. die Kritik bei *Peter*, in: Salje, Kommentar, § 20 UmweltHG, Rz. 5, S. 458. Für aus risikotechnischen Gründen notwendig und üblich hält die Klausel *Kurth*, PHI 1992, 48, 55. Die Klausel kann sich allerdings auch zugunsten des Versicherungsnehmers auswirken. Normalerweise hat nämlich der Versicherer die Möglichkeit, nach den ersten Schadensfällen zu kündigen (§ 9 Abs. 2 Nr. 2 AHB), um so der Deckung des ganzen Serienschadens zu entgehen. Das Kündigungsinteresse wird gedämpft, weil die Klausel den Serienschadensversicherungsfall auf den Zeitpunkt der Feststellung des ersten Schadensfalls vorverlegt. Dazu *G. Wagner*, VersR 1992, 261, 268.

reich der Haftpflichtversicherung an sich nicht durchgängig verbreitet.[143] Die Klausel sieht vor, daß der Versicherungsnehmer bei jedem Versicherungsfall einen bestimmten Betrag selbst zu übernehmen hat. Hinsichtlich dieses Betrages ist der Haftpflichtversicherer nicht zur Deckung verpflichtet. Der Zweck des Selbstbehalts geht dahin, beim Versicherungsnehmer ein eigenes Interesse dafür zu schaffen, den Schaden gering zu halten. Außerdem sollen Verwaltungsaufwand und Ermittlungskosten bei Kleinschäden niedrig gehalten werden.[144] *Peter* behauptet indes die Unwirksamkeit der Selbstbehaltsklausel, die es durch die Deckungsverordnung klarzustellen gelte. Selbstbehalte führen zu Lücken im Deckungsschutz. Diese könnten im Interesse umfassenden Geschädigtenschutzes nicht hingenommen werden.[145] *G. Wagner* begrüßt die Selbstbehaltsklausel hingegen als probates Mittel zur Kontrolle des moralischen Risikos. Im Bereich der Personenschäden habe man es ohnehin nur noch mit dem Regreß der Sozialversicherungsträger zu tun, so daß wegen der sozialrechtlichen Versorgung der finanzielle Schutz der Geschädigten gewährleistet sei. Das Argument des Geschädigtenschutzes stehe zur Begründung der Unzulässigkeit der Selbstbehalte mithin nicht mehr zur Verfügung.[146] Dieser Auffassung ist nach der hier dargelegten Stellung der Sozialversicherungsträger im Immissionshaftungsrecht zuzustimmen. Hinzuweisen ist noch auf die kritischen Massenschäden. Hier wirkt sich die erwähnte Serienschadenklausel (Nr. 7.2) dergestalt aus, daß der Selbstbehalt nur einmal anfällt, da ja nur ein Versicherungsfall vorliegt. Folglich sind Lücken im Deckungsschutz durch die Selbstbehaltsklausel bei Massenschäden nicht zu besorgen. Zu den Selbstbehalten wird unten im Zusammenhang mit den Teilungsabkommen und den Haftungszwecken weiter Stellung genommen.

Hier mag einstweilen die zusammenfassende Beurteilung genügen, daß die immissionshaftungsrechtlichen Risiken sich noch in den Grenzen der Versicherbarkeit bewegen, andererseits aber das neue Umwelthaftpflichtmodell des HUK-Verbandes, als Reaktion auf das UmweltHG konzipiert, wegen seiner Ausschluß-, Serienschaden- und Selbstbehaltsklauseln für die kritischen Massenhaftungsfälle infolge Normalbetriebs keinen vollkommenen Versicherungsschutz bietet.[147] Solange die Massenschadenfälle die Gerichte freilich nicht erreichen, werden die Lücken im Deckungsschutz praktisch nicht spürbar.[148]

---

[143] Bruck/Möller/*Johannsen*, VVG, Band IV, Anm. G 52.

[144] Statt aller *Deutsch*, Versicherungsvertragsrecht, Rz. 255.

[145] *Peter*, in: Salje, Kommentar, § 20 UmweltHG, Rz. 5, S. 458 f.

[146] *G. Wagner*, VersR 1992, 261, 271.

2. Auswirkungen der Haftpflichtversicherung

Grundsätzlich hat die Absicherung eines Schädigers durch eine Haftpflichtversicherung keinen direkten Einfluß auf eine Regreßnahme durch den Sozialversicherungsträger. Die Haftung des Schädigers bleibt unberührt davon, ob er sich gegen sein Haftungsrisiko versichert hat oder nicht. Der Haftpflichtversicherungsvertrag beinhaltet keine befreiende Schuldübernahm. E. Der Haftpflichtversicherer bietet dem Schädiger im Grundsatz lediglich die Möglichkeit der Weiterwälzung des Schadens und dem regreßberechtigten Sozialversicherungsträger eine wirtschaftlich günstigere Ausgangsbasis für die Realisierung seines Anspruchs, da dem Schädiger zur Begleichung seiner Schuld aus dem Versicherungsverhältnis ein Anspruch erwächst. Haftpflichtverhältnis und Deckungsverhältnis sind getrennt. Es gilt das sog. Trennungsprinzip.[149]

Dieser Grundsatz folgt aus § 149 VVG, der allgemeinen Vorschrift für die Haftpflichtversicherung und gilt an sich auch für die Versicherung der Immissionshaftpflicht. Einen Direktanspruch gegen den Haftpflichtversicherer des Schädigers, wie ihn § 3 Nr. 1 PflVG für den Bereich der KFZ-Pflichthaftpflichtversicherung vorsieht, gibt es im Immissionshaftungsrecht nicht. § 19 Abs. 1 UmweltHG beschränkt sich insoweit auf die Anordnung einer Pflicht zur Deckungsvorsorge für bestimmte, im Anhang 2 zum UmweltHG aufgeführte Anlagen (s. o. Gruppe 1). Das Fehlen des Direktanspruchs und die Geltung des Trennungsprinzips stellt § 158 c Abs. 6 VVG noch einmal klar. Die Geltung des Trennungsprinzips ist allerdings in zweifacher Hinsicht zweifelhaft. Aufweichungen bis hin zu Durchbrechungen erleidet das Trennungsprinzip sowohl bezüglich der formellen, insbesondere der prozessualen Stellung des Haftpflichtversicherers (unten a) als auch materiellrechtlich (unten b).

---

[147] Deutliche Kritik an der Insuffizienz des HUK-Modells bei *Alsleben*, Zufall und subjektives Risiko, S. 351 ff., 355 f. Vorsichtig optimistisch dagegen *Küpper*, VP 1992, 1, 9. Nach *Frey/Walter*, ZVersWiss 77 (1988) 363, 376 werden bei einem Auseinanderklaffen von volkswirtschaftlichen und versicherten Schäden die Versicherer ihrer gesamtgesellschaftlichen Verantwortung nicht gerecht.

[148] In den USA haben zahlreiche Gerichte sich über ähnliche Ausschlußklauseln in Policen amerikanischer Haftpflichtversicherer hinweggesetzt und die Deckungspflicht bejaht. Die Folge war, daß Versicherungsschutz gegen Umwelthaftungsrisiken in den USA praktisch kaum mehr zu bekommen ist. Vgl. dazu *Kleindorfer*, ZVersWiss 76 (1987) 1 ff.; *Kötz*, KF 1990, 14, 20; *ders.*, UTR 12 (1990) 391 ff. Weiterführend *Abraham*, Col. L. Rev. Vol. 88: 942 ff. (1988).

[149] Dazu Prölss/Martin/*Voit*, Kommentar, § 149 VVG, Anm. 5; *Deutsch*, Versicherungsvertragsrecht, Rz. 291; *Weyers*, Unfallschäden, S. 118 ff.; ausführlich *Rodopoulos*, Reflexwirkungen, S. 14 ff.

a) Formelle Durchbrechung des Trennungsprinzips

Die Formulierung des § 149 VVG ist mißverständlich und spiegelt die Realität der Schadensregulierung nicht wider.[150] In der Praxis steht der Haftpflichtversicherer während der Abwicklung des Haftpflichtfalles nicht untätig hinter dem Schädiger, sondern übernimmt eine wesentlich aktivere Rolle. Er hat ein „Direktionsrecht".[151] Wie § 154 Abs. 2 VVG immerhin andeutet und § 5 AHB[152] deutlich bestimmt, darf der Schädiger regelmäßig nicht an den Dritten zahlen oder Verfügungen über den Haftpflichtanspruch vornehmen (§ 5 Nr. 5 AHB), sondern muß die Abwicklung dem Versicherer überlassen (§ 5 Nr. 7 AHB). Der Haftpflichtversicherer verhandelt also direkt, im Namen seines Versicherungsnehmers und mit weitreichender Regulierungvollmacht, mit dem Regreß nehmenden Sozialversicherungsträger.[153] Im Falle eines Prozesses muß der Versicherungsnehmer dem Versicherer die Prozeßführung überantworten (§§ 5 Nr. 4, 3 Abs. 2 Nr. 3 AHB). Der Versicherungsnehmer hat also gegen seinen Haftpflichtversicherer nicht primär einen Zahlungs-, sondern, wie sich § 5 AHB entnehmen läßt, zunächst einen Rechtsschutzanspruch.[154] Der Rechtsschutzanspruch wird in dem Augenblick fällig, in dem der Geschädigte Ansprüche gegen den Versicherungsnehmer (Schädiger) erhebt.

Vollends aus der Abwicklung des Haftpflichtfalles herausgenommen ist der Schädiger, wenn es gar nicht zu einer individuellen Auseinandersetzung nach Sach- und Rechtslage kommt, sondern zu einer Abrechnung im Rahmen eines Teilungsabkommens.[155] Der Sozialversicherungsträger als der eine Abkommenspartner meldet in solchem Falle den Schaden dem anderen Abkommenspartner, dem oder den Haftpflichtversicherern. Der Schadensersatzanspruch wird zu einem reinen Buchungsposten und mit einer gewissen Quote befriedigt.

Aber auch im Falle des gerichtlichen oder außergerichtlichen Obsiegens des Geschädigten oder seines Rechtsnachfolgers besteht die Leistung des Versicherers gegenüber seinem Versicherungsnehmer nicht in der Befriedigung eines Zahlungs-, sondern eines Befreiungsanspruchs. Diese dogma-

---

[150] Prölss/Martin/*Voit*, Kommentar, § 149 VVG, Anm. 1.

[151] Dieser Ausdruck findet sich etwa bei *Clasen*, Teilungs- und Regreßverzichtsabkommen, S. 67 und *Weyers*, Versicherungsvertragsrecht, Rz. 707.

[152] Die AHB gelten insoweit auch im Bereich der neuen Umwelthaftpflichtpolice fort. S. dazu schon oben C.II.1.e)aa).

[153] Vgl. nur *H. Kaiser*, Risikozuweisung, S. 2.

[154] BGH NJW 1993, 68, 69; Prölss/Martin/*Voit*, Kommentar, Vor § 149 VVG, Anm. 3; *Weyers*, Versicherungsvertragsrecht, Rz. 699 f.

[155] Auf die Teilungsabkommen wird sogleich unten IV. ausführlicher eingegangen.

tische Unterscheidung wurde vom Reichsgericht im Jahre 1909[156] eingeleitet und später vom Gesetzgeber in § 156 VVG[157] festgeschrieben. Im Konkurs des Versicherungsnehmers (vgl. § 157 VVG) oder in der Einzelzwangsvollstreckung wirkt sich der Befreiungsanspruch im Interesse des Geschädigten dahingehend aus, daß die Versicherungsforderung dem freien Zugriff der anderen Gläubiger entzogen bleibt. Eine wirksame Abtretung kann nur an den Geschädigten erfolgen, eine Pfändung der Versicherungsforderung nur von ihm vorgenommen werden. Das Interesse des Versicherungsnehmers geht nicht dahin, daß die Haftpflichtschuld an ihn bezahlt wird, sondern erschöpft sich darin, daß er nicht zu zahlen braucht. Diese Konstruktion stellt eine Durchbrechung des Trennungsprinzips dar und dokumentiert zugleich einen Wandel der Haftpflichtversicherung zu einer Institution auch des Geschädigtenschutzes.[158]

b) Materielle Durchbrechung des Trennungsprinzips

Der Trennungsgrundsatz bedeutet materiell-rechtlich weiterhin, daß die Versicherung der Haftung folgt und nicht etwa umgekehrt die Haftung der Versicherung. Die Haftpflichtversicherung soll ersetzen, was der Versicherungsnehmer schuldet; ob er aber verantwortlich ist, muß ohne Beeinflussung durch die Haftpflichtversicherung festgestellt werden. Diese - scheinbare - Selbstverständlichkeit hat der BGH mehrfach betont.[159] Tatsächlich dürfte aber das Bestehen von Haftpflichtversicherung Auswirkungen auch auf den Haftungstatbestand haben. Die Berücksichtigung von Haftpflichtversicherungsschutz im Rahmen der Billigkeit bei §§ 829, 847 BGB ist schon lange kein Geheimnis mehr.[160] Weiterhin wird das Bestehen einer Haftpflichtversiche-

---

[156] RGZ 70, 257 ff.; eingehende Schilderung der Entwicklung bei *v. Bar*, AcP 181 (1981) 289, 306 ff.

[157] Die Vorschrift gilt in der Fassung des Gesetzes vom 7.11.1939. Schon am 30.5.1908 (RGBl I 1908 S. 263, 296), also vor RGZ 70,257 ff., hat der Gesetzgeber mit dem bis heute unveränderten § 157 VVG gewissermaßen den Boden für die Lehre vom Befreiungsanspruch bereitet. Diese zeitliche Abfolge wird bei *v. Bar*, AcP 181 (1981) 289, 307, 309 nicht recht deutlich.

[158] Dieser Wandel der Haftpflichtversicherung von einer reinen Schädiger- zu einer Geschädigtenversicherung findet seinen Ausdruck noch in der Zunahme von Pflichtversicherungen, der Vorschrift des § 158 c Abs. 1 VVG (Zahlungspflicht des Versicherers trotz Leistungsfreiheit im Verhältnis zum Versicherungsnehmer) und der Begründung von Direktansprüchen wie § 3 Nr. 1 PflVG, vgl. *Sieg*, VersR 1980, 1085, 1086; *v. Bar*, AcP 181 (1981) 289, 313 ff.; *Fuchs*, VSSR 1991, 281, 292 ff.

[159] BGHZ 41, 79, 84; BGH VersR 1980, 625, 626. Vgl. auch *Sieg*, VersR 1980, 1085, 1086, 1090; Bruck/Möller/*Johannsen*, VVG, Band IV, Anm. B 69; *Hanau*, VersR 1969, 291 f. m. N. aus der älteren Rspr. und Lit. in Fn. 2.; jüngst Erman/*Schiemann*, BGB, Vor § 823, Rz. 11.

[160] Dazu *Weyers*, Unfallschäden, S. 126 f. und *E. Lorenz*, VersR 1980, 697 ff.; *Rodopoulos*, Reflexwirkungen, S. 48 ff., 71 ff., die der Durchbrechung des Trennungsprinzips aber kritisch gegenüberstehen; *Fuchs*, AcP 191 (1991) 318, 327 f. Jüngeres Beispiel aus der Rechtsprechung AG Dortmund ZfS 1993, 150 f.

rung als Argument zur Verneinung von Haftungsbeschränkungen herangezogen.[161] Es ist indessen sogar überzeugend dargetan worden, daß die stete Ausweitung der Haftpflichtversicherung aber auch wesentlich zur Verschärfung der Fahrlässigkeitshaftung, etwa zum rastlosen Ausbau der Verkehrssicherungspflichten, beigetragen habe.[162] In diametralem Gegensatz zum Geltungsanspruch des Trennungsprinzips verändert also Versicherungsschutz das materielle Schadensersatzrecht. Gesetzgeber wie Richter berücksichtigen - freilich zumeist unausgesprochen, weil von keiner Haftungsnorm vorgesehen[163] - das Bestehen von Haftpflichtversicherungsschutz schon im Haftungsgrund. Auch diese materiell-rechtliche Auswirkung bestehenden Haftpflichtversicherungsschutzes ist Ausdruck des Funktionswandels der Individualversicherung zu einem Instrument auch des Geschädigtenschutzes.[164]

v. Bar zieht aus alledem das Fazit, daß die Verabschiedung des Trennungsprinzips richtig sei. Es erscheine geboten, daß nicht nur die Billigkeit (§§ 829, 847 BGB), sondern namentlich auch Rechtswidrigkeit und Fahrlässigkeit danach zu bestimmen seien, ob der Schädiger gegen Haftpflicht versichert sein solle, oder ob er dem Geschädigten anderweitigen Versicherungsschutz stellen müsse, oder ob der Geschädigte selbst zu Schadensvorsorge hätte greifen müssen. Ein Verhalten dürfe „unerlaubt" genannt werden auch deswegen, weil das durch es verwirklichte Risiko versichert sei.[165] Mir ist zweifelhaft, ob *v. Bar* in dieser rigorosen Abkehr vom Trennungsprinzip zugestimmt werden kann.[166] Die damit verbundene Möglichkeit einer weitrei-

---

[161] Vgl. *Rodopoulos*, Reflexwirkungen, S. 129 ff.; *Fuchs*, AcP 191 (1991) 318, 329 f., m. w. N.

[162] Vgl. die Untersuchung *v. Bars*, AcP 181 (1981) 289 ff., 324 f. Zuvor schon *ders.*, Verkehrspflichten, S. 40 ff. Siehe auch *Weyers*, Unfallschäden, S. 122, 428 ff.; *Deutsch*, Haftungsrecht, S. 402; *Denck*, NJW 1982, 2048 f.; *Marschall v. Bieberstein*, BB 1983, 467 ff.; *Stürner*, VersR 1984, 296 ff.; *G. Wagner*, JZ 1991, 175, 179; *U. Hübner*, ZVersWiss 81 (1992) 103, 108.

[163] Anders etwa das schwedische Schadensersatzgesetz von 1972, das eine Billigkeitshaftung junger oder debiler Täter u. a. vom Bestehen einer Haftpflichtversicherung abhängen läßt. Vgl. die Übersetzung bei *Deutsch*, Haftungsrecht, S. 301 Fn. 37. Anders auch in den Ländern des Common Law. Dazu *Kötz*, FS Steindorff, S. 643, 662. Immerhin scheint die Erwähnung, daß Haftpflichtversicherungsschutz für die Haftung bedeutsam ist, nicht mehr gänzlich tabu zu sein. (Anders noch die Einschätzung *v. Bars*, AcP 181 (1981) 289, 290, 325.) Vgl. etwa BGH NJW-RR 1986, 484, 486: „Entgegen der Annahme des Berufungsgerichts ist das Haftpflichtrisiko, das sich für einen Sachverständigen aus fehlerhafter Grundstückschätzung ergibt, versicherbar. Es ist auch unstreitig, daß der Kläger für den vorliegenden Haftpflichtfall Versicherungsschutz genießt und daß die Versicherungssumme ausreicht, um den eingeklagten Anspruch zu decken."; vgl. auch BGH NJW 1992, 900-902.

[164] Vgl. auch *Großfeld*, VW 1974, 693, 695 ff. *Deutsch*, Haftungsrecht, S. 401 f.; *ders.*, JBl. 1980, 298 ff. Gegen diese Entwicklung etwa *Rodopoulos*, Reflexwirkungen, S. 29 f., 48 ff. und passim.

[165] *v. Bar*, AcP 181 (1981) 279, 325 f.

[166] Ähnlich wie hier *Fuchs*, AcP 191 (1991) 318, 338. Kritik an den Reflexwirkungen der Haftpflichtversicherung auf die Rechtsprechung auch bei *Sieg*, VersR 1980, 1085, 1090.

chenden Indienstnahme der Haftpflichtversicherer als Unfallversicherer der Geschädigten könnte die Haftpflichtversicherungsbranche langfristig überfordern.[167] Fraglich ist weiter, ob *v. Bar* dem Verursacherprinzip im Bereich des Haftungsrechts noch annähernd Genüge tut.[168] Schuld und Verursachung verlieren als Zurechnungskriterien an Bedeutung. Die vertretene Position ähnelt der aus der ökonomischen Analyse des Rechts bekannten, nach der den Schaden der „cheapest cost avoider" trägt,[169] obwohl bei *v. Bar* eine wohlfahrtstheoretische Legitimation und Fundierung seiner Auffassung nicht erkennbar, wohl auch nicht beabsichtigt ist. Offen läßt *v. Bar*, ob und wie eine Berücksichtigung des Versicherungsaspekts im Bereich der Gefährdungshaftung stattzufinden hat.[170] Schließlich wird nicht deutlich, wie Haftpflichtversicherungsschutz in Kontexten, wie etwa dem zu untersuchenden immissionshaftungsrechtlichen zu berücksichtigen ist, wenn nämlich auch der Geschädigte versichert ist und ein Regreßanspruch des Sozialversicherungsträgers zur Entscheidung steht. Soll dann eine Besinnung auf andere Aspekte, etwa die Funktionen des Haftungsrechts, die Schadensverteilung unter den Kollektiven entscheiden[171]? Endlich sei darauf hingewiesen, daß auch Fehlentwicklungen des Haftungsrechts nicht ausgeschlossen werden können, wenn und weil Haftungsausweitungen mit einem (un-)ausgesprochenen Rekurs auf vermeintlich bestehenden Haftpflichtversicherungsschutz legitimiert werden.[172]

Einstweilen sei hier zusammengefaßt, daß der Betriebshaftpflichtversicherer seinem industriellen Versicherungsnehmer gegen die Risiken der Immissionshaftpflicht im aufgezeigten Umfang Rechtsschutz gegen und Befreiung von Haftpflichtverbindlichkeiten gewährt. Das überkommene Trennungsprinzip verliert dabei zusehends an Konturen. Ob die Rechtsschutzleistung des Haftpflichtversicherers freilich so weit geht, daß sein Versicherungsnehmer sogar - untechnisch formuliert - die Stellung des Passivlegitimierten an ihn abgeben kann, ist noch offen. Dies wäre der Fall, wenn die Sozialversicherungsträger, anstatt den Individualrückgriff gegen den Schädiger durchzuführen, mit den Haftpflichtversicherern über Teilungsabkommen abrechneten. Hiermit ist die Frage nach Bedeutung, Funktion und Vorkommen der Teilungsabkommen im

---

[167] Nach Auffassung von *Priest*, Yale Law Journal, Vol. 96: 1521 ff. (1987); *ders.*, Daedalus 1990, 207 ff., 223 ff. ist eine vergleichbare Einstellung zur Haftpflichtversicherung Ursache der vieldiskutierten amerikanischen Versicherungskrise.

[168] Zum Verursacherprinzip vgl. unten D.VI.1.a).

[169] Vgl. *Schäfer/Ott*, Lehrbuch, S. 120 ff. m. w. N. Die Ähnlichkeit ist auch insoweit erstaunlich, als *v. Bar* die Präventivfunktion des Haftungsrechts leugnet, die ökonomische Analyse aber geradezu darauf aufbaut. Dazu unten D.II.1.b)bb) und dd).

[170] Im Rahmen der haftungsbegründenden Kausalität? Oder ist vielleicht der Tatbestand der Gefährdungshaftung an sich schon Ausdruck der legislatorischen Berücksichtigung von Haftpflichtversicherungsschutz? Letzteres vertritt *Rodopoulos*, Reflexwirkungen, S. 32 ff.

[171] Vgl. etwa die Argumentation mit dem Versicherungstopos bei beiderseitigem Versicherungsschutz unter Einbeziehung der Haftungszwecke in dem Fall bei *Kötz*, Deliktsrecht, Rz. 62.

[172] Vgl. *Littbarski*, NJW 1995, im Erscheinen.

Immissionshaftungsrecht gestellt, die unten IV. beleuchtet wird. Die Haftpflichtversicherung hat einen Funktionswandel von einer reinen Schädigerversicherung zu einer unfallversicherungsrechtliche Züge aufweisenden Institution auch des Geschädigtenschutzes erlebt. Sie erfüllt mithin auch eine gesamtgesellschaftliche, soziale Aufgabe.[173] Ausdruck dieses Wandels sind Reflexwirkungen auf das materielle Recht. Diesen Aspekt gilt es für die weitere Untersuchung im Auge zu behalten.

III. Praxis und Bedeutung des Individualregresses im Immissionshaftungsrecht

1. Allgemeines

Der hier im Mittelpunkt der Betrachtungen stehende Regreß der Sozialversicherungsträger gem. § 116 Abs. 1 SGB X sichert im theoretischen Idealfall, daß immer dann, wenn den Aufwendungen der Sozialversicherungsträger ein Schadensersatzanspruch des geschädigten Sozialversicherten korrespondiert, die Rückgriffsmöglichkeit der Vorsorgeträger zum Zuge kommt. Grob vereinfacht könnte man daher meinen, daß die Ausgaben der Sozialversicherer in haftungsrechtlich relevanten Sachverhalten durch Regreßeinnahmen zumindest annähernd ausgeglichen werden.

Einige Zahlen, die nicht speziell das Immissionshaftungsrecht, sondern die Regreßeinnahmen insgesamt betreffen, mögen verdeutlichen, daß der praktische Befund von der theoretischen Ausgangsüberlegung weit entfernt ist.

Zunächst ist festzustellen, daß der Ertrag aus Regreßeinnahmen in Relation zum gesamten Haushalt, der de facto überwiegend beitragsfinanziert ist, nur eine sehr geringe Größe darstellt. So hatten die gesetzlichen Krankenkassen im Jahre 1970 Gesamteinnahmen von 23 Milliarden DM, davon 142 Millionen im Regreß (= 0,62 %). Die gewerblichen Berufsgenossenschaften vereinnahmten im Jahre 1971 insgesamt 4,8 Milliarden DM. Dem standen Regreßeinnahmen von 390 Millionen DM (einschließlich solcher aus § 640 RVO) gegenüber.[174] Im Jahr 1980 haben die Unfall-, Kranken- und Rentenversicherungsträger etwa 1 Milliarde DM aus Regreßansprüchen gem. § 1542 RVO (Vorläufer von § 116 SGB X) eingenommen.[175] Absolut betrachtet zwar höher, doch verhältnismäßig nach wie vor geringfügig sind die Zahlen für das

[173] Damit soll freilich nicht allgemein der These von dem „höheren" Auftrag der Privatversicherung das Wort geredet werden. Dazu ablehnend *Gärtner*, Privatversicherungsrecht, S. 73 f.

[174] Zu den Zahlen *Hermann Lange*, Schadensersatz, § 11 C II 2, S. 700; *Denck*, NJW 1982, 2048, 2049 Fn 27, der etwas höhere Summen für den gleichen Zeitraum nennt; *Brüggemeier*, Deliktsrecht, Rz. 62; *G. Wagner*, JZ 1991, 175, 179.

[175] *v. Maydell*, in: GK/SGB, § 116 SGB X, Rz. 21.

Jahr 1984. Die Unfallversicherungsträger rechneten mit Regreßeinnahmen von 390 Millionen DM, die Krankenversicherer mit 760 Millionen DM und die Rentenversicherer mit 240 Millionen DM.[176]

Noch aufschlußreicher sind Daten, die das Verhältnis der Regreßeinnahmen zu den Entschädigungsleistungen widerspiegeln. So nahmen die gewerblichen Berufsgenossenschaften im Jahr 1968 aus Regreßen nach §§ 640, 641 RVO 12,8 Millionen DM, aus Regreßen nach § 1542 RVO 99,7 Millionen DM ein. Im gleichen Jahr wurden für Entschädigungsleistungen insgesamt 2,946 Milliarden DM aufgewendet. Die Regreßeinnahmen betrugen damit etwa 3,8 % der Aufwendungen. Die Einnahmen aus Regressen nach §§ 640, 641 RVO beliefen sich auf etwa 0,43 %.[177] Auch im Jahr 1987 betrug der Anteil der Regreßerlöse der Berufsgenossenschaften an der Umlage nur 3,5 %.[178] *Weyers* gibt „Schätzungen informierter Praktiker" wieder, nach denen bei den Allgemeinen Ortskrankenkassen etwa 0,6 - 1 % der gemeldeten Erkrankungen als Regreßfälle bekannt werden. Die Einnahmen aus Regressen im Verhältnis zu den gesamten Entschädigungsleistungen beliefen sich auf etwa 0,6 %, sind damit also noch niedriger als die Zahlen der Berufsgenossenschaften.[179] Auch der BGH geht in einer Entscheidung aus dem Jahr 1981 davon aus, daß die Regreßeinnahmen bei der Aufbringung der Mittel für die Sozialversicherung nur eine unbedeutende Rolle spielten. Die gesamten Regreßeinnahmen erreichten nur O,7-3 % der Ausgabenhöhe.[180]

Von einer Entsprechung der Aufwendungen, die gleichzeitig als Schadensersatz geltend zu machen wären, einerseits und den Regreßeinnahmen andererseits, kann daher, so muß eine starke Vermutung lauten, keine Rede sein. Diese Aussage gilt, obwohl Gesundheitsschäden von haftpflichtrechtlicher Relevanz nur einen geringen Teil der von den Vorsorgeträgern gedeckten Ereignissen ausmachen.

Gärtner ist gar der Ansicht, daß die Regreßeinnahmen so gering sind, daß sie noch von den anteiligen auf den Regreß entfallenden Verwaltungskosten übertroffen werden.[181]

---

[176] *Donath*, VersR 1984, 401; *Hermann Lange*, Schadensersatz, § 11 C II 2, S. 700.

[177] Zahlen nach *Marschall von Bieberstein*, VersR 1972, 991, 992.

[178] *G. Wagner*, Kollektives Umwelthaftungsrecht, S. 79; *ders.*, JZ 1991, 175, 179.

[179] *Weyers*, Unfallschäden, S. 114.

[180] Vgl. BGHZ 80, 332, 344. Ganz ähnliche Zahlen hat 1978 *Wachsmuth*, Voraussetzungen, S. 31 f., ermittelt.

[181] *Gärtner*, Das Bereicherungsverbot, S. 165 ff. insbesondere S. 169. Die Untersuchung *Gärtners* gründet sich indes nicht auf gesichertes statistisches Material. Für den Regreß der Sozialversicherungsträger a. A. *Wachsmuth*, Voraussetzungen, S. 33: In der gesetzlichen Unfallversicherung liegen die Rechtsverfolgungskosten noch unter 8% der Regreßerlöse.

Insgesamt bleibt festzuhalten, daß den Regreßeinnahmen sowohl im Verhältnis zu den Gesamteinnahmen als auch zu den Entschädigungsleistungen der Sozialversicherungsträger nur eine untergeordnete Rolle zukommt.[182] Infolgedessen kann allgemein behauptet werden, daß sich in der geringen Anzahl der Regreße nach § 116 Abs. 1 SGB X nicht die wahre Quantität der haftungsrechtlich erheblichen Personenschäden widerspiegelt.[183] Dieser Schluß steht freilich in einem gewissen Gegensatz zu einer im Jahre 1971 durchgeführten Repräsentativbefragung von 51 der bestehenden 179 Innungskrankenkassen. 38 Kassen bejahten die Frage, daß Ersatzansprüche in allen Fällen geltend gemacht würden. 13 Kassen gaben an, der Regreß werde nur durchgeführt, wenn eine Bagatellgrenze (zwischen 3 und 20 DM liegend) erreicht sei.[184]

2. Praktische Bedeutung der Individualregresse im Immissionshaftungsrecht

Es wurde schon darauf hingewiesen, daß Haftpflichtprozesse wegen immissionsbedingter Gesundheitsschäden praktisch so gut wie nicht vorkommen.[185] Um die Regreßtätigkeit der Sozialversicherungsträger ist es in diesem Bereich noch schlechter bestellt. Es sei „noch kein einziger Fall bekannt geworden, in dem eine Krankenkasse versucht hätte, den Betreiber einer umweltbelastenden Anlage auf Schadensersatz für Gesundheitsschäden der Nachbarn in Anspruch zu nehmen".[186] *Feess-Dörr/Prätorius/Steger* berichten immerhin von einem immissionshaftungsrechtlichen Störfall, bei dem „diverse Sozialversicherungsträger" gem. § 116 SGB X Regreßansprüche geltend gemacht haben.[187] Dieser Fall ist außergerichtlich abgewickelt worden. Es ist überhaupt zu vermuten, daß bei den Industrieunternehmen, vor allem aus Imagegründen[188] (Scheu vor negativer Publizität), die Bereitschaft zur außer-

---

[182] A. A. *Gunkel/Hebmüller*, Ersatzansprüche, Band 1, S. 28, freilich ohne Begründung oder Zahlen.

[183] *Weyers*, Unfallschäden, S. 418 ff.; *Micklitz*, ZVP 1979, 329, 331 (für die Produkthaftung); *Zekoll*, Produkthaftpflichtrecht, S. 75.

[184] *v. Hippel*, ZRP 1972, 49, 51. Zweifel gegen die Aussagekraft der Umfrage bei *Plumeyer*, BG 1973, 105, 107.

[185] Siehe oben B.II.1.a).

[186] Zitat aus *G. Wagner*, JZ 1991, 175, 180; *ders.*, NuR 1992, 201, 209. Vgl. auch *Lummert/Thiem*, Rechte des Bürgers, S. 181; *Schubert*, RabelsZ 47 (1983) 367, 380; *Gmehling*, Beweislastverteilung, S. 184 („Defizit im Regreßbereich"). Eine empirische Untersuchung aus dem Jahr 1976 betreffend Umweltklagen bei allen Landgerichten und Oberlandesgerichten der Bundesrepublik Deutschland hat keine einzige Klage ausmachen können, bei der ein Sozialversicherungsträger als Kläger aufgetreten wäre, *Gessner*, RabelsZ 40 (1976) 430, 440 ff.

[187] *Feess-Dörr/Prätorius/Steger*, Umwelthaftungsrecht, S. 62.

[188] Zu den Auswirkungen von Umweltschadensfällen auf das Unternehmensimage knapp *Gasser*, in: v. Dörnberg/Gasser/Gassner, Umweltschäden, S. 33, 38.

gerichtlichen Streitbeilegung relativ hoch ist.[189] Für diesen Bereich fehlt es indessen an repräsentativen empirischen Untersuchungen. Unter diesem Vorbehalt darf die folgende Schlußfolgerung gezogen werden: Kommt den Individualregreßen schon insgesamt nur eine geringfügige Bedeutung zu, so ist das Immissionshaftungsrecht praktisch durch einen vollständigen Ausfall an Regreßaktivitäten gekennzeichnet.[190]

Es drängt sich damit die an dieser Stelle nicht zu vertiefende Frage auf, ob die geringfügigen Rückgriffsbemühungen der Sozialversicherungsträger nicht Ausdruck der dem öffentlichen Recht eigenen Vollzugsdefizite[191] sind. Sozialversicherungsträger sind - unbeschadet der mitgliedschaftlichen Verfassung und des Selbstverwaltungsprinzips - Körperschaften des öffentlichen Rechts.[192] Die wiederholt vorgebrachte Behauptung, das Zivilrecht sei dem öffentlichen Recht im Umweltschutz deshalb überlegen, weil jenem die Vollzugsdefizite fehlten,[193] müßte dann zumindest partiell revidiert werden: Soweit Behörden das Zivilrecht instrumentalisieren - wie hier die Sozialversicherungsträger das Immissionshaftungsrecht qua § 116 Abs. 1 SGB X - trägt es naturgemäß die dem öffentlichen Recht eingeborenen Schwächen aus.[194]

3. Gründe

Im folgenden sollen die gelegentlich im Schrifttum diskutierten Gründe für die defizitäre Regreßtätigkeit der Sozialversicherungsträger im allgemeinen und im Immissionshaftungsrecht im besonderen nur kurz aufgezählt werden.

---

[189] Vgl. *Nawrath*, Umweltchemikalien, S. 75 m. w. N.; *Schmidt-Salzer*, KF 1990, S. 21, 30 ist gar der Ansicht, daß in der deutschen Assekuranz die Zahl der Haftungsfälle, die dann wirklich vom Gericht entschieden werden, „weit unter 1 Promille" liege.

[190] Mitunter gewinnt man sogar den Eindruck, als sei das Regreßrecht der Sozialversicherungsträger weithin unbekannt. So etwa bei *Rest*, Luftverschmutzung, S. 108, wenn er für die Einrichtung eines Luftverschmutzungsfonds wie folgt plädiert: „Bezüglich der Gesundheitsschäden muß das Ziel des Fonds primär darin bestehen, Kosten, die bisher von Sozial- und Krankenversicherungen getragen werden, den einzelnen Verursachergruppen zuzuweisen. Bisher werden diese Kosten letztlich über die Prämienregelung von der Allgemeinheit der Versicherungsnehmer erbracht". Zu dieser Begründung für einen Umweltschadensfonds vgl. noch unten D.IV.2.b) sowie Gegenmeinung unten D.IV.4.c).

[191] Dazu etwa *Lübbe-Wolff*, NuR 1993, 217 ff.

[192] Siehe oben B.II.2.a)aa). Zweifelhaft *G. Wagner*, Kollektives Umwelthaftungsrecht, S. 107, der zumindest die Berufsgenossenschaften wegen des Selbstverwaltungsprinzips gegen das Vollzugsdefizit gefeit sieht.

[193] Vgl. etwa *Medicus*, NuR 1990, 145 f.

[194] Unrichtig ist es daher übrigens auch, wenn *Kloepfer*, Zur Rechtsumbildung durch Umweltschutz, S. 4, 14 ff., meint, daß staatliche Behörden beim Einsatz privatrechtlicher Instrumente im Umweltschutz nicht beteiligt seien. - Soweit Sozialversicherungsträger imissionshaftungsrechtliche Regresse nehmen, werden sie zumindest mittelbar umweltschützend tätig.

Eine kritische Stellungnahme findet sich unter E II bei der Erörterung der Frage, ob die Sozialversicherungsträger zur Regreßnahme verpflichtet sind.

a) *Kosten*

Zunächst ist die Regreßbereitschaft deshalb gering, weil der Rückgriff Kosten verursacht. Zu dem allgemeinen Prozeßkostenrisiko, das freilich im Immissionshaftungsrecht besonders hoch ist, gesellen sich die Regreß-Verwaltungskosten.[195]

b) *Keine Kenntnis*

Ein weiterer Grund für die seltenen Rückgriffe gerade im Immissionshaftungsrecht besteht darin, daß die Sozialversicherungsträger oft schon keine Kenntnis von haftungsrechtlich erheblichen Schäden erhalten, weil die behandelnden Ärzte keine Ursachenforschung betreiben, die sie den Krankenkassen, Berufsgenossenschaften usw. mitteilen könnten.[196] Dieser Grund erklärt möglicherweise auch die *v. Hippelsche* Untersuchung: Trotz ausreichend vorhandener Regreßbereitschaft führen die Sozialversicherungsträger keine Regresse, weil sie von den Rückgriffsfällen keine Kenntnis erlangen.

c) *Kein Interesse*

Regreße unterbleiben u. a. auch deshalb, weil die Finanzierung der Sozialversicherungsträger ja schon durch die Beiträge der Mitglieder und Arbeitgeber gesichert ist. Deshalb seien die Sozialversicherungsträger an Regreßeinnahmen schlicht nicht interessiert.[197] Regreßerlöse haben keine Finanzierungsfunktion.[198]

---

[195] *Weyers*, Unfallschäden, S. 418 f., 652 f.; *v. Hippel*, ZRP 1972, 49 f.; *H. Baumann*, Regreß, S. 36; *Micklitz*, ZVP 1979, 329, 331; *Zekoll*, Produkthaftpflichtrecht, S. 75; *Hermann Lange*, Schadensersatz, II 3; S. 5 f.; *G. Wagner*, JZ 1991, 175, 179; *Feess-Dörr/Prätorius/Steger*, Umwelthaftungsrecht, S. 63. Vgl. gegenüber diesem Argument aber die schon erwähnte Krankenkassenbefragung bei *v. Hippel*, ZRP 1972, 49, 51.

[196] *G. Wagner*, JZ 1991, 175, 180; *Feess-Dörr/Prätorius/Steger*, Umwelthaftungsrecht, S. 63.

[197] *G. Wagner*, JZ 1991, 175, 180; *ders.*, NuR 1992, 201, 209.

[198] So schon *Wachsmuth*, Voraussetzungen, S. 34.

d) Schutz der Verletzteninteressen

Endlich werden Rückgriffsansprüche oftmals nicht geltend gemacht, weil das den Wünschen oder Interessen des Verletzten zuwiderlaufen könnte.[199] Denkbar ist ein solches Verhalten - freilich kaum in immissionshaftungsrechtlichen Kontexten - wohl vor allem dann, wenn sich der Regreßanspruch gegen einen Angehörigen des Verletzten richtet. Oder der Regreß unterbleibt mit Rücksicht auf die geschäftlichen Beziehungen zu dem Ersatzpflichtigen.[200] Überdies scheinen Sozialversicherer „das ohnedies anfällige Vertrauensverhältnis zu den Mitgliedern bei der Abfertigung nicht durch inquisitorische Fragen über Regreßmöglichkeiten belasten" zu wollen.[201]

4. Folgerungen

De lege ferenda ist aus der lahmen Regreßtätigkeit vielfach der Schluß abgeleitet worden, den Regreß überhaupt abzuschaffen. Auf diese rechtspolitische Idee (Haftungsersetzung durch Versicherungsschutz) werde ich unten D.IV. noch eingehen. Diametral entgegengesetzt könnte man für verstärkte Regreßaktivitäten der Sozialversicherungsträger plädieren. Dieser Versuch soll unten E.I. unternommen werden.

IV. Teilungsabkommen und Immissionshaftungsrecht

In den weitaus meisten Regreßfällen zwischen Sozialversicherungsträgern und Haftpflichtversicherern findet die tatsächliche Abwicklung nicht mehr individuell, sondern auf der Basis von Schadensteilungsabkommen statt.[202] Die nicht immer unbestrittene Zulässigkeit von Teilungsabkommen folgt heute jedenfalls aus § 116 Abs. 9 SGB X.[203] Die Idee, den Regreß von der individuellen Klärung der Sach- und Rechtslage abzuspalten und insgesamt zu pauschalieren, ergibt sich aus der Überlegung, daß sich wegen der großen Zahl von Sozial- und Haftpflichtversicherten häufig derselbe Sozialversicherungs-

---

[199] Vgl. *Weyers*, Unfallschäden, S. 419 f.

[200] Vgl. *H. Baumann*, Regreß, S. 36.

[201] *Weyers*, Unfallschäden, S. 116.

[202] Die rechtstatsächliche Bedeutung der Teilungsabkommen ist immens. Bei den Allgemeinen Ortskrankenkassen werden durchschnittlich 50% aller Regreßfälle über Teilungsabkommen abgewickelt, bei manchen über 65%. Vgl. *Weyers*, Unfallschäden, S. 139; *Denck*, NJW 1982, 2048, 2049.

[203] Ausführlich zur Zulässigkeit *H. Kaiser*, Risikozuweisung, S. 75 ff.; zur Geschichte der Teilungsabkommen *Clasen*, Teilungs- und Regreßverzichtsabkommen, S. 27 ff.; zu § 116 Abs. 9 SGB X *v. Maydell*, in: GK/SGB, § 116 SGB X, Rz. 516 ff.; Schroeder-Printzen/*Schmalz*, Kommentar, § 116 SGB X, Anm. 10.

träger und derselbe Haftpflichtversicherer bei der Regulierung von Regreßansprüchen gegenüberstehen. Weil es sich also bei dem Sozialversicherungsträger um eine Anspruchssammelstelle der Geschädigten und bei dem Haftpflichtversicherer um eine Konzentration der Schädiger handelt, liegt es nahe, den statistischen Durchschnitt über die Leistungen entscheiden zu lassen und nicht jeweils den mehr oder weniger umkämpften Einzelfall.[204]

1. Wesen und Wirkungsweise der Teilungsabkommen

a) Rechtsnatur

Die Rechtsnatur der Teilungsabkommen ist noch immer nicht völlig geklärt.[205] Eine restlos befriedigende dogmatische Einordnung scheint nicht zu gelingen.[206] Allerdings haben die unterschiedlichen dogmatischen Begründungen, soweit ersichtlich, keinerlei voneinander abweichende praktische Konsequenzen.[207] Daher wird hier der h. M. gefolgt. Nach Auffassung der Rechtsprechung[208] und h. L.[209] handelt es sich bei den Teilungsabkommen um privatrechtliche, selbständige und gegenseitige Verträge, die einen Rahmenvergleich unter den Vertragsparteien schaffen.

b) Wirkung

Dieser Rahmenvergleich bildet die Rechtsgrundlage für die vom Haftpflichtversicherer zu erbringende Zahlung einer bestimmten Quote (Teilungsquote)[210] von Aufwendungen, die dem Sozialversicherungsträger ent-

---

[204] Vgl. auch *H. Kaiser*, Risikozuweisungen, S. 4.

[205] Vgl. nur die ausführliche Diskussion der vertretenen Auffassungen bei *H. Kaiser*, Risikozuweisung, S. 36-74.

[206] So hat etwa auch die aus eingehender Analyse hervorgegangene Auffassung von *H. Kaiser*, Risikozuweisung, S. 74, Kritik erfahren, vgl. *Sieg*, ZVersWiss 71 (1982) 133 ff. Nach *H. Kaiser* sind Teilungsabkommen gegenseitige Verträge sui generis, die ein Dauerschuldverhältnis begründen und sich dadurch „auszeichnen", daß Haftpflichtversicherer und Sozialversicherungsträger bestimmte Risiken übernehmen, die ihnen nach Sach- und Rechtslage nicht zugewiesen sind.

[207] So auch *Ebel*, JURA 1979, 357, 362.

[208] Etwa BGH VersR 1976, 923. Weitere Nachweise bei *v. Maydell*, in: GK/SGB, § 116 SGB X, Rz. 524.

[209] Vgl. nur *Haidinger*, VersR 1951, 57; *Gunkel/Hebmüller*, Ersatzansprüche, Band 2, S. 41 ff.; *Wussow*, Teilungsabkommen, S. 3; *Denck*, NJW 1982, 2048, 2049; *Hermann Lange*, Schadensersatz, § 11 C II 14, S. 723; *Steinfeltz*, in: Wussow, Unfallhaftpflichtrecht, Rz. 1501; *Weyers*, Versicherungsvertragsrecht, Rz. 650; Geigel/*Plagemann*, Der Haftpflichtprozeß, Kap. 30, Rz. 95; *Nehls*, in: Hauck/Haines, Kommentar, § 116 SGB X, Rz. 58; *Prölss*, in: Prölss/Martin, § 67 VVG, Anm. 10 A.

[210] Die Höhe der Teilungsquote hängt maßgeblich davon ab, ob ein Fall der Gefährdungshaf-

standen sind, für eine unbestimmte Anzahl zukünftiger Schadensfälle. Der Sozialversicherungsträger verpflichtet sich, nicht auf den Regreßanspruch gem. § 116 Abs. 1 SGB X zurückzugreifen, der praktisch immer höher ist als die Quote. Als Gegenleistung für die Beschränkung des Sozialversicherungsträgers auf die Teilungsquote verzichtet der Haftpflichtversicherer auf die Prüfung der Haftungsfrage. Dieser Verzicht bedeutet, daß es für die Anwendung des Teilungsankommens generell nur auf einen inneren, ursächlichen Zusammenhang zwischen dem Schadensereignis und dem versicherten Wagnis ankommt.[211] Die haftungsbegründende Kausalität im einzelnen, rechtsvernichtende Einwendungen usw. werden nicht nachgeprüft, nicht einmal der Schadensverursacher braucht stets unstreitig festzustehen.[212] Die Abkommenshaftung entfällt jedoch dann, wenn es offensichtlich an einem erkennbaren Kausalzusammenhang zwischen dem Schaden und dem Handeln oder Unterlassen des vermeintlichen Schädigers fehlt. Derartige „Groteskfälle" liegen vor, wenn ohne Teilungsabkommen niemand daran denken würde, die haftpflichtversicherte Person in Anspruch zu nehmen, weil deren Haftung von vornherein ausgeschlossen erscheint.[213] Eine weitere Anwendungsvoraussetzung, neben der Berechtigung des Sozialversicherungsträgers, besteht darin, daß der Haftpflichtversicherer aus dem Verhältnis zum Schädiger/Versicherungsnehmer zur Deckung verpflichtet ist.[214]

Teilungsabkommen lassen den an sich bestehenden Regreßanspruch gegen den Schädiger unberührt. Bis zur Zahlung der Quote ist der Haftpflichtanspruch gegen den versicherten Schädiger gestundet.[215] Zahlt der Haftpflichtversicherer, geschieht folgendes: Soweit Quotenzahlung und Regreßanspruch der Höhe nach übereinstimmen, erlischt dieser gem. §§ 267, 362, 364 Abs. 1 BGB.[216] Die Quote ist aber stets niedriger als der Regreßanspruch. Soweit die Quotenzahlung den Regreßanspruch daher nicht erlöschen läßt, bedarf es einer Konstruktion, um den Schädiger vor einer Regreßnahme durch den Sozialversicherungsträger zu schützen. Sinnvoll kann ein Teilungsabkommen nämlich nur dann sein, wenn die Sozialversicherungsträger den die Tei-

---

tung (dann ist sie höher) oder der Verschuldenshaftung in Betracht kommt, vgl. ausführlich *Wussow*, Teilungsabkommen, S. 99 ff. Sie schwankt etwa zwischen 50% und 60%, *H. Kaiser*, Risikozuweisung, S. 18; *v. Maydell*, in: GK/SGB, § 116 SGB X, Rz. 518.

[211] Vgl. grundlegend BGHZ 20, 385, 389 ff. Ausführliche Darstellung bei *H. Kaiser*, Risikozuweisungen, S. 116-125; Geigel/*Plagemann*, Der Haftpflichtprozeß, Kap. 30, Rz. 97. Teilungsabkommen können freilich auch verschärfte Kausalitätsanforderungen stellen.

[212] Vgl. BGH VersR 1983, 26.

[213] *Clasen*, Teilungs- und Regreßverzichtsabkommen, S. 53 ff.; *Wussow*, Teilungsabkommen, S. 88 ff.; Geigel/*Plagemann*, Der Haftpflichtprozeß, Kap. 30, Rz. 97.

[214] *Clasen*, Teilungs- und Regreßverzichtsabkommen, S. 51. Zu den Problemen bei „krankem" Versicherungsverhältnis vgl. ausführlich *H. Kaiser*, Risikozuweisungen, S. 82-101.

[215] *Denck*, NJW 1982, 2048, 2051.

[216] Vgl. *H. Kaiser*, Risikozuweisungen, S. 58; *Denck*, NJW 1982, 2048, 2050.

lungsquote übersteigenden Betrag nicht von den Schädigern im Rückgriffswege einfordern können. Verfügungswirkungen hinsichtlich des Regreßanspruchs hat ein Teilungsabkommen nach h. M. nicht,[217] so daß ein Erlaßvertrag als Lösung nicht in Betracht kommt.[218] Die Teilungsabkommen stellen indessen im Verhältnis zu den Versicherungsnehmern der Haftpflichtversicherer begünstigende Verträge im Sinne von § 328 BGB dar.[219] Daher begünstigt die Verpflichtung gegenüber den Haftpflichtversicherern, auf den Regreß gem. § 116 SGB X zu verzichten, auch die Schädiger/Versicherungsnehmer, die sich auf das pactum de non petendo berufen können.[220]

2. Funktion der Teilungsabkommen

a) Ausfall- und Einstandsrisiko

Bezogen auf den Einzelfall kann die Abrechnung nach Teilungsabkommen zu durchaus ungerechten Ergebnissen führen, die der Sach- und Rechtslage, wie sie sich aus dem materiellen Haftungsrecht und dem Prozeßrecht ergibt, nicht entspricht. Der Haftpflichtversicherer braucht z. B. auch dann nur die Teilungsquote zu leisten, wenn der Sozialversicherungsträger im vollen Umfang seiner Aufwendungen hätte Regreß nehmen können. Andererseits bleibt der Haftpflichtversicherer selbst dann in Höhe der Quote leistungspflichtig, wenn ein Schadensersatzanspruch gegen den Schädiger nicht besteht oder wegen unüberwindbarer prozessualer Hürden nicht durchsetzbar wäre. Die Abrechnung nach Teilungsabkommen bewirkt also eine partielle Überwälzung des Ausfallrisikos des Sozialversicherungsträgers an den Haftpflichtversicherer und eine partielle Zuweisung des Einstandsrisikos des Haftpflichtversicherers an den Sozialversicherungsträger.[221] Indessen verspricht man sich von den Teilungsabkommen, daß mit ihnen auf längere Sicht unter Berücksichtigung des Gesetzes der großen Zahl ein gerechter Ausgleich zu erzielen sei.[222] Erreicht werden soll, daß sowohl der Haftpflichtversicherer als auch

[217] Nach h. M. sind Verfügungen zugunsten Dritter unzulässig. Statt aller Erman/*H. P. Westermann*, BGB, § 397, Rz. 6. Vgl. zu den diskutierten Lösungen *H. Kaiser*, Risikozuweisungen, S. 55 ff.

[218] Zweifelhaft und nicht verallgemeinerungsfähig ist m. E. daher BGH NJW-RR 1993, 1111 ff. Der BGH deutet den Verzicht auf den Haftpflichtanspruch im Teilungsabkommen als Erlaßvertrag, der gem. § 423 BGB auch gegenüber dem Schädiger wirkt. § 423 BGB ist aber nicht anwendbar, da Haftpflichtversicherer und Versicherungsnehmer regelmäßig (Ausnahme: § 3 Nr. 2 PflVG) nicht Gesamtschuldner sind.

[219] *Steinfeltz*, in: Wussow, Unfallhaftpflichtrecht, Rz. 1501.

[220] Vgl. *Wussow*, Teilungsabkommen, S. 9; *H. Kaiser*, Risikozuweisungen, S. 11, auch zu Konstellationen bei mehreren Schädigern oder Geschädigten; *Denck*, NJW 1982, 2048, 2051.

[221] *H. Kaiser*, Risikozuweisungen, S. 6 f.; *Fuchs*, Zivilrecht und Sozialrecht, S. 189.

[222] Vgl. *H. Kaiser*, Risikozuweisungen, S. 3, 7 f.; skeptisch *Geiger*, SozVers 1957, 212 ff.

der Sozialversicherungsträger nach Erledigung einer größeren Zahl von Fällen so stehen, als ob jeder Einzelfall nach Sach- und Rechtslage abgerechnet worden wäre.[223] Diesem Ziel wird man freilich nur dann nahekommen, wenn die Bildung der Teilungquote vor dem Hintergrund gesicherter statistischer Erfahrungswerte geschieht, um so den wahren Durchschnitt der Lebenssachverhalte abzubilden.[224]

b) Rationalisierungsfunktion

Der eigentliche Zweck der Teilungabkommen liegt in der Verringerung des Regreßkostenrisikos. Abgesehen vom stets gegebenen Ausfallrisiko bedeutet die Durchsetzung eines Regreßanspruchs für den Sozialversicherungsträger Arbeits- und damit Kostenbelastung. Die genaue Ermittlung des entstandenen ersatzfähigen Schadens und insbesondere die prozeßbeständige Feststellung der Tatbestandsvoraussetzungen binden Kapazitäten in den Regreßabteilungen der Sozialversicherungsträger. Auch für den Haftpflichtversicherer entstehen neben dem Einstandsrisiko Regreßbearbeitungskosten. Diese finanziellen Mehrausgaben einzusparen ist Sinn der Teilungsabkommen, da die Prüfung der Anwendungsvoraussetzungen eines Teilungsabkommens wesentlich einfacher und deshalb kostengünstiger ist. Teilungsabkommen bezwecken also vor allem einen Rationalisierungseffekt.[225] Die schon erwähnte empirische Untersuchung aus dem Jahr 1971 hat denn auch ergeben, daß die durchschnittliche Höhe der Regreßkosten der Sozialversicherungsträger bei Abrechnung gemäß Teilungsabkommen 9,1 % der Regreßeinnahmen beträgt, bei Abrechnung ohne Teilungsabkommen 17,3 %.[226]

c) Selbstbehalte und Teilungsabkommen

Oben C.II.1.e)dd) wurde bereits angedeutet, daß Haftpflichtversicherer zur Eindämmung des moralischen Risikos und zur Verringerung des Verwal-

---

[223] Vgl. Geigel/*Plagemann*, Der Haftpflichtprozeß, Kap. 30, Rz. 95.

[224] Bei der Kalkulierung der Teilungsquote ist z. B. auch der Umstand zu berücksichtigen, daß sich Teilungsabkommen erfahrungsgemäß in einer verstärkten Inanspruchnahme der Haftpflichtversicherer auswirken, vgl. BGHZ 20, 385, 391. Für eine Abkoppelung der Quotenbildung von der Sach- und Rechtslage tritt aus Vereinfachungsgründen ein *H. Baumann*, Regreß, S.16 f.

[225] Das wird einhellig bejaht: Vgl. BGH NJW 1974, 698; *Haidinger*, VersR 1951, 57; *Clasen*, Teilungs- und Regreßverzichtsabkommen, S. 20; *Gunkel/Hebmüller*, Ersatzansprüche, Band II, S. 40 f.; *Medicus*, JuS 1972, 553, 556; *Wussow*, Teilungsabkommen, S. 1 m. w. N.; *H. Kaiser*, Risikozuweisungen, S. 8, 13; *Weyers*, Versicherungsvertragsrecht, Rz. 647; *Kötz*, Deliktsrecht, Rz. 615.

[226] Vgl. *v. Hippel*, ZRP 1972, 49 f. (Befragt wurden 54 von 179 bestehenden Innungskrankenkassen in der Bundesrepublik.). Trotz dieser Zahlen Zweifel an der tatsächlichen Kostenersparnis bei *v. Maydell*, in: GK/SGB, § 116 SGB X, Rz. 531; *Nehls*, in: Hauck/Haines, Kommentar, § 116 SGB X, Rz. 59.

tungsaufwands in ihren Versicherungsbedingungen mitunter Selbstbehalte ihrer Versicherungsnehmer vorsehen. Auch das Umwelthaftpflichtmodell des HUK-Verbandes enthält in Nr. 7.3 eine derartige Klausel. Geht man von ihrer Zulässigkeit auch im Personenschadenbereich aus, fragt sich grundsätzlich, wie Selbstbehalte die Anwendung eines Teilungsabkommens beeinflußen. Nach richtiger Ansicht kann der Sozialversicherungträger bei bestehendem Selbstbehalt vom Haftpflichtversicherer nicht die volle Teilungsquote verlangen, sondern nur den den Selbstbehalt übersteigenden Betrag.[227] Diese Auffassung trifft zu, weil Voraussetzung des Quotenzahlungsanspruchs die Leistungspflicht des Haftpflichtversicherers aus dem Deckungsverhältnis ist,[228] die im Umfang des Selbstbehalts aber gerade nicht gegeben ist. Auch die schon geschilderte Funktion der Selbstbehalte, das Eigeninteresse des Versicherungsnehmers an der Schadensverhütung anzuregen, fordert an sich ihre Berücksichtigung, wenn der Haftpflichtfall über Teilungsabkommen abgewickelt wird.[229] Der Selbstbehalt führt also auf Seiten des Haftpflichtversicherers zu partieller Leistungsfreiheit, auf Seiten des Sozialversicherungsträgers zu einem Ausfall, der vom Schädiger selbst einzufordern ist. Fraglich ist nun, ob die Inanspruchnahme des Schädigers in Höhe des Selbstbehalts nach individueller Sach- und Rechtslage zu geschehen hat oder ob auch insoweit das Bestehen des Teilungsabkommens Auswirkungen hat. *H. Kaiser* geht hier ohne weiteres davon aus, daß der Sozialversicherungsträger nach Sach- und Rechtslage vorzugehen hat.[230] D. h., der Sozialversicherungsträger ist mit den regelmäßig ungünstigen Darlegungs- und Beweislastregeln konfrontiert, die im Vergleich mit den Anwendungsvoraussetzungen eines Teilungsabkommens für ihn nachteilig sind und ihn ja gerade zum Abschluß eines Teilungsabkommens bewogen haben.[231] Zweifelhaft erscheint, ob der Sozialversicherungsträger in solchem Falle überhaupt noch die Mühen eines Regresses beim Schädiger in Höhe des wahrscheinlich niedrigen Selbstbehalts[232] auf sich zu nehmen bereit ist. Die Regreßkosten stehen hier regelmäßig in einem noch schlechteren Verhältnis zu den einklagbaren Summen als ohne Teilungsabkommen. Es drängt sich daher die Vermutung auf, daß der Anreiz für den Sozialversicherungsträger, Regresse wegen der Selbstbehalte zu führen, denkbar schwach sein und er gegebenenfalls mit der verbliebenen Teilungsquote vorlieb nehmen wird. Kämen aber solche Selbstbehalts-Regresse praktisch nicht vor, ginge die erzieherische Funktion der Selbstbehaltsklauseln gegen null. Der Schaden in Höhe der Selbstbehalte bliebe an der Gemeinschaft der

---

[227] So *H. Kaiser*, Risikozuweisungen, S. 95 f.; a. A. *Haidinger*, VersR 1951, 57, 58.

[228] Siehe oben C.IV.1.b) mit Fn. 213.

[229] So auch *H. Kaiser*, Risikozuweisungen, S. 96.

[230] *H. Kaiser*, Risikozuweisungen, S. 96.

[231] So auch *H. Kaiser* selbst, Risikozuweisungen, S. 9.

[232] Es scheint sich abzuzeichnen, daß die Deckungsverordnung gem. § 20 Abs. 1 UmweltHG nur geringe Selbstbehalte zulassen wird, wenn überhaupt, vgl. *G. Wagner*, VersR 1992, 261, 271.

Sozialversicherten hängen, die Haftpflichtversicherer und mittelbar die Schädiger wären durch die infolge der Selbstbehalte niedrigere Teilungsquote entlastet.

Einige Auswege aus dem Dilemma bieten sich an:

Man könnte die Unbeachtlichkeit von Selbstbehalten bei Abrechnung nach Teilungsabkommen vorsehen, die Selbstbehalte vielmehr schon bei der Quotenbildung berücksichtigen. Der eigentliche Zweck der Selbstbehalte wäre dann aber nicht mehr erfüllt.[233]

Eine andere Lösung besteht in der Einführung extrem hoher Selbstbehalte.[234] Dann wäre an sich für ausreichenden Anreiz zur Regreßführung gegen den Versicherungsnehmer/Schädiger gesorgt, weil die Kostenbelastung in besserem Verhältnis zur Regreßsumme stünde. Dagegen spricht aber, daß bei hohen Selbstbehalten Lüken im Deckungsschutz bestehen. Das Ausfallrisiko der Sozialversicherungsträger erhöht sich, weil der solvente Haftpflichtversicherer nicht als Schuldner zur Verfügung steht. Hohe Selbstbehalte belasten die Versicherungsnehmer, für die Versicherungskontrakte dann kaum noch eine Entlastungsfunktion entfalten.[235]

Auf Selbstbehalte hingegen ganz zu verzichten, hieße, den Haftpflichtversicherern ein wirksames Instrument bei der Bekämpfung des moralischen Risikos zu nehmen.

Zu erwägen wäre endlich noch, dem Versicherungsnehmer den Selbstbeteiligungsbetrag in jedem Falle, in dem ansonsten nach Teilungsabkommen abgerechnet wird, aufzuerlegen, ob nun ein begründeter Haftpflichtanspruch gegen ihn besteht oder nicht. Diese Lösung bedeutet, daß die erleichterten Anwendungsvoraussetzungen des Teilungsabkommens auch gegen den Schädiger/Versicherungsnehmer gelten.[236] Hierfür würde sprechen, daß auf diese Weise die Anreizwirkungen der Selbstbehaltsklausel intakt blieben und die Sozialversicherungsträger keinen Nachteil erlitten. Dagegen steht indes der dogmatische Einwand, daß Teilungsabkommen dann zu Verträgen zu Lasten Dritter würden, die das BGB nicht zuläßt.[237] Der Haftpflichtversicherer hat keine Vollmacht, im Teilungsabkommen Pflichten des Schädigers zu begründen. Die Vollmacht nach § 5 Nr. 7 AHB genügt nicht, weil sie notwendig

---

[233] Dagegen auch *H. Kaiser*, Risikozuweisungen, S. 96.

[234] Dafür auch *G. Wagner*, VersR 1992, 261, 271; *Nickel*, VW 1988, 600, 610 (Selbstbeteiligung in Höhe von 50%).

[235] *Feess-Dörr/Prätorius/Steger/*, Umwelthaftungsrecht, S. 19.

[236] So *Clasen*, Regreßverzichts- und Teilungsabkommen, S. 67 f.

[237] Statt aller Palandt/*Heinrichs*, BGB, Einf v § 328, Rz. 10 m. w. N.

einzelfallbezogen ist, es aber zu einer rechtsgeschäftlichen Betätigung des Haftpflichtversicherers in einem einzelnen Abkommensfall nicht kommt.[238]

Nach dem Gesagten kann festgehalten werden, daß eine allseits interessengerechte Berücksichtigung von Selbstbehalten bei Abrechnung nach Teilungsabkommen kaum gelingt.

3. Auswirkungen auf das Haftungsrecht

Oben wurde bereits herausgearbeitet, daß das materielle Haftungsrecht im Personenschadenbereich durch das Eintreten kollektiver Vorsorgeträger überlagert wird. Das Haftpflichtrecht ist zum Recht der Regreßvoraussetzungen geworden. Die Ablösung des Individualregresses durch pauschale Vertragslösungen führt nun zu einer noch weitergehenden Mediatisierung des Haftungsrechts.[239] Schädiger und Geschädigter haben mit der Abwicklung des Falles nichts mehr zu tun. Der einzelne Fall wird zu einer statistischen Größe, zu einem Buchungsposten bei den Kollektiven. Der Ersatzanspruch wird sozialisiert.[240] Aber auch das Haftpflichtrecht entscheidet nicht etwa allein über den Inhalt eines Teilungsabkommens. Es ist gewissermaßen zur Geschäftsgrundlage der Teilungsabkommen,[241] womöglich sogar nur zu einem bloßen Verhandlungsbaustein degeneriert. Denn mindestens ebenso wichtig für die Gestaltung eines Teilungsabkommens sind die Verhandlungsmacht und die Vorstellungen der Vertragspartner über die Vorteile und den Preis eines Teilungsabkommens.[242]

4. Teilungsabkommen statt Immissionshaftungsrecht?

a) Konsequenzen

Es erhebt sich nunmehr die Frage, ob auch der Ausgleich der immissionsbedingten Gesundheitsschäden über Teilungsabkommen vorgenommen wird. Davon hängt ganz entscheidend die Bedeutung des Immissionshaftungsrechts ab. Gäbe es auch hier Teilungsabkommen, erschöpfte sich die faktische Auswirkung der verschärften Umwelthaftung durch das UmweltHG im Perso-

---

[238] Ausführliche Begründung bei *H. Kaiser*, Risikozuweisungen, S. 37 ff., 96. So auch *Wussow*, Teilungsabkommen, S. 14.

[239] *Weyers*, Unfallschäden, S. 411; *Denck*, NJW 1982, 2048, 2050; *Fuchs*, Zivilrecht und Sozialrecht, S. 189.

[240] *Sieg*, VersR 1980, 1085, 1089; *Denck*, NJW 1982, 2048, 2049.

[241] *Denck*, NJW 1982, 2048, 2050.

[242] *Weyers*, Unfallschäden, S. 411, 597; *Kötz*, Deliktsrecht, Rz. 615; *Fuchs*, Zivilrecht und Sozialrecht, S. 189.

nenschadenbereich in einer kleineren Störung der Geschäftsgrundlage bestehender Teilungsabkommen,[243] die etwa durch eine geringe Veränderung der Teilungsquoten zugunsten der Sozialversicherungsträger behoben wäre.

Außer in einer beiläufigen Äußerung in der Literatur[244] wird der Einsatz von Teilungsabkommen im Bereich der immissionsbedingten Personenschäden - soweit ersichtlich - nirgendwo behandelt.

b) Regulierung von Bagatellfällen

Eine Überprüfung der veröffentlichten höchstrichterlichen Rechtsprechung[245] ergibt, daß das hauptsächliche Anwendungsfeld der Teilungsabkommen in der Regulierung von Straßenverkehrsunfällen liegt. Dieser Befund deckt sich durchaus mit der im Schrifttum wiederholt anzutreffenden Äußerung, die eigentliche Aufgabe der Teilungsabkommen bestehe in der schnellen und reibungslosen Erledigung der Masse der Klein- und Bagatellschäden.[246] Demgemäß enthalten die meisten Teilungsabkommen Abkommenlimits oder Spitzenklauseln, die die Leistungspflicht der Haftpflichtversicherer pro Schadensfall summenmäßig begrenzen.[247] Die Aufwendungen der Sozialversicherungsträger werden also bei Großschäden regelmäßig nicht voll ersetzt. Insoweit verbleibt es bei der Abrechnung nach Sach- und Rechtslage. Das mag bei der Masse der Verkehrsunfallschäden eine sinnvolle Regelung sein.[248] Die immissionsbedingten Gesundheitsschäden ergeben indes kein so homogenes Bild. Insbesondere die Regulierung von behandlungsintensiven Immissionskrankheiten (etwa Krebs) ließe sich über Teilungsabkommen wegen der Spitzenklauseln nicht erreichen. Spitzenklauseln machen den Ausgleich von Massen- oder Serienschäden über Teilungsabkommen vollends unmöglich, da jene als einheitlicher Versicherungsfall behandelt werden, für den das Abkommenlimit nur einmal - wenn auch in erhöhter Form - zur Verfügung steht.[249]

---

[243] Vgl. *Denck*, NJW 1982, 2048, 2050. Siehe auch *Clasen*, Teilungs- und Regreßverzichtsabkommen, S. 71.

[244] *H. Marburger*, WzS 1991, 129, 132. Vgl. auch *G. Wagner*, JZ 1991, 175, 181 f.

[245] Abkommens-Streitigkeiten kommen verhältnismäßig selten vor. Vgl. *Clasen*, Teilungs- und Regreßverzichtsabkommen, S. 69.

[246] *Haidinger*, VersR 1951, 57; *Clasen*, Teilungs- und Regreßverzichtsabkommen, S. 20; *Seitz*, Ersatzansprüche, S. 289 f.; *H. Kaiser*, Risikozuweisungen, S. 24 f.

[247] Vgl. *H. Kaiser*, Risikozuweisungen, S. 23 ff. mit Zahlenangaben; Geigel/*Plagemann*, Der Haftpflichtprozeß, Kap. 30, Rz. 110.

[248] Allgemein kritisch aber *Plumeyer*, BG 1973, 105, 108.

[249] So *H. Kaiser*, Risikozuweisung, S. 25 f.; zweifelnd *Wussow*, Teilungsabkommen, S. 107 f.

c) Das Problem des Kausalzusammenhangs

Teilungsabkommen verdrängen freilich nicht nur das Haftungsrecht im Bereich der Straßenverkehrsunfälle. Die Pauschalverträge werden auch zwischen Sozialversicherungsträgern und Betriebshaftpflichtversicherern geschlossen. So hat der BGH schon mehrfach zur Anwendung von Teilungsabkommen auf dem Gebiet der Produzentenhaftung entschieden.[250] Bestehen danach Teilungsabkommen auch mit Industriehaftpflichtversicherern, wäre daher an sich vorstellbar, daß die Sozialversicherungsträger diese Verträge zur Weiterwälzung der Immissionsschadenbelastung nutzten. Dafür gab und gibt es jedoch keine Anhaltspunkte. Der Grund könnte darin zu erblicken sein, daß die Abrechnung nach Teilungsabkommen zwar - wie dargelegt - von der Prüfung der Sach- und Rechtslage entbindet, gleichwohl aber voraussetzt, daß der Sozialversicherungsträger den Schädiger und seinen Haftpflichtversicherer ermittelt hat[251] und den mehr oder weniger qualifizierten Kausalitätsnachweis führt.[252] Den Schädiger zu ermitteln, heißt aber, sich über die haftungsbegründende Kausalität der in Rede stehenden Gesundheitsschäden hinreichende Klarheit verschafft zu haben. Die Unsicherheiten im Kausalitätsnachweis stellen aber gerade das Kardinalproblem des Immissionshaftungsrechts dar. Ist also schon der Schädiger nur unter größerem Aufwand zu ermitteln - wenn überhaupt - , kommt eine Abrechnung über Teilungsabkommen, das auf die schnelle Bewältigung von klarliegenden Alltagsschäden zugeschnitten ist, praktisch nicht mehr in Betracht.[253]

d) Neuabschluß von Teilungsabkommen

Mit der - oben geschilderten - Auslagerung der Umwelthaftpflichtversicherung aus der allgemeinen Betriebshaftpflichtversicherung und der Verschärfung der Immissionshaftung durch das Inkrafttreten des UmweltHG tritt noch ein weiterer Aspekt ins Blickfeld. Diese Entwicklung könnte bedeuten, daß bestehende Teilungsabkommen sich prinzipiell nicht (mehr) auf immissionsbedingte Personenschäden erstreckten.[254] Neue Gesetze auf dem Gebiet des

---

[250] BGH BB 1982, 1021 = LM Teilungsabkommen Nr. 15; BGH MDR 1982, 997 = LM Teilungsabkommen Nr. 16; BGH VersR 1983, 26 = LM Teilungsabkommen Nr. 18; BGH LM Teilungsabkommen Nr. 21; BGH MDR 1986, 295 = LM Teilungsabkommen Nr. 25.

[251] *Gunkel/Hebmüller*, Ersatzansprüche, Band II, S. 40 f.; *H. Kaiser*, Risikozuweisungen, S. 14.

[252] Vgl. zu dieser Anwendungsvoraussetzung schon oben C.IV.1.b) mit Fn. 210.

[253] So wohl auch *G. Wagner*, JZ 1991, 175, 182, der Teilungsabkommen zur Lösung der Regreßprobleme bei Umweltschäden aus diesem Grund für ungeeignet hält.

[254] Anhaltspunkt etwa bei *Denck*, NJW 1982, 2048, 2050 Fn. 29: Gesetzesänderungen verändern das Verhältnis von Leistung und Gegenleistung, also die Geschäftsgrundlage von Teilungsabkommen.

Schadensersatzrechts können Anlaß sowohl zum Abschluß neuer als auch zur Abänderung bestehender Vereinbarungen sein.[255] Der Abschluß neuer, gerade Immissionsschäden einschließender Teilungsabkommen dürfte zumindest gegenwärtig jedoch nicht gelingen. Die Abkommenspartner wären ja gehalten, eine Teilungsquote festzulegen, die dem Gesetz der großen Zahl entsprechend für eine gerechte, d. h. insgesamt der Rechtslage angenäherte Verteilung der Schäden sorgte.[256] Die Quotenfestlegung hängt mithin von Erfahrungswerten ab. Diese Erfahrungssätze ergeben sich aus der Vielzahl der in der Vergangenheit geführten Individualregreße, aus der Kategorisierung und statistischen Erfaßung von Schadensfällen.[257]

Derartige statistische Grundlagen und Erfahrungswerte fehlen nun im Immissionshaftungsrecht fast gänzlich. Der nahezu vollständige Mangel an Individualregreßen im Immissionshaftungsrecht läßt mithin den Neuabschluß von Teilungsabkommen zur Abdeckung dieses Risikobereichs schon im Ansatz als unwahrscheinlich erscheinen. Dies gilt umso mehr, als eine gesetzliche Verpflichtung zum Abschluß eines Teilungsabkommens nicht besteht.[258] *G. Wagner* vermutet, daß die Haftpflichtversicherer überdies kein Interesse am (Neu-)Abschluß von Immissionsschäden abdeckenden Teilungsabkommen haben werden, da es für sie „günstiger sei, die anfallenden Fälle einzeln zu bearbeiten, als den Krankenkassen den Rückgriff durch Abschluß eines Teilungsabkommens zu erleichtern".[259]

5. Regreßverzichtsabkommen

Eine im Hinblick auf die Vorgaben des Haftungsrechts noch radikalere, aber auch kostensparendere Form des rahmenvertraglichen Ausgleichs von Personenschäden stellen die sog. Regreßverzichtsabkommen dar, bei denen der Sozialversicherungsträger für einen gewissen Zeitraum eine einmalig Pauschalsumme zur Abgeltung aller eventuell bestehenden Regreßansprüche erhält.[260] In den für unser Thema entscheidenden Punkten ergeben sich keine Besonderheiten gegenüber den hier ausführlich behandelten Teilungsabkommen, so daß auf eine Darstellung verzichtet wird. Eine wie auch immer gear-

---

[255] *Clasen*, Teilungs- und Regreßverzichtsabkommen, S. 71.

[256] Siehe oben C.IV.2.a) am Ende.

[257] *Clasen*, Teilungs- und Regreßverzichtsabkommen, S. 22; *Clauß*, VersR 1957, 557; *Fischer*, WzS 1957, 161; *H. Emmerich*, VersR 1958, 141; *Weyers*, Unfallschäden, S. 411; *H. Kaiser*, Risikozuweisungen, S. 17 f.; *Denck*, NJW 1982, 2048, 2050.

[258] *Clasen*, Teilungs- und Regreßverzichtsabkommen, S. 41.

[259] *G. Wagner*, JZ 1991, 175, 182.

[260] Vgl. etwa *Clasen*, Teilungs- und Regreßverzichtsabkommen, S. 32 ff.; *H. Kaiser*, Risikozuweisungen, S. 33 f.; GK-SGB/*v. Maydell*, § 116 SGB X, Rz. 614 f.; Geigel/*Plagemann*, Der Haftpflichtprozeß, Kap. 30, Rz. 114.

tete Bedeutung der Regreßverzichtsverkommen für das Immissionshaftungsrecht ist nicht auszumachen,[261] zumal Regreßverzichtsabkommen mit Sozialversicherern ganz allgemein sehr selten sein dürften.[262]

6. Zusammenfassung

Nach dem Gesagten kann festgestellt werden, daß der Ausgleich immissionsbedingter Gesundheitsschäden gegenwärtig nicht über Teilungsabkommen abgewickelt wird. Auch der zukünftige Einsatz dieses pauschalvertraglichen Ausgleichsinstruments ist nicht gewährleistet, weil der Boden dafür nicht bereitet ist: Soweit erkennbar führen die Sozialversicherungsträger wegen immissionsbedingter Personenschäden praktisch kaum Regreße. Diese bilden aber gewissermaßen die Geschäftsgrundlage für den Abschluß von Teilungsabkommen. Das Immissionshaftungsrecht ist folglich durch Teilungsabkommen bis heute nicht abgelöst, sondern befindet sich prinzipiell noch im Stadium des „Rechts der Regreßvoraussetzungen“.

---

[261] So auch *G. Wagner*, JZ 1991, 175, 182 f.; *ders.*, NuR 1992, 201, 209, der (im Anschluß an entsprechende Vorschläge von *v. Hippel*, Schadensausgleich, S. 37 f. und *Weyers*, Unfallschäden, S. 653 f.) allerdings de lege ferenda den Einsatz von Regreßverzichtsabkommen i. V. m. Pauschalzahlungen bei umwelthaftungsrechtlich erheblichen Personenschäden erwägt. In etwas anderem Zusammenhang zuvor schon *ders.*, Kollektives Umwelthaftungsrecht, S. 171 ff.

[262] *Weyers*, Unfallschäden, S. 141.

D. Aufgaben und Zwecke des Immissionshaftungs- und Regreßrechts

I. Allgemeines

Die bisherige Darstellung hat gezeigt, daß das Immissionshaftungsrecht im Bereich der Personenschäden für die aktivlegitimierten Sozialversicherungsträger eine Normierung der Regreßvoraussetzungen bedeutet. Das ist ein tatsächlicher Befund. Die eigentliche Funktion der Haftungs- und Regreßregeln ist damit noch nicht ohne weiteres beschrieben. Das soll der nun folgende Abschnitt leisten. Kann das Immissionshaftungsrecht die ihm zugedachten Aufgaben in der Praxis erfüllen oder laufen die Funktionen tatsächlich leer?

Zunächst sollen die Funktionen des Immissionshaftungsrechts betrachtet werden (II). Vorauszuschicken ist, daß dieses Thema weithin eingebettet ist in die kontroverse Diskussion um die Zwecke des Haftungsrechts schlechthin. Speziell das Immissionshaftungsrecht betreffende Stellungnahmen finden sich nur sehr vereinzelt. Anschließend soll untersucht werden, ob und wie die Zwecke des Immissionshaftungsrechts durch Haftpflicht- und Sozialversicherungsschutz tangiert werden (III). Sodann möchte ich auf rechtspolitische Überlegungen zur Haftungsersetzung durch Versicherungsschutz eingehen (IV). Die Zwecke des Immissionshaftungsrechts stehen im Zusammenhang mit den Regreßnormen. Daher sollen die Zwecke der Rückgriffsvorschriften näher beleuchtet werden (V). Abschließend soll vor dem Hintergrund des Regreßrechts eine eigene Stellungnahme zu den Zwecken des Immissionshaftungsrechts abgegeben werden (VI). Dieser Punkt wird überleiten zum nächsten Abschnitt der Arbeit, der sich mit der Frage der Regreßverpflichtung der Sozialversicherungsträger im Immissionshaftungsrecht beschäftigt.

II. Immissionshaftungsrecht

Wenn von Zwecken und Aufgaben des Haftungsrechts gehandelt wird, bedeutet das nicht zwingend, daß damit auch gültige Aussagen über die tatsächliche Wirkung der Haftungsregeln gemacht werden. Vielmehr muß schon theoretisch zwischen Zweck und Wirkung unterschieden werden.[1] Letztere ist

[1] Das muß naturgemäß in besonders eklatanter Weise für den Präventionsgedanken gelten. Ob Haftpflichtregeln präventiv wirken sollen und ob sie es tatsächlich tun, ist zweierlei. *Esser/Weyers*, Schuldrecht BT, § 53 2, S. 523: „Niemand kann genau sagen, in welchen Lebensbe-

mit juristischen Mitteln allein nicht zu ergründen, sondern erfordert empirische Feldforschung.[2] Eine derartige Untersuchung kann und soll hier nicht geleistet werden, denn empirische Wirkungsforschung dieser Art ist selbst in einem relativ überschaubaren Zusammenhang überaus voraussetzungsvoll.[3] Daher fehlt es etwa bis heute an soliden empirischen Beweisen für den vielbeschworenen „verhaltenssteuernden Effekt" von Haftungsregeln.[4] Gleichwohl ist die theoretische Beschäftigung mit den Zwecken und Aufgaben des Immissionshaftungsrechts nicht rein akademischer Art.[5] Es bedarf keiner weiteren methodischen Rechtfertigung, daß gerade der Zweck einer Norm maßgebliche Bedeutung für ihre Auslegung und Anwendung beansprucht.[6] Diesen teleologischen Ansatz möchte ich im weiteren Verlauf der Arbeit fruchtbar machen. Das Immissionshaftungsrecht der Personenschäden steht nicht isoliert da, sondern befindet sich - wie gezeigt - in einem innigen Beziehungsgeflecht mit (sozial-)versicherungsrechtlichen Vorschriften und Zessionsnormen. Die nachfolgenden Überlegungen sollen erhellen, daß die Zwecke des Immissionshaftungsrechts trotz dieser Verwobenheit an sich intakt bleiben. Wenn das Immissionshaftungsrecht in der Realität seine Aufgaben nicht erfüllt, liegt das nicht an einem in rechtlicher Hinsicht mangelhaften Funktionszusammenhang mit den berührten Versicherungsrechtsmaterien.

1. Die Verschuldenshaftung

Das Immissionshaftungsrecht begegnet als Verschuldenshaftung vor allem in Gestalt des § 823 BGB. Die eigentliche Rechtsfolge dieser Norm und der

---

reichen welche Regeln des Deliktsrechts deshalb nicht angewendet werden müssen, weil es sie gibt."

[2] Sonderbar mutet es freilich an, wenn einer Norm auch dann noch Präventionswirkung zugeschrieben wird, wenn die Wirkungsforschung tatsächlich zu anderen Ergebnissen gelangt. So hält der BGH die Strafbarkeit des Haschischerwerbs zum Eigenverbrauch nach wie vor mit der Begründung für geboten, daß der vermeintlichen Einstiegswirkung des Cannabiskonsums in härtere Drogen („Schrittmacherfunktion") vorgebeugt werden müsse. Die empirische Forschung hat indes die Unhaltbarkeit dieser Einstiegsthese erwiesen. Vgl. BGH NJW 1990, 846; NJW 1992, 2975 und dazu *Kreuzer*, DRiZ 1991, 173; *Hohmann/Matt*, JuS 1993, 370, 371.

[3] Vgl. *Weyers*, Unfallschäden, S. 457; *Kötz*, Deliktsrecht, Rz. 130. Dieses Problem gilt ähnlich für die Strafzwecklehren. Vgl. dazu nur *Bock*, JuS 1994, 89 ff., 98 f.: der empirischen Wissenschaft sei es nicht gelungen, die mit den präventiven Strafzwecken gemeinten Wirkungszusammenhänge zu erhellen.

[4] *Weyers*, Unfallschäden, S. 457. Anschaulich ist immerhin die rechtstatsächliche Untersuchung der Wirkungen des „Beitragsausgleichsverfahrens" der Berufsgenossenschaften durch *Kötz/Schäfer*, AcP 189 (1989) 501-525 sowie die empirische Untersuchung bisheriger Schadensregulierungen im Umwelthaftungsrecht durch *Feess-Dörr/Prätorius/Steger*, Umwelthaftungsrecht, S. 27 ff. Vgl. auch noch die empirische Untersuchung von *Landes*, über die *Schulz*, VersR 1984, 608, 618 Fn. 44 und *Sugarman*, Calf. L. Rev., Vol. 73: 555, 586 ff. (1985) berichten.

[5] Weiterführend *Weyers*, Unfallschäden, S. 443 ff.

[6] Statt vieler Staudinger/*Coing*, BGB, Einl., Rz. 148, 195.

anderen Verschuldenshaftungsregeln ist die Schadensersatzpflicht.[7] Schadensersatz wird grundsätzlich durch Naturalrestitution (vgl. § 249 S. 1 BGB) geleistet. Der Schädiger hat also den Schaden des Verletzten auszugleichen.

a) Der Ausgleichszweck

Die wohl überwiegende Meinung in der Literatur erhebt gewissermaßen die Rechtsfolge der Verschuldenshaftung zum Zweck.[8] Der Hauptzweck der Verschuldenshaftung sei der Schadensausgleich, die Schadensabnahme durch die Überwälzung der Risikozuständigkeit auf den Täter.[9] Die Rechtsprechung hat naturgemäß selten Anlaß, Ausführungen zu den Zwecken des Haftungsrechts zu machen. Es kann jedoch davon ausgegangen werden, daß der BGH den Ausgleichszweck als wichtigste, wenn nicht einzige Haftpflichtfunktion ansieht.[10]

Deutsch nennt als weiteren Haftungszweck die Garantiefunktion. Das verletzte Interesse oder Recht(sgut) setze sich in dem Anspruch auf Schadensersatz fort.[11] Ähnlich hat schon *Philipp Heck* als Ziel des Deliktsrechts die „Sicherung der allgemeinen Lebensordnung und der durch sie abgegrenzten Interessen" erkannt.[12] M. E. läßt sich die Garantiefunktion aber durchaus noch dem Ausgleichszweck im weiteren Sinne zuordnen.[13]

---

[7] Auf die Besonderheiten des Schmerzensgeldes nach § 847 BGB soll hier nicht eingegangen werden; vgl. dazu jüngst BGH NJW 1993, 781 ff. m. Anm. *Deutsch*, NJW 1993, 784. Ausführlicher *Köndgen*, Haftpflichtfunktionen und Immaterialschaden, S. 45 ff.; *Schiemann*, Argumente, S. 5 ff.

[8] Deutlich *P. Marburger*, AcP 192 (1992) 1, 31: „Die Schadensersatzpflicht trägt ihren Zweck in sich. Wir lesen ihn in §§ 249, 251: Restitution soweit möglich, im übrigen Kompensation des Schadens. Diesem Gebot von unmittelbarem Gerechtigkeitswert dient das Haftungsrecht".

[9] *Deutsch*, JZ 1971, 244, 245; *ders.*, Haftungsrecht, S. 60 f., 69, 73; *Weckerle*, Verantwortlichkeit, S. 18; Staudinger/*Schäfer*, BGB, § 823, Rz. 535; Münchener Kommentar/*Mertens*, BGB, Vor §§ 823-853, Rz. 41; *G. Hager*, NJW 1986, 1961, 1969; *P. Marburger*, KF 1990, S. 4, 5; *Brox*, Bes. Schuldrecht, Rz. 436; im Ansatz auch *Schlechtriem*, Schuldrecht BT, Rz. 729, allerdings die Nähe zur Position von *Weyers* (unten b)cc)) in Rz. 733 mit Fn. 5; *Rehbinder*, in: Endres/Rehbinder/Schwarze, Haftung und Versicherung, S. 34, 38 ff.; *Engelhardt*, Haftung für Umweltschäden, S. 11; Erman/*Schiemann*, BGB, Vor § 823, Rz. 12; Palandt/*Heinrichs*, BGB, Vorbem v § 249, Rz. 4. Aus schadensrechtlicher Sicht: *Mertens*, Vermögensschaden, S. 93, 95 ff.; *Larenz*, Schuldrecht Band I, AT, § 27 I, S. 424; *Medicus*, Schuldrecht I, AT, § 52 II, S. 262 und § 60 III 4, S. 325; Esser/*E. Schmidt*, Schuldrecht AT, Tb. 2, § 30 II 3, S. 161 f.

[10] Vgl. BGHZ 75, 328, 331: „der das Schadensersatzrecht beherrschende Ausgleichsgedanke".

[11] *Deutsch*, JZ 1971, 244, 246; *ders.*, Haftungsrecht, S. 72.

[12] *Heck*, Schuldrecht, 1929, § 145, S. 437 f.

[13] So auch Münchener Kommentar/*Mertens*, BGB, Vor §§ 823-853, Rz. 43; *P. Marburger*, KF 1990, S. 4, 5.

Die Ansicht, daß die Verschuldenshaftung primär vom Ausgleichsgedanken beherrscht wird, ist nicht unbestritten. Die Kritik der ökonomischen Analyse des Rechts und von *Weyers* wird unten b)cc) und dd) im Zusammenhang dargestellt.

b) Der Präventionszweck

aa) Der Begriff der Prävention

Anders als etwa im Strafrecht erscheint der zivilrechtliche Präventionsgedanke insgesamt wenig konturiert.[14] Wenn von präventiver Funktion des Haftungsrechts die Rede ist, muß schon, was häufig nicht geschieht,[15] Bedacht darauf genommen werden, in welchem Sinne der jeweilige Autor den Begriff der Prävention verwendet. Soweit etwa Vertreter der ökonomischen Analyse den Präventionszweck ansprechen, meinen sie damit den Schadensvermeideeffekt der Haftungsregeln. Danach soll schon die bloße Existenz der Schadensersatznorm das Verhalten und das Sorgfaltsniveau der potentiellen Täter in präventiver Hinsicht beeinflussen.[16] Das ist indessen nicht das einzig mögliche Begriffsverständnis. Nach anderer, etwa von *Deutsch* formulierter Auffassung, kommt die Prävention lediglich in zwei anderen Formen zum Ausdruck, zum einen in „vortatlichen Maßnahmen" (bewirkt durch negatorischen Rechtsschutz) und in „nachtatlicher Vergeltung" (der verwirkte Schadensersatz dient der Vorbeugung künftiger Eingriffe).[17] Auf die Prävention durch „vortatliche Maßnahmen" wird im weiteren Verlauf der Arbeit nicht mehr eingegangen.[18] Bezogen auf das Haftungsrecht wird also einerseits schon der Haftungsbegründung Präventionswirkung zugesprochen (das ist das

[14] Allgemein dazu *J. Schmidt*, KritV 1986, 83 ff.

[15] Übersehen etwa von *Adams*, Gefährdungs- und Verschuldenshaftung, S. 8 f.; zutreffend aber *Geisendörfer*, in: Nicklisch, Prävention im Umweltrecht, S. 221, 227; Esser/*E. Schmidt*, Schuldrecht AT, Tb. 2, § 30 II, S. 158; Münchener Kommentar/*Grunsky*, BGB, Vor § 249, Rz. 3; *Kötz*, FS Steindorff, S. 643, 644.

[16] In diesem Sinne wird Prävention auch verstanden von *Weyers*, Unfallschäden, S. 458 und passim.

[17] *Deutsch*, JZ 1971, 244, 246; *ders.*, Haftungsrecht, S. 71. Im gleichen Sinne verwenden den Präventionsbegriff *Mertens*, Vermögensschaden, S. 94, 97 ff.; *Lukes*, VersR 1983, 697, 698. *Steiner*, Schadensverhütung, S. 28 f., sieht zwar eine begriffliche Diskrepanz zwischen Prävention im Sinne nachtatlicher Vergeltung und Schadensverhütung. Er erkennt aber nicht, daß in der Literatur der Begriff der Prävention in mehrdeutiger Weise vertreten wird. Daß Haftungsanordnungen Appelle zur Schadensverhütung beinhalten, entdeckt *Steiner* zwar (Schadensverhütung, S. 131 ff.), er bringt es aber nicht mit dem Präventionsbegriff der ökonomischen Analyse und anderer in Beziehung.

[18] Zum vorbeugenden Gesundheitsschutz durch Unterlassungsansprüche im Umweltrecht vgl. *M. Wolf*, UTR 12 (1990) 243, 248 ff. Den Sozialversicherungsträgern stehen die Unterlassungsansprüche aus § 1004 BGB analog nicht zur Verfügung. Insoweit gibt es keinen Wechsel der Aktivlegitimation.

„moderne" Präventionsverständnis, etwa der Ökonomischen Analyse), andererseits erst dem Schadensersatz, also der Haftungsausfüllung (das „klassische" Präventionsverständnis). *Deutsch* ist der Ansicht, daß hier zwischen juristischer Präventionswirkung („nachtatliche Vergeltung") und betriebswirtschaftlicher zu unterscheiden sei.[19] Die uneinheitliche Begriffsverwendung hat in der Literatur, insbesondere bei der Erörterung der Zwecke der Gefährdungshaftung - wie zu zeigen sein wird - zu Mißverständnissen geführt.

bb) Die herrschende Meinung

Die Zuweisung des oft weitreichenden Schadensrisikos übt die Wirkung aus, den potentiellen Täter zu warnen und vielleicht vom normwidrigen Verhalten Abstand nehmen zu lassen.[20] Daher hat nach wohl h. M. die Verschuldenshaftung neben der Ausgleichsfunktion den Zweck der Schadensvermeidung. Die h. M. geht indes von einer „Zweckstaffelung" aus, nach der der Ausgleichsgedanke vor der Prävention rangiert.[21] Zu beachten gilt es freilich, daß die Vertreter der h. M. nicht stets ausreichend klar machen, ob der Präventionszweck an die Haftungsbegründung oder an die -ausfüllung anknüpft. *Adams* kritisiert, daß sogar das BGB selbst von einer derartigen Zweckstaffelung ausgehe. Die Tötung eines Menschen, der nicht einer anderen Person kraft Gesetzes unterhaltspflichtig war oder kraft Gesetzes im Haushalt oder im Gewerbe Dienste zu leisten hatte, werde haftungsrechtlich nicht sanktioniert, arg. §§ 844-846 BGB. Diese gesetzgeberische Entscheidung lasse sich nur erklären, wenn man das Präventionsziel nicht als Hauptzweck des Haftungsrechts ansehe.[22]

---

[19] Zuletzt *Deutsch*, VersR 1993, 1211.

[20] *Deutsch*, Haftungsrecht, S. 61.

[21] *Heck*, Schuldrecht, § 145, S. 438; weitere Nachweise aus der älteren Literatur bei *Weyers*, Unfallschäden, S. 452 Fn. 1. Aus der neueren Literatur vgl. *Mertens*, Vermögensschaden, S. 109; *ders.*, in: Soergel, BGB, Vor § 249, Rz. 26; *ders.*, in Münchener Kommentar, BGB, Vor §§ 823-853, Rz. 44; *Deutsch*, JZ 1971, 244, 246; *ders.*, Haftungsrecht, S. 8, 71, 73; *ders.*, JBl. 1980, 298, 303; *Bullinger*, VersR 1972, 599 ff. (tritt für eine verstärkte Nutzung des Verhütungseffekts für den Umweltschutz ein); *Wekerle*, Verantwortlichkeit, S. 24; *Strekel*, ZVersWiss 65 (1976) 55, 58; *Littbarski*, Zivilrechtliche Probleme des Umweltschutzes, S. 16; Staudinger/*Schäfer*, BGB, § 823, Rz. 535; *Larenz*, Schuldrecht Band 1, AT, § 27 I, S. 423; anders aber noch *ders.*, NJW 1959, 865 (der Präventionsgedanke spiele eine „bedeutende Rolle", hier verwendet *Larenz* den Präventionsbegriff freilich nicht im klassischen Sinne); *G. Hager*, NJW 1986, 1961, 1970; *Nicklisch*, NJW 1986, 2287, 2288; *Salje*, ZRP 1988, 153, 154; *Jabornegg*, VR 1988, 37, 49; *Ketteler*, in: Ketteler/Kippels, Umweltrecht, S. 68; *Gmehling*, Beweislastverteilung, S. 181; *P. Marburger*, KF 1990, S. 4, 5 f.; *Engelhardt*, Haftung für Umweltschäden, S. 16 ff.; *Rehbinder*, in: Endres/Rehbinder/Schwarze, Haftung und Versicherung, S. 34, 41 ff.; *Salje*, Kommentar, §§ 1, 3 UmweltHG, Rz. 8; Palandt/*Heinrichs*, BGB, Vorbem v § 249, Rz. 4.

[22] *Adams*, Gefährdungs- und Verschuldenshaftung, S. 14 ff. Zu dieser Präventionsschwäche des Haftungsrechts noch *Kötz*, FS Steindorff, S. 643, 655 f.

Mitunter wird die Präventionswirkung nicht nur in die zweite Reihe verbannt, sondern allgemein, oder aber gerade in Hinsicht auf den Umweltschutz geleugnet.[23] Diese Auffassung herrscht aber nicht vor.

Bekenntnisse der höchstrichterlichen Rechtsprechung zum Präventionszweck finden sich - soweit ersichtlich - ausdrücklich nicht, was angesichts des vornehmlich theoretischen Charakters der Haftungszwecke-Debatte aber auch nicht verwunderlich ist. In einer besonders gediegen gearbeiteten Entscheidung zur Vollstreckbarerklärung eines US-amerikanischen Schadensersatzurteils kommt der BGH (IX. ZS) zu dem Ergebnis, daß die Anerkennung eines US-amerikanischen Urteils, welches die Verpflichtung zur Zahlung von „punitive damages" (Strafschadensersatz) zuspricht, regelmäßig am materiellen ordre public scheitere (§§ 723 Abs. 2 S. 2, 328 Abs. 1 Nr. 4 ZPO).[24] Berücksichtigt man, daß einer der vier Hauptzwecke des Strafschadensersatzes in der präventiven Einwirkung auf den Täter liegt,[25] hätten bei den vergleichenden Ausführungen zum deutschen Haftungsrecht Bemerkungen zum Präventionszweck zumindest nicht ganz ferngelegen. Der BGH widmet diesem Punkt in seiner tiefschürfenden Begründung indes keine Zeile.

Zumindest mittelbar wird der Präventionsgedanke des Haftungsrechts wiederholt als Argument in einer neueren Rechtsprechungslinie des BGH (III. ZS) verwendet, wonach privatversicherungsrechtliche Ansprüche sowie Ansprüche aus der Sozialversicherung nicht als anderweitige Ersatzmöglichkeit im Sinne des § 839 Abs. 1 S. 2 BGB gelten.[26] Diese Entscheidung wird ua mit folgender Erwägung begründet: „... die Schadensersatzpflicht der öffentlichen Hand für Amtspflichtverletzungen (sei) im sozialen Rechtsstaat ein wichtiges Mittel zum Schutz des Bürgers gegen rechtswidriges Verhalten staatlicher Amtsträger. Diesem Anliegen würde nicht in dem gebotenen Umfang Rechnung getragen, wenn der gegen seine zum Schutz des Verletzten bestehenden Amtspflichten handelnde Beamte und an seiner Stelle der öffentliche Dienstherr den Verletzten zur Entlastung des Staates auf Möglichkeiten des Schadensausgleichs verweisen dürften, die dieser durch von ihm verdiente Leistungen oder unter Aufwendung eigener Mittel sich verschafft hat".[27] Zuvor tauchte dieses Argument in anderen Zusammenhängen auch bereits auf.[28] Das hier angesprochene Mittel zum Schutz der Bürger ist die - in der Diktion des BGH etwas verschleierte - Präventivwirkung der Haftungsregeln.

---

[23] Vgl. allgemein Esser/*E. Schmidt*, Schuldrecht AT, Tb. 2, S. 160 f. sowie speziell für den Umweltschutz *Diederichsen*, Bitburger Gespräche, Jahrbuch 1989, S. 47, 54.

[24] Vgl. BGHZ 118, 312, 334 ff., 338 ff.

[25] Vgl. BGHZ 118, 312, 335 m. w. N.

[26] Vgl. BGHZ 70, 7; BGHZ 79, 26; BGHZ 79, 35; BGHZ 85, 230; BGH NJW 1983, 2191.

[27] BGHZ 70, 7, 10; BGHZ 79, 26, 29 f.; BGHZ 85, 230, 233; BGH NJW 1983, 2191, 2192.

[28] Vgl. etwa BGHZ 69, 128, 134 („Fluglotsenstreik").

Der Präventionsgedanke klingt auch in der sog. GEMA-Rechtsprechung des I. ZS an (doppelte Tarifgebühr bei ungenehmigter Musikwiedergabe). Die erhöhte Schadensberechnung dient ua dazu, die zum Schutz der Urheberrechte notwendigen Anreize zu setzen, damit die Aufführungsgenehmigung ordnungsgemäß eingeholt wird.[29]

cc) Weyers

Im Unterschied zur h. M. ist *Weyers* nicht der Ansicht, daß der Präventionsgedanke die Verschuldenshaftung insgesamt beherrsche.[30] Im Bereich der „Unfallschäden" gebe es jedoch dort Präventionswirkung, wo „Unfälle durch planende und organisierende Tätigkeit vermieden werden können und ein ökonomischer Druck zu ihrer Vermeidung besteht".[31] Präventive Wirkung fehle folglich im Straßenverkehr, sei aber in Großbetrieben und Großorganisationen anzutreffen (also auch und gerade auf dem Gebiet des Immissionshaftungsrechts).[32] Im Ausgangspunkt heißt *Weyers* die ökonomische These gut, nach der die Verlagerung der Kostenlast von Unfällen auf den Verursacher dafür sorgen werde, gefährliche Tätigkeiten im Vergleich zu weniger gefährlichen zurückzudrängen.[33] Indes erfordere dies, daß es auch tatsächlich zu einer Kostenverschiebung komme, daß die Haftpflichtbelastung ein spürbarer Kostenfaktor sei und daß die Voraussetzungen des Wettbewerbsmarktes gegeben seien.[34]

dd) Die ökonomische Analyse des „Schadensrechts"[35]

Im diametralen Gegensatz zur h. M. erkennen die Vertreter der ökonomischen Analyse in der Ausgleichs- und Kompensationsfunktion kein eigenstän-

---

[29] BGHZ 17, 376, 383; BGHZ 59, 286, 290.

[30] *Weyers*, Unfallschäden, S. 458 ff., 461.

[31] Esser/*Weyers*, Schuldrecht Band II, BT, § 53 4, S. 527. Zuvor schon *ders.*, Unfallschäden, S. 462 ff., insbesondere S. 467 f. Skeptischer aber *ders.*, ZRP 1977, 292, 294. Wie *Weyers* etwa *Rehbinder*, Verursacherprinzip, S. 164 f.; *Köndgen*, Haftpflichtfunktionen und Immaterialschaden, S. 101 ff.; *Spiller*, Umweltproblem und Versicherung, S. 329; *G. Hager*, NJW 1986, 1961, 1970; *G. Wagner*, Kollektives Umwelthaftungsrecht, S. 40 f.; *ders.*, JZ 1991, 175, 177. Gegen diese Einschränkung etwa *Adams*, Gefährdungs- und Verschuldenshaftung, S. 10 Fn. 33.

[32] So auch *Bullinger*, VersR 1972, 599 im Anschluß an *Weyers*. Vgl. noch die Widerlegung denkbarer Einwände gegen die Präventionswirkung bei *Koller*, ZIP 1986, 1089, 1091 ff.

[33] Esser/*Weyers*, Schuldrecht Band II, BT, § 53 4, S. 528 insbesondere Fn. 30.

[34] Esser/*Weyers*, Schuldrecht Band II, BT, § 53 4, S. 528. Dem folgend *G. Wagner*, JZ 1991, 175, 177.

[35] Die Ökonomische Analyse des Zivilrechts wird als solche hier nicht dargestellt. Dazu etwa *Schäfer/Ott*, Lehrbuch; *Blaschczok*, Gefährdungshaftung, S. 141 ff. sowie die Texte im Sammelband von *Assmann/Kirchner/Schanze*, Ökonomische Analyse des Rechts.

diges, zumindest aber in der heutigen Zeit nicht mehr das wichtigste Ziel des Haftungsrechts.[36] Besonders deutlich ablehnend verhält sich etwa *Blaschczok*, wenn er meint, daß mit der Anerkennung der Ausgleichsfunktion als ratio des Haftungsrechts eine Sinnentleerung des gesamten Haftungsrechts verbunden sei. Der „Ausgleich" bzw. der Schadensersatz sei nichts anderes als die Rechtsfolge der Haftungsnorm. Den Sinn einer Rechtsnorm einfach darin zu sehen, daß die vorgesehene Rechtsfolge eingreife, bedeute, ihr jeden Sinn abzusprechen.[37] In seiner grundlegenden ökonomischen Studie des Unfallrechts resümiert *Shavell*, daß das Haftungsrecht den Ausgleichszweck verloren habe, da die Kompensation von Unfallschäden ohne Haftpflichtrecht ebenso gut von Privat- oder Sozialversicherungen geleistet werden könne. Das Vorhandensein des Haftpflichtsystems rechtfertige sich heutzutage allein dadurch, daß es Anreize zur Schadensvermeidung vermittele.[38] Aufgabe des Haftungsrechts ist freilich nicht Prävention schlechthin, Schadensvermeidung um jeden Preis. Denn Sicherheit um jeden Preis ist wirtschaftlich nicht sinnvoll.[39] Primärer Zweck des Haftungsrechts sei, „das Verhalten der Bürger so zu steuern, daß von ihnen alle Schadensereignisse - insbesondere Unfälle - verhütet werden, die zu verhüten wegen des damit verbundenen Gewinns an gesamtgesellschaftlicher Wohlfahrt sinnvoll ist".[40] Das Haftungsrecht soll ökonomische Anreize in einer Weise setzen , daß sich der Verhütungsaufwand auf das gesamtgesellschaftlich optimale Niveau einpendelt. Es geht stets um eine Abwägung der Nutzen gegen die Kosten.[41] Mit *G. Wagner* kann daher formuliert werden, daß die ökonomische Analyse nicht in erster Linie die Präventivfunktion des Haftungsrechts als Ziel sieht, sondern der eigentliche Zweck in der Effizienzförderung zu erblicken ist. Die Funktion des Schadensersatzrechts besteht demnach darin, auf effiziente Produktions- und Konsumverhältnisse hinzuwirken.[42]

Vorausgesetzt wird dabei, daß sich haftungsrechtlich relevantes Verhalten überhaupt an ökonomischen Vor- und Nachteilen orientiert. Dies wird um so

---

[36] Vgl. diesbezüglich den Überblick über die ökonomische Literatur bei *Adams*, Gefährdungs- und Verschuldenshaftung, S. 17 ff.; *ders.*, ZZP 99 (1986) 129, 139. Ausführlich auch *Endres*, Ökonomische Grundlagen, S. 3 ff. Kritik am Ausgleichszweck auch bei *Kötz*, Festschrift Steindorff, S. 643, 644.

[37] *Blaschczok*, Gefährdungshaftung, S. 342 f.

[38] *Shavell*, Economic Analysis of Accident Law, 1987, S. 297. Vgl. auch die eindrucksvolle Studie zur Produzentenhaftung von *Priest*, Yale Law Journal, Vol. 96 (1987) 1521, 1534: „... liability serves three important functions: to establish incentives for injury prevention; to provide insurance for injuries that cannot be prevented; and to modulate levels of activity by internalizing costs, including injury costs."

[39] *Schulz*, VersR 1984, 608, 611. Vgl auch die anschaulichen Beispiele bei *Kötz*, FS Steindorff, S. 643, 646 ff.; *ders.*, Deliktsrecht, Rz. 39; *ders.*, ZVersWiss 82 (1993) 57, 60.

[40] *Kötz*, FS Steindorff, S. 643, 645; *ders.*, Deliktsrecht, Rz. 40, 119.

[41] *Kötz*, KF 1990, 14, 15.

[42] *G. Wagner*, JZ 1991, 175, 177.

wahrscheinlicher, je mehr der Normadressat die Folgen seiner Entscheidungen planend überdenken kann.[43]

Die ökonomische Analyse des Rechts gründet ihre Aussagen auf die Wohlfahrtstheorie und die Mikroökonomie.[44] Danach ergibt sich für sie als Ziel (auch) des Haftungsrechts: der Einsatz von Ressourcen soll so gesteuert werden, daß Allokationseffizienz hergestellt und damit für die Gesellschaft insgesamt ein Wohlfahrtsgewinn erreicht wird. Mit Allokationseffizienz wird ein Zustand bezeichnet, in dem die volkswirtschaftlich knappen Ressourcen bestmöglich verteilt sind, also so, daß sie den größten erzielbaren gesellschaftlichen Nutzen stiften.[45] Die Aufgabe des Haftungsrechts kann infolgedessen nur darin bestehen, Anreize dafür zu schaffen, daß die sozial nützliche Menge an Ressourcen zur Abwehr von künftigen Schäden aufgewendet wird. Das Haftungsrecht legitimiert sich folglich allein aus der Präventivfunktion. Der entscheidende Unterschied zur h. M., die in der Ausgleichsfunktion den primären Zweck des Haftungsrechts erkennt, liegt mithin in der Blickrichtung: Wird das Deliktsrecht isoliert aus der Warte des Geschädigten gesehen, dient das Schadensersatzrecht freilich dazu, seinen Schaden auszugleichen. Erweitert sich aber das Blickfeld und kommt auch noch der Schädiger in Betracht, dann kann ein Schaden nicht eigentlich „ausgeglichen" werden. Das Haftungsrecht verlagert den Schaden lediglich vom Geschädigten auf den Schädiger; der Schaden kann nicht mehr ungeschehen gemacht werden. Wohlfahrtstheoretisch gesehen kann diese Umverteilung nicht das Ziel des Haftungsrechts sein. Denn dann würde das Haftungsrecht nur zusätzliche, sog. tertiäre Kosten[46] verursachen. Das Haftungsrecht ist also ohne den Präventionsgedanken nicht begründbar.[47] Dem entspricht auch die Eigenschaft der ökonomischen Analyse, nicht auf den historischen Einzelfall zu blicken (wie er vom Richter zu entscheiden wäre und wo es dann freilich nur noch um Ausgleich gehen kann), sondern auf die künftige Vielzahl von Fällen im Rahmen makroökonomischer Prognosen.[48]

---

[43] *Kötz*, Deliktsrecht, Rz. 130 f. Diese Überlegung stimmt mit der von *Weyers* überein.

[44] *Schäfer/Ott*, Lehrbuch, S. 134.

[45] Vgl. nur *Schäfer/Ott*, Lehrbuch, S. 5 f., *Burow*, JuS 1993, 8, 9.

[46] Tertiäre Kosten werden alle Aufwendungen genannt, die bei eingetretenem Schaden im Zuge der Abwicklung und Verteilung entstehen, z. B. Anwalts- und Gerichtskosten, Gutachterkosten usw.; vgl. *Schäfer/Ott*, Lehrbuch, S. 92. Zu den Kosten des Schadenstragungssystems siehe schon *Weyers*, Unfallschäden, S. 604 ff.

[47] *Schäfer/Ott*, Lehrbuch, S. 93, 134, 207.

[48] So *Horn*, AcP 176 (1976) 305, 318. Vgl. auch *Kirchgässner*, ZfU 1992, 15, 18: ex-post-Betrachtung des Juristen, ex-ante-Sicht des Ökonomen.

ee) Marton

Hinzuweisen ist ferner noch auf das Lebenswerk des ungarischen Rechtsgelehrten *G. Marton*, der den Versuch unternommen hat, das gesamte zivilrechtliche Haftungsrecht einheitlich vom Präventionszweck her zu begründen.[49] Im deutschen Schrifttum hat die Arbeit jedoch nahezu keine Resonanz erfahren.[50]

c) Recht der Regreßvoraussetzungen

Insbesondere *Weyers* verwahrt sich dagegen, dem Haftungsrecht pauschal irgendeinen Zweck zuzuordnen.[51] Er unterscheidet zunächst die Anwendungsgebiete des Deliktsrechts, stellt unterschiedliche Funktionsbedingungen in den einzelnen Anwendungsgebieten fest und macht vor diesem Hintergrund differenzierte Aussagen. In Abweichung zur h. M. kommt er für den Bereich der Unfallschäden - hierzu zählen auch die Immissionshaftungsschäden - zu dem Ergebnis, daß das Haftpflichtrecht dort den Ausgleichszweck verloren habe, wo zugunsten des Verletzten (Sozial-)Vorsorge eingreife.[52] Das trifft jedenfalls für den Ersatz von Personenschäden zu. Die oben eingehend beschriebene Überlagerung des (Immissions-)Haftungsrechts durch sozialversicherungsrechtliche Regelungen deutet *Weyers* dahin, daß, soweit dem so ist, der Zweck des Deliktsrechts nicht mehr im Schadensausgleich, sondern allenfalls darin liege, die Regreßvoraussetzungen zu normieren.[53] Diese Regression der Deliktsrechtsfunktionen wird auch von anderen Autoren konstatiert.[54]

So richtig mit dem Wort vom „Recht der Regreßvoraussetzungen" die Wirklichkeit des (Immissions-)Deliktsrechts beschrieben sein mag, so zweifelhaft bleibt doch, ob sich darin auch der eigentliche Zweck des Haftungsrechts erschöpft. Darauf soll unten D.VI. näher eingegangen werden.

---

[49] *Marton*, AcP 162 (1963) 1 ff., 37 ff., 42 ff.

[50] So die Einschätzung von *Motsch*, JZ 1984, 211, 219. Vgl. aber jetzt *Blaschczok*, Gefährdungshaftung, S. 80 f.

[51] Esser/*Weyers*, Schuldrecht Band II, BT, § 53 4, S. 526.

[52] Esser/*Weyers*, a. a. O..

[53] Esser/*Weyers*, Schuldrecht Band II, BT, § 53 4, S. 525; vgl. auch schon *ders.*, Unfallschäden, S. 401; *ders.*, ZRP 1977, 292; *ders.*, Versicherungsvertragsrecht, Rz. 607.

[54] AK-BGB/*Kohl*, vor §§ 823 ff., Rz. 21; *Kötz*, Deliktsrecht, Rz. 35, 211, 231; *Brüggemeier*, Deliktsrecht Rz. 41, 62, andererseits das Resümee in Rz. 174.

d) *Sonstige Zwecke*

aa) Strafzweck

Zuweilen wurde in der Belastung des Schädigers mit dem Schadensersatz ein eigenständiger Zweck des Haftpflichtrechts gesehen. Diese pönale Funktion des Haftungsrechts dürfte heute überwunden sein. Der Sanktionsgedanke sollte dem Strafrecht vorbehalten bleiben.[55]

bb) Gerechtigkeitsziel

Kötz diskutiert und verneint im Ergebnis die Frage, ob das Haftungsrecht als weiteres Ziel „Verteilungsgerechtigkeit“ verfolge.[56] Gelegentlich scheine eine Haftung allein deswegen bejaht zu werden, weil dies wegen der Schutzbedürftigkeit des Verletzten, wegen der wirtschaftlichen Stärke des Schädigers oder aus anderen Gründen als ein Gebot der Gerechtigkeit oder Billigkeit erscheine. Es geht also darum, ob Haftungsrecht gewissermaßen sozialpolitisch aufgeladen werden kann, um einen Zustand der Verteilungsgerechtigkeit herbeizuführen, also etwa dreifacher Schadensersatz dann, sofern der Verletzte Sozialhilfeempfänger ist.[57] M. E. geht es in der Tat nicht an, sozialpolitische Vorstellungen ausgerechnet mit den Mitteln des Haftungsrechts durchzusetzen. Es gibt in unserer Rechtsordnung andere, legitime Wege, um den Schutz des Schwächeren zu finanzieren. Ungleichheitslagen als solche dürfen noch keine Reaktion des Haftungsrechts auslösen. Ebensowenig darf der eingetretene Haftungsfall dazu benutzt werden, gewissermaßen „bei Gelegenheit“ eine Ungleichheitslage zu reparieren.[58] Ein Schritt in Richtung Verteilungsfunktion würde auch dann unternommen, wenn man einer radikalen Abkehr vom haftpflichtversicherungsrechtlichen Trennungsprinzip das Wort redet. Diese Position *v. Bars* ist schon oben kritisiert worden.[59]

cc) Risikobegrenzungszweck

Gewissermaßen als Kehrseite zur Schadensausgleichung dient das Haftungsrecht dazu, die Bereiche haftungsrisikofreier Entfaltungsmöglichkeiten

---

[55] Vgl. weiterführend *J. Schmidt*, Schadensersatz und Strafe, S. 41 ff.; ablehnend zum Sanktionszweck auch *Mertens*, Vermögensschaden, S. 96 f.; *Weyers*, Unfallschäden, S. 583 f.; *Wekkerle*, Verantwortlichkeit, S. 17 f.

[56] *Kötz*, FS Steindorff, S. 643, 658 ff.; *ders.*, Deliktsrecht, Rz. 137-141.

[57] *Kötz*, KF 1990, S. 14, 18.

[58] Gegen Umverteilung durch Zivilrecht aus Sicht der Ökonomischen Analyse vgl. auch *Ott/Schäfer*, JZ 1988, 213, 222.

[59] Vgl. C II 2 b.

zu gewährleisten. Es entscheidet nicht nur über die Gewährung, sondern auch über die Versagung von Ersatzansprüchen und grenzt damit die Freiheitsräume von Dürfen und Haben voneinander ab.[60]

2. Die Gefährdungshaftung

Das Immissionshaftungsrecht tritt als Gefährdungshaftung insbesondere in den Vorschriften der § 22 WHG und § 1 UmweltHG in Erscheinung.

a) Allgemeines

Im Bereich der Gefährdungshaftung kommt es weder auf Rechtswidrigkeit noch auf Verschulden als Zurechnungsmomente an. Hier kann von Erfolgshaftung gesprochen werden, weil die Zurechnung in objektiver Form geschieht. Die Gefährdungshaftung bildet nach ganz h. M. eine auf die vorhandenen Gesetzestatbestände begrenzte Ausnahme[61] vom Verschuldensprinzip, ihr kommt eine Ergänzungsfunktion neben der Verschuldenshaftung zu.[62] Zurechnungskriterien und Legitimation für die verschuldenslose Haftung sind insoweit das Beherrschen eines bestimmten (technischen, tierischen oder sonstigen) Risikos, Nähe zur Schadenstragung, Vorteilsziehung aus der Gefahr und die Sach- oder Betriebsbedingtheit der Gefahr, die vom Unternehmer in Kauf zu nehmen ist.[63] Das Erfordernis dieser Zurechnungskriterien, die freilich das positive Gefährdungshaftungsrecht nicht vollständig zu erklären vermögen,[64] unterscheidet die Gefährdungshaftung von einer reinen Kausalhaftung.[65] Die genannten Kriterien sind im Falle der Anlagenhaftung nach § 1

[60] *Marton*, AcP 162 (1963), 1, 89; *v. Caemmerer*, Reform der Gefährdungshaftung, 1970, Ges. Schriften III, S. 239, 245; *Wekerle*, Verantwortlichkeit, S. 23 f.; Münchener Kommentar/*Mertens*, BGB, Vor §§ 823-853, Rz. 46; *Kötz*, Deliktsrecht, Rz. 37.

[61] Die Bildung einer Gefährdungshaftung durch Analogie scheidet nach h. M. aus. Ausführlich zum Für und Wider *Diederichsen*, Gefährdungshaftung im Umweltrecht, S. 185-226.

[62] Tatsächlich nehmen die Gefährdungshaftungstatbestände ständig zu, so daß die deliktische Verschuldenshaftung auf eher nebensächliche Gebiete abgedrängt wird. Vgl. dazu *P. Marburger*, KF 1990, S. 4, 5; *Cosack*, VersR 1992, 1439 ff. Kritisch gegenüber dem Ausnahmeprinzip der Gefährdungshaftung *Kötz*, AcP 170 (1970) 1, 14 ff.; *ders.*, Deliktsrecht, Rz. 373 m. w. N.; *Adams*, Gefährdungs- und Verschuldenshaftung, S. 111 ff. Gegen eine allgemeine Gefährdungshaftung jedoch *Diederichsen*, Gefährdungshaftung im Umweltrecht, S. 227 ff., 245 ff.; *Lukes*, VersR 1983, 697, 701 ff.

[63] Vgl. *Kötz*, Deliktsrecht, Rz. 333; ausführlich *Deutsch*, Haftungsrecht, S. 364 m. w. N.; zur Gefährdungshaftung als Risikohaftung jüngst *Nicklisch*, Festschrift Niederländer, S. 341, 348; *Meder*, JZ 1993, 539, 543 f.; zu den dogmatischen Schwierigkeiten, die insoweit § 22 Abs. 1 WHG bereitet vgl. etwa Esser/*Weyers*, Schuldrecht Band II, BT, § 64 4, S. 656 f.; *Schulte*, JZ 1988, 278, 283; *Gerlach*, System, S. 337 ff.; *v. Bar*, Festschrift Hermann Lange, S. 373, 390 f.

[64] Dazu eingehend *Blaschczok*, Gefährdungshaftung, S. 45 ff., 139 f.

[65] Vgl. zu dieser Abgrenzung *Diederichsen*, Gefährdungshaftung im Umweltrecht, S. 51 ff.;

UmweltHG erfüllt, so daß hier ein echter Gefährdungshaftungstatbestand vorliegt.[66]

A. A. ist offenbar *P. Marburger*[67]: Es handele sich bei den der Haftung des § 1 UmweltHG unterliegenden Anlagen um nach §§ 4 ff. BImSchG genehmigte Betriebe, bei denen gem. § 5 Abs. 1 BImSchG sichergestellt sei, daß schädliche Umwelteinwirkungen nicht hervorgerufen werden können. Daher sei entweder die Haftung keine systemkonforme Gefährdungshaftung, weil und soweit man ihr auch den (ungefährlichen) genehmigten Normalbetrieb unterwerfe oder man erkläre im Grunde, daß die öffentlich-rechtliche Genehmigung nicht hätte erteilt werden dürfen. Aber dieses Argument verschlägt nicht. Denn zum einen ändert die Genehmigung nichts an der grundsätzlich vorhandenen Gefährlichkeit der Anlage (§ 4 Abs. 1 S. 1 BImSchG). Die Genehmigung enthält keine behördliche Garantie für die Betriebssicherheit der Anlage.[68] Und zum anderen verlangt die Genehmigung nicht mehr als die Einhaltung des Standes der Technik (§ 5 Abs. 1 Nr. 2 BImSchG) im Zeitpunkt der Erteilung. Die Gefährdungshaftung soll sich aber auch und gerade auf die danach nicht vorhersehbaren Entwicklungsrisiken erstrecken.[69] Vollständige Sicherheit kann die Genehmigung denn auch nach Ansicht des Gesetzgebers nicht garantieren. Andernfalls ist § 17 BImSchG, der die Möglichkeit zu nachträglichen Anordnungen gewährt, nicht zu erklären.

b) Ausgleichszweck

Die h. M. sieht den Hauptzweck des Haftungsrechts, also der Verschuldens- wie der Gefährdungshaftung, in der Ausgleichsfunktion.[70] Diese Einschätzung teilt auch der Gesetzgeber des UmweltHG: „Das Umwelthaftungsrecht soll einen gerechten Schadensausgleich bei individuellen Rechtsgutsver-

---

Brüggemeier, AcP 182 (1982) 385, 400; *ders.*, Deliktsrecht, Rz. 30; *Kötz*, Deliktsrecht, Rz. 337; zur Kausalhaftung *Deutsch*, Haftungsrecht, S. 32; terminologisch mißverständlich aber *Steiner*, Schadensverhütung, S. 134 f.; *Schlechtriem*, Schuldrecht BT, Rz. 733 und *Schmidt-Salzer*, VersR 1993, 1311; *ders.*, NJW 1994, 1305, 1309, die Gefährdungshaftung mit Kausalhaftung gleichsetzen.

[66] Vgl. nur *G. Hager*, JZ 1990, 397, 400; *Deutsch*, JZ 1991, 1097, 1098; *Nicklisch*, Festschrift Serick, S. 297, 303 ff.

[67] *P. Marburger*, KF 1990, S. 4, 12.

[68] Vgl. auch *Hager*, NJW 1991, 134, 136; *Schmidt-Leithoff*, VP 1991, 204, 205; *Schmidt-Salzer*, Kommentar, § 1 UmweltHG, Rz. 49 f.; *Diederichsen/G. Wagner*, VersR 1993, 641, 644.

[69] Vgl. *Töpfer*, ZAU 1989, 1, 3: „Somit wird es immer eine Anzahl von 'Altgenehmigungen' geben, denen geringere ordnungsrechtliche Anforderungen zugrundeliegen und die dem modernen Stand der Technik nicht entsprechen."

[70] Vgl. daher oben Fn. 9. Speziell zur Gefährdungshaftung: *Deutsch*, Haftungsrecht, S. 77 und S. 365; *Rehbinder*, NuR 1989, 149, 150; Esser/*Weyers*, Schuldrecht Band II, BT, § 63 I, S. 637, 639 (im übrigen gelten auch hier die Ausführungen zum „Recht der Regreßvoraussetzungen"); *Brox*, Bes. Schuldrecht, Rz. 532.

letzungen herbeiführen".[71] Von *Esser* stammt die Formel, daß die Verschuldenshaftung in der vergeltenden Gerechtigkeit (iustitia commutativa) wurzele, die Gefährdungshaftung dagegen Ausdruck der verteilenden Gerechtigkeit (iustitia distributiva) sei.[72] Gehaftet werde nicht allein für ein „Unrecht", sondern bereits für ein „Unglück".[73] Daher ist der Ausgleichsgedanke im Sinne des Opferschutzes bei der Gefährdungshaftung noch stärker ausgeprägt als bei der Verschuldenshaftung.[74] Trägt an sich derjenige die Folgen eines Unglücks, der es erlitten hat (casum sentit dominus), entscheidet der Gesetzgeber bei der Gefährdungshaftung anders, weil er es aus Gründen der gerechten Schadensverteilung für angemessen hält, daß nicht den Geschädigten, sondern den Anlagenbetreibern Schadensfolgen der Unglücke angelastet werden, zu denen es beim Betrieb der Anlagen kommt.[75] Das gilt insbesondere im Bereich des Immissionshaftungsrechts. Verteilungspolitisch wäre die endgültige Belastung des Geschädigten mit den Schadenskosten nicht zu rechtfertigen, weil die Möglichkeiten umweltbelastenden Verhaltens ungleich über die Mitglieder der Gesellschaft verteilt sind und die den Schaden herbeiführende Gefahrenquelle vom Betreiber zum eigenen Nutzen geschaffen und unterhalten wird.[76] Aus diesen Ausführungen darf indessen nicht der Schluß gezogen werden, daß die unbestreitbaren Verteilungswirkungen der Gefährdungshaftung diese damit zu einem Instrument der Verteilungsgerechtigkeit machen. Die Herstellung von Verteilungsgerechtigkeit ist kein Zweck des Haftungsrechts.[77]

---

[71] Gesetzentwurf der Bundesregierung, BT-Drs. 11/7104, Begründung A II.

[72] *Esser*, Grundlagen, S. 73. Vgl. aber auch *Helmrich*, Bitburger Gespräche, Jahrbuch 1989, S. 21, 24, der die Gefährdungshaftung beiden Gerechtigkeitsformen zuordnet.

[73] *Esser*, Grundlagen, S. 1, 105 ff.

[74] Für *Bälz*, JZ 1992, 57 ff., der die Gefährdungshaftung dem Grunde und den Rechtsfolgen nach scharf von der Deliktshaftung unterscheidet und in den „Systemzusammenhang der bereicherungsrechtlichen Zustandshaftung" einordnet, ist der Ausgleichszweck die einzige Funktion. Es geht ihr nicht um Überwälzung von Schäden, sondern allein um Abschöpfung von Vorteilen. Der Präventionsgedanke hat in dieser Konstruktion keinen Platz; a. a. O., S. 62 f.

[75] So auch *Kötz*, KF 1990, S. 14, 19.

[76] *G. Wagner*, JZ 1991, 175, 176; vgl. dazu auch *Adams*, Gefährdungs- und Verschuldenshaftung, S. 88 ff., insb. 105 ff.

[77] Dazu soeben D.II.1.d)bb). A. A. ist *Blaschczok*, Gefährdungshaftung, S. 336 ff. Nach *Blaschczok* verfolge die Gefährdungshaftung zwei Ziele: die Verhaltenssteuerung sowie die verteilende Gerechtigkeit. Die Ausgleichsfunktion sei demgegenüber als Haftungszweck sinnlos. Hier ist nicht der Raum, um die Thesen *Blaschczoks* angemessen zu würdigen. Festzuhalten ist nur, daß zwischen der h. M. von der Ausgleichsfunktion der Gefährdungshaftung und der Verteilungsfunktion nach *Blaschczok* nicht notwendigerweise ein Widerspruch bestehen muß. Es stehe dahin, ob den Gesetzgeber bei der Einführung einer Gefährdungshaftung verteilungspolitische Gesichtspunkte geleitet haben bzw. leiten sollen. Aspekte der Verteilungsgerechtigkeit spielen jedenfalls dann keine Rolle mehr, wenn ein Schadensfall eingetreten ist und das Opfer einen Anspruch aus einem Gefährdungshaftungstatbestand geltend macht. - Kritik an der Konzeption *Blaschczoks* auch insoweit allerdings in der Rezension durch *v. Bar*, AcP 194 (1994) 93, 95; *Larenz/Canaris*, Schuldrecht II/2, 13. Aufl. § 75 I 2, Fn. 10.

c) *Präventionszweck*

aa) Die herrschende Meinung

Die h. M. spricht auch der Gefährdungshaftung - konform zur Verschuldenshaftung - eine gewisse Präventionswirkung zu, freilich auch hier nur als Nebenzweck.[78] Diese Auffassung spiegelt auch die soeben zitierte Amtliche Begründung zum UmweltHG wider. Interessant ist dabei, daß die Bundesregierung der Ansicht ist, daß der Gefährdungshaftung eine größere Präventivwirkung zukommt als der Verschuldenshaftung.[79] Diese Einschätzung ist, ohne daß dies freilich kenntlich gemacht ist, eine Anleihe bei der ökonomischen Analyse,[80] die aber auch von anderen Autoren vertreten wird.[81] Die EG-Kommission beschäftigt sich zur Zeit ebenfalls mit dem Haftungsrecht in Gestalt der Gefährdungshaftung als Mittel präventiven Umweltschutzes.[82] Es erscheint fraglich, ob diese verstärkte Betonung des Präventionsgedankens von legislativer Seite im Grunde nicht mehr als ein bloßes Lippenbekenntnis[83] darstellt oder einen Wandel der Anschauungen über die Zwecke des Haftungsrechts andeutet. Vor letzterem warnt *P. Marburger* vom Boden der h. M. aus. Der Präventionsgedanke sei nur ein „nachgeordneter Sekundärzweck“. Mit Verstärkung der Prävention gerate das Haftungsrecht zunehmend in die Gefahr einer Instrumentalisierung für außerhalb seiner selbst liegende Zwecke. Das Haftungsrecht trage seinen Zweck in sich.[84]

---

[78] Manche Autoren differenzieren insoweit nicht zwischen Verschuldens- und Gefährdungshaftung. Speziell zur Gefährdungshaftung vgl. *Rehbinder*, Verursacherprinzip, S. 164; *ders.*, NuR 1989, 149, 151; *ders.*, in: Endres/Rehbinder/Schwarze, Haftung und Versicherung, S. 42 ff. mwN; *Diederichsen*, Gefährdungshaftung im Umweltrecht, S. 4; *Larenz*, Schuldrecht Band 1 AT, § 27 I, S. 423; *Jabornegg*, VR 1988, 37, 49; *Koziol*, in: Nicklisch, Prävention im Umweltrecht, S. 143; *G. Hager*, NJW 1991, 134, 136 (mit „Sympathie“ für die ökonomische Analyse); *Schimikowski*, Haftung für Umweltrisiken, Rz. 5 f.

[79] BT-Drs. 11/7104, Begründung A II.

[80] Zur ökonomischen Analyse sogleich. Überholt ist daher die Vermutung von *Kötz*, FS Steindorff, S. 643, 661 Fn. 31, daß sich der Gesetzgeber bei seiner Entscheidung für die Gefährdungshaftung von solchen ökonomischen Erwägungen nicht leiten lasse.

[81] Im übrigen vgl. etwa *Steiner*, Schadensverhütung, S. 135, einschränkend aber S. 139; *Gerlach*, System, S. 157 ff.; *Rehbinder*, NuR 1989, 149, 150; *ders.*, in: Endres/Rehbinder/Schwarze, Haftung und Versicherung, S. 34, 45 (eine einfach strukturierte, opferfreundlich ausgestaltete Haftung führt zu mehr Prävention, da es dem Unternehmer erschwert werde, der Haftung zu entgehen); *Feldmann*, UPR 1991, 45, 46. Keine Unterschiede zur Verschuldenshaftung in präventiver Hinsicht sieht *Engelhardt*, Haftung für Umweltschäden, S. 239 f.

[82] *Schmidt-Leithoff*, VP 1992, 197, 198; *Schimikowski*, r+s 1992, 253, 256; *Seibt*, PHI 1993, 124, 125 ff.

[83] So kann man die lapidaren Bemerkungen bei *Landsberg/Lülling*, Kommentar, § 1 UmweltHG, Rz. 5 verstehen.

[84] *P. Marburger*, AcP 192 (1992) 1, 30 f.

Die oben dargestellte Ansicht von *Weyers* zur eingeschränkten Präventionswirkung der Verschuldenshaftung und zum „Recht der Regreßvoraussetzungen“ hat entsprechend für die Gefährdungshaftung zu gelten. *Weyers* differenziert insoweit nicht zwischen Verschuldens- und Gefährdungshaftung.[85]

bb) Deutsch

Im scheinbaren Unterschied zur h. M. ist *Deutsch* der Ansicht, daß die Gefährdungshaftung „ausschließlich die Schadensabnahme“ bezwecke, weil das einzige Ziel zumindest der industriellen Gefährdungshaftung die Risikoverlagerung sei.[86] Die Gefährdungshaftung verfolge keine präventiven Zwecke im juristischen Sinne. Zwar werde durch die Risikoverlagerung auf den Unternehmer der Anreiz ausgeübt, diesen Teil der Betriebskosten gering zu halten. Das sei jedoch „betriebswirtschaftliche Prävention“, kein rechtlicher Zweck.[87]

Wie schon oben II.1.b)aa) angesprochen, liegt hier m. E. ledigliche eine uneinheitliche Begriffsverwendung vor. Die von *Deutsch* sogenannte betriebswirtschaftliche Prävention bedeutet in der Sache nichts anderes als der Schadensvermeideeffekt, der den Haftungsregeln schon aufgrund ihrer bloßen Existenz innewohnt. Trotz der spürbaren Geringschätzung dieser Art der Prävention wird man *Deutsch* daher in der Sache noch zur h. M. zu rechnen haben.[88]

cc) Ökonomische Analyse des Rechts

Entsprechend den Ausführungen zur Verschuldenshaftung dient auch die Gefährdungshaftung dazu, die volkswirtschaftlichen Gesamtkosten gefährlichen Verhaltens möglichst gering zu halten. Nach der ökonomischen Analyse bezweckt und erreicht die Gefährdungshaftung die optimale Schadensprävention.[89] Zunächst einmal vermag Gefährdungshaftung wie Verschuldens-

---

[85] Deutlich *Weyers*, Unfallschäden, S. 478, 480; Esser/*Weyers*, Schuldrecht Band II, BT, § 53 1 b, S. 519: *Weyers* beschreibt die Funktionen des Deliktsrechts einheitlich. Zum Deliktsrecht zählt er die Verschuldens- und die Gefährdungshaftung. Unrichtig daher *Salje*, Kommentar, §§ 1, 3 UmweltHG, Rz. 7, der *Weyers* als Gegner jeglicher Präventionswirkung der Gefährdungshaftung bezeichnet.

[86] *Deutsch*, JZ 1968, 721, 725; *ders.*, JZ 1971, 244, 248; *ders.*, Haftungsrecht, S. 77 und S. 365.

[87] *Deutsch*, JZ 1968, 721, 724; *ders.*, JZ 1971, 244, 248; *ders.*, Haftungsrecht, S. 77 f., 366; *ders.*, KF 1990, S. 33; *ders.*, VersR 1993, 1211 (jeweils verweisend auf *Mataja*, Das Recht des Schadensersatzes vom Standpunkt der Nationalökonomie, Leipzig 1888); ähnlich *Weckerle*, Verantwortlichkeit, S. 21 f. („Risikoprävention“).

[88] Unrichtig daher auch hier *Salje*, Kommentar, §§ 1, 3 UmweltHG, Rz. 7, wenn er meint, *Deutsch* spreche der Gefährdungshaftung jegliche Präventionswirkung ab.

haftung den Emittenten zum Einsatz des ökonomisch optimalen Sicherungsaufwandes zu veranlassen.[90] Ökonomische modelltheoretische Untersuchungen haben darüber hinaus sogar den Nachweis erbracht, daß die Gefährdungshaftung in präventiver Hinsicht der Verschuldenshaftung überlegen ist. Während diese nur das Sorgfaltsniveau des Emittenten zu steuern vermag, veranlaßt jene den Handelnden zusätzlich zur Wahl des richtigen Aktivitätsniveaus, beeinflußt also den Umfang der Tätigkeit.[91] Dieser Aspekt wirkt sich insbesondere bei schadensträchtigen Betrieben aus: Hier führte Verschuldenshaftung zwar dazu, daß die im Verkehr erforderliche Sorgfalt beachtet würde. Gleichwohl könnte unter dem Regime reiner Verschuldenshaftung der Betriebsinhaber sein Aktivitätsniveau soweit steigern, daß er seinen privaten Vorteil maximiert, aber gleichzeitig alle (auch bei Sorgfalt nicht vermeidbaren) Schäden auf die Allgemeinheit abwälzt und dadurch einen Zustand herbeiführt, der vom gesamtgesellschaftlichen Standpunkt nicht erwünscht ist. Diese Gefahr wird erst durch Gefährdungshaftung gebannt.[92] Diese Überlegungen der ökonomischen Analyse haben offensichtlich auch den Gesetzgeber des UmweltHG geleitet, wie sich der oben zitierten Amtlichen Begründung entnehmen läßt.

dd) Medicus

Medicus steht der Annahme, eine umwelthaftungsrechtliche Gefährdungshaftung könne präventiv wirken, skeptisch gegenüber.[93] Er zergliedert das gesetzgeberische Motiv für die verschärfte Haftung im UmweltHG in zwei Argumente, die er je für sich kritisiert.

Der erste Angriffspunkt ist die sich auch in der Gesetzesbegründung findende und schon zitierte Behauptung, daß das Risiko einer Schadensersatzpflicht den einzelnen zu einem vorsichtigen, schadensvermeidenden Verhalten veranlassen solle, wobei die Präventionswirkung der schärferen Gefährdungshaftung derjenigen einer bloßen Verschuldenshaftung überlegen sei. *Medicus* ist dagegen der Ansicht, daß vorsichtiges, schadensvermeidendes Verhalten schon durch die Einführung einer Culpa-Haftung mit Verschuldensvermutung erreichbar sei. Nur eine Verschuldenshaftung veranlaße wirklich zur Sorgfalt,

---

[89] *Schäfer/Ott*, Lehrbuch, S. 107 ff., 209 f.; *Kötz*, Deliktsrecht, Rz. 343-350; tendenziell auch *Koller*, KF 1990, S. 37.

[90] *Schäfer/Ott*, Lehrbuch, S. 107 ff., *Shavell*, Economic Analysis of Accident Law, S. 6 ff.; vgl. auch *G. Wagner*, VersR 1991, 249, 250; *G. Hager*, NJW 1991, 134, 136.

[91] *Adams*, Gefährdungs- und Verschuldenshaftung, S. 50 ff., 137 ff., 140 ff.; *Schäfer/Ott*, Lehrbuch, S. 107 ff., 209 f.; *Kötz*, KF 1990, 14, 19 Fn. 8; *ders.*, Deliktsrecht, Rz. 348 f.; *Kirchgässner*, ZfU 1992, 15, 22 ff. Bestätigt von *Blaschczok*, Gefährdungshaftung, S. 289 ff., 319.

[92] *Kötz*, Deliktsrecht, Rz. 350.

[93] *Medicus*, NuR 1990, 145, 147 f.; *ders.*, Festschrift Gernhuber, S. 299, 311 Fn. 49.

weil sie deren Beachtung mit Haftungsfreiheit belohne. „Dagegen kann eine verschuldensunabhängige Haftung zu fatalistischer Resignation führen: Vor dieser Haftung ist man ja selbst bei Anwendung höchster Sorgfalt nicht sicher".[94] Diese Argumentation, eine Gefährdungshaftung wirke lähmend und demotivierend auf die betroffenen Anlagenbetreiber, taucht in ganzer ähnlicher Form in den ablehnenden Stellungnahmen zum Entwurf des UmweltHG von BDI, DIHT und HUK-Verband auf.[95]

Einen zweiten Ansatzpunkt zur Kritik findet *Medicus* in der legislatorischen Hoffnung, daß durch die verschärfte Haftung umweltgefährdende Produktionsprozesse verteuert und so womöglich zurückgedrängt werden könnten. Vorausgesetzt werde dabei, daß die neue Gefährdungshaftung die in Betracht kommenden Anlagen gerade wegen ihrer umweltspezifischen Gefährlichkeit treffe. Genau dies werde aber nicht erreicht. Ein Kohlekraftwerk sei etwa deshalb umweltgefährdend, weil seine Abgase die Atmosphäre belasten und dadurch zum Treibhauseffekt und zum sauren Regen beitragen. Diese Schädlichkeit sei aber mit zivilrechtlicher Haftung gar nicht einzufangen. Tatsächlich würden mit Haftung nur Vorgänge belegt, von der die Gesetzesbegründung schweigt (z. B. Schäden nach einer Kesselexplosion). Umweltschutz durch eine Umweltgefährdungshaftung sei also gar nicht erreichbar.[96]

M. E. ist diese Kritik von *Medicus* sachlich nicht gerechtfertigt und teilweise in sich widersprüchlich.[97] Die Zerlegung der Gesetzesbegründung in zwei voneinander zu trennende Argumente, die losgelöst voneinander zu betrachten seien, überzeugt nicht. Vielmehr gehören beide Begründungselemente unter dem Gesichtspunkt der Präventivwirkung zusammen: Die Gefährdungshaftung soll zu einem „vorsichtigen, schadensvermeidenden Verhalten" anreizen (Steuerung des Sorgfaltsniveaus). Kommt es trotz Beachtung dieser Sorgfalt zu Schäden infolge umweltgefährdender Produktion, soll die Gefährdungshaftung diese Produktion verteuern und womöglich zurückdrängen (Steuerung des Aktivitätsniveaus).

Zieht man die Kritik von *Medicus* gleichfalls zusammen, fällt ein Widerspruch auf. Einerseits soll die Gefährdungshaftung bei den betroffenen Anla-

---

[94] *Medicus*, NuR 1990, 145, 148.

[95] Vgl. den Abdruck bei *Feess-Dörr/Prätorius/Steger*, Umwelthaftungsrecht, S. 147 f., 152, 154; Nachweise auch bei *A. Reuter*, BB 1991, 145, 146 Fn. 9; außerdem *Schoser*, ZAU 1989, 11, 13. Diese Sorge vor scharfer Haftung ist nicht neu. Schon *Bismarck* hat als Reichskanzler 1876 eine Reform des Haftpflichtgesetzes mit seinem Veto belegt, weil die Konkurrenzfähigkeit der deutschen Industrie geschwächt werde. Vgl. *Machtan/Ott*, in F. J. Brüggemeier/Rommelspacher, Besiegte Natur, S. 136 mit Fn. 30. Vgl. auch Protokolle II 569, 585; Bericht der RT-Kommission 98: „Die Annahme einer Schadensersatzpflicht für unverschuldetes Unrecht werde die Freiheit der Bewegung in bedauerlichster Weise beschränken."

[96] *Medicus*, NuR 1990, 145, 147.

[97] Vgl. noch die grundsätzliche Argumentation zu den präventiven Vor- und Nachteilen der verschiedenen Haftungsregime bei *Spiller*, Umweltproblem und Versicherung, S. 334 ff.

genbetreibern zu „fatalistischer Resignation" führen, andererseits laufe die Gefährdungshaftung leer, weil sie den spezifisch umweltgefährdenden Produktionsprozeß gar nicht mit Haftung bedrohe. Warum dann Resignation? Tatsächlich dürfte die Kritik von *Medicus* zu beiden Extremen hin überzogen sein.

Sollte das Argument, daß Gefährdungshaftung sich auf die Industrie resignativ und demotivierend auswirken werde, im Sinne einer absoluten Prävention gemeint sein, weil auf die weitere Produktion verzichtet werde,[98] dürfte es historisch widerlegt sein. Bis heute ist kein Beispiel bekannt geworden, in dem ein Gefährdungshaftungstatbestand eine derartige Wirkung gehabt hätte. Es läßt sich wohl keine bedeutende technische oder wirtschaftliche Entwicklung vorweisen, die durch haftpflichtrechtliche Belastungen angehalten oder gebremst worden wäre. Für das Gegenteil gibt es ungezählte Beispiele.[99] Überdies dürfte die Resignation - wenn es sie denn gäbe - vor der Verschuldenshaftung heutigen Zuschnitts nicht halt machen. Die allenthalben verzeichnete „Verobjektivierung der Verschuldenshaftung",[100] die durch eine hypertrophe Fortentwicklung der richterrechtlichen Verkehrs(sicherungs)pflichten und durch eine „Haftungsverlagerung durch beweisrechtliche Mittel"[101] gekennzeichnet ist, bedeutet eine weitreichende Abwendung vom Verschuldensprinzip und ebnet die Unterschiede zur Gefährdungshaftung teilweise ein. Schon oben C.II.2. ist diese Entwicklung des Haftpflichtrechts mit dem gewandelten Verständnis vom Wesen der Haftpflichtversicherung erklärt worden. Je mehr die Haftpflichtversicherung unfallversicherungsrechtliche Züge zu tragen beginnt, desto mehr tangiert sie notwendigerweise den Haftungsgrund und desto mehr verliert die Verschuldensvoraussetzung ihre Filterfunktion.[102] Überhaupt läßt die Betonung der Culpa-Haftung unter Präventionsgesichtspunkten außer acht, daß sich bei juristischen Personen, mit denen wir es im Immissionshaftungsrecht regelmäßig zu tun haben, der Gedanke der persönlichen Verantwortung verflüchtigt.[103]

---

[98] In diesem Sinne etwa *Breining*, Reform des Umwelthaftungsrechts, S. 49, 55, soweit für Verborgenheitsschäden gehaftet werde.

[99] Vgl. *Weyers*, Unfallschäden, S. 569 f.

[100] Dazu schon eindringlich *Esser*, Grundlagen, S. 7 ff., 30 ff. Vgl. noch *v. Caemmerer*, Reform der Gefährdungshaftung, 1970, Ges. Schriften III, S. 239, 247 f.; *Stürner*, VersR 1984, 296, 299 f.; *Adams*, Gefährdungs- und Verschuldenshaftung, S. 109 f.; Esser/*Weyers*, Schuldrecht Band II, BT, § 63 I, S. 638; *Brüggemeier*, Deliktsrecht, Rz. 108 ff.; *Honsell/Harrer*, JuS 1985, 161; *dies.*, JuS 1991, 441; *Rehbinder*, NuR 1989, 149. Anders aber *Steffen*, ZVersWiss 82 (1993) 13, 20 ff. Zurückhaltend auch *Blaschczok*, Gefährdungshaftung, S. 93-123 mit vielen Nachweisen aus der Rechtsprechung.

[101] Der Ausdruck stammt von *Stoll*, AcP 176 (1976) 145. Zur Sache vgl. Münchener Kommentar/*Mertens*, BGB, Vor §§ 823-853, Rz. 7-11; *Deutsch*, Haftungsrecht, S. 368.

[102] Vgl. nochmals *v. Bar*, AcP 181 (1981) 279, 319.

[103] Vgl. auch *Diederichsen*, PHI 1990, 78, 81.

Sollte *Medicus* mit „fatalistischer Resignation“ hingegen gemeint haben, daß die Anlagenbetreiber unter dem Regime der Gefährdungshaftung mehr oder weniger ohne Schadensvermeideaktivitäten produzieren würden,[104] läge darin eine ökonomisch sinnlose Unterstellung. Ein derartiger Produzent wäre bald vom Markt verbannt, weil ein solches Verhalten sowohl öffentlichrechtlich als auch haftungsrechtlich unterbunden würde. Ganz zu schweigen von den Imageverlusten und den daraus folgenden Absatzeinbußen, die ein solches Unternehmen noch vorher zu gewärtigen hätte.[105] Die Konfrontation mit der Gefährdungshaftung mutet dem Anlagenbetreiber keinen Kampf mit dem Zufall zu.[106] Weit eher liegt darin ein Kampf mit Wahrscheinlichkeiten, der durch die Aufstellung von Plänen im weitesten Sinne und durch den Erwerb bestimmter Einstellungen und Reaktionen zur Einübung präventiv zweckmäßigen Verhaltens geführt werden kann.[107] Der Anlagenbetreiber wird auch und gerade unter Geltung einer Gefährdungshaftung Maßnahmen zur Schadensverhütung treffen, denn die der Verschuldenshaftung innewohnende Haftungsdrohung ist integraler Bestandteil der Haftungsdrohung der Gefährdungshaftung.[108] Das führt zu einer Reduktion der Schadensfälle. Der Schadensvermeidungsaufwand wird also zwar nicht mit rechtlicher, aber doch mit faktischer Haftungsfreiheit belohnt. Insoweit kann auf die Überlegungen der ökonomischen Analyse zur Steuerung des Sorgfaltsniveaus durch Gefährdungshaftung verwiesen werden.[109] Die Prävention weicht der Resignation auch nicht, soweit sich die Gefährdungshaftung auf Entwicklungsrisiken erstreckt. Hier vermag die Haftung wichtige Anreize zur Sicherheitsforschung zu leisten und schafft ganz allgemein den Anreiz, etwa die Menge der freigesetzten Schadstoffe sowie deren Toxizität zu reduzieren.[110]

---

[104] In diesem Sinne etwa auch *Breining*, Reform des Umwelthaftungsrechts, S. 49, 55; *Cremer*, in: Müller, Haftpflichtrisiken in Unternehmen, S. 85, 102: „Jedwede Investition in umweltschonende Techniken beläßt das Unternehmen in der bisherigen haftungsrechtlichen Situation. Diese ist unveränderbar; statt Anreize zu bieten, kann sie zur Resignation führen.“; *ders.*, Reform des Umwelthaftungsrechts, S. 35, 36 ff.

[105] Vgl. zu diesem Gedanken *Feess-Dörr/Prätorius/Steger*, Umwelthaftungsrecht, S. 109 f.

[106] In diesem Sinne hat jedoch schon früh *Esser*, Grundlagen, S. 74 Fn. 4, Zweifel an der präventiven Wirkung der Gefährdungshaftung geäußert.

[107] *Weyers*, Unfallschäden, S. 478; ihm folgend *Großfeld*, VW 1974, 693, 694. Die gerade in jüngerer Zeit zunehmenden betrieblichen Maßnahmen zur Minderung des Umweltrisikos („Umwelt-Risk-Management“) widerlegen denn auch die Resignationsvermutung. Vgl. *Gasser*, in: v. Dörnberg/Gasser/Gassner, Umweltschäden, S. 33, 40 ff.; *Jost*, DB 1990, 2381 ff.

[108] Ausführlich *Blaschczok*, Gefährdungshaftung, S. 11 ff.

[109] Vgl. aber auch z. B. *Feldmann*, UPR 1991, 45, 48.

[110] Vgl. *Gerlach*, System, 158 f.; *Rehbinder*, NuR 1989, 149, 151; *Diederichsen*, PHI 1990, 78, 81; *G. Hager*, NJW 1991, 134, 137; *G. Wagner*, VersR 1991, 249, 250; *ders.*, NuR 1992, 201, 205; *Blaschczok*, Gefährdungshaftung, S. 165 ff. Aus ökonomischer Sicht ausführlich *Panther*, in: Ott/Schäfer, Ökonomische Probleme des Zivilrechts, S. 267 ff. - A. A. *Breining*, Reform des Umwelthaftungsrechts, S. 49, 55.

Die Kritik endlich, die Umweltgefährdungshaftung laufe leer, weil sich die Folgen umweltgefährdender Produktion regelmäßig nicht auf einen bestimmten Verursacher zurückführen lassen, ist im Kern ein Zweifel an der Effizienz des Umwelthaftungsrechts schlechthin. Dieser Zweifel müßte der Umweltverschuldenshaftung erst recht gelten. Denn eher noch als diese könnte eine Gefährdungshaftung mit ihren erleichterten Haftungsvoraussetzungen der Durchsetzung des Verursacherprinzips im Umwelthaftungsbereich dienen. Ob sie es tatsächlich tun wird, muß die Zukunft weisen. Insgesamt vermag die skeptische Beurteilung der Präventionswirkung der Gefährdungshaftung durch *Medicus* nicht zu überzeugen. Die Überlegenheit des Verschuldensprinzips unter Präventionsaspekten wird indessen mit ähnlicher, aber wie gezeigt abzulehnender Argumentation auch von anderen Autoren behauptet.[111]

Noch weitergehend als *Medicus* argumentiert der amerikanische Rechtsgelehrte *Sugarman* gegen die Vorstellung, Haftungsrecht könne präventive Wirkung entfalten. In einer eindrucksvollen Untersuchung, die gewissermaßen an den Grundfesten der ökonomischen Analyse des Schadensrechts rüttelt, gelangt er zu dem Ergebnis, daß das Haftungsrecht die ihm zugesprochenen Funktionen nicht erfülle, insbesondere nicht zur Schadensvermeidung beitrage.[112] Freilich räumt auch *Sugarman* ein, daß die Frage nach den Haftpflichtfunktionen im Kern ein empirisches Problem ist,[113] die theoretischen Begründungen für und wider den Präventionsgedanken infolgedessen weithin spekulativ bleiben.

d) Umweltschutz

In anderem Zusammenhang[114] ist schon auf die Ansicht *Schmidt-Salzers* eingegangen worden, daß das Hauptziel des UmweltHG der Umweltschutz sei.[115] Dabei ist sich *Schmidt-Salzer* zwar durchaus der anthropozentrischen Konzeption des Zivilrechts bewußt und damit der Tatsache, daß zivilrechtlich

---

[111] *P. Marburger*, KF 1990, S. 4, 11; *Schirmer*, ZVersWiss 79 (1990) 137, 186; *Raeschke-Kessler*, in: Raeschke-Kessler/Hamm/Grüter, Aktuelle Rechtsfragen, Rz. 180 ff.; *Cosack*, VersR 1992, 1439, 1441 f.; *Schmidt-Salzer*, KF 1990, S. 21, 24; *ders.*, Kommentar, Einführung, Rz. 104 ff.; *ders.*, NJW 1994, 1305, 1311: Gefährdungshaftung bedeute Entpersönlichung der Haftung und damit Entpersönlichung der innerbetrieblichen Verantwortung. Die Verwässerung des Verantwortungsgedankens schwäche den Präventionsgedanken. Ähnlich *Steffen*, NJW 1990, 1817, 1818. Dem ist zu entgegnen, daß die Prävention weniger auf persönliche Verantwortung als auf unter präventiven Aspekten zweckmäßige betriebliche Organisation abhebt.

[112] *Sugarman*, Calf. L. Rev., Vol. 73: 555, 560 ff. (1985).

[113] *Sugarman*, Calf. L. Rev. Vol. 73: 555, 587 (1985).

[114] Vgl. oben B.II.1.a).

[115] *Schmidt-Salzer*, Kommentar, §§ 12-14 UmweltHG, Rz. 40; *ders.* in: Schmidt-Salzer/Schramm, Kommentar, Einl. Rz. 0.10.

die Umwelt nur mittelbar geschützt werden kann.[116] Er ist aber der Meinung, daß der Schutz der in § 1 UmweltHG genannten Rechte und Rechtsgüter bewußt nur als Instrument gewählt worden ist, um zivilrechtlich Umweltschutz zu erreichen. Es ist schon darauf hingewiesen worden, daß *Schmidt-Salzer* mit dieser Auffassung den Motiven des Gesetzgebers nicht gerecht wird und die Rangfolge der Haftungsziele umkehrt. Das UmweltHG steht durchaus in der Tradition anderer Gefährdungshaftungs- und Deliktstatbestände und bezweckt primär den Schutz - ausgleichend und vorbeugend - der im Tatbestand genannten Rechtsgüter. Im Wortlaut des Gesetzes findet die Ansicht *Schmidt-Salzers* keine Stütze. Denkbare Konfliktsituation zwischen Rechtsgüterschutz und Umweltschutz müßten womöglich - das läge in der Konsequenz der *Schmidt-Salzerschen* Meinung - zulasten des Rechtsgutsträgers gelöst werden.[117] Die Umwelt kann daher in der Tat nur mittelbar, reflexartig geschützt werden.

III. Der Einfluß der Versicherungskollektive auf die Haftpflichtfunktionen

1. Der Einfluß der Haftpflichtversicherung auf die Haftpflichtfunktionen

Sowohl die Ausgleichs- als auch die Präventivfunktion des Immissionshaftungsrechts werden durch die Existenz von Haftpflichtversicherungsschutz, soweit sein Deckungsumfang reicht, beeinflußt. Ob die Funktionen auch beeinträchtigt werden, soll im folgenden überlegt werden. Auch hier gilt indes das schon oben D.I. zu den Wirkungen des Haftpflichtrechts einschränkend Gesagte: Inwieweit die Existenz industriellen Haftpflichtversicherungsschutzes die Zwecke der Haftung, insbesondere die Präventivfunktion, tatsächlich tangiert, muß letztlich eine noch ausstehende empirische Untersuchung ergründen. Im folgenden geht es um die Vermittlung theoretischer Erwägungen, die freilich auf ihre Plausibilität hin befragt werden können.

a) Ausgleichsfunktion

Die Ausgleichsfunktion hat zwei Seiten. Zum einen soll die Schadenslast vom Geschädigten genommen werden. Diese Seite wird durch die Haftpflichtversicherung gestärkt.[118] Sie stellt dem Schädiger einen solventen

---

[116] *Schmidt-Salzer*, Kommentar, § 1 UmweltHG, Rz. 330 ff.

[117] Man denke etwa an gesundheitsschädliche Geruchsbeeinträchtigungen durch eine Kläranlage. Zu einem vergleichbaren Konflikt vgl. den Fall der Ingolstädter Frösche BGH NJW 1993, 925 ff. Dazu *Vieweg*, NJW 1993, 2570 ff.

[118] Vgl. nur *Weyers*, Unfallschäden, S. 626; *Jabornegg*, VR 1988, 37, 50; aus wohlfahrtstheoretischer Sicht *Adams*, Gefährdungs- und Verschuldenshaftung, S. 208 f. *Schmidt-*

Schuldner an die Seite, bietet dem Geschädigten also eine Vollstreckungsgarantie. Wir haben darüber hinaus oben C.II.2.b) gesehen, daß die Gerichte unter Durchbrechung des materiellen Trennungsprinzips bei bestehendem Haftpflichtversicherungsschutz in der Zuerkennung von Schadensersatzansprüchen großzügig verfahren. Auch das bedeutet eine Stärkung der Ausgleichsfunktion.

Zum anderen ist der Ausgleichsfunktion - gewissermaßen als Kehrseite - die Belastung des Schädigers immanent. Die Ausgleichsfunktion beinhaltet also auch die Überwälzung der Risikozuständigkeit gerade auf den Schädiger. Bei bestehendem Haftpflichtversicherungsschutz wird die Risikozuständigkeit im wirtschaftlichen Ergebnis indes auf den Haftpflichtversicherer gelenkt. Der Schädiger wird grundsätzlich dann nicht mehr durch Haftpflichtrecht belastet, wenn er stattdessen die regelmäßige Belastung durch Haftpflichtversicherungsprämien vorzieht. Die wirtschaftliche Belastung trifft nicht mehr den einzelnen Schädiger, sondern die Versichertengemeinschaft als Kollektiv. Der Risikozuweisungs-Aspekt der Ausgleichsfunktion wandelt sich gleichsam in eine Verteilungsfunktion.[119] Das Haftpflichtrecht bewirkt nur noch die Gesamtbelastung aller Schädiger.

b) Präventivfunktion

In ganz ähnlicher Weise wie die Funktion der Risikozuweisung wird die Präventivfunktion des Haftungsrechts durch bestehenden Haftpflichtversicherungsschutz tangiert. Wirksame Prävention setzt naturgemäß eine gewisse Haftungserwartung voraus, also die Aussicht des Schädigers, für die Erfüllung des Haftpflichtanspruchs tatsächlich selbst einstehen zu müssen.[120] Wenn der Schädiger indes die unberechenbare Haftpflichtgefahr gegen eine bestimmte Prämienzahlungspflicht eintauscht, entfällt die Haftungserwartung. Daraus ist vielfach gefolgert worden, daß der Präventionsgedanke bei Bestehen einer Haftpflichtversicherung versage (und allein schon deshalb nie mehr als ein untergeordneter Haftungszweck sein könne).[121] Aus diesem Grund hat z. B.

Salzer, VersR 1990, 12, 16 ff. zeigt anhand der Altlastenproblematik, wie diese Stärkung der Ausgleichsfunktion dem Umweltschutz zugute kommt.

[119] Vgl. *Deutsch*, Haftungsrecht, S. 70: Schadensstreuung. Siehe auch schon *Sieg*, ZHR 113 (1950) 95, 117.

[120] Vgl. nur *Weyers*, Unfallschäden, S. 465; *G. Wagner*, JZ 1991, 175, 178.

[121] *Güllemann*, ZRP 1974, 35, 39; *Gärtner*, Privatversicherungsrecht, S. 65; BGB-RGRK/*Steffen*, BGB, Vor § 823, Rz. 6; *Sugarman*, Calf. L. Rev., Vol. 73: 555, 573 ff. (1985); *Larenz*, Schuldrecht Band 1 AT, § 27 I, S. 423; *Salzwedel*, UTR 9 (1989) 147, 162; *Marburger*, KF 1990, S. 4, 11; *ders.*, in: Held, Chemiepolitik, S. 221, 231 f.; *Kloepfer*, ZfU 1988, 243, 245; *ders.*, UTR 11 (1990) 35, 62; *ders.*, JURA 1993, 583, 590; beiläufig auch *Blaschczok*, Gefährdungshaftung, S. 204 f. Wohl auch *Grell*, VW 1987, 1509, 1512; *Geisendörfer*, VersR 1989, 433, 434. Vgl. noch das obiter dictum in BGHZ 7, 311, 324 f.

der US-Staat New York die Versicherung der Umwelthaftung verboten.[122] *v. Bar* sieht in der Verbreitung der Haftpflichtversicherung sogar eine historische Zäsur in der Abfolge der Haftungszwecke.[123] Ursprünglich sei Zweck des Schadensersatzes die nachtatliche Prävention gewesen.[124] Die Versicherung des Schädigers vereitele nun den Präventionszweck. Erst dann - als Reaktion auf die Versicherung - sei der Schadensstreuungs- und Ausgleichszweck des Haftungsrechts entdeckt worden.

Insbesondere Vertreter der ökonomischen Analyse des Schadensrechts, aber auch andere Autoren sind indessen der Ansicht, daß die entfallenen Anreizwirkungen des Haftpflichtrechts durch ein vielfältiges Instrumentarium der Haftpflichtversicherer wiederhergestellt werden. Der Präventionsgedanke des Haftungsrechts werde gleichsam durch den Haftpflichtversicherer vermittelt.[125]

Eine zwischen diesen Extrempositionen liegende Auffassung erkennt zwar an, daß die Haftpflichtversicherung gewisse Methoden zur Perpetuierung der Präventionswirkung einzusetzen vermag. Gleichwohl könne die Präventivwirkung der individuellen Haftpflichtdrohung nur noch in einer abgeschwächten Weise wirksam werden. Das liege in der Natur der Versicherung als Institution der Übertragung eines individuellen Haftpflichtrisikos auf eine Solidargemeinschaft.[126]

---

[122] Vgl. *Simitis*, VersR 1972, 1087, 1093; *Streckel*, ZVersWiss 65 (1976) 55, 58; *Spiller*, Umweltproblem und Versicherung, S. 330. Siehe auch die Nachweise bei *v. Hippel*, in: Fleming/Hellner/v. Hippel, Haftungsersetzung, S. 40, 67.

[123] *v. Bar*, AcP 181 (1981) 279, 312.

[124] *v. Bar* verwendet den Begriff der Prävention im Sinne von *Deutsch*. Siehe dazu schon oben D.II.1.b)aa). Es erscheint zweifelhaft, ob *v. Bar* die historische Abfolge richtig darstellt. Vgl. dagegen *Mertens*, Vermögensschaden, S. 93.

[125] *Spiller*, Umweltproblem und Versicherung, S. 330 f.; *Rodopoulos*, Reflexwirkungen, S. 42 ff.; *Adams*, Gefährdungs- und Verschuldenshaftung, S. 222 ff., 237; *Schäfer/Ott*, Lehrbuch, S.101 f.; *Jabornegg*, VR 1988, 37, 50; *Kötz*, KF 1990, S. 14, 18; *ders.*, FS Steindorff, S. 643, 653 f.; *Schimikowski*, Haftung für Umweltrisiken, Rz. 87; *G. Wagner*, JZ 1991, 175, 178 f.; *ders.*, NuR 1992, 201, 207 f.; *Kirchgässner*, ZfU 1992, 15, 27 f.; beiläufig schon *Sieg*, ZHR 113 (1950) 95, 102 f.; vgl. auch die Regierungserklärung vom 18.3.1987 zitiert nach *Grell*, VW 1987, 1509, 1510: „Eine obligatorische Umwelthaftpflichtversicherung stärkt das Verursacherprinzip und soll das wirtschaftliche Eigeninteresse am Umweltschutz mobilisieren ...". Aus dem amerikanischen Schrifttum *Abraham*, Col. L. Rev., Vol. 88: 942, 949-955 (1988).

[126] *Steiner*, Schadensverhütung, S. 125 f.; *Brüggemeier*, Deliktsrecht, Rz. 60; *ders.*, KJ 1989, 209, 228; *Vetter*, in: Nicklisch, Prävention im Umweltrecht, S. 133, 135; *Rehbinder*, NuR 1989, 149, 151; *ders.*, in: Endres/Rehbinder/Schwarze, Haftung und Versicherung, S. 120, 122 ff.; positiver aber noch *ders.*, Verursacherprinzip, S. 165; *Finsinger/Simon*, in: Müller, Haftpflichtrisiken in Unternehmen, S. 23, 64; *Schiemann*, Argumente, S. 198 f.; *Landsberg/Lülling*, DB 1990, 2205; *Paschke*, UTR 12 (1990) 281, 286 f.; *ders.*, Kommentar, Einleitung, Rz. 19; *Kinkel*, in: Gükelhorn/Steger, Umwelthaftungsrecht, S. 3, 10; *Engelhardt*, Haftung für Umweltschäden, S. 17 f.; *Peter*, IUR 1992, 79, 83; *Köck*, KJ 1993, 125, 142 f. Auch *Weyers* wird hier

c) Risikozuweisung und Schadensverhütung durch den Haftpflichtversicherer?

Versagen der Prävention, deutliche Abschwächung oder vollwirksame Wiederherstellung durch den Haftpflichtversicherer? Hier mag ein Blick auf die diesbezüglichen Möglichkeiten der Haftpflichtversicherer gerade im Bereich des Immissionshaftungsrechts ein wenig Licht in das Dunkel dieses Meinungsstreits bringen. Die folgenden Erwägungen gelten gleichermaßen für den Risikozuweisungs-Aspekt der Ausgleichsfunktion, mit der sich etwa die Ökonomische Analyse nicht beschäftigt. Festzuhalten gilt zunächst, daß der Versicherer, wenn er Anreize zur Schadenverhütung setzt, damit kein altruistisches Ziel verfolgt. Für ihn bedeuten die Präventionsanstrengungen, die auch als risk management bezeichnet werden können, eine Bekämpfung des sog. „moralischen Risikos", also eine Beseitigung der Verlockung, die den Versicherungsnehmer dazu veranlassen könnte, im Vertrauen auf den bestehenden Versicherungsschutz Maßnahmen der Schadenverhütung zu unterlassen, die er treffen würde, wäre er unversichert.[127]

aa) Prämienstaffelung

Häufig wird geltend gemacht, daß Anreizwirkungen über eine Staffelung der Prämienhöhen (Bonus/Malus-System; Schadensfreiheitsrabatte; Absehen von präventionsneutralisierender Mischkalkulation) erreicht werden können. Die Prämienhöhe hängt vom Umfang des versicherten Risikos ab, und der Versicherer kann bei der Prämienberechnung die Beurteilung des Risikos auch auf den bisherigen Schadensverlauf der Police abstellen (retrospektive Prämiengestaltung).[128] Bei dem neuen Umwelthaftpflichtmodell, bei dem zwar der bisherige Schadensverlauf als Berechnungsanhalt weithin ausscheiden mag, findet sich gleichfalls eine differenzierte Prämienstaffelung nach Maßgabe der angenommenen Gefährlichkeit der Anlagen.[129] Im - praktisch wohl unerreichbaren - Idealfall einer vollkommenen Versicherung entspricht die Prämienhöhe exakt dem versicherten Risiko. Hier würden die Anreizwirkungen des Haftungsrechts durch die Versicherung nicht verwässert, son-

---

einzuordnen sein: Der Einfluß der Haftpflichtversicherung auf die Präventionswirkung sei durchaus ambivalent. Einerseits lassen sich Anreizwirkungen über Prämiengerechtigkeit kaum erzielen (Unfallschäden, S. 361 ff.), andererseits kann die Versicherung durch gezielte Ausschlüsse die Prävention sogar begünstigen (Appell-Effekt; Unfallschäden, S. 461 f.).

[127] *Adams*, Gefährdungs- und Verschuldenshaftung, S. 226; *Jabornegg*, VR 1988, 37, 50; *Feess-Dörr/Prätorius/Steger*, Umwelthaftungsrecht, S. 109.

[128] *Weyers*, Unfallschäden, S. 626; *Adams*, Gefährdungs- und Verschuldenshaftung, S. 235 f.; *Kötz*, KF 1990, S. 14, 18; *G. Hager*, NJW 1991, 134, 136; *G. Wagner*, VersR 1991, 249, 258. Auch Prämienermäßigungen können im Einzelfall präventiv wirken, z. B. die sog. Sprinklerrabatte in der Feuerversicherung; dazu *Großfeld/Hübner*, ZVersWiss 66 (1977) 393, 410.

[129] Dazu schon oben C.II.1.e) und *Breining*, VW 1992, 1328 ff.; *Poschen*, VersR 1993, 653, 658 f.; *Wegerhoff*, PHI 1993, 170 ff.; *Küpper*, VP 1993, 17, 23 f.

dern perpetuiert.[130] Durch verschiedene Formen der Prämiengestaltung kann eine Annäherung an die vollkommene Versicherung angestrebt werden.

Die Gegenansicht behauptet hingegen, daß Schadensvermeidungsanstrengungen von einem gestaffelten Prämiensystem nicht oder nur in unbeachtlich geringem Ausmaß zu erwarten seien.[131] Zum einen seien verbesserte Umweltschutzmaßnahmen gewöhnlich wesentlich teurer als eine erhöhte Versicherungsprämie. Die Anreizwirkungen, die der Versicherer durch Ausübung seines Prämiengestaltungsspielraums ausüben könnte, fallen gegenüber den gesamten Umweltschutzinvestitionen eines Industrieunternehmens nicht ins Gewicht.[132] Zum anderen werden die Versicherungsprämien regelmäßig auch weit unter den Rückstellungen liegen, die das betreffende Unternehmen bei einer Eigenversicherung bilden würde, so daß sich die Schere zwischen den Haftpflichtkosten und den Kosten für Verhütungsmaßnahmen im Vergleich zu einer unversicherten Haftpflicht weiter vergrößere. Soweit Industrievertreter diese Argumentation verfechten, bedeutet das freilich kein Plädoyer für eine unversicherte Haftungssituation. Denn der Zwang zur Eigenversicherung würde wegen der dann erforderlichen hohen Rückstellung die Wirtschaftskraft schwächen und „auch bei großen Unternehmen dazu führen, daß dieses Geld für mögliche Umweltschutzinvestitionen nicht mehr zur Verfügung steht".[133] Ein weiterer Einwand ergibt sich daraus, daß nicht alle sinnvollen Prämiendifferenzierungen tatsächlich auch durchgesetzt werden können, sondern an rechtlichen, wirtschaftlichen oder sozialen Hürden scheitern.[134]

Den Haftpflichtversicherern stehen indessen außer der Prämiengestaltung noch andere Instrumente zur Bekämpfung des moralischen Risikos und damit zur Vermittlung der Anreizwirkungen des Haftpflichtrechts zu Gebote.

---

[130] Vgl. *Adams*, Gefährdungs- und Verschuldenshaftung, S. 222 ff.; *Schäfer/Ott*, Lehrbuch, S. 101 ff.; *G. Wagner*, JZ 1991, 175, 179; *ders.*, VersR 1991, 249, 259. Die Steuerungswirkung durch Prämiengestaltung findet eine Parallele bei den Überlegungen zur Einrichtung eines Umweltfonds zur Bewältigung von Summations- und Distanzschäden. Die Beitragszahler sollen in Umwelt-Gefahrenklassen eingeteilt und nach Maßgabe ihres Umwelt-Risikos zur Zahlung herangezogen werden. Davon verspricht man sich Anreize, um umwelterhebliches Verhalten zu steuern. Vgl. *Kinkel*, ZRP 1989, 293, 298.

[131] *Grell*, VW 1987, 1509, 1512; *ders.*, VR 1988, 5761; *Rehbinder*, NuR 1989, 149, 151; *P. Marburger*, KF 1990, S. 4, 11; *Schmidt-Salzer*, KF 1990, S. 21, 25; *Cremer*, Reform des Umwelthaftungsrechts, S. 35, 45; *Breining*, VR 1991, 29, 36; die Stellungnahmen von Industrievertretern bei *Feess-Dörr/Prätorius/Steger*, Umwelthaftungsrecht, S. 80 f., 148; wohl auch *Karten*, ZVersWiss 77 (1988) 343, 356; *Medicus*, NuR 1990, 145, 148.

[132] Zahlen bei *Schmidt-Salzer*, VersR 1990, 12, 19. Knapper Überblick über die betrieblichen Umweltschutzmaßnahmen bei *Klinkhammer*, VP 1989, 164 ff.

[133] Stellungnahme des BDI zum Entwurf eines UmweltHG; zitiert nach *Feess-Dörr/Prätorius/Steger*, Umwelthaftungsrecht, S. 148.

[134] Vgl. *Mehlhorn*, VW 1988, 596, 598 f. und etwa das Beispiel bei *Kötz*, FS Steindorff, S. 643, 665 f.: keine Prämiendifferenzierung in der KFZ-Haftpflichtversicherung nach der Staatsangehörigkeit.

bb) Instrumente nach VVG

Vorvertragliche Anzeigepflichten und die Statuierung von Obliegenheiten, §§ 16 ff., 32 VVG, begründen ebenfalls eine gewisse, wohl aber eher gering zu veranschlagende Präventionswirkung.[135] Keine Rolle als Präventionsmittel spielt in unserem Zusammenhang, da ein Sozialversicherungsträger aktivlegitimiert ist, der Regreß des Haftpflichtversicherers gegen den Versicherungsnehmer.[136]

cc) Vorgezogene Rettungskosten

Von nicht zu unterschätzender präventiver Bedeutung ist grundsätzlich eine versicherungsvertragliche Regelung über den Ersatz sog. vorgezogener Rettungskosten. Auch das Umwelthaftpflichtmodell enthält in Nr. 5 eine diesbezügliche Regelung. Die vorgezogenen Rettungskosten sind von den Rettungskosten gem. §§ 62, 63 VVG zu unterscheiden.[137] Bei diesen handelt es sich um Aufwendungen bei und nach Eintritt des Versicherungsfalles, jene bezeichnen die Aufwendungen des Versicherungsnehmers vor Eintritt des Versicherungsfalles zur Abwendung desselben. Da der Versicherungsfall aufgrund der neuen Definition weit nach „hinten" verlagert ist, bleibt für etwaige schadensverhindernde Maßnahmen des Versicherungsnehmers an sich viel Raum, die Frage nach dem Ersatz der vorgezogenen Rettungsaufwendungen ist also erheblich.[138] Durch eine großzügige Kostenersatzregelung könnten für den Versicherungsnehmer Anreize geschaffen werden, auch vor eventuell kostenintensiven Maßnahmen zur Verhinderung denkbarer Schadensfälle nicht zurückzuschreken. Nr. 5 Umwelthaftpflichtmodell verfolgt demgegenüber jedoch einen recht restriktiven Kurs.[139] Erstattungsfähig sind grundsätzlich nur Aufwendungen für „notwendige" und „objektiv geeignete" Maßnahmen, wobei eine ex-post-Betrachtung anzustellen ist. Es gibt eine höhenmäßige Begrenzung für die zu ersetzenden Aufwendungen sowie einen speziellen Rettungskostenselbstbehalt für den Versicherungsnehmer. Nr. 5.6 Umwelthaftpflichtversicherungsmodell schließt Eigenschäden des Versicherungsnehmers

---

[135] Weiterführend *Großfeld/Hübner*, ZVersWiss 66 (1977) 393, 416.

[136] Die Regreßnorm des § 158 f VVG ist wegen § 158 c IV VVG unanwendbar. Vgl. im übrigen zu den anreizerhaltenden Wirkungen des Regresses *Adams*, Gefährdungs- und Verschuldenshaftung, S. 228 ff. Aus rein präventiven Gründen etwa wollen die KFZ-Haftpflichtversicherer ab 1. Juli 1994 ihre Versicherungsnehmer bei „Alkohol-Unfällen" in Regreß nehmen. Vgl. SZ vom 8.3.1994.

[137] Vgl. allgemein zum Problem des Rettungskostenersatzes in Umweltschadendeckungen *Meyer-Kahlen*, VP 1988, 41 ff.

[138] Vgl. *Küpper*, VP 1992, 1, 5.

[139] Deutlich *G. Wagner*, VersR 1992, 261, 269.

von der Deckungspflicht weithin aus.[140] Das führt zu der weiteren Begrenzung, daß vorgezogene Rettungskosten dann nicht ersetzt werden, wenn und soweit sie sich mit Eigenschäden des Versicherungsnehmers decken.[141]

Diese Klausel ist nicht unbedenklich. Die Kritik, der Versicherungsnehmer werde abweichend von § 62 VVG zu Präventionsmaßnahmen im Vorfeld der Schadensentstehung verpflichtet, aber dabei gem. § 62 Abs. 2 S. 2 VVG dem Risiko ausgesetzt, schon bei grob fahrlässiger Verkennung der Situation seinen Deckungsanspruch teilweise zu verlieren, trifft zwar nicht zu, weil § 68 a VVG eine Ausweitung der Schadensabwendungspflicht zum Nachteil des Versicherungsnehmers verbietet.[142] Andererseits geht der Irrtum des Versicherungsnehmers über die Erforderlichkeit oder Geeignetheit einer Rettungsmaßnahme weithin zu seinen Lasten.[143] Damit unterscheidet sich die Umwelthaftpflichtpolice durchaus von anderen Bedingungswerken.[144] Daher ist die Befürchtung nicht grundlos, daß die Klausel dem Präventionszweck sogar zuwiderläuft, weil die Anreize zur Schadensprävention für den Versicherungsnehmer in dem Maße abnehmen, in dem ihm das Risiko des Irrtums über den Eintritt eines bevorstehenden Versicherungsfalls überbürdet werden.[145]

dd) Gemeinsames Risikomanagement

Weiterhin fragt sich, was unter präventiven Aspekten von einer Zusammenarbeit zwischen Industrie und Versicherungswirtschaft auf dem Gebiet der Risikobeherrschung zu erwarten ist. Die Versicherer sind Experten im riskmanagement und verfügen über ein beträchtliches risikotechnisches know how. Nationale und internationale Erfahrungen der Erst- und vor allem der Rückversicherer hinsichtlich Ermittlung und Bewertung von Haftpflichtrisiken, Kenntnisse über technische Maßnahmen zur Risikominderung, die ganze Bandbreite der hier nicht im einzelnen darzustellenden Instrumente des riskmanagements können, sollen und werden die Assekuranz der gewerblichen

---

140 Zum Problem der Eigenschadendeckung vgl. *Schmidt-Salzer*, VersR 1988, 424, 425 f.

141 Vgl. *Peter*, in: Salje, Kommentar, § 19 UmweltHG, Rz. 13, S. 445 mit einem Beispielsfall.

142 So *G. Wagner*, VersR 1992, 261, 269.

143 *G. Wagner*, VersR 1992, 261, 269.

144 Die Gutgläubigkeit des Versicherungsnehmers wurde etwa durch § 3 WHG-Zusatzbedingungen in größerem Umfang geschützt. Abgedruckt bei *Littbarski*, VersR 1987, 127, 128; zur Auslegung a. a. O. 129 f. Vgl. weiter *Küpper*, VP 1992, 1, 5.

145 Vgl. *Schmidt-Leithoff*, VP 1991, 204, 207: „Der Versicherungsnehmer würde dann indirekt veranlaßt, zunächst einmal die versicherungsmäßige Komponente untersuchen zu lassen und ein womöglich nur ansatzweise schadensrelevantes Geschehen zu einem Versicherungsschaden ausweiten zu lassen."; *ders.*, VP 1992, 197, 205; *G. Wagner*, VersR 1992, 261, 269; *Schimikowski*, ZfV 1992, 262, 266.

Wirtschaft zum Zwecke bestmöglicher Schadensverhütung zur Verfügung stellen.[146] Freilich fehlt es an verläßlichen Einblicken in die schadenverhütende Wirksamkeit der risikotechnischen Zusammenarbeit. Die literarischen Stellungnahmen zu diesem Thema muten regelmäßig eher an wie Appelle an die gesamtgesellschaftliche Aufgabe der Versicherungswirtschaft zur Schadensvermeidung denn als Beschreibungen ihrer tatsächlichen Tätigkeiten.[147] In diesen Äußerungen klingt der schon oben C.II.2.b) dargestellte Wandel der Haftpflichtversicherung zu einem unfallversicherungsrechtliche Züge annehmenden Instrument des Opferschutzes wieder an und wird auf das Gebiet der Prävention erstreckt. Ob die tatsächliche Entwicklung schon so weit gediehen ist, bleibt aber fraglich. Die Effektivität des Risiko-Managements bei der industriellen Haftpflichtversicherung ist denn auch schon in Zweifel gezogen worden.[148] Insbesondere dort, wo gänzlich neue Technologien oder Chemikalien zum Einsatz kommen (Entwicklungsrisiken), könne der Informationsvorsprung des für ihre Entwicklung verantwortlichen Unternehmens von den Versicherern niemals eingeholt werden.[149] Zur Skepsis mahnen auch die Ausführungen *Schmidt-Salzers*, wenn er den Forderungen nach sicherheitstechnischen Risikoanalysen, die dem Abschluß von Umwelthaftpflichtversicherungsverträgen vorausgehen sollen, kaum Realisierungschancen einräumt. Angesichts der extremen Komplexität der Materie wegen des Ineinandergreifens naturwissenschaftlich-technischer, juristischer und organisatorischer Faktoren wäre es schlichtweg irreal, von einer kurzfristigen Erreichbarkeit eines „ausreichenden" Kenntnisstands der in der Haftpflichtversicherung tätigen Mitarbeiter auszugehen, zumal sich dieses Wissen laufend weiterentwikkele.[150]

---

[146] Vgl. dazu *Spiller*, Umweltproblem und Versicherung, S. 332, 476 f., (386 ff. Einzelheiten des risk-managements); *Rohde-Liebenau*, ZfV 1988, 348, 357; *Feldmann*, UPR 1991, 45, 50; *Schmidt-Leithoff*, VP 1991, 204, 205 f.; *Cremer*, Reform des Umwelthaftungsrechts, S. 35, 46; *K. Martin*, VW 1992, 602 ff.; ausführlich *Rehbinder*, in: Endres/Rehbinder/Schwarze, Haftung und Versicherung, S. 151, 159 ff.

[147] Vgl. etwa *Spiller*, Umweltproblem, S. 477; *Frey/Walter*, ZVersWiss 77 (1988) 363, 374; *Nickel*, VW 1988, 600; *Rohde-Liebenau*, ZfV 1988, 348, 356; *G. Wagner*, VersR 1991, 249, 259 f.

[148] *Simitis*, VersR 1972, 1087, 1093 f.; *Rehbinder*, Verursacherprinzip, S. 165; *ders.*, NuR 1989, 149, 151: „Die Komplexität industrieller Produktions- und Reinigungstechnologien überfordert bereits die Umweltadministration, und es ist mehr als unwahrscheinlich, daß die Versicherungswirtschaft bereit und in der Lage sein wird, ein Pendant zur Gewerbeaufsicht aufzubauen."; differenzierter jedoch *ders.*, in: Endres/Rehbinder/Schwarze, Haftung und Versicherung, S. 151, 171 f.

[149] *Finsinger/Simon*, in: Müller, Haftpflichtrisiken in Unternehmen, S. 23, 64: „Dort, wo keine ausreichende Schadenserfahrung vorliegt, tappen die Versicherer im Dunkeln."

[150] *Schmidt-Salzer*, in: Schmidt-Salzer/Schramm, Kommentar, Einl 0.268 ff., 0.308 ff.

ee) Selbstbehalte

Hinzuweisen ist weiterhin auf die Vereinbarung von Selbstbehalten, wie sie auch das Umwelthaftpflichtmodell in Nr. 7.3 vorsieht. Die Funktionsweise der Selbstbehalte ist schon oben C.IV.2.c) näher erläutert worden. Der Selbstbehalt stellt eine bewußte Lücke im Deckungsschutz dar. In diese Lücke stößt das unversicherte Haftpflichtrecht und vermag seine originäre präventive Wirkung zu entfalten.[151] Die Effektivität des Selbstbehalts hängt vom Ausmaß dieser Entfaltung ab. Je geringer die vereinbarte Selbstbehaltssumme ist, desto geringer ist die präventive Wirkung.[152] Wie bereits dargelegt, werden die Selbstbehalte in den unter Geltung der Deckungsverordnung abgeschlossenen Versicherungsverträgen vermutlich nur niedrig sein und zudem in ihrer Wirksamkeit durch die Serienschadenklausel gehemmt.[153] Daher läßt sich gegen die präventive Wirkung der Selbstbehalte der Einwand wiederholen, der schon gegen die Prämienstaffelung als Anreizinstrument vorgebracht wurde. Im Verhältnis zu den Ausgaben für verbesserte Umweltschutzinvestition fallen die zu bildenden Rückstellungen für die niedrigen Selbstbehalte kaum ins Gewicht.

ff) Lücken im Deckungsschutz

Schimikowski ist der Meinung, daß der Normalbetriebsausschluß mit Öffnungsklausel (Nr. 6.2 Umwelthaftpflichtmodell)[154] Präventionswirkung besitze, weil jeder im gewerblich-industriellen Sektor tätige Unternehmer im eigenen Interesse gehalten sei, ständig zu prüfen, ob Emissionen aus seinem Betrieb unvermeidbar seien und ob sich - nach dem Stand der Technik - schädliche Einwirkungen daraus ergeben könnten. Der dergestalt drohende Verlust des Versicherungsschutzes flankiere die schadensvermeidende Funktion der Umwelthaftung.[155]

Inwieweit insbesondere kleinere, mittelständische Unternehmen durch einen derartigen wissenschaftlichen Prüfaufwand überfordert sind, bleibe hier dahingestellt. Der Normalbetriebsausschluß mit Öffnungsklausel schafft indes

---

[151] Vgl. auch *Großfeld/Hübner*, ZVersWiss 66 (1977) 393, 419 f.: „bewährtes Mittel"; *Adams*, Gefährdungs- und Verschuldenshaftung, S. 232 ff.; *Endres/Schwarze*, ZfU 1991, 1, 13 ff. Aus Sicht des Unternehmens *Cremer*, in: Haftpflichtrisiken in Unternehmen, S. 85, 94 f.

[152] Diese Annahme ist freilich stark vereinfacht. Aus ökonomischer Sicht genauer *Endres/Schwarze*, ZfU 1991, 1, 13 ff., 15.

[153] Vgl. oben C.II.1.e)cc).

[154] Vgl. zu dieser Klausel schon oben C.II.1.e)bb).

[155] *Schimikowski*, DB Beilage 14/1992, S. 22, 23 f.; *ders.*, ZfV 1992, 262, 270. Ihm folgend *Schramm*, in: Schmidt-Salzer/Schramm, Kommentar, Rz. 6.60. Vgl. schon die Andeutung bei *Nicklisch*, VersR 1991, 1093, 1096.

zwischen Versicherer und Versicherungsnehmer eine beweisrechtliche Frontstellung. Die Beweissitution ist für den Versicherungsnehmer überaus ungünstig. Möglicherweise liegt hier sogar eine echte Lücke im Dekungsschutz vor.[156]

d) Ergebnis

Nach alledem muß man der Meinung sein, daß Präventivwirkung insbesondere von Lücken im Deckungsschutz (Selbstbehalte, Ausschlußklauseln) ausgeht. Die Effektivität der anderen dargestellten Instrumente bleibt demgegenüber zweifelhaft. Diese vermögen wegen der angeführten gewichtigen Bedenken bestenfalls kleinere präventive Anreize auszuüben. Zugespitzt formuliert folgt daraus: Die Versicherung übt Anreize zur Schadensvermeidung also vor allem dadurch aus, daß sie den Versicherungsnehmer mit einer partiell unversicherten Haftung konfrontiert. Infolgedessen ist die unversicherte Haftung der versicherten aus Präventionsgründen grundsätzlich vorzuziehen.[157]

Eine Ausnahme von diesem Grundsatz muß freilich in den „Desperado"-Fällen gemacht werden. Das unversicherte Haftungsrecht kann präventive Anreize dort nicht setzen, wo der Handelnde nicht (hinreichend) zahlungsfähig ist und sich aus diesem Grunde um sein Haftungsrisiko nicht zu kümmern braucht.[158] Insoweit wäre die versicherte Haftung auch unter präventiven Gesichtspunkten vorzugswürdig und das Bestehen eines Versicherungszwanges von Vorteil.[159]

Zusammenfassend kann festgestellt werden, daß der oben angeführten vermittelnden Auffassung der Vorzug zu geben ist. Die Haftpflichtversicherer stärken zwar den Kompensationsaspekt der Ausgleichsfunktion. Sie können die vom Haftungsrecht ausgehenden Präventions- und Risikozuweisungseffekte indes nur unvollständig an die Versicherungsnehmer weiterreichen. De facto wirkt sich dieses Manko im Bereich der Haftung für immissionsbedingte Gesundheitsschäden allerdings nicht aus. In praktischer Hinsicht überlagert der Einfluß der Sozialversicherung die Auswirkungen der Haftpflichtversicherung auf die Funktionen des Immissionshaftpflichtrechts. Darauf ist im folgenden kurz einzugehen.

---

[156] Vgl. hierzu oben C.II.1.e)bb).

[157] Im Grundsatz zustimmend *G. Wagner*, VersR 1991, 249, 259. Die wohlfahrtsökonomische Effizienz der unversicherten Gefährdungshaftung ist allerdings fraglich. Den „zu wenigen" Umweltschäden stünde ein „zu niedriges Aktivitätsniveau" gegenüber. Vgl. *Endres/Schwarze*, ZfU 1991, 1 ff., 8; *Feess-Dörr/Prätorius/Steger*, Umwelthaftungsrecht, S. 104.

[158] Vgl. etwa *Karl*, ZAU 1993, 35, 37 ff.

[159] Vgl. hierzu nochmals C II 1 c (Fn. 92) mit dem Beispiel der Amoco Cadiz. Bezogen auf die deutsche Industrielandschaft dürfte der „Desperado" wohl weithin theoretisch bleiben. Zum Problem noch *Kötz*, FS Steindorff, S. 643, 654 f.

2. Der Einfluß der Sozialversicherung auf die Haftpflichtfunktionen

a) Ausgleichsfunktion

Immissionsbedingte Gesundheitsschäden werden regelmäßig zunächst durch Leistungen der Sozialversicherungsträger ausgeglichen. Das ist im ersten Abschnitt der Arbeit abgehandelt worden. In aller Regel nimmt der Verletzte zunächst Leistungen der Sozialversicherung in Anspruch. Die Leistungspflicht des Schädigers wird insoweit erst aktuell, wenn der in Vorlage getretene Vorsorgeträger beim Schädiger Rückgriff nimmt. Daraus folgt, daß die Kompensation des Geschädigten nicht mehr Aufgabe des Haftungsrechts ist, soweit der Ausgleich bereits durch kongruente Sozialleistungen bewirkt worden ist. Der von der h. M. als primäres Ziel des Haftungsrechts apostrophierte Ausgleichszweck ist folglich insoweit durch das Sozialrecht abgelöst worden. Daran ändert auch die Vorschrift des § 116 SGB X nichts. Nimmt der Sozialversicherungsträger beim Schädiger Rückgriff, ist die Kompensation des Geschädigten bereits anderweit sichergestellt.

b) Risikozuweisung, Prävention

Die Ausgleichsfunktion erschöpft sich nicht in der bloßen Schadenswiedergutmachtung beim Geschädigten. Sie bedeutet auch, daß der Ausgleich gerade durch den Schädiger vorgenommen wird. Diese Belastung des Schädigers durch das Haftungsrecht, die hier Risikozuweisung genannt wird sowie die Präventionsfunktion des Haftungsrechts werden durch den Eintritt der Sozialversicherungsträger an sich nicht betroffen. Die Regreßnorm des § 116 Abs. 1 SGB X erhält de iure die Haftpflichtfunktionen der Risikozuweisung und Prävention aufrecht. Inwieweit die Ablösung des Individualregresses durch Teilungsabkommen eine Schwächung der Haftungsfunktionen nach sich zieht, mag auf sich beruhen, da Teilungsabkommen - wie gesehen - das Immissionshaftungsrecht noch nicht verdrängt haben. Tatsächlich kommen aber Regresse im Immissionshaftungsrecht durch Sozialversicherungsträger kaum vor.[160] Daraus folgt, daß eine wesentliche Voraussetzung für die Erfüllung der Haftpflichtfunktionen wegfällt, nämlich daß die Sozialversicherungsträger sämtliche vorläufig ausgeglichenen Nachteile auf außergerichtlichem oder gerichtlichem Wege auch tatsächlich durchsetzen.[161] Infolgedessen ist zu konstatieren, daß im Bereich der immissionsbedingten Gesundheitsschäden dem

---

[160] Siehe dazu oben C.III.2.

[161] Vgl. *v. Hippel*, ZRP 1986, 233, 234; *Finsinger/Simon*, in: Müller, Haftpflichtrisiken in Unternehmen, S. 23, 63; *G. Wagner*, JZ 1991, 175, 177.

Haftungsrecht de facto keine Steuerungsfunktion mehr zukommt. Es hat sowohl Ausgleichs- als auch Präventivfunktion verloren.[162]

3. Versicherung und Haftpflichtfunktionen

Zusammengefaßt ergibt sich etwa folgendes vereinfachtes Bild: Zwar ist der Anteil der betriebshaftpflichtversicherten Betriebe sehr hoch. Die überkommenen Verträge decken jedoch das Umwelthaftungsrisiko nicht mehr. Die neuen Policen weisen gerade im Bereich der Haftung für den Normalbetrieb keine vollkommene Deckung auf. Insoweit ist allerdings die industrielle Nachfrage gering, so daß praktisch nur die gem. § 19 Abs. 1 UmweltHG dekkungspflichtigen Anlagen über - lückenhaften - Versicherungsschutz gegen Normalbetriebsrisiken verfügen. Die Haftung für den Normalbetrieb ist also großenteils unversichert. Die Ausgleichsfunktion des Immissionshaftungsrechts müßte daher an sich leiden, weil dem Geschädigten möglicherweise kein solventer Schuldner zur Verfügung steht. Umgekehrt könnte das Haftungsrecht hier seine Präventivfunktion voll entfalten, weil die Präventionshemmnisse infolge Haftpflichtversicherungsschutzes nicht bestehen. Tatsächlich werden beide Haftpflichtfunktionen in diesem Bereich allein durch die Sozialversicherungsträger beeinflußt. Der Ausgleich der in Rede stehenden Immissionsschäden wird weithin von ihnen vorgenommen. Die Ausgleichsfunktion des Haftungsrechts läuft leer. Der weitreichende Ausfall der Regreßaktivitäten in diesem Bereich verhindert ferner die Verwirklichung des Präventionszwecks.

Indes betreiben sowohl Haftpflichtversicherer als auch Sozialversicherer Prävention. Die privatwirtschaftliche Assekuranz bekämpft auf vielfältige Weise das moralische Risiko. Diese unter den Sammelbegriff riskmanagement zu fassenden Aktivitäten können sich durchaus schadensverhütend auswirken. Solange die Geltendmachung von Schadensersatzansprüchen weithin ausbleibt, dürfte daher sogar eine versicherte Haftung einer unversicherten unter präventiven Aspekten überlegen sein.[163]

Auch die Präventionsanstrengungen der Sozialversicherungsträger wenden sich an die Versicherten, sind also gleichsam nach innen gerichtet (und nicht nach außen, wie es bei der Prävention qua Haftungsrecht der Fall wäre). In diesem Zusammenhang werden unter Prävention die vielfältigen, gesetzlich

[162] Vgl. auch *Lummert/Thiem*, Rechte des Bürgers, S. 192; *G. Wagner*, Kollektives Umwelthaftungsrecht, S. 39 f.; *ders.*, JZ 1991, 175, 181; *ders.*, VersR 1991, 249, 260; *ders.*, NuR 1992, 201, 209; *Rehbinder*, in: Endres/Rehbinder/Schwarze, Haftung und Versicherung, S. 34, 56.

[163] Vgl. auch *G. Wagner*, VersR 1991, 249, 259 f. Das gilt auch im Falle der vom Haftungsrecht unbeeindruckten „Desperados". Dazu oben D.III.1.d) mit Fn 158.

angeordneten[164] Aktivitäten der Sozialversicherungsträger zur Verhütung von Arbeitsunfällen, Krankheiten und sonstigen Versicherungsfällen verstanden. Diesen nicht durch das Haftungsrecht vermittelten Bereich der Schadensvermeidung darzustellen, ist indessen nicht Aufgabe vorliegender Arbeit.[165] Gerade die Effektivität und Erfahrung der Berufsgenossenschaften bei der Unfallverhütung hat zu rechtspolitischen Vorschlägen geführt, die Berufsgenossenschaften stärker als bisher mit präventiven Aufgaben im Umweltschutz zu betrauen.[166] Noch weiter geht der Vorschlag von *G. Wagner*, die Berufsgenossenschaften generell mit dem Ausgleich und der Verhütung von Umweltschäden zu betrauen.[167]

IV. Rechtspolitische Alternativen zum gegenwärtigen Schadenstragungssystem

1. Haftungsersetzung durch Versicherungsschutz

Im Bereich der immissionsbedingten Gesundheitsschäden scheint nach alledem das Haftungsrecht weithin obsolet geworden zu sein. Der Ausgleich eingetretener und die Verhütung künftiger Schäden wird von kollektiven Schadenstragungssystemen besorgt, freilich nicht mit den Mitteln des Haftungsrechts. Kann das Haftpflichtrecht aber seine Aufgaben nicht erfüllen, liegt der Gedanke nicht fern, es gänzlich zu verabschieden.[168] Diese Idee knüpft an eine rechtspolitische Diskussion an, die bereits Ende der 60er Jahre

---

[164] Vgl. für die Berufsgenossenschaften §§ 537, 546, 708 ff. RVO; für die Krankenversicherer § 20 SGB V. Besonders interessant ist in diesem Zusammenhang das Beitragsausgleichsverfahren der Berufsgenossenschaften (§ 725 RVO), das den Unternehmer zu den erwünschten Maßnahmen der Unfallverhütung anspornen soll. Dazu die empirische Untersuchung von *Kötz/Schäfer*, AcP 189 (1989) 501 ff.; *Kötz*, FS Steindorff, S. 643, 664 f.

[165] Vgl. etwa die Kommentierungen zu den soeben zitierten Bestimmungen. Außerdem *Großfeld/Hübner*, ZVersWiss 66 (1977) 393, 402; *Steiner*, Schadensverhütung, S. 61 ff., 82 ff.; *Lauer*, in: Nicklisch, Prävention im Umweltrecht, S. 249, 254 ff.; *Gerlach*, System, S. 116 ff.; *G. Wagner*, Kollektives Umwelthaftungsrecht, S. 94 ff.; *Radek*, NZS 1994, 6 ff.

[166] Vgl. die Überlegungen von *Krasney*, in: Nicklisch, Prävention im Umweltrecht, S. 233, 238 ff.

[167] Vgl. *G. Wagner*, Kollektives Umwelthaftungsrecht, S. 104 ff., 231 ff. Dazu *Rehbinder*, in: Endres/Rehbinder/Schwarze, Haftung und Versicherung, S. 120, 126 ff.; *ders.*, a. a. O.., S. 151, 167 ff.; ablehnend *Brehm*, BG 1991, 595 ff.; *P. Marburger*, AcP 192 (1992) 1, 34; verfassungsrechtliche Bedenken bei *Köck*, KritV 1991, 311, 313 ff., 316 ff.

[168] Das entspricht der Vorgehensweise in der schon zitierten Untersuchung von *Sugarman*, Calf. L. Rev., Vol. 73: 555 ff. (1985). *Sugarman* konstatiert für das amerikanische Recht einen nahezu vollständigen Leerlauf der Haftungszwecke. Im Ergebnis gibt es daher deutliche Ähnlichkeiten mit dem deutschen Immissionshaftungsrecht der Personschäden, wo das Haftungsrecht seine Funktionen gleichfalls nicht erfüllt. Die Gründe sind freilich weithin unterschiedlich. Als Konsequenz unterbreitet *Sugarman*, a. a. O., S. 622 ff., 642 ff. weitreichende Vorschläge zur Haftungsersetzung.

entfacht worden ist.[169] Im folgenden sollen die wesentlichen Inhalte und Gründe der Reformpläne dargestellt werden.[170] Daran soll sich eine kritische Auseinandersetzung mit den Vorhaben anschließen, so daß abschließend die Frage geklärt werden kann, ob sich haftungsablösender Versicherungsschutz für den Bereich der immissionsbedingten Gesundheitsschäden empfiehlt.

a) Frühere Reformvorschläge

Die frühen Reformvorschläge gehen dahin, das Haftungsrecht - zumindest oder zunächst - für den Bereich der durch Straßenverkehrsunfälle verursachten Personen- und Sachschäden ganz abzuschaffen und durch ein mehr oder weniger umfassendes System des Unfallversicherungsschutzes zu ersetzen. Erwogen wird zum einen, alle KFZ-Halter zu verpflichten, neben der bisherigen Haftpflichtversicherung eine private Unfallversicherung abzuschließen, die sämtlichen durch das Kraftfahrzeug verletzten Personen ohne Rücksicht auf das Verschulden der Beteiligten eine pauschalierte Mindestentschädigung gewähren würde. Zum anderen wird überlegt, eine staatliche Volksunfallversicherung einzurichten, wie sie seit dem 1.4.1974 in Neuseeland eingeführt worden ist.[171] Danach würde jedermann in gleicher Weise gegen Unfallrisiken geschützt. Dieser dem Grunde nach umfassende Schutz bliebe freilich im Umfang hinter den bisherigen Anspruchsinhalten zurück: Sachschäden werden nur begrenzt ersetzt,[172] Schmerzensgeld wird nur noch in Ausnahmefällen gewährt.[173] Mitverschulden soll nur dann angerechnet werden, wenn es schwer wiegt. Bei groben Verstößen des Kraftfahrers soll der Versicherer Rückgriff nehmen können und ist von seiner Verpflichtung gegenüber dem Kraftfahrer selbst befreit.[174] Zusätzlich soll ein Bonus-Malus-System für Anreize zur Unfallvermeidung sorgen. Die Finanzierung soll über einkommens- und risikoabhängige Beiträge und durch öffentliche Zuschüsse erfolgen.[175] *v. Hippel* ge-

---

[169] Insbesondere durch *v. Hippel*, Schadensausgleich bei Verkehrsunfallschäden (1968); *ders.*, Rechtspolitik, S. 321 f.; *Güllemann*, Ausgleich von Verkehrsunfallschäden im Licht internationaler Reformprojekte (1969) und *D. Schäfer*, Soziale Schäden, soziale Kosten, soziale Sicherung (1972), insb. S. 147 ff. Weitere Nachweise bei Staudinger/*K. Schäfer*, BGB, Vorbem zu §§ 823 ff, Rz. 154. Zu Einzelheiten früherer Reformpläne vgl. *Güllemann*, Ausgleich, S. 86 ff.

[170] Siehe auch die Darstellung bei *Schilcher*, Theorie, S. 103 ff.

[171] Zu den Vorzügen der neuseeländischen Volksunfallversicherung vgl. *v. Hippel*, in: Fleming/Hellner/v. Hippel, Haftungsersetzung, S. 40, 51 ff. sowie letztens *ders.*, Rechtspolitik, S. 310. Zum Für und Wider der unterschiedlichen Organisationsformen vgl. *Plumeyer*, BG 1973, 105 f.

[172] *v. Hippel*, Schadensausgleich, S. 75 ff. m. w. N.

[173] *v. Hippel*, Schadensausgleich, S. 78.

[174] *v. Hippel*, Schadensausgleich, S. 83 ff.

[175] *v. Hippel*, Schadensausgleich, S. 95 ff. Zu den Finanzierungsformen auch *Deutsch*, Haftungsrecht, S. 414 f.

langt am Ende seiner Untersuchung zu der Auffassung, eine derartige Volksunfallversicherung nicht auf Verkehrsunfallschäden zu beschränken, sondern auf sämtliche Unfallrisiken unserer Zeit zu erstreken.[176]

b) Neuere Reformvorschläge

In neuerer Zeit plädiert namentlich *v. Hippel* denn auch und gerade für den in dieser Arbeit zentralen Bereich der Umweltschäden für eine haftungsersetzende Entschädigungsreform. An die Stelle des Haftungsrechts sollen Entschädigungsfonds treten.[177] Das ist ein extremer Vorschlag, denn bislang wird die Fondslösung an sich lediglich als haftungsergänzendes Instrument diskutiert,[178] um die Schäden aus summierten Immissionen ausgleichen zu können, die auf der Ebene des Haftungsrechts nicht mehr regulierbar scheinen.[179] Als Regelungsgegenstand der Fonds wird dabei im wesentlichen der Ausgleich der sog. neuartigen Waldschäden angesehen. Soweit die Einrichtung von Entschädigungsfonds als Ergänzung zum bestehenden Schadenstragungssystem überlegt wird, findet eine Auseinandersetzung mit diesbezüglichen rechtspolitischen Vorschlägen im Rahmen dieser Arbeit nicht statt. Zwar ist grundsätzlich denkbar, daß nicht nur die Waldschäden, sondern auch der Ausgleich immissionsbedingter Gesundheitsschäden, soweit sich diese als Summationsschäden und Schäden aus ungeklärter Quelle darstellen, in die Fondslösung einbezogen würden.[180] Der hier vor allem interessierende Regreß der Sozialversicherungsträger im Umwelthaftungsrecht bliebe aber grundsätzlich bestehen, wenn auch gesehen werden muß, daß dann durch die konkurrierende Fondshaftung zweifelhafte Abgrenzungsfragen entstünden.[181]

---

[176] *v. Hippel*, Schadensausgleich, S. 115 f.

[177] Vgl. *v. Hippel*, ZRP 1986, 233 ff.; *ders.*, NJW 1986, 589 f.; *ders.*, Rechtspolitik, S. 311 ff. Vgl. auch schon die Überlegungen bei *Lummert/Thiem*, Rechte des Bürgers, S. 196, 213 ff. Nach einem Gesetzentwurf der GRÜNEN von 1988 sollte ein Umweltschadensfonds als primäre Anlauf- und Abwicklungsstelle für sämtliche umweltverschmutzungsbedingte Individualschäden dienen. Dazu *Brüggemeier*, in: Donner/Magoulas/Simon/Wolf, Umweltschutz, S. 325, 331 f.

[178] Grundlegend *H. Westermann*, Maßnahmen zur Luftreinhaltung, 1958, S. 67 ff. Vgl. daneben aus der Fülle der Literatur *Lummert/Thiem*, Rechte des Bürgers, S. 195 ff., 209 ff., 218.; *Rest*, Luftverschmutzung, S. 99 ff.; *Knebel*, UTR 5 (1988) 261, 278 ff.; *Ganten/Lemke*, UPR 1989, 1, 10 ff.; *Kinkel*, ZRP 1989, 293, 296 ff.; *Brüggemeier*, KJ 1989, 209, 222 ff.; *Gerlach*, System, S. 364 ff.; *Medicus*, NuR 1990, 145, 152 f.; *Salje*, KritV 1991, 324 ff.; *ders.*, Kommentar, Einl Rz. 18 ff., 25 ff.; *Rehbinder*, in: Endres/Rehbinder/Schwarze, Haftung und Versicherung, S. 120, 124 ff., 130 ff.; *Hohloch*, IUR 1992, 73 ff; *Stephan Winter*, Fondslösungen im Umweltrecht (1992).

[179] Dazu schon oben B.I.5.

[180] Vgl. nur *Diederichsen*, Festschrift Lukes, S. 41, 52.

[181] Darauf macht aufmerksam *Diederichsen*, Bitburger Gespräche, Jahrbuch 1989, S. 47, 68 f. Vgl. noch *Gerlach*, System, S. 374 f.; *Ladeur*, VersR 1993, 257, 260 f. *Salje*, KritV 1991,

2. Gründe für die Reformvorschläge[182]

Im folgenden sollen die für die Versicherungs- und Fondslösungen entscheidenden Gründe wiedergegeben werden. Zum Teil handelt es sich dabei um grundsätzliche Kritik an unserem gegenwärtigen Schadenstragungssystem. Zum Teil finden sich Gründe, die von der auch hier herausgearbeiteten Diagnose der Unzulänglichkeit des (immissionshaftungsrechtlichen) Regresses der Sozialversicherungsträger ausgehen.

a) Schutzlücken im geltenden Recht

Zunächst wird geltend gemacht, daß das Haftungssystem der lex lata zur Regulierung von Verkehrsunfallschäden lückenhaft sei und den Unfallopfern zu Unrecht keinen umfassenden Schutz biete,[183] zumal auch die Sozialversicherung nicht alle Personen erfasse und ihre Leistungen beschränkt seien.[184] Soweit die Vorsorge nicht eingreife, trage der Verletzte das Risiko der Ermittlung und der Insolvenz des Schädigers.

Dieses Schutzlückenargument wird auch für die Reform der Entschädigung für Umweltschäden ins Feld geführt. Schon die bloße Wahrscheinlichkeit eines Umweltschadens solle ohne Rücksicht auf „Zufälligkeiten und Willkürlichkeiten des individuellen Haftungsrechts" zum Ersatz führen.[185]

Bei diesem Argument wird sichtbar, daß die vorgeschlagene unfallversicherungsrechtliche Lösung gewissermaßen den Endpunkt einer Entwicklung darstellt, bei der der schon oben C.II.2.b) beschriebene Funktionswandel der Haftpflichtversicherung ein Teilstück bedeutet.[186] Das gesteigerte Sicherheitsbedürfnis der Bürger hat zu einer Mentalitätsänderung geführt. Der Satz casum sentit dominus wird weniger denn je akzeptiert. Ein Schaden wird regelmäßig als ausgleichsbedürftig erkannt. Diese Ausbreitung des Sozialstaatsgedankens mag in letzter Linie nach einem Unfallversicherungssystem verlangen, bei dem allein der Schaden über das Vorhandensein eines An-

---

324, 327 ff. bietet einen konkreten Gesetzgebungsvorschlag zur Lösung des Konkurrenzproblems (Nachrang der Fondshaftung).

[182] Vgl. auch die Darstellung bei *Schilcher*, Theorie, S. 78-95.

[183] Vgl. - auch zu den Einzelheiten - *v. Hippel*, Schadensausgleich, S. 9-24, 43; dazu noch *Deutsch*, Haftungsrecht, S. 413; *Kötz*, Deliktsrecht, Rz. 424 ff.

[184] Dazu vgl. schon oben (B.II.2.) sowie *v. Hippel*, Schadensausgleich, S. 45; *Kötz*, Sozialer Wandel, S. 34 ff., 43.

[185] *v. Hippel*, ZRP 1986, 233, 234.

[186] Vgl. zu dieser Entwicklung auch *D. Schäfer*, Soziale Schäden, S. 39 ff., 116 ff.; *Großfeld*, VW 1974, 693 ff., 698 ff.; *Kötz*, Sozialer Wandel, S. 5 ff.; *Deutsch*, Haftungsrecht, S. 406; *Kreuzer*, Festschrift W. Lorenz, S. 123 ff., 139 ff.; *Medicus*, Schuldrecht I, § 52 II, S. 256; *Fuchs*, Zivilrecht und Sozialrecht, S. 168 ff.; kritisch *P. Marburger*, AcP 192 (1992) 1, 28 f.

spruchs entscheidet. Der klassische Satz v. *Iherings*, daß nicht die Zufügung eines Schadens zum Schadensersatz verpflichte, sondern die Schuld,[187] ist somit endgültig derogiert.

b) Bessere Durchsetzung des Verursacherprinzips

Beklagt wird weiter eine fehlende Kongruenz von Finanzierung und Leistungen der Sozialversicherung. Die Kraftfahrzeughalter bezahlten an Beiträgen für die Sozialversicherung weit weniger als erforderlich wäre, sollten sie dem von ihnen gesetzten Verkehrsunfallrisiko entsprechen.[188]

Ganz ähnlich verhalte es sich im Bereich der Umweltschäden. Entgegen einem elementaren Gebot der Gerechtigkeit würden Umweltschäden weithin nicht von den Verursachern getragen, sondern von den Umweltopfern oder der Allgemeinheit. Der Fonds würde hingegen von risikoadäquaten Abgaben aller potentiellen Schädiger finanziert, wodurch eine gerechte Zuordnung der Schadenskosten nach dem Verursacherprinzip bewirkt würde.[189]

c) Geltendes Recht wirkt nicht präventiv

Die Autoren der Reformpläne konstatieren die zweifelhafte präventive Wirkung der versicherten Haftung. Die Kritik am geltenden Schadenstragungssystem entzündet sich auch an der Verbreitung der Haftpflichtversicherung, die den Gedanken individueller Verantwortung der Schädiger kaum mehr berücksichtigt.[190] Im Umweltschadenbereich laufe das Versagen des Haftungsrechts der Prävention zuwider.[191]

---

[187] v. *Ihering*, Das Schuldmoment im römischen Privatrecht (1867) S. 199; zitiert etwa bei *Esser*, Grundlagen, S. 54; *Deutsch*, Haftungsrecht, S. 10 oder *Kreuzer*, Festschrift Lorenz, S. 123, 124. Zu den geschichtlichen Hintergründen vgl. *Ogorek*, Entwicklung der Gefährdungshaftung, S. 22 ff., 42 ff. Freilich gab es bereits im frühen und im klassischen römischen Recht Regeln, die die Haftung ohne jede Rücksicht auf eine Schuld statuieren, so daß man nicht einmal sagen kann, daß das Verschuldensprinzip die Regel gebildet hätte. Dazu *Benöhr*, Festschrift Max Kaser, S. 689, 693.

[188] v. *Hippel*, Schadensausgleich, S. 37.

[189] *Lummert/Thiem*, Rechte des Bürgers, S. 209 f., 215 f.; *Rest*, Luftverschmutzung, S. 107 ff.; v. *Hippel*, ZRP 1986, 233, 234.

[190] v. *Hippel*, Schadensausgleich, S. 25 ff.

[191] v. *Hippel*, ZRP 1986, 233, 234.

d) *Gesetzliche Unfallversicherung als Modell*

Neben dem Verweis auf etliche vergleichbare Reformvorschläge in anderen Staaten[192] stützen sich die Verfasser der Pläne zur Haftungsersetzung auf das bewährte Modell der Unfallversicherung. Arbeitsunfälle werden bei uns durch die Berufsgenossenschaften ausgeglichen. Vergleichbares müsse dann auch für die strukturell ähnlich gelagerten Verkehrsunfälle gelten.[193] Die Arbeitsunfallversicherung wird auch als Modell einer Haftungsersetzung im Umweltschadenbereich herangezogen.[194]

e) *Gegenwärtige Schadensabwicklung zu aufwendig*

Ein zentrales Argument für alle Reformlösungen sehen die Kritiker des geltenden Haftpflichtsystems endlich in den hohen Kosten, die es verursacht. Die Schadensregulierung sei langwierig, schwerfällig und aufwendig. Dazu trüge nicht nur die Vielzahl der Prozesse bei, sondern auch, neben den Verwaltungskosten der Versicherer, die Tatsache des Nebeneinanderbestehens von Vorsorge und Haftpflichtversicherung und damit die Kosten für die Überwälzung der Unfallschäden von der einen auf die andere, also die Regreßkosten.[195] Haftungsrecht sei im Bereich der Unfallschäden weithin nur noch ein Recht der Regreßvoraussetzungen. Dann werde aber fraglich, ob man sich die kostspielige Lastenverteilung qua Haftungsrecht in den Vorsorgekollektiven noch leisten solle. Denn je mehr die Mitglieder der beiden beteiligten Risikogemeinschaften miteinander identisch seien und je ähnlicher das praktische Ergebnis werde, mit dem jede Gemeinschaft den Schadensaufwand verteile oder ihn auf Dritte abwälze, desto gleichgültiger werde es, welche der Risikogemeinschaften den Schaden vom Haftungsrecht primär zugeteilt erhalte.[196] Demgegenüber sei die Schadensabwicklung bei reinen Versicherungs- oder Fondslösungen einfacher, billiger und schneller.[197]

---

[192] *v. Hippel*, Schadensausgleich, S. 42 ff.; *ders.*, ZRP 1986, 233, 234; siehe auch die Darstellung bei *Weyers*, Unfallschäden, S. 262 ff. (USA), S. 308 (Schweden). Zu den ausländischen Umweltschadensfonds vgl. *Lummert/Thiem*, Rechte des Bürgers, S. 198 ff.

[193] *v. Hippel*, Schadensausgleich, S. 48 ff., 53 ff.; *ders.*, in: Fleming/Hellner/v. Hippel, Haftungsersetzung, S. 40, 43 ff.; *Güllemann*, ZRP 1974, 35, 36.

[194] Vgl. *v. Hippel*, ZRP 1986, 233, 234. Siehe auch *Lummert/Thiem*, Rechte des Bürgers, S. 196 f.

[195] Dazu *v. Hippel*, Schadensausgleich, S. 37 f. („Geld-Karussell"), 39 ff.; *Weyers*, Unfallschäden, S. 628 ff.; *Sieg*, ZVersWiss 63 (1974) 319, 341. Zu dem Verhältnis der Regreßkosten/einnahmen siehe auch schon oben C.III.1.,2.

[196] *Kötz*, Sozialer Wandel, S. 31.

[197] *Lummert/Thiem*, Rechte des Bürgers, S. 217; *v. Hippel*, ZRP 1986, 233, 234.

3. Abschaffung oder Beschränkung des Regresses der Sozialversicherungsträger

a) Reformvorschläge

Im Ergebnis mit den oben dargestellten Vorschlägen zur Haftungsersetzung vergleichbar und in der Begründung teilweise übereinstimmend sind die Überlegungen, die auf eine prinzipielle Abschaffung des Regresses der Sozialversicherungsträger, bei gleichzeitiger Anrechnung ihrer Leistungen auf den Haftpflichtanspruch, zielen. Als Ersatz für die Regreßerlöse sollen die Sozialversicherungsträger globale, etwa jährlich zu zahlende Ausgleichsleistungen von den Haftpflichtversicherern erhalten.[198] Gerade für den Bereich des Immissionshaftungsrechts sind derartige, im einzelnen freilich nicht weiter differenzierte Forderungen nach Abschaffung des Regresses erhoben worden.[199]

Daneben finden sich Stimmen, die - weniger weitreichend und mitunter in den Gleisen des geltenden Rechts - für eine bloße Beschränkung der Regreßnahme eintreten. Zum Teil wird erwogen, entsprechend dem unfallversicherungsrechtlichen Modell einen Rückgriff nur noch bei Vorliegen von grober Fahrlässigkeit und Vorsatz zuzulassen.[200] Ergänzend oder alternativ wird befürwortet, daß sich die Sozialversicherungsträger generell an der Leistungsfähigkeit und sozialen Schutzbedürftigkeit des Schädigers zu orientieren hätten. Erforderlichenfalls müsse auf die Realisierung des Ersatzanspruchs ganz oder teilweise verzichtet werden. Erreichbar sei dieses Ergebnis durch eine analoge Anwendung des § 640 Abs. 2 RVO im Rahmen des § 116 SGB X.[201] Andere sind der Ansicht, daß die Sozialversicherungsträger mittlerweile schon nach geltendem Recht, nämlich durch § 76 Abs. 2 Nr. 3 SGB IV, zu einer Reduktion nach Billigkeitserwägungen verpflichtet sind.[202] Danach soll

---

[198] Vgl. etwa *Rother*, Haftungsbeschränkung, S. 246 ff., 290 (Regreßwegfall als Gebot der Vorteilsausgleichung); *Weyers*, Unfallschäden, S. 652 ff. (siehe aber auch die Vorbehalte gegen den eigenen Vorschlag, S. 654 f.); *v. Hippel*, ZRP 1972, 49 ff. Siehe aber auch *dens.*, in: Fleming/Hellner/v. Hippel, Haftungsersetzung, S. 40, 64 mit Fn. 168, der auf die praktisch nicht gegebenen Durchsetzungschancen dieses Vorschlags hinweist.

[199] Diese Vorschläge kommen insbesondere aus dem Lager der Haftpflichtversicherer. Vgl. *Breining*, ZVersWiss 79 (1990) 193, 202; *ders.*, in: Reform des Umwelthaftungsrechts, S. 49, 56; *ders.*, VR 1991, 29, 35. Das seit 1986 in Schweden geltende Umwelthaftpflichtgesetz sieht einen derartigen Regreßausschluß vor. Dazu *Bloth*, NuR 1991, 372, 374.

[200] Das ist ein Bestandteil des Vorschlags von *H. Baumann*, Regreß, S. 23 ff.; dazu *Fuchs*, Zivilrecht und Sozialrecht, S. 193. *Marschall von Bieberstein*, VersR 1968, 509, 515; *ders.*, VersR 1972, 991, 994; *Gitter*, Schadensausgleich, S. 254, treten ua für eine Beschränkung des Regresses der Unfallversicherer auf Vorsatzfälle ein. Dazu schon oben C.I.1.b).

[201] Dazu *Gitter*, Schadensausgleich, S. 259 f.; *H. Baumann*, Regreß, S. 23 ff.; *Deutsch*, Haftungsrecht, S. 493 f.; wohl auch *Gärtner*, JZ 1988, 579 ff., 584. Vgl. noch *Fuchs*, Zivilrecht und Sozialrecht, S. 193.

[202] *Ahrens*, AcP 189 (1989) 526, 530, 540 ff. m. w. N.; *v. Hippel*, Rechtspolitik, S. 319 Fn. 11.

der Regreß nicht erst bei einer Existenzbedrohung des Schädigers unterbleiben, sondern schon dann, wenn ihm durch den Regreß eine nachhaltige Veränderung seines Lebensplanes zugemutet werde.[203]

b) Gründe

Diese Reformvorschläge werden wiederum mit dem oben 2.e) schon als zentral bezeichneten Kostenargument begründet.[204] Zusätzlich wird von einigen Autoren im allgemeinen eher eine Tendenz zur Entlastung des Schädigers im Schadensersatzrecht beobachtet. Im Gegensatz zum Sozialversicherungsträger, der auf die Regreßeinnahmen nicht angewiesen sei,[205] erscheine insbesondere der Schädiger selbst als sozial schutzbedürftig. Die sozialpolitisch relevanten Risiken hätten mittlerweile Größenordnungen erreicht, denen die Leistungskraft eines einzelnen Individuums nicht mehr gewachsen sei. Der Regreß dürfe nicht zur Existenzvernichtung des Schädigers führen. Mit § 640 Abs. 2 RVO gelte eine Norm, durch die fürsorgerische Gesichtspunkte gegenüber sozial Schwachen und wirtschaftlich nicht Leistungsfähigen berücksichtigt werden können.[206] Demgegenüber sei der Sozialversicherungsträger ohnehin leistungspflichtig. Letztlich dürfe vom juristischen Standpunkt aus nicht übersehen werden, daß der Versicherer in Wirklichkeit nur mittelbar Geschädigter sei und unsere Rechtsordnung, von ganz seltenen Ausnahmen abgesehen, solchem keinen Anspruch zubillige. Gewissermaßen unter Ausblendung des § 116 SGB X erscheint danach die Sozialleistung als endgültig.[207]

4. Gegenargumente

a) Allgemeines

Die oben 2. vorgestellten Reformpläne zur Haftungsersetzung sind bis heute ohne sichtbaren Einfluß auf den Gesetzgeber geblieben. Allein daraus kann schon der vorsichtige Schluß abgeleitet werden, daß der Reformbedarf nicht so dringend ist, wie mitunter behauptet wird.[208] In Neuseeland, das vie-

---

[203] So *Ahrens*, AcP 189 (1989) 526, 550; dem folgend Geigel/*Plagemann*, Haftpflichtprozeß, Kap. 30, Rz. 57.

[204] Siehe die Nachw. in Fn. 197.

[205] Dazu *Rother*, Haftungsbeschränkung, S. 242; *Deutsch*, Haftungsrecht, S. 493.

[206] Vgl. zum Normzweck BSGE 37, 20, 26.

[207] Vgl. *Rother*, Haftungsbeschränkung, S. 239; *Deutsch*, Haftungsrecht, S. 335 f., 493 f.; *Gärtner*, JZ 1988, 579, 581. Zu dieser Begründung *Schiemann*, Argumente, S. 202; *Fuchs*, Zivilrecht und Sozialrecht, S. 193 f. jeweils m. w. N.

[208] So auch schon *v. Caemmerer*, Reform der Gefährdungshaftung, Ges. Schriften Bd. III, S. 239, 243.

len als Vorbild für eine haftungsersetzende Versicherungslösung gilt, machen sich sogar Tendenzen zu einer teilweisen Rückkehr zur Fahrlässigkeitshaftung bemerkbar.[209]

Fraglich bleibt zumal die Organisation des Systems. Die Einrichtung eines zentral gesteuerten öffentlichen Versorgungssystems stünde nicht nur offen im Gegensatz zu den gegenwärtigen Deregulierungstendenzen, sondern bedeutete zugleich einen beträchtlichen Eingriff in unsere Gesellschaftsordnung, der auch verfassungsrechtlichen Bedenken begegnete (Beseitigung des Wettbewerbs unter den Versicherungsunternehmen, Art. 12, 14 GG).[210] Selbst wenn man die Reform gegenständlich auf das Verkehrsunfallrecht oder den Ausgleich umweltbedingter Schäden beschränkte, bliebe der Eingriff erheblich. Die Beschränkung auf nur einen Risikobereich wäre allerdings auch aus anderen Gründen nicht zweifellos. Die behaupteten Ähnlichkeiten zum Arbeitsunfall (oben 2.d)) sind nämlich so groß nicht, ist doch bei diesem der Arbeitnehmer stets selbst das Unfallopfer, was die Unfallversicherungsform schon nahelegt. Beim Verkehrsunfall sind außer dem Verursacher oftmals noch Dritte betroffen. Die Haftungsersetzung durch die gesetzliche Unfallversicherung rechtfertigt sich weiterhin aus Gründen, die Ausfluß eines bereits vor dem Unfall bestehenden Schuldverhältnisses sind.[211] Die Verkehrsteilnehmer verbindet demgegenüber nichts.[212] Eine strukturelle Ähnlichkeit von Arbeitsunfällen und Umweltschäden ist schon gar nicht auszumachen. Die Beschränkung würde überdies zu leidigen Abgrenzungsschwierigkeiten führen, wie wir sie von der Rechtsprechung der Sozialgerichte zum Arbeits- und Wegeunfall her kennen.[213] Vor allem aber wirkte sich die Konzentration auf die Verkehrsunfallopfer oder Umweltgeschädigten als Diskriminierung der nicht begünstigten Opfer und Schädiger aus.[214]

---

[209] Dazu *Deutsch*, VersR 1994, 381 ff.

[210] Vgl. *Großfeld*, VW 1974, 693, 700 ff.; *H. Baumann*, VSSR 1975, 1, 18 ff.; *Adams*, Gefährdungs- und Verschuldenshaftung, S. 256 ff.; *Kötz*, Deliktsrecht, Rz. 432.

[211] Zu den Gründen für die Haftungsersetzung vgl. schon oben C.I.1.c).

[212] Zu den Unterschieden zwischen Arbeits- und Verkehrsunfall vgl. *Deutsch*, Haftungsrecht, S. 412 f.; auch *Kötz*, Deliktsrecht, Rz. 432.

[213] Vgl. nur *Steiner*, Schadensverhütung, S. 124 f.

[214] Treffend *Weyers*, Unfallschäden, S. 540 ff., 643: „Wenn man das allgemeine Niveau sozialer Sicherheit für annehmbar hält, besteht kein Grund, die Verkehrsopfer besser zu entschädigen; hält man es für unzureichend, dann läßt sich die Beschränkung eines Verbesserungsvorschlags auf Verkehrsopfer allenfalls mit politisch-taktischen Motiven begründen, aber nicht mit Gerechtigkeitserwägungen. Das Niveau sozialer Sicherung in der Bundesrepublik ist aber keinesfalls so unzulänglich, daß es nötig wäre, zugunsten sozialen Fortschritts in dieser Weise taktierend vorzugehen."

b) Zum Schutzlückenargument

Die Haftungsersetzung durch Versicherungsschutz deshalb zu anzustreben, weil das geltende Schadenstragungssystem ungerechtfertigte Schutzlücken aufweise (oben 2.a)), überzeugt nicht. Zunächst gilt es in diesem Zusammenhang festzuhalten, daß rechtsvergleichende Hinweise auf Reformbestrebungen in anderen Ländern infolge unzureichenden Opferschutzes in ausländischen Vorsorgesystemen (etwa in den USA) insgesamt wenig eintragen. Die Reformpläne, so scheint es, gehen weniger von den besonderen Voraussetzungen in der Bundesrepublik als von den erkennbar verschiedenen Verhältnissen in anderen Staaten aus.[215] Das deutsche System kollektiver Sicherung und Vorsorge gegen Personenschäden erscheint insgesamt geschlossen[216] und weist jedenfalls keine solchen Mängel auf, die es rechtfertigten, statt systemimmanenter Korrekturen eine systemersetzende oder -erweiternde Reform zu verlangen.[217] Soweit Gebiete betroffen sind, die dem Haftungsrecht entzogen scheinen (Schäden aus summierten Immissionen, z. B. das Waldsterben), bleibt die Fondslösung diskutabel. Aber dann käme sie freilich nur als Ergänzung zum bisherigen Schadenstragungssystem in Betracht und nicht als Substitut, zumal ein solcher Fonds - das belegen ausländische Erfahrungen - nur dann funktionstüchtig sein kann, wenn er zeitlich begrenzt ist.[218] Eine dauerhafte Verabschiedung des Immissionshaftungsrechts läßt sich mithin durch die Einführung von Umweltfonds nicht erreichen.

c) Verursacherprinzip wird durch geltendes Recht besser durchgesetzt

Wenn oben D.IV.2.b) das bestehende Schadenstragungssystem wegen fehlender Kongruenz von Leistung und Finanzierung angeprangert wird (die durch die KFZ-Halter und Fahrer verursachten Schäden und Risiken spiegelten sich in ihren Sozialversicherungsbeiträgen nicht wider; nicht die Verursacher trügen im wirtschaftlichen Ergebnis die Umweltschäden, sondern die Opfer und die Allgemeinheit), verfängt auch dieses Argument nicht. Im Idealfall soll ja gerade der Regreß der Sozialversicherungsträger, zumindest im Bereich der Personenschäden, die Kongruenz wiederherstellen. Mitunter stellt sich indes der Verdacht ein, daß insbesondere manchen Vertretern der Fondslösungen die Regreßbefugnisse der Sozialversicherungsträger unbekannt zu

---

[215] Vgl. diesbezügliche Kritik von *Weyers*, Unfallschäden, S. 151; *Schmeer*, VersR 1973, 390, 391; *Großfeld*, VW 1974, 693, 699.

[216] Die weitreichende Überlagerung des Haftungsrechts der Personenschäden durch kollektive Sicherungsformen ist oben B.II.2. ausführlich geschildert worden. Auf die wenigen Schutzlücken ist dabei hingewiesen worden.

[217] Gegen das Schutzlücken-Argument auch *Rieger*, ZVersWiss 75 (1986) 11, 12, 16 ff. Für systemimmanente Korrekturen auch *Gitter*, zitiert bei *H. Baumann*, VSSR 1975, 1, 9.

[218] Vgl. nur *Hohloch*, IUR 1992, 73, 78 m. w. N.

sein scheinen. Zumindest aber werden sie aus ihren Überlegungen vollständig ausgeklammert.[219] Im übrigen stünden die Befürworter der reinen Versicherungs- oder Fondslösungen vor dem Problem der Ermittlung des angemessenen Risikobeitrages. Hierin liegt im Grunde der Haupteinwand gegen die haftungsersetzenden Entschädigungslösungen. Wie soll denn das Ziel gerechter Lastenverteilung erreicht werden, wenn das Haftungsrecht und die dazu ergehende Rechtsprechung als Verteilungsschlüssel wegfielen? Eine legislative oder administrative Festsetzung der Beiträge könnte sich kaum an Gerechtigkeitserwägungen orientieren, sondern allenfalls an sozialen oder grob pauschalisierenden Maßstäben.[220] Es erscheint unrealistisch, das Verursacherprinzip gewissermaßen ex ante durch risikoabhängige Abgaben durchsetzen zu wollen.[221] Auf tatsächliche Besonderheiten, Unterschiede, Störfälle etc. bei den einzelnen Emittenten vermag das ex post einsetzende Haftungsrecht grundsätzlich wesentlich flexibler und angemessener zu reagieren. Endlich geriete eine an präventiven Gesichtspunkten ausgerichtete Finanzierungsregelung längerfristig in einen Zielkonflikt mit der Schadensausgleichsaufgabe des Fonds, weil der Erfolg der Steuerung notwendig zu Einnahmeverlusten führen würde.[222]

d) Reformvorhaben schaden der Prävention

Weiterhin wird das Schadenstragungssystem der lex lata oben 2.c) deshalb kritisiert, weil die versicherte Haftung den Präventionsgedanken vernachlässige, und die Idee der individuellen Verantwortung im Haftungsrecht immer mehr verkümmere. Dieser Befund soll im folgenden nicht noch einmal überprüft werden. Der Einfluß der Haftpflichtversicherung auf die Haftungsfunktionen und die Objektivierung der Verschuldenshaftung sind hier schon darge-

---

219 Vgl. dazu schon oben C.III.2. Fn. 189 sowie paradigmatisch die Ausführungen bei *Lummert/Thiem*, Rechte des Bürgers, S. 209 f.; *Rest*, Luftverschmutzung, S. 108: Gesundheitsschäden aus Luftverschmutzung würden weithin von der Krankenversicherung ausgeglichen. Aufgabe des Haftungsfonds wäre es, den Sozialversicherungsträgern die entstehenden Kosten zu erstatten. Über Abgaben und Regresse soll sich der Fonds dann bei den wahren Verursachern erholen. - Warum sollen die Krankenversicherer nicht gleich selbst auf die Verursacher zugreifen? Worin soll hier der Vorteil dieses zusätzlichen, kostenintensiven Schadensverteilungsmechanismus bestehen? - Die Zwischenschaltung eines Fonds wäre allenfalls dann sinnvoll, wenn der direkte Zugriff eines Sozialversicherungsträgers nicht mehr in Betracht käme, etwa bei Summationsschäden. Das hieße dann aber auch, daß dem Fonds der Regreßweg verschlossen wäre.

220 Dazu *v. Caemmerer*, Reform der Gefährdungshaftung, Ges. Schriften Bd. III, S. 239, 244; *Weyers*, Unfallschäden, S. 643 f.; *Großfeld*, VW 1974, 693, 700; Münchener Kommentar/*Mertens*, BGB, Vor § 823, Rz. 52.

221 Zur Fragwürdigkeit der in Betracht kommenden Finanzierungsschlüssel vgl. *Weyers*, ZRP 1977, 292, 293. Siehe noch *Ladeur*, VersR 1993, 257, 263 f.

222 Ausführlich *Köck*, in: Donner/Magoulas/Simon/Wolf, Umweltschutz, S. 337 ff.; vgl. noch *dens.*, KritV 1991, 311, 320 ff.

stellt worden.[223] Zu vermerken ist jedoch, daß in den Reformplänen zur Haftungsersetzung der Präventionsgedanke erst recht zu kurz kommt.[224] Das wird auch von ausgesprochenen Befürwortern von Fondslösungen eingeräumt.[225] Die Ersetzung der Haftpflicht durch Versicherungsschutz wirkt sich anreiznivellierend aus. Bonus/Malus-Systeme und andere Formen der Prämienstaffelung können den Verlust des Schadensvermeideeffekts nur unvollkommen ausgleichen. Unfallversicherung oder Haftungsfonds stünden hier vor ganz ähnlichen Schwierigkeiten wie ein Haftpflichtversicherer bei der Bekämpfung des moralischen Risikos.[226] In den Worten der ökonomischen Analyse bedeutet die durch Versicherung bewirkte Pulverisierung des Schadens, daß externe Kosten, die an sich einen einzelnen treffen, in soziale Kosten verwandelt werden. Bei reinen Versicherungs- und Vorsorgesystemen ohne zwischengeschobene Haftpflicht erfolgt keine optimale Schadensallokation (best cost avoider) und insofern keine Reduzierung der Sozialkosten. Wegen ihrer Undifferenziertheit und mangelnden Allokationsleistung sind globale Sicherungssysteme für die Schadensprävention ungeeignet.[227] Versucht man den Präventionsgedanken freilich noch dadurch zu stärken, daß Regreßrechte des Fonds gegen die Schädiger geschaffen werden,[228] kehrt man teilweise zum überkommenen System zurück und gibt an sich zu, daß Prävention in Wahrheit vom Haftungsrecht ausgeübt wird.

e) Zum Kostenargument

Nahezu alle Kritiker des bestehenden Schadenstragungssystems sind sich darin einig, daß die Abwicklung von Schadensfällen de lege lata sehr kostenintensiv ist (oben 2.e)). Insbesondere durch das Hinzutreten von Versicherungen auf beiden Seiten des Schadensfalles werde die Regulierung langwierig und schwerfällig. Betrachtet man das Verkehrsunfallgeschehen, mag man diesem Kostenargument seine Berechtigung kaum absprechen. Typisch sind hier massenhaft auftretende, in sachlicher und rechtlicher Hinsicht einfach

---

[223] Vgl. dazu oben D.III.1. und D.II.2.c)dd).

[224] So auch *Deutsch*, JZ 1968, 721, 726; *ders.*, Haftungsrecht, S. 413 f.; *Kötz*, Deliktsrecht, Rz. 621; *Medicus*, NuR 1990, 145, 153; *Hermann Lange*, Schadensersatz, VI 8, S. 25 f.; *Ladeur*, VersR 1993, 257, 263 f. Ebenso hinsichtlich haftungsersetzender Fondslösungen schon *H. Westermann*, Maßnahmen zur Luftreinhaltung, S. 73 („Es empfiehlt sich nicht, den Haftungsverband ganz an die Stelle des einzelnen Haftenden zu setzen. Diese Regelung würde die Initiative zur Beschränkung der Emissionen auf seiten des Inhabers des Einzelbetriebes unerfreulich hemmen ..."); *Rehbinder*, in: Endres/Rehbinder/Schwarze, Haftung und Versicherung, S. 120, 142.

[225] Vgl. *Salje*, KritV 1991, 324, 340 f.

[226] Vgl. auch hierzu die Ausführungen oben D.III.1.c).

[227] Vgl. dazu *Horn*, AcP 176 (1976) 307, 329 f.; *Adams*, Gefährdungs- und Verschuldenshaftung, S. 12 ff., 84 ff.: Versicherungslösung als „schlechtestmögliches Anreizsystem".

[228] So *Lummert/Thiem*, Rechte des Bürgers, S. 216; *v. Hippel*, ZRP 1986, 233, 234 f.; *Rest*, Luftverschmutzung, S. 111 f.

gelagerte Schäden oftmals nur geringfügigen Ausmaßes. Es spricht auf den ersten Blick einiges dafür, daß solche Schäden schneller ausgeglichen werden, wenn sie nicht durch die Hände von Richtern, Haftpflichtversicherern und regressierenden Sozialversicherern laufen. Freilich vermag sich diese Vermutung nicht auf gesichertes Zahlenmaterial zu stützen.[229] Daher gibt es denn auch Gegenstimmen, die dartun, daß die gegenwärtige Unfallabwicklung keineswegs langsam sei,[230] insbesondere die deutschen Haftpflichtversicherer sehr schnell arbeiteten.[231] Auch der Regreß der Sozialversicherungsträger sei nicht übermäßig aufwendig. So sind gerade im Bereich der Verkehrsunfallschäden rationelle Teilungs- und Regreßverzichtsabkommen verbreitet. Auch werden Zahlen genannt, die belegen sollen, daß der Regreß der Sozialversicherer wirtschaftlich sinnvoll sei.[232] Freilich muß diese letzte Aussage vor dem Hintergrund der oben C.III.1., 2. geschilderten Bedeutung des Regresses der Sozialversicherungsträger, insbesondere im Immissionshaftungsrecht, durchaus in Zweifel gezogen werden. Zu bedenken ist noch, daß sich über das geltende Regreßsystem die Präventionswirkungen des Haftungsrechts besser entfalten können und auf diese Weise Kosten eingespart werden, weil Schadensfälle vermieden werden.[233]

Darüberhinaus ist es aber wohl keineswegs ausgemacht, daß ein reines Versicherungs- oder Fondssystem im Kosten-Nutzen-Verhältnis dem überkommenen System überlegen ist. Wird der Unfallausgleich dergestalt kollektiviert, erhalten zwar alle etwas, aber dafür bekommen alle etwas weniger. Denn entweder ist ein solches Versicherungssystem sehr teuer oder es geht mit einer Leistungsnivellierung einher.[234] Zweifelhaft erscheint auch, ob eine Einheitsversicherung rationeller arbeiten würde als die im Wettbewerb stehenden privaten Versicherer.[235] Auch hinsichtlich der Umwelthaftungsfonds ist schon in Frage gestellt worden, ob der mit der Errichtung eines Fonds und der Schaffung einer neuen Bürokratie verbundene Aufwand angesichts der reinen Geldverteilungsfunktion dieser Institution lohnt.[236]

---

[229] Dazu *Weyers*, Unfallschäden, S. 629; *Deutsch*, Haftungsrecht, S.412.

[230] *Schmeer*, VersR 1973, 390, 391; *Deutsch*, Haftungsrecht, S. 414.

[231] *Rieger*, ZVersWiss 75 (1986) 11, 12 f., 28 ff.

[232] *Schmeer*, VersR 1973, 390, 393; *Plumeyer*, BG 1973, 105, 107 (Die Berufsgenossenschaften erzielten im Jahr 1971 130 Millionen DM Regreßeinnahmen bei einem Verwaltungsaufwand von nur 10 Millionen DM.); *Rieger*, ZVersWiss 75 (1986) 11, 29. *Medicus*, JuS 1972, 553, 560, ist der Ansicht, daß der Wegfall des Regresses sich auf die Prämien auswirken würde.

[233] Dazu *Koller*, ZIP 1986, 1089, 1095.

[234] Dazu schon knapp oben D.IV.1.a) sowie *Plumeyer*, BG 1973, 105, 106 f.; *Deutsch*, Haftungsrecht, S. 406 f., 414 f. Das räumt auch *v. Hippel*, in: Fleming/Hellner/v. Hippel, Haftungsersetzung, S. 40, 71, ein.

[235] Vgl. *Schmeer*, VersR 1973, 390, 392; *Steiner*, Schadensverhütung, S. 124.

[236] *Kinkel*, ZRP 1989, 293, 297; *Rehbinder*, NuR 1989, 149, 161.

Ganz ohne Blick auf die materielle Verantwortlichkeit, wie sie sich aus dem Haftpflichtrecht ergäbe, käme die Versicherungslösung auch nicht aus. Wollte man zur Aufrechterhaltung der Präventionswirkung ein Bonus-Malus-System einrichten, wäre für diese Prämienstaffelung die Frage der Unfallverursachung erheblich. Das machte den Rationalisierungseffekt wiederum weithin zunichte.[237]

Ein weiteres Bedenken sowohl gegen die Haftungsersetzung als auch die Regreßabschaffung resultiert aus einer Wesensverschiedenheit von immissionsbedingten Gesundheitsschäden und Verkehrsunfallschäden. Es mag in der Tat nicht einleuchten, warum man die hochdifferenzierten und aufwendigen Zurechnungsregeln des Haftungsrechts über die Schadensallokation zwischen Risikogemeinschaften auch dann entscheiden läßt, wenn die Mitglieder der beteiligten Kollektive weitgehend identisch sind und im praktischen Ergebnis nur ein „Geldkarussell" in Gang gesetzt wird. Eine derartige Identität zwischen Schädiger- und Opfergemeinschaft mag im Verkehrsunfallgeschehen mehr oder weniger gegeben sein, zwischen Emittenten und Immissionsgeschädigten besteht sie jedenfalls nicht. In diesem Bereich würde sich der Verzicht auf das Haftungsrecht zugleich noch als ein spürbarer Verzicht auf eine Zuteilung der Unfallbelastungen nach Gerechtigkeitsmaßstäben auswirken.[238] Sind Opfer und Täter nicht identisch, bedarf es der gerechten Lastenverteilung qua Haftungsrecht. Fehlte es, gäbe es auch etwa keine realistischen Kriterien zur Bemessung der jährlichen Ausgleichszahlungen, wie sie *Weyers* als Ersatz für den Individualregreß vorschlägt. Die kollektiven Verteilungs- und Regreßsysteme unterstützen die Funktion des Haftungsrechts als neutrale Drehscheibe für eine an Gefahrzuordnungen ausgerichtete Lastenverteilung.[239] Darüberhinaus sind auch der Prävention im Immissionshaftungsrecht günstigere Aussichten einzuräumen als im Verkehrsunfallrecht.[240]

f) Zum Argument der Schutzwürdigkeit des Schädigers

Endlich kann die Abschaffung des Regresses der Sozialversicherungsträger nicht mit der sozialen Schutzbedürftigkeit des Schädigers begründet werden (oben 3.b)). Dieses Argument lebt von der Vorstellung, daß ein jedenfalls ausreichend finanzierter Sozialversicherungsträger einen Schädiger in Anspruch nehmen will, den der Rückgriff in seiner wirtschaftlichen Existenz

---

[237] Vgl. auch *Schmeer*, VersR 1973, 390, 394.

[238] Vgl. dazu *Weyers*, Unfallschäden, S. 631 f.

[239] Vgl. *Steffen*, ZVersWiss 82 (1993) 13, 26.

[240] Vgl. auch *Weyers*, Unfallschäden, S. 661. *Weyers* tritt zwar grundsätzlich für eine Abschaffung des Regresses der Sozialversicherungsträger ein (siehe oben), befürwortet aber eine Beibehaltung des haftungsrechtlichen Ausgleichs bei Schäden aus Produktionstätigkeit. Die Argumentation von *Weyers* scheint durchaus auf Immissionsschäden übertragbar zu sein.

bedrohen oder gar vernichten würde. Ein derartiges Szenario mag vorkommen, und das Recht darf dafür nicht blind sein (dazu sogleich unter 5). Die Realität - insbesondere der uns interessierenden immissionshaftungsrechtlichen Konstellationen - sieht indes so aus, daß die Schädiger die Haftpflichtbelastung regelmäßig - vorbehaltlich der angesprochenen,aber noch nicht ausgeloteten Schutzlücken - auf Haftpflichtversicherer weiterwälzen können. Immer dann kommt eine Existenzbeeinträchtigung der Schädiger aber nicht mehr in Betracht. Nimmt man die Haftpflichtversicherer in den Blick, werden die Vorschläge zur Regreßabschaffung daher bedenklich. Es ist dann nämlich nicht mehr einzusehen, warum die Risikoverwirklichung einseitig und ausschließlich zu Lasten der Sozialversicherungsträger gehen soll. Das gilt zumal heute, da die Haftpflichtversicherung unfallversicherungsrechtliche Züge trägt.[241] Es erscheint sinnwidrig, die Sozialversicherungsträger endgültig auch da zu belasten, wo die Haftpflichtversicherer den spezifischen Auftrag zur Schadensabnahme erhalten haben.[242]

Zusammenfassend ist festzuhalten, daß sowohl die Reformpläne zur Haftungsersetzung durch Versicherungsschutz als auch die Vorschläge zur Abschaffung des Regresses der Sozialversicherungsträger aus den dargelegten Gründen abzulehnen sind.

5. Zur Beschränkung des Regresses

a) Hintergrund

Die Vorschläge zur Regreßbegrenzung im Einzelfall (oben 3.b)) rütteln nicht an den Grundfesten des geltenden Schadensausgleichssystems. Sie sind wesentlich motiviert durch die Vorstellung, daß der Regreß den Schädiger in eine wirtschaftlich prekäre Situation bringen könnte. Die Existenz des Regresses wird als solche nicht in Frage gestellt, nur wird der (teilweise) Verzicht auf ihn im Einzelfall erwogen, wenn er sich als soziale Härte auswirken würde. Diese Überlegungen liegen damit auf einer Linie mit Vorschlägen, die bereits auf der Ebene des Schadensrechts - und nicht erst im Regreßrecht - für eine Reduktion der Schadensersatzpflicht eintreten, wenn und soweit diese für den Schädiger ruinös wäre.

---

[241] Vgl. oben C.II.2.

[242] Vgl. *Marschall v. Bieberstein*, Reflexschäden, S. 278; *Deutsch*, Haftungsrecht, S. 493 f.; *Fuchs*, Zivilrecht und Sozialrecht, S. 195. Vgl. auch die ähnlichen Bedenken bei *v. der Heide*, VersR 1994, 274, 275 f. gegen die Abschaffung des Beitragsregreßes der Rentenversicherungsträger.

b) Parallele: Schadensrechtliche Reduktionsklausel

Bereits auf dem 43. DJT (1960) sind derartige Bestrebungen zu einer Auflockerung des Grundsatzes der Totalreparation (Alles-oder-Nichts-Prinzip) erörtert worden. 1967 veröffentlichte der BJM einen Referentenentwurf eines Gesetzes zur Änderung und Ergänzung schadensersatzrechtlicher Vorschriften, durch den eine Reduktionsklausel als § 255a in das BGB gelangen sollte.[243] Die Reduktionsklausel hat das Entwurfsstadium indes nie verlassen. Gegen sie bestehen auch Bedenken. Die Geschädigteninteressen werden möglicherweise nicht ausreichend gewahrt. Es kann nicht ausgeschlossen werden, daß sie die Gefahr einer unkontrollierbaren Billigkeitsrechtsprechung heraufbeschwört, unter der die Rechtssicherheit und Rechtseinheit leiden.[244] Ob das Verfassungsrecht zu einer Abkehr vom Grundsatz der Totalreparation zwingt,[245] erscheint zudem zweifelhaft. Nach wohl h. M. läßt sich dem Grundgesetz nicht entnehmen, daß dem Schädiger ein weitergehender Schutz als der der Vollstreckungsschutzvorschriften gewährt werden muß.[246]

c) Parallele: Reduktion gem. § 242 BGB

Vereinzelt wird vertreten, daß schon das geltende Recht zumindest in extremen Ausnahmefällen in Gestalt des § 242 BGB eine Reduktionsklausel bereithalte.[247] Gegen diese Auffassung bestehen dieselben Bedenken, sogar

---

[243] Zu den Reformbestrebungen vgl. *Deutsch*, Haftungsrecht, S. 334 ff.; Staudinger/*Medicus*, BGB, Vorbem zu §§ 249-254, Rz. 29; *Hermann Lange*, Schadensersatz, VI 1, S. 19 f., jeweils mwN; *v. Hippel*, Rechtspolitik, S. 318 f. § 255 a Abs. 1 hat folgenden Wortlaut: Ist der Schaden im Hinblick auf die die Ersatzpflicht begründenden Umstände außergewöhnlich hoch, so kann das Gericht die Ersatzpflicht insoweit einschränken, als sie für den Ersatzpflichtigen auch unter Berücksichtigung der berechtigten Interessen des Gläubigers zu einer schweren Unbilligkeit führen würde. - Vgl. endlich noch den Vorschlag einer Reduktionsklausel durch *Hohloch*, in: Gutachten und Vorschläge zur Überarbeitung des Schuldrechts, 1981, Band 1, S. 375 ff., 459 ff., 475.

[244] Vgl. *Hermann Lange*, Schadensersatz, VI 1, S. 20 auch mit Gründen für die Reduktionsklausel. *Rodopoulos*, Reflexwirkungen, S. 181 ff. lehnt die Reduktionsklausel ab, weil sie eine unzulässige Durchbrechung des versicherungsrechtlichen Trennungsprinzips darstellte.

[245] So *Canaris*, JZ 1987, 993, 1001: Die Grundrechte aus Art. 2 Abs. 1, 1 Abs. 1 GG i. V. m. dem Übermaßverbot schützen den Schädiger vor ruinösen Ersatzpflichten. Vgl. auch den Vorlagebeschluß des OLG Celle, VersR 1989, 709 mit Anm. *E. Lorenz*, wonach eine Haftungsbeschränkung verfassungsrechtlich dann geboten sei, wenn ein Minderjähriger leicht fahrlässig einen Schaden verursacht hat, das Opfer von dritter Seite entschädigt wurde und die Ersatzpflicht zu einer dauernden Beeinträchtigung der wirtschaftlichen Existenz des Schädigers führen würde.

[246] Vgl. nur Palandt/*Heinrichs*, BGB, Vorbem v § 249, Rz. 6.

[247] Vgl. *Deutsch*, Haftungsrecht, S. 335 f. im Anschluß an OLG Celle, JZ 1973, 246. Weitergehend *Canaris*, JZ 1987, 993, 1002; *ders.*, JZ 1988, 494, 497. Kein Bezug zum geltenden Recht ist freilich in *Schilchers* „Theorie der sozialen Schadensverteilung" zu erkennen. In Fortentwicklung des auf *Wilburg* zurückgehenden „beweglichem Systems" nennt *Schilcher* Gesichtspunkte, die im Ergebnis dazu führen sollen, daß ein Schaden nicht länger ersetzt wird durch

noch in verstärktem Maße, wie sie soeben gegen die ehemals geplante Reduktionsklausel vorgebracht wurden.[248] Eine vertiefte Darstellung der Kontroverse ist hier indessen nicht angezeigt. In den uns interessierenden immissionshaftungsrechtlichen Kontexten werden Anwendungsfälle der schadensrechtlichen Reduktionsklausel praktisch wohl nicht vorkommen, schon deshalb nicht, weil die Schädiger regelmäßig haftpflichtversicherte juristische Personen sein werden.[249]

d) Grundlagen für eine Reduktion im Sozialrecht

Sofern nicht der Geschädigte selbst, sondern statt seiner ein regressierender Sozialversicherungsträger Schadensersatz verlangt, spricht nach dem Gesagten einiges dafür, Möglichkeiten für eine Reduktion erst auf der Ebene des speziell für die Vorsorgeträger geltenden Rechts zu suchen. Die von *H. Baumann* vorgeschlagene analoge Anwendung des § 640 Abs. 2 RVO[250] auch im Rahmen des Regresses nach § 116 SGB X ist indessen abzulehnen. Dieser Vorschlag ist offensichtlich in Unkenntnis der etwa zeitgleich in Kraft getretenen Reduktionsklausel gem. § 76 Abs. 2 Nr. 3 SGB IV[251] veröffentlicht worden. Es liegt mithin schon keine planwidrige Unvollständigkeit des Gesetzes vor. Gegen die Analogie spricht weiter, daß der Gesetzgeber bei Schaffung des § 116 SGB X im Jahre 1983 ohne weiteres die Möglichkeit gehabt hätte, die Verzichtsklausel in die neue Vorschrift aufzunehmen, dies aber bewußt nicht getan hat.[252]

Nach § 76 Abs. 2 Nr. 3 SGB IV dürfen Sozialversicherungsträger Ansprüche auf Einnahmen, zu denen auch Regreßansprüche zählen,[253] nur dann erlassen, wenn die Einziehung nach Lage des einzelnen Falles für den Anspruchsgegner eine besondere Härte bedeuten würde. Diese Erlaßmöglichkeit bedeutet in dogmatischer Hinsicht eine Durchbrechung des Grundsatzes der Totalreparation. In praktischer Hinsicht ist eine Anwendung der Vorschrift mangels

Abwälzung vom Geschädigten auf den Schädiger, sondern zwischen beiden verteilt wird (a. a. O.., S. 236).

[248] Vgl. auch die Kritik bei *Ramm*, JZ 1988, 489, 492; *E. Lorenz*, VersR 1989, 711, 713; *Ahrens*, AcP 189 (1989) 526, 544 f.; *v. Hippel*, Rechtspolitik, S. 322 f.

[249] Das sind zwei Kriterien, die auch bei den Befürwortern grundsätzlich gegen eine Reduktion sprechen. Vgl. *Canaris*, JZ 1987, 993, 1002.

[250] Vgl. dazu oben D.IV.3.a).

[251] Das SGB IV datiert vom 23. Dezember 1976 (BGBl. I S. 3845), in Kraft getreten ist es erst am 1. Juli 1978. Zu § 76 Abs. 2 Nr. 3 SGB IV vgl. sogleich. Vor Inkrafttreten des § 76 Abs. 2 Nr. 3 SGB IV galt für die Regreßlimitierung der inhaltsgleiche § 31 Abs. 2 HGrG (seit dem 1. Januar 1970). Dazu BGHZ 86, 296 ff.

[252] Vgl. auch die Gründe, die BGHZ 80, 332, 341 f. gegen die Analogie vorbringt.

[253] Vgl. statt aller *Gitter*, Sozialrecht, S. 103. Ausführlicher unten E.I.2.a).

fester Betragsgrenzen und wegen der Verweisung auf Härtegründe im Einzelfall außerordentlich schwierig.[254] Schon deshalb führt die Norm wohl nicht mehr als ein Schattendasein. Hinzu kommt, daß § 76 Abs. 2 Nr. 3 SGB IV nach h. M. eine bloß haushaltrechtliche Norm darstellt,[255] die lediglich einen Minimalschutz gewährt, der kaum über den Vollstreckungsschutz der ZPO hinausgeht.[256] Im Unterschied zur Stundung, die lediglich eine „erhebliche Härte“ für den Anspruchsgegner voraussetzt (§ 76 Abs. 1 Nr. 1 SGB IV), ist eine „besondere Härte“ im Sinne des § 76 Abs. 2 Nr. 3 SGB IV erst dann anzunehmen, wenn sich der Regreßschuldner in einer unverschuldeten wirtschaftlichen Notlage befindet und die Durchsetzung des Anspruchs zu einer dauernden Existenzgefährdung oder gar zu einer Vernichtung seiner wirtschaftlichen Existenz führen würde.[257] Dergestalt ausgelegt wird die Erlaßmöglichkeit nur noch in seltenen Extremfällen zur Anwendung gelangen.[258] Den Bemühungen von *Ahrens* um ein weiterreichendes Anwendungsfeld des § 76 Abs. 2 Nr. 3 SGB IV[259] soll im folgenden jedoch nicht nachgegangen werden. Zu berücksichtigen ist nämlich, daß die Argumentation von *Ahrens* vor dem Hintergrund eines bestimmten Schädigertypus zu würdigen ist. Geht es ihm nur um die unversicherte natürliche Person, ist der Anspruchsgegner in den hier in Rede stehenden immissionshaftungsrechtlichen Regreßfällen regelmäßig eine haftpflichtversicherte juristische Person. Insoweit würde die Regreßlimitierung nach § 76 Abs. 2 Nr. 3 SGB IV auch bei extensiver Auslegung praktisch nicht in Betracht kommen.[260]

---

[254] Vgl. *Ahrens*, AcP 189 (1989) 526, 541. Hinzu kommen nicht unbeträchtliche verfahrensrechtliche Schwierigkeiten, die die Anwendung der Reduktionsklausel erschweren. Dazu *Ahrens*, NJW 1989, 1704 ff. (auch zur Frage des Rechtswegs, die von BSGE 65, 133 ff. mit insoweit ablehnender Anm. von *Ahrens*, VersR 1990, 177 f. entgegengesetzt entschieden wird).

[255] Vgl. BGHZ 88, 296, 301; *Steffen*, VersR 1987, 529, 533. Nach Auffassung des BSG (BSGE 65, 133, 137) bedeute das haushaltsrechtliche Verständnis aber nicht, daß es sich bei der Erlaßmöglichkeit um eine bloß innenrechtliche Befugnis handele. Vielmehr gewähre § 76 Abs. 2 Nr. 3 SGB IV dem einzelnen einen Anspruch auf Entscheidung über den Forderungserlaß. So auch *Gleitze*, in: GK/SGB, § 76 SGB IV, Rz. 4; a. A. *Peters*, Handbuch, § 76 SGB IV, Anm. 2. Zu einer vergleichbaren beamtenrechtlichen Konstellation vgl. BGH NJW 1994, 660, 662.

[256] So *Steffen*, VersR 1987, 529, 533 f., der sich sicher ist, daß die Diskussion um den § 76 Abs. 2 Nr. 3 SGB IV pure Zeitverschwendung ist. A. A. Geigel/*Plagemann*, Haftpflichtprozeß, Kap. 30, Rz. 57.

[257] Vgl. nur *Gleitze*, in: GK/SGB, § 76 SGB IV, Rz. 15.

[258] So auch die Einschätzung von *Ahrens*, AcP 189 (1989) 526, 551. Die Begründung liefert *Steffen*, VersR 1987, 529, 533: Jede Kürzung des Regresses der Sozialversicherungsträger lasse den Schädiger an den Sozialleistungen für den Verletzten teilhaben, was das Institut des § 116 SGB X gerade verhindern wolle.

[259] *Ahrens*, AcP 189 (1989) 526, 545 ff. Dazu schon oben D.IV.3.a).

[260] Auch im Rahmen der Verzichtsentscheidung nach § 640 Abs. 2 RVO ist das Bestehen von Haftpflichtversicherungsschutz zu Lasten des Schädigers zu berücksichtigen. Das liegt in der Konsequenz der oben C.II.2.b) geschilderten Durchbrechung des Trennungsprinzips. Dafür *Baltzer*, VersR 1973, 101, 107 f.; *Rodopoulos*, Reflexwirkungen, S. 119 ff.; dagegen *Marschall v. Bieberstein*, BB 1983, 467, 471.

6. Zusammenfassung und Ausblick

Ohne daß schon jetzt eine abschließende Stellungnahme zu den Haftungsfunktionen gegeben werden soll, kann festgestellt werden, daß das Immissionshaftungsrecht der Personenschäden de facto weithin funktionslos geworden ist. Rechtspolitische Vorschläge, das Haftungsrecht zu verabschieden und stattdessen eine Volksunfallversicherung oder Umweltfonds einzurichten oder doch zumindest den Regreß der Sozialversicherungsträger abzuschaffen, ziehen jedoch nicht die richtige Konsequenz aus diesem Befund. Die Gründe für die Reformpläne sind dargelegt worden. Es hat sich allerdings gezeigt, daß diese Gründe weder für sich genommen noch insgesamt eine das gegenwärtige System verändernde Reform überzeugend zu rechtfertigen vermögen. Eine Ablösung des Haftungsrechts oder eine Abschaffung des Regresses hätte insbesondere nicht zur Folge, daß die an sich durch das Haftungsrecht verfolgten Zwecke durch eine wie auch immer geartete Alternative besser wahrgenommen werden könnten. Das gilt zum einen für den Risikozuweisungsaspekt der Ausgleichsfunktion. Das Haftungsrecht kann an sich die Schäden optimal nach Gerechtigkeitsmaßstäben verteilen. Versicherungs- oder Fondslösungen können insoweit nicht mit adäquaten Verteilungsschlüsseln aufwarten. Insbesondere ist eine gerechte Schadensverteilung bei den Immissionsschäden anders als vielleicht in anderen Lebensbereichen auch nicht entbehrlich. Zum anderen wird die Präventionsfunktion durch keine rechtspolitische Alternative besser umgesetzt als durch das Haftungsrecht. Die Vorschläge zur Regreßlimitierung aus sozialen Gründen berühren wie gesehen das Anliegen dieser Untersuchung nicht.

Nach allem scheint es geboten, den Ausweg aus dem Dilemma des Leerlaufs der Haftungszwecke nicht in rechtspolitischen Modellen, sondern im geltenden Recht zu suchen. Aufgabe wird es sein, zu untersuchen, inwieweit schon in der lex lata beachtliche Vorgaben zur Verwirklichung der Haftungsfunktionen verankert sind. Im folgenden soll daher zunächst der Frage nach den Funktionen der Regreßregeln nachgegangen werden. Vor diesem Hintergrund soll dann eine abschließende Stellungnahme zu den Aufgaben des Immissionshaftungsrechts versucht werden. Anschließend wird zu prüfen sein, inwieweit die Funktionen des Immissionshaftungsrechts für die Sozialversicherungsträger verpflichtender Auftrag sind.

V. Zwecke und Aufgaben der Regreßnormen

Im folgenden sollen die Funktionen der für unser Thema relevanten Rückgriffsregeln erläutert werden. Es handelt sich dabei vor allem um die Vorschrift des § 116 Abs. 1 SGB X. Vorab soll indes Sinn und Zweck des § 640 RVO betrachtet werden. Zwar ist schon auf die mutmaßlich geringfügige Rolle dieser Rückgriffsform im Immissionshaftungsrecht hingewiesen worden. Gleichwohl erscheint eine Darlegung der Ziele dieser Vorschrift nicht überflüssig. Die Darstellung wird für die Regreßfunktionen insgesamt erhellend sein. Anders als die Zwecke des Haftungsrechts sind die Aufgaben der Regreßnormen nicht primär nur Gegenstand einer in der Literatur geführten theoretischen Debatte. Die höchstrichterliche Rechtsprechung hat vielmehr schon sehr häufig zu Sinn und Zweck der Regreßregeln Stellung genommen. Sofern nämlich die Regreßvorschriften Auslegungsfragen aufwerfen, rekurriert die Rechtsprechung regelmäßig auf den Zweck der Vorschriften, um das gefundene Ergebnis teleologisch abzusichern.[261]

1. § 640 Abs. 1 RVO

a) *Die herrschende Meinung*

Nach Ansicht des BGH gibt es den Rückgriffsanspruch vor allem deshalb, weil es angemessen erscheint, die Sozialversicherungsträger[262] dann für ihre satzungsgemäßen Aufwendungen zu Lasten der Verantwortlichen schadlos zu stellen, wenn eine an sich nach §§ 636, 637 RVO von ihr zu entlastende Person den Unfall durch ein besonders zu mißbilligendes Verhalten herbeigeführt hat.[263] Ersatz seiner Aufwendungen soll dem Sozialversicherungsträger im wesentlichen also aus präventiven, erzieherischen Gründen gewährt werden.[264] Einen gleichgewichtigen Einnahmeerzielungszweck hat der Anspruch gegen den Unternehmer dagegen nicht. Die wirtschaftliche Schadloshaltung ist mehr Folge als Grund des Regreßanspruchs.[265]

Auch schon in den Materialien wird die erzieherische Funktion des Rückgriffsanspruchs in den Vordergrund gestellt, wobei allerdings noch mehr das pönale als das präventive Moment betont wird.[266]

---

[261] Vgl. *K. Müller*, SGb. 1972, 302, 303.

[262] Zu den nach § 640 RVO regreßberechtigten Sozialversicherungsträgern vgl. schon C I 1 a mit Fn. 4.

[263] Vgl. BGH VersR 1974, 651; BGHZ 75, 328, 330 f.

[264] BGHZ 75, 328, 331.

[265] Das Vermögensinteresse der Berufsgenossenschaften stand indes in einigen frühen Entscheidungen des Reichsgerichts noch im Vordergrund. Vgl. RG JW 1915, 243, 244; RGZ 48, 327 sowie die Nachweise bei *Marschall v. Bieberstein*, VersR 1968, 509, 514 Fn. 56. Ebenso offenbar noch in früheren Entscheidungen des VI. ZS, BGH VersR 1968, 251; BGHZ 57, 314, 322. Auch das BSG ist der Auffassung (gewesen), daß den Sozialversicherungsträgern in erster Linie aus finanziellen Erwägungen ein Ersatzanspruch gegen die Schädiger gegeben ist, BSGE 37, 20, 23.

[266] Vgl. den Bericht des Sozialpolitischen Ausschusses des Bundestages zum UVNG, BT-Drs. IV/938 - neu - S. 18; sowie die Nachweise bei *Marschall v. Bieberstein*, VersR 1968, 509 ff., 513 f.; *Gitter*, Schadensausgleich, S. 252.

Die h. L. folgt der Auffassung vom Präventionszweck als vornehmlicher, wenn nicht einziger Aufgabe des § 640 RVO.[267]

b) Andere Auffassungen, Kritik

Mitunter wird allerdings auch unter Ablehnung des Erziehungszwecks der eigentliche Grund für das Regreßrecht in der finanziellen Ausgleichsfunktion für die Berufsgenossenschaften gesehen.[268]

Gegen diese rein finanzielle Motivation des Rückgriffsanspruchs ergeben - sich freilich prinzipielle Zweifel aus dem Wesen der Versicherung. Der Rückgriff gem. § 640 RVO richtet sich stets gegen ein Mitglied einer Gefahrengemeinschaft, die durch gemeinsame Mittelaufbringung bestimmte Risiken abdecken will. Realisiert sich ein derartiges versichertes Risiko, führt der Regreß zu einer erneuten Inanspruchnahm. E. Der Grundsatz der Haftungsersetzung durch Versicherungsschutz wird dann durchbrochen. Der Ausgleichsgedanke allein kann diesen zweiten Zugriff nicht erklären.[269] Daher ist der mit dem Ersatzanspruch verbundene wirtschaftliche Vorteil nur eine der Berufsgenossenschaft natürlich erwünschte Nebenwirkung.

Die h. L. erkennt zwar den Präventionszweck als primäre Aufgabe des § 640 RVO an, hegt aber doch Zweifel an der Zwecktauglichkeit der Vorschrift. Zum einen bestünden effektivere Normen und Möglichkeiten zur Unfallverhütung als die Bedrohung mit einer Schadensersatzpflicht, die von § 640 RVO ausgeht. Zu nennen sind hier Vorschriften betreffend die Einhaltung von Sicherheitsstandards sowie Sanktionen in Form von Beitragszuschlägen (bzw. -nachlässen), §§ 725 Abs. 2, 804 RVO, und solche des Ordnungswidrigkeiten- und Strafrechts, § 710 RVO.[270] Zum anderen folgen die Bedenken gegen die Präventionsgeeignetheit daraus, daß der Regreß schon bei grober Fahrlässigkeit gewährt wird. Zu berücksichtigen ist nämlich, daß die meisten Unternehmer eine Betriebshaftpflichtversicherung abgeschlossen haben, die auch das Risiko des Rückgriffs aus § 640 RVO deckt. Die Dekkung ist jedenfalls dann gegeben, wenn das regreßauslösende Ereignis nur

---

[267] Vgl. nur *Seitz*, Ersatzansprüche, S. 213; *Marschall v. Bieberstein*, VersR 1968, 509, 513; unklar Lauterbach/*Watermann*, Kommentar, § 640 RVO, Anm. 1.

[268] Vgl. dazu die Nachweise bei *Marschall v. Bieberstein*, VersR 1968, 509, 514 Fn. 55, *Gitter*, Schadensausgleich, S. 252 Fn. 217.

[269] So auch *Seitz*, Ersatzansprüche, S. 214; *Marschall v. Bieberstein*, VersR 1968, 509, 514; *Gitter*, Schadensausgleich, S. 252: Eine echte Gefahrengemeinschaft solle nur dann auf ihr Mitglied zurückgreifen, wenn dieses vorsätzlich gehandelt habe. Vgl. auch schon oben C.I.1.b) zu der Kritik, daß der Regreß schon bei grober Fahrlässigkeit gewährt wird.

[270] Zu diesem Einwand *Marschall v. Bieberstein*, VersR 1968, 509, 513 f.; *Gitter*, Schadensausgleich, S. 254; Lauterbach/*Watermann*, Kommentar, § 640 RVO, Anm. 1, *Fuchs*, Zivilrecht und Sozialrecht, S. 202. Zu den diesbezüglichen Präventionsmöglichkeiten der Berufsgenossenschaften vgl. schon oben D.III.3.

grob fahrlässig verursacht wurde, weil in der Haftpflichtversicherung nur vorsätzlich verursachte Schäden von der Deckung ausgeschlossen sind, § 152 VVG, § 4 Abs. 2 Nr. 1 AHB. Ersatzansprüche der Berufsgenossenschaften aus nicht vorsätzlich herbeigeführten Arbeitsunfällen treffen daher wirtschaftlich nicht den Unternehmer, sondern seine Versicherung.[271] Oftmals wendet sich die Berufsgenossenschaft sogar direkt an den Haftpflichtversicherer, so daß der Unternehmer den Regreß nicht einmal bemerkt.[272] Für geradezu „grotesk“ wird die Situation dann gehalten, wenn die Berufsgenossenschaft den Unternehmer ihrerseits gegen den Regreß versichert,[273] weil sie dann als Haftpflichtversicherer gibt, was sie als Unfallversicherer nimmt.[274] Das BSG zieht in einer vereinzelt gebliebenen Entscheidung aus der Erwägung, daß die Haftpflichtversicherung den Präventionsgedanken vereitele, sogar die Konsequenz vom Vorrang des Ausgleichszwecks vor der Präventionsfunktion.[275]

c) *Zusammenfassung*

Zusammenfassend läßt sich als primärer Zweck des Rückgriffs aus § 640 RVO also nach h. M. der Präventionsgedanke ausmachen. Ob die Vorschrift in dieser Hinsicht auch tatsächlich wirkungsvoll ist, muß freilich skeptisch beurteilt werden. Hierzu kann zunächst bemerkt werden - wie eingangs der Untersuchung der Haftungszwecke -, daß es sich dabei wesentlich um ein empirisches Problem handelt und daher hier nicht abschließend geklärt werden kann. Die Feststellung *Marschall v. Biebersteins*, daß die Präventivfunktion der Ersatzpflicht sich erst bei vorsätzlicher Herbeiführung eines Arbeitsunfalls auswirkt,[276] erscheint aber zu pauschal. Anknüpfend an die Überlegungen, wie sich der Haftpflichtversicherungsschutz auf den Präventionszweck des Haftungsrechts auswirkt,[277] fällt das Urteil nicht ganz so desolat aus. Die Haftpflichtversicherer können, wenn auch in stark abgeschwächter Form, die Präventionswirkungen der Regreßnorm durch diverse Methoden perpetuieren.

---

[271] *Marschall v. Bieberstein*, VersR 1968, 509, 513. Anders verhält es sich freilich, wenn sich der Regreß gegen die nicht in den Betriebshaftpflichtversicherungsschutz einbezogenen Arbeitskollegen richtet.

[272] *Seitz*, Ersatzansprüche, S. 213 f.; *Gitter*, Schadensausgleich, S. 253.

[273] Diese Möglichkeit besteht gem. § 762 RVO.

[274] *Gitter*, Schadensausgleich, S. 253; *Weyers*, Unfallschäden, S. 138; *Kötz*, Deliktsrecht, Rz. 602; *Fuchs*, Zivilrecht und Sozialrecht, S. 202; vgl. schon oben C.I.1.b).

[275] BSGE 37, 20, 23.

[276] *Marschall v. Bieberstein*, VersR 1968, 509, 515.

[277] Vgl. dazu oben D.III.1.

2. § 116 Abs. 1 SGB X

a) Die herrschende Meinung

Das BVerfG hat zu den Zwecken des § 1542 RVO - der Vorläufervorschrift des § 116 SGB X, für die insoweit nichts anderes gilt[278]-, in einem obiter dictum folgendermaßen Stellung genommen: § 1542 RVO habe den Zweck, die Sozialversicherungsträger im Interesse der Erhaltung ihrer finanziellen Leistungsfreiheit, d. h. im öffentlichen Interesse, von Ausgaben zu entlasten, für deren Entstehung das zu vertretende Verhalten eines Dritten ursächlich war. Die durch öffentlich-rechtliche Beiträge der Versicherten und der Arbeitgeber sowie (gegebenenfalls) durch erhebliche Zuschüsse des Bundes aufgebrachten Mittel der Versicherungsträger sollten insoweit geschont werden; zugleich wolle der Gesetzgeber verhindern, daß der Schädiger aus der Existenz der Zwangsversicherung einen ungerechtfertigten Vorteil ziehe oder der Versicherte doppelt entschädigt werde.[279]

Die heute wohl h. M. in Rechtsprechung[280] und Literatur[281] sieht die ratio legis des § 116 Abs. 1 SGB X lediglich in den beiden vom BVerfG zuletzt genannten Zwecken. Der Forderungsübergang bezweckt also in erster Linie, eine ungerechtfertigte Entlastung des haftpflichtigen Schädigers zu vermeiden und eine doppelte Entschädigung des Verletzten zu verhindern. Anders gewendet soll der Regreß dem Schädiger die Berufung auf einen Vorteilsausgleich versagen und für den Geschädigten ein Bereicherungsverbot bedeuten.

Der vom BVerfG noch an die erste Stelle gerückte Zweck, daß der Regreß die Sozialversicherungsträger im öffentlichen Interesse von fremdverursachten Ausgaben möglichst weitgehend entlasten solle (im folgenden: Finanzierungszweck), wird von der heute h. M. also offenbar nicht als wesentliche Regreßfunktion anerkannt.[282] Gelegentlich wird der Finanzierungszweck zwar erwähnt, dann aber schon gewissermaßen als Anhängsel nach den beiden ande-

---

[278] Zur Kontinuität vgl. nur *Marschall v. Bieberstein*, ZVersWiss 72 (1983) 99, 101; *Hüffer*, VersR 1984, 197; *Nehls*, in: Hauck/Haines, Kommentar, § 116 SGB X, Rz. 1.

[279] BVerfGE 21, 362, 375 f.

[280] Grundlegend BGHZ 9, 179, 186 f. (GZS); BGHZ 54, 377, 382; BGH VersR 1968, 1182, 1185; BGH NJW 1976, 2349 (alle VI. ZS); BGHZ 26, 365, 369 (VII. ZS); BGHZ 67, 138, 150 (IV. ZS); BGH NJW 1985, 492 (IVa. ZS).

[281] Vgl. schon *Heck*, Schuldrecht, § 15, S. 50. Aus der neueren Literatur *Marschall v. Bieberstein*, Reflexschäden, S. 149 ff. mit Fn. 38-50, 274; *Sieg*, VR 1968, 181, 182; *Gunkel/Hebmüller*, Ersatzansprüche, Band 1, S. 24; *Wollschläger*, VersR 1979, 1, 2; *Hüffer*, VersR 1984, 197; *Brackmann*, Handbuch der Sozialversicherung, S. 971; *Steinfeltz*, in: Wussow, Unfallhaftpflichtrecht, Rz. 1398; *Ahrens*, AcP 189 (1989) 526, 548; *Fuchs*, AcP 191 (1991) 318, 320; *Kötz*, Deliktsrecht, Rz. 604.

[282] Ausdrücklich ablehnend z. B. *Marschall v. Bieberstein*, ZVersWiss 72 (1983) 99, 102; *Ahrens*, AcP 189 (1989) 526, 547.

ren Funktionen.[283] Stimmen, die den Finanzierungszweck zur Primärfunktion erheben, sind vereinzelt geblieben.[284] Eine frühe Entscheidung des VI. ZS des BGH, die sich noch deutlich zum Finanzierungszweck der Regreßnorm bekennt,[285] hat zwar die Judikatur insoweit zunächst noch beeinflußt.[286] In späteren Entscheidungen wird der Finanzierungszweck jedoch schon in Frage gestellt[287] und sogar ausdrücklich abgelehnt.[288]

b) Ablehnung des Finanzierungszwecks

Sicher geht es nicht an, den Fianzierungszweck der Rückgriffsnorm deshalb zu leugnen, weil die Regreßeinnahmen vernachlässigenswert gering sind.[289] Ein solcher Schluß bedeutet eine petitio principii. Indes enthält die grundlegende Entscheidung des Großen Senats für Zivilsachen vom 30. März 1953[290] für die Ermittlung der Regreßzwecke im allgemeinen und zur Zweifelhaftigkeit des Finanzierungszwecks im besonderen bereits wegweisende Aussagen.

Dem Beschluß liegt folgender (vereinfachter) Sachverhalt zugrunde: Der Empfänger einer Invalidenrente wird durch einen Unfall getötet. Der für die Rentenzahlung zuständige Sozialversicherungsträger zahlt nun der Witwe des Getöteten eine Hinterbliebenenrente. Diese verlangt der Versicherungsträger gem. § 1542 RVO bis zum voraussichtlichen natürlichen Tode des Rentners vom Schädiger ersetzt. Die Hinterbliebenenrente ist geringer als die bis zum Tode des Verunglückten gezahlte Invalidenrente. Fraglich ist, ob der Anspruchsübergang zu bejahen ist, obwohl dem Sozialversicherungsträger kein Schaden, sondern eher ein „wirtschaftlicher Vorteil" durch den Tod des Versicherten entstanden ist.

---

[283] So bei *v. Maydell*, in: GK/SGB, § 116 SGB X, Rz. 27; *Hermann Lange*, Schadensersatz, § 11 C II 1, S. 699; *Nehls*, in: Hauck/Haines, Kommentar, § 116 SGB X, Rz. 1. Gleichberechtigt noch bei *K. Müller*, SGb. 1972, 302, 303.

[284] *Otto*, VersR 1982, 820, 821: „Der erste Zweck des § 1542 RVO ist, den Sozialversicherungsträgern Finanzmittel zu verschaffen."; möglicherweise auch Geigel/*Plagemann*, Haftpflichtprozeß, Kap. 30, Rz. 1. Im Sinne der h. M. aber jetzt *Plagemann*, SGb. 1993, 197.

[285] BGHZ 19, 177, 183.

[286] Vgl. BGH NJW 1956, 219 (VI. ZS); BGHZ 27, 107, 116 (II. ZS).

[287] Deutlich BGH VersR 1973, 566, 567 (VI. ZS): „Es mag dahinstehen, ob Sinn der Regelung auch ist, den Sozialversicherungsträger möglichst weitgehend zu entlasten"; sowie BGH VersR 1968, 1182, 1185 (VI. ZS). Vgl. noch BGHZ 80, 332, 343 (IVa. ZS); BGH VersR 1984, 136, 137 (VI. ZS).

[288] BGHZ 67, 138, 151 (IV. ZS).

[289] So aber wohl BGHZ 80, 332, 344.

[290] BGHZ 9, 179 ff.

Der BGH hat den Rückgriff zugelassen, weil das Gesetz den Forderungsübergang nicht davon abhängig mache, daß der Versicherungsfall dem Versicherungsträger einen Schaden im Sinne einer zusätzlichen Belastung bringe. Entscheidend sei allein, daß in der Person des Versicherten oder seiner Hinterbliebenen ein Schadensersatzanspruch entstanden sei. Wie die Vermögenslage des Versicherungsträgers durch das Schadensereignis betroffen werde, habe stets außer Betracht zu bleiben.[291] Diese Ausführungen ließen sich mit einer Deutung des § 1542 RVO allein im Sinne eines Refinanzierungsinstruments nicht befriedigend erklären. Wäre die wirtschaftliche Schadloshaltung, also die Refinanzierung der einzige oder ein wesentlicher Zweck des Anspruchsübergangs, gäbe es keinen Anlaß, dem Sozialversicherungsträger auch dann Ansprüche zuzubilligen, wenn er aus dem Ereignis keinen Schaden, sondern wirtschaftlich sogar einen Nutzen erlangte. Wollte man durch den Regreß vor allem Refinanzierung des Versicherungsträgers betreiben, hätte der Schädiger mithin in solchen Fällen haftungsrechtlich „Glück gehabt", wo der Sozialversicherungsträger nichts refinanzieren muß. Der BGH begründet ausführlich im Sinne der jetzt h. M., auch unter Heranziehung der Gesetzesmaterialien, daß die Legalzession bewirken wolle, daß der Schädiger auf keinen Fall aus seinen Verpflichtungen entlassen werden solle und daß der Verletzte nicht doppelt entschädigt werden solle.[292]

c) Perpetuierungsfunktion der Legalzession

Die referierte Entscheidung ist kritisiert worden. Der BGH habe das Schutzbedürfnis fiskalischer Interessen überspannt. Ein Übergang dürfe dann nicht stattfinden, wenn der Versicherungsträger keinen Schaden erleide.[293] Diese Kritik verkennt die im Grunde einfache ratio des § 1542 RVO/§ 116 SGB X, wie sie vom BGH zutreffend herausgearbeitet worden ist. Fiskalische Interessen sollen beim Regreß des Sozialversicherungsträgers gerade keine entscheidende Rolle spielen. Das Erfordernis eines eigenen Nachteils für den Sozialversicherungsträger durch den Schadensfall ist weder ein (ungeschriebenes) Tatbestandsmerkmal, noch folgt es aus der Zwecksetzung der Rückgriffsvorschrift. Umgekehrt kann es vorkommen, daß ein Schadensfall den Sozialversicherungsträger stärker belastet als der Geschädigte belastet worden wäre, wäre dieser nicht sozialversichert. Die Leistungen der Sozialversicherungsträger werden nämlich oft nach abstrakten Maßstäben bemessen, so daß der Versicherte Geldleistungen bezieht, obwohl ihm in concreto kein Vermö-

---

[291] BGHZ 9, 179, 189. Bestätigt in BGH NJW 1971, 936, 937; BGHZ 70, 67, 69; BGH NJW 1994, 2417, 2419 m. w. N. Zustimmend *Reimer Schmidt*, VersR 1953, 457, 461; *Sieg*, VR 1968, 181, 183 f.

[292] BGHZ 9, 179, 184 ff., 187. Die Materialien zum § 1542 RVO/§ 116 SGB X geben für den Finanzierungszweck nichts her. Dazu noch *Marschall v. Bieberstein*, Reflexschäden, S. 271 Fn. 58.

[293] *G. und D. Reinicke*, NJW 1953, 1243, 1245; *K. Müller*, SGb. 1972, 302, 305 f.

gensschaden entstanden sein mag (etwa Teilrenten in der Unfallversicherung bei ungemindertem Arbeitsverdienst des Verletzten). Insoweit findet unstreitig kein Anspruchsübergang statt, weil kein kongruenter konkreter Schaden des Verletzten vorliegt. Der beim Sozialversicherungsträger eingetretene Schaden ist unerheblich.[294]

Die Regreßnormen sollen nach dem Gesagten den Eintritt des Versorgungsträgers gewissermaßen neutralisieren. Im Hinblick auf den Geschädigten soll die Zession daher zu einem Bereicherungsverbot führen, im Hinblick auf den Schädiger soll sie die Vorteilsausgleichung versagen.

Diese Funktion des Regresses, nämlich sicherzustellen, daß das „Einspringen" des Vorsorgekollektivs nur vorläufig ist, wird in einer Reihe von Entscheidungen des III. ZS des BGH plastisch zum Ausdruck gebracht. Der BGH legt unter Aufgabe einer früheren Rechtsprechung das sog. Verweisungsprivileg des § 839 Abs. 1 S. 2 BGB insoweit restriktiv aus, als Versicherungsleistungen nicht länger als „anderer Ersatz" im Sinne dieser Vorschrift gelten.[295] Tragend für diese Auslegung des § 839 Abs. 1 S. 2 BGB ist der Zweck der Versicherungsleistung an den Geschädigten, und der wird vom BGH aus § 1542 RVO hergeleitet. Im Einklang mit der oben dargestellten h. M. ist der III. ZS der Auffassung, daß die Regreßnorm in erster Linie das Ziel verfolge, zu verhindern, daß dem Haftpflichtigen im wirtschaftlichen Ergebnis die Last des von ihm zu verantwortenden Schadens abgenommen werde; der Schädiger solle - allgemein anerkannten Grundsätzen der Vorteilsausgleichung entsprechend - nicht freigestellt werden, soweit er ohne das Bestehen der Sozialversicherung dem Geschädigten Ersatz zu leisten gehabt hätte.[296] Der Regreß soll eine endgültige Zwekentfremdung der Verteilungsmittel (Beiträge der Versicherten) verhindern.[297] Der Sozialversicherungsträger solle hiernach grundsätzlich nur das Risiko der Durchsetzbarkeit des Regreßanspruchs tragen.[298] Die Versicherungsleistung diene bei Bestehen kongruenter Schadensersatzansprüche nur der Zwischenfinanzierung.[299]

Das Bild von der Zwischenfinanzierung macht die Funktion des § 1542 RVO/§ 116 Abs. 1 SGB X sehr klar. Es läßt sich wohl schon auf *Fritz Schulz* zurückführen, der in vergleichbarem Zusammenhang formuliert hat, der

---

[294] Vgl. nur *Möller*, JuS 1961, 10, 11.

[295] Grundlegend *Marschall v. Bieberstein*, Festschrift Reimer Schmidt, S. 771 ff.; der Rechtsprechung zustimmend etwa *Hübner*, NJW 1988, 441, 442.

[296] BGHZ 79, 26, 33.

[297] BGHZ 70, 7, 11.

[298] BGHZ 79, 26, 34. Die Leistungspflicht des Sozialversicherungsträgers wird freilich dann endgültig, wenn der Schädiger nicht bekannt, seine Haftpflicht nicht nachweisbar oder er nicht leistungsfähig ist.

[299] BGHZ 79, 35, 37; BGHZ 85, 230, 234; BGH NJW 1983, 2191, 2192.

Drittverpflichtete erbringe seine Leistungen gewissermaßen nur als „Vorschuß".[300] Freilich darf man die These von der Zwischenfinanzierung nicht mit dem abzulehnenden Finanzierungszweck durcheinanderbringen.[301] Die zitierten Formulierungen des BGH machen vielmehr deutlich, daß die Regresse (genauer: die Regreßeinnahmen) nicht der Finanzierung der Sozialversicherungsträger dienen, sondern recht eigentlich der Aufrechterhaltung der Haftungsordnung. Der Sozialversicherungsträger erbringt nur eine durch den Regreß wieder zu egalisierende Vorleistung. Die Finanzierung ist Nebenfolge, nicht Grund der Regreßanordnung. Der Rückgriff ist nicht von einem eigenen Vermögensnachteil des Sozialversicherungsträgers abhängig. Eine Vorteilsausgleichung im Verhältnis zum Sozialversicherungsträger findet nicht statt. Der Regreß soll gewissermaßen den Eintritt des drittverpflichteten Sozialversicherungsträgers neutralisieren. Nach allem soll der Regreß also die im Verhältnis Schädiger/Geschädigter geltende Haftungsrechtslage „wiederherstellen". Der für sich genommen „neutrale" § 116 Abs. 1 SGB X hat also die Funktion, die Zwecke des Haftungsrechts zu perpetuieren. In § 116 Abs. 1 SGB X kommt die Priorität des Haftungsrechts zum Ausdruck. Dieses soll entscheiden, was im Verhältnis von Schädiger und Geschädigtem auszugleichen ist.[302] Die These von der Zwischenfinanzierung verweist also im Grunde auf diese Transportfunktion der Regreßregel. Folglich gelten als Zwecke des § 116 Abs. 1 SGB X die Zwecke des übergegangenen Schadensersatzanspruchs. So wird beispielsweise verständlich, daß sich etwa die Präventivwirkung des Haftungsrechts über den Regreß fortsetzen kann.[303] Ist hiermit der Kreis von den Haftungszwecken über die Regreßzwecke zurück zu den Haftungszwecken geschlossen, soll sich nun die abschließende Stellungnahme zu eben den Haftungszwecken und damit auch den Regreßzwecken des § 116 Abs. 1 SGB X anschließen.

VI. Eigene Stellungnahme zu den Zielen des Immissionshaftungsrechts

In der im folgenden zu leistenden abschließenden Stellungnahme zu den Zwecken des Haftungsrechts soll es nun nicht darum gehen, einen Meinungsstreit von ohnehin zweifelhafter praktischer Bedeutung endgültig zu entscheiden. Es soll nicht darum gehen, eines der mehreren Haftungsziele zum alleinigen Haftungsprinzip zu erheben. Es kann nicht richtig sein, in den mehreren

[300] *Fritz Schulz*, Rückgriff und Weitergriff, 1907, S. 34 f. zitiert nach *Marschall v. Bieberstein*, Reflexschäden, S. 208. Vgl. noch *ders.*, Festschrift Reimer Schmidt, 1976, S. 771, 785.

[301] So aber zu Unrecht *Gärtner*, JZ 1988, 579, 582. Vgl. auch schon *ders.*, Bereicherungsverbot, S. 165 ff., zu einem offensichtlich von der hier vertretenen Auffassung abweichenden Regreßverständnis.

[302] Vgl. auch *Weyers*, Unfallschäden, S. 103 f.; *Fuchs*, AcP 191 (1991) 318, 320.

[303] Dieser Gedanke klingt an bei *Kötz*, Deliktsrecht, Rz. 509.

denkbaren Zielen des Haftungsrechts von vornherein eine Antinomie zu sehen und dann einen Zweck kurzerhand gegen den anderen auszuspielen.[304] Vielmehr sollen hier die wesentlichen Aussagen der unterschiedlichen Auffassungen vor dem Hintergrund des Einflußes der Versicherungen und der Regreßzwecke gewürdigt werden. Es wird sich dabei zeigen, daß ein allein auf das Haftungsrecht konzentrierter Blickwinkel zu eng ist.

1. Ausgleichszweck

Der haftungsrechtliche Kompensationsgedanke ist zweidimensional. Zunächst besagt er, daß der beim Verletzten eingetretene Schaden im wirtschaftlichen Ergebnis wiedergutgemacht werde (§§ 249, 251 BGB). Außerdem beinhaltet der Ausgleichsgedanke das Postulat, daß die Schadensbeseitigung durch Überwälzung der Risikozuständigkeit auf den Schädiger erfolgen solle (Prinzip der Risikozuweisung). Diese Ambivalenz des Ausgleichszwecks wird mitunter von der h. M. nicht ausdrücklich thematisiert. Daher dürfen die insbesondere von Vertretern der Ökonomischen Analyse vorgebrachten Einwände, der Ausgleichszweck sei sinnentleert oder laufe leer, auf den ersten Blick nicht verwundern. Diese Einwände sind im Ergebnis jedoch nicht stichhaltig. Zwar hat sich in der Tat gezeigt, daß die Wiedergutmachung der immissionsbedingten Gesundheitsschäden größtenteils nicht durch das Haftungsrecht geleistet wird. Dieser Ausgleich wird vielmehr weithin von Trägern der Sozialversicherung vorgenommen. Den ersten Aspekt der Ausgleichsfunktion, die Wiedergutmachung, kann das Haftungsrecht mithin nicht erreichen. Die Analyse der Regreßzwecke, namentlich des § 116 Abs. 1 SGB X, hat indes ergeben, daß die Sozialleistungen den zweiten Aspekt der Ausgleichsfunktion, die Risikozuweisung, an sich unberührt lassen. Der Eintritt des Vorsorgekollektivs in die Schadensabwicklung führt insoweit nur dazu, daß die Aktivlegitimation zur Durchsetzung der haftungsrechtlichen Risikozuweisung wechselt. Somit wird hier zugleich offenbar, daß die Analyse von *Weyers*, daß das Haftungsrecht zu einem „Recht der Regreßvoraussetzungen" regrediert sei, zwar als Beschreibung des Ist-Zustands richtig ist, nicht aber als Hinweis auf eine gewandelte Funktion. Das Haftungsrecht behält seine Ausgleichsfunktion in Gestalt der Risikozuweisung auch dann noch, wenn es als Recht der Regreßvoraussetzungen mobilisiert wird.

a) Ausgleichsfunktion und Verursacherprinzip

Die Ausgleichsfunktion in ihrer Risikozuweisungskomponente ist kein sinnloser Selbstzweck. Im folgenden soll die These entwickelt werden, daß der

[304] So aber die Vorgehensweise bei *P. Marburger*, AcP 192 (1992) 1, 30 f. (für Ausgleich, gegen Prävention) und bei *Kötz*, Festschrift Steindorff, S. 643 ff. (gegen Ausgleich, für Prävention).

immissionshaftungsrechtliche Ausgleichsgedanke eine Ausprägung des Verursacherprinzips ist und damit einem unmittelbaren Gerechtigkeitsziel dient.

Bei dem Verursacherprinzip handelt es sich um eines der drei Grundprinzipien des Umweltschutzrechts.[305] Es stellt an sich nicht etwa ein Institut des Privatrechts dar, sondern liegt dem gesamten Umweltrecht, insbesondere also dem öffentlichen Recht, zugrunde; allgemein anerkannt ist jedoch, daß ein Mittel zur Durchsetzung des Verursacherprinzips das zivilrechtliche Haftungsrecht darstellt.[306] Das Verursacherprinzip besagt, daß die Kosten der Vermeidung oder Beseitigung eines Umweltschadens derjenige tragen soll, der für ihre Entstehung verantwortlich ist. Dieses Prinzip erschöpft sich nicht in einer Aussage über die bloße Kostenzurechnung, sondern beinhaltet auch ein Zurechnungsmodell für die materielle Verantwortlichkeit.[307] Es handelt sich bei dem Verursacherprinzip also auch und gerade um ein Postulat der Gerechtigkeit.[308] Schon im Jahr 1888 hat der österreichische Volkswirtschaftler *Victor Mataja* ausgeführt, daß alle die Schäden, die ein Unternehmen seiner Umwelt schuldhaft oder schuldlos zufügt, nach der einzig richtigen ökonomischen Auffassung zu seinen Betriebskosten hinzuzurechnen und auf der Passivseite seiner Produktivitätsbilanz zu buchen seien, da sonst das betreffende Unternehmen eine ständige, unlautere und überaus ungerechte Subvention genösse. Die Argumentation, daß diese Haftpflicht die Existenz mancher Unternehmen gefährden könnte, sei unhaltbar. Ein Unternehmen, das außerstande sei, die Kosten seiner Selbsterhaltung ohne Belastung fremder Personen zu deken, sei ein Parasit und verdiene es nicht, künstlich am Leben erhalten zu werden.[309]

Einerseits dient das Haftungsrecht der Durchsetzung des Verursacherprinzips, andererseits wird das Haftungsrecht zumindest teilweise durch das Verursacherprinzip legitimiert. Das trifft jedenfalls für die Gefährdungshaftung zu.[310] Aber auch die zunehmend objektive Verschuldenshaftung ist von dem Verursacherprinzip durchdrungen. In einer der wenigen immissionshaftungrechtlichen Entscheidungen zu § 823 Abs. 1 BGB hat der BGH entschieden, daß der Produzent von Industrieabfällen aufgrund der allgemeinen Verkehrssicherungspflicht gehalten sei, das Erforderliche zu tun, damit sich

---

305 Vgl. dazu Art. 130 r Abs. 2 EGV. Neben dem Verursacherprinzip gibt es das Vorsorge- und das Kooperationsprinzip. Dazu statt aller *Kloepfer*, Umweltrecht, § 3.

306 *Rehbinder*, Verursacherprinzip, S. 40, 161 ff.; *Voigt*, WiVerw 1983, 142, 147; *Hoppe/Beckmann*, JuS 1989, 425, 430.

307 Grundlegend *Rehbinder*, Verursacherprinzip, S. 34.

308 Vgl. nur *Töpfer*, Bitburger Gespräche, Jahrbuch 1989, S. 119, 120.

309 *Mataja*, Das Recht des Schadensersatzes vom Standpunkt der Nationalökonomie, 1888, zitiert nach *Marton*, AcP 162 (1963) 1, 49.

310 *Diederichsen*, Gefährdungshaftung im Umweltrecht, S. 28; *Rehbinder*, NuR 1989, 149, 151; *ders.*, ZAU 1989, 5; *Medicus*, NuR 1990, 145, 148; *Paschke*, Kommentar, Einleitung, Rz. 20.

die potentiellen Gefahren nicht zum Schaden Dritter auswirken können. Entscheidend sei allein, daß der Hersteller die Gefahrenquelle geschaffen habe und sie daher gegenüber Dritten sichern müsse, soweit ihm das möglich und zumutbar sei. Dieser allgemeine Grundsatz des Deliktsrechts finde, soweit es um die objektive Zurechenbarkeit gehe, eine Entsprechung in dem das öffentliche Recht des Umweltschutzes ebenfalls beherrschenden Leitbild, daß für die Kosten einer Umweltbelastung aufkommen solle, wer für ihre Entstehung verantwortlich sei (sog. Verursacherprinzip).[311] Freilich wäre es dogmatisch unzutreffend, die Verschuldenshaftung allein mit dem Verursacherprinzip begründen zu wollen. Für die Verschuldenshaftung ist die Verursachung zwar notwendige, nicht aber hinreichende Haftungsbegründung.[312] Im vorliegenden Zusammenhang geht es aber auch gar nicht um den Grund, sondern um den Zweck des Immissionshaftungsrechts.[313] Zweck der Verschuldens- wie der Gefährdungshaftung ist die Weiterwälzung der Schadenszuständigkeit vom Geschädigten auf den tatbestandsmäßig handelnden Schädiger. Das ist die übereinstimmende Aussage des Ausgleichsgedankens wie des Verursacherprinzips.

b) *Kritik am Verursacherprinzip*

Freilich ist das Verursacherprinzip kein allseits anerkanntes Axiom, sondern Gegenstand vielfältiger Kritik.[314] Hervorzuheben sind an dieser Stelle nur die grundsätzlichen Zweifel, die von einigen Vertretern der ökonomischen Analyse des Rechts an der Sinnhaftigkeit des Verursacherprinzips geäußert werden.[315] Das Verursacherprinzip sei nicht mehr als eine wertende, unbegründete Behauptung, weil es die Verteilung der Rollen „Schädiger“ und „Geschädigter“ bei einem Schadensereignis schon voraussetze. Tatsächlich sei die Kausalität aber symmetrisch und daher sowohl der Verletze als auch das Opfer für den Unfallschaden ursächlich, da der Schaden ohne Anwesenheit der beiden Beteiligten nicht hätte auftreten können. Das Verursacherprinzip löse also die Frage der Schadenstragung nicht. Ökonomisch effizient könne das vielmehr dadurch geschehen, daß eine ideelle Gesamtperson gebildet werde, die sich aus Schädiger und Geschädigtem zusammensetze („homo

---

311 BGH NJW 1976, 46.

312 Zur Rechtfertigung von Verschuldens- und Gefährdungshaftung knapp *Weyers*, Unfallschäden, S. 577. Zum Zusammenhang von Verursacherprinzip und Verschuldenshaftung vgl. noch *Paschke*, UTR 12 (1990) 281, 287 f.

313 *Kötz*, Festschrift Steindorff, S. 643, 644 differenziert nicht zwischen Grund und Zweck des Haftungsrechts. Seine Kritik am Ausgleichszweck geht daher fehl. Das Ausgleichsprinzip an sich kann natürlich das Haftungsrecht nicht erklären.

314 Überblick über die Kritik-Ansätze bei *Brüggemeier*, KritV 1991, 297, 300 f. Ausführlich schon *J. Schmidt*, AcP 175 (1975) 222 ff., 233 ff.

315 Vgl. insbesondere *Adams*, Gefährdungs- und Verschuldenshaftung, S. 149 ff.; *ders.*, JZ 1989, 787. Siehe auch schon *Bonus*, RabelsZ 40 (1976) 409, 416 ff., 426.

oeconomicus compositus"), welche dann hypothetisch über die unverträglichen Nutzungen oä. entscheide, so daß im Ergebnis ein Verhalten als „richtig" bewertet werde, das die Nettovorteile beider Handlungen maximiere. Der Schaden solle im Ergebnis von dem- oder denjenigen getragen werden, dessen oder deren Verhalten in diesem Sinne nicht ökonomisch effizient ist.

Der Kritik am Verursacherprinzip ist zuzugeben, daß sich naturgemäß nicht alle denkbaren Lebenssachverhalte als eindeutig zu beurteilende Täter-Opfer-Konstellationen darstellen. Gerade im Bereich der Umweltbelastungen und -schäden ist der Rekurs auf das Verursacherprinzip kein Allheilmittel, das stets gerechte Zuordnungen von Verantwortlichkeiten garantiert.[316] Man denke nur an den nicht eben seltenen Konflikt, daß an einen umweltbelastenden Betrieb (Schweinemäster) Wohnbebauung heranrückt. Ist hier der Schweinemastbetrieb, dessen früher unbemerkte Emissionen nun die Nachbarn stören, ohne weiteres der Verursacher, der verdrängt werden kann? Ist der Konflikt nicht erst durch die herangerückten Nachbarn entstanden? Liegt hier ein Planungsfehler vor, so daß dem Schweinemäster, wenn er in seiner Nutzung schon eingeschränkt wird, zumindest ein Entschädigungsanspruch gegen den zuständigen Behördenträger zusteht[317]?

Es kann daher nicht verwundern, daß von interessierter Seite auch in den hier zu behandelnden immissionshaftungsrechtlichen Fallkonstellationen entsprechende Kritik am Verursacherprinzip geübt wird: Die Industrie dürfe nicht einfach als der böse Verursacher hingestellt werden. Die Lösung müsse wesentlich vorsichtiger gesucht werden. „Nur durch den Verbraucher nachgefragte Produkte schädigen Mensch und Umwelt. Industrieproduktion als Folge volkswirtschaftlicher Arbeitsteilung ist prinzipiell die Kumulation der Verantwortungsanteile eines jeden einzelnen, der den Bedarf für die eigene Wirtschaftseinheit, also etwa seinen Haushalt, nicht mehr allein decken kann, aber auch nicht decken will.[318]

Ob diese symmetrische Kausalitätsauffassung und die Ablösung des Verursacherprinzips zugunsten des Konzepts der integrierten Person aus volkswirtschaftlicher Sicht geboten ist, soll hier auf sich beruhen.[319] Aus juristischer Sicht ist *Adams'* Kritik am Verursacherprinzip indes nicht haltbar. Die Kritik geht fehl, weil sie nicht vom Boden des geltenden (Haftungs-)Rechts ausgeht. Sie übersieht, daß das Verursacherprinzip nicht disponibel, sondern den geltenden Haftungsregeln immanent ist.[320] Führen Immissionen eines volkswirt-

---

[316] Dazu schon *Simitis*, VersR 1972, 1087, 1089; *Diederichsen*, BB 1973, 485, 488.

[317] Vgl. zu diesen Fallkonstellationen *Boujong*, UPR 1987, 81 ff. m. w. N.

[318] *Nickel*, VW 1987, 1236, 1240 f.; *ders.*, VW 1988, 961.

[319] Vgl. aber immerhin die ökonomische Kritik an *Adams* durch *Kirchgässner*, JZ 1990, 1042 ff.

[320] Vgl. schon die Andeutungen bei *Esser*, Grundlagen, S. 71 Fn. 3.

schaftlich wichtigen Industriebetriebes zu Erkrankungen bei den arbeitslosen und alten Anwohnern, ist die Schadensersatzberechtigung der Verletzten Folge des dem § 1 UmweltHG innewohnenden Verursacherprinzips. Für ökonomische Effizienzüberlegungen bleibt dem Rechtsanwender hier kein Raum.[321] Auch die von *Adams* als Beleg für seine Auffassung herangezogenen Beispiele konfligierender Grundstücksnutzungen werden im Widerspruch zum geltenden Recht gelöst. Art. 14 GG sowie § 903 BGB garantieren auch die ökonomisch unzweckmäßige Nutzung des Eigentums.[322] Nach allem erscheint die berichtete Kritik am Verursacherprinzip als unvereinbar mit der lex lata. Das Konzept der integrierten Person ist de lege lata unverwertbar, weil ihre Problemlösungen mit den sich aus den gesetzlichen Wertungen ergebenden Gerechtigkeitskriterien nicht verbunden sind.[323] Die von *Nikel* u. a. thematisierte „Mitverursachung" der Verbraucher, letztlich der Allgemeinheit, an den Umweltschäden durch entsprechendes Nachfrageverhalten usw. soll hier allerdings nicht in Abrede gestellt werden.[324] Dieses Phänomen ändert aber nichts an der Geltung des gegen den unmittelbaren Schädiger gerichteten Verursacherprinzips und rechtfertigt auch keine Relativierung. Letzteres ist deshalb unnötig, weil die Verbraucher gleichwohl mittelbar belastet werden: Das Haftungsrecht lastet die Schadenskosten dem Schädiger an (Verursacherprinzip, Ausgleichsfunktion des Haftungsrechts). Der (industrielle) Schädiger macht die Schadensaufwendungen zum Bestandteil seiner betrieblichen Kalkulation und wird diese über den Markt (z. B. durch Preiserhöhungen) an die Verbraucher weiterwälzen. Idealerweise wird also eine marktkonforme Lastenverteilung erreicht, in der letztlich derjenige die Kosten des Umweltschutzes trägt, der den Nutzen umweltbelastender Produktion hat.[325] Die apriorische Vernachlässigung des Verursacherprinzips führte indes zu einer Subventionierung der unmittelbaren Schadensverursacher auf Kosten der Betroffenen und anderer Kassen, etwa der Sozialversicherungsträger.[326]

---

[321] Oft genug sind die Gerichte nicht nur von Rechts wegen, sondern auch tatsächlich gehindert, die ökonomisch effizienteste Lösung zu finden. Vgl. dazu schon die Vorbehalte von *Walz*, Festschrift L. Raiser (1974) S. 185, 208 ff., der an sich mit der ökonomischen Betrachtungsweise sympathisiert.

[322] Paradigmatisch BGHZ 90, 255, 260 f., wo die individuelle Nutzungsentscheidung des Grundeigentümers respektiert wird, obwohl sie nicht rationell war. Die Entscheidung wird von *Adams* nicht erwähnt, obwohl ihr Sachverhalt hervorragend zum Thema gepaßt hätte. Ihr Ergebnis steht freilich in deutlichem Gegensatz zur *Adamsschen* Theorie.

[323] Knapp und deutlich in diesem Sinne *Canaris*, JZ 1993, 377, 384. Ähnlich schon früh *Walz*, Festschrift L. Raiser (1974) S. 185, 213 ff.

[324] Dazu *Engelhardt*, Haftung für Umweltschäden, S. 14 f.

[325] Vgl. *Rehbinder*, RabelsZ 40 (1976) 363, 382 f.; *Salje*, ZRP 1988, 153, 154. Das Haftungsrecht schützt den immissionsgeschädigten Verbraucher, fordert dafür aber über kurz oder lang seinen Preis in Form verteuerter Produkte. Es handelt sich um ein „privilegium odiosum". Dazu soeben *Ch. Paulus*, JuS 1994, 367, 368.

[326] Vgl. auch *Gerlach*, System, S. 131, 331.

c) Verursacherprinzip und Versicherungen

Das Bestehen betrieblichen Haftpflichtversicherungsschutzes läßt die Ausgleichsfunktion des Immissionshaftungsrechts in seiner Risikozuweisungskomponente nicht leerlaufen. Soweit die Haftungsrisiken ungedeckt sind, wie möglicherweise bei der Haftung für Normalbetriebsschäden, leuchtet das ohne weiteres ein. Aber auch dann, wenn die Haftpflichtbelastung vom individuellen Schädiger auf das Versichertenkollektiv weitergewälzt werden kann, wird dem Verursacherprinzip noch bis zu einem gewissen Grad Geltung verschafft. Das geschieht zum einen dadurch, daß die Haftpflichtversicherer mit versicherungsrechtlichen Instrumenten die Haftpflichtwirkungen, wenn auch wohl nur stark abgeschwächt, aufrechterhalten und wiederherstellen. Zum anderen wird aber ganz generell eine verursachergerechtere Verteilung schon dadurch erreicht, daß die Aufwendungen für die Gesundheitsschäden von den Sozialversicherungsträgern qua Haftungsrecht an die Haftpflichtversicherer weitergereicht werden können. Diese Umverteilung von einem Kollektiv auf das andere wäre freilich dann sinnlos, wenn sich die Kreise der Geschädigten und Schädiger weithin deckten, die Mitglieder beider Risikogemeinschaften also miteinander identisch wären.[327] Diese Identität der Mitglieder der Risikogemeinschaften ist im Immissionshaftungsrecht indes nicht gegeben. Wirtschaftlich gleichbedeutend mit identischen Mitgliederkreisen wäre es jedoch, wenn die Finanzierung der beiden Kollektive von einem mehr oder weniger einheitlichen Personenkreis vorgenommen würde. Der Regreß hätte dann keine umverteilende, sondern bloß umwälzende Wirkung. Aber auch dies trifft nicht zu. Die Behauptung, daß die Industrie schon heute den überwiegenden Teil der immissionsbedingten Gesundheitsschäden, die in der gesetzlichen Krankenversicherung versichert seien, trage, weil diese von der Wirtschaft finanziert werde, ist irreführend.[328] Es geht nicht an, selbst den Arbeitnehmeranteil an der Krankenversicherung, § 249 Abs. 1 SGB V, kurzerhand den Produktionskosten des Arbeitgebers zuzuschlagen. Vielmehr stellen sich umgekehrt sogar die Arbeitgeberanteile zur Finanzierung der Sozialversicherung - wirtschaftlich betrachtet - als eine Gegenleistung des Arbeitgebers an den Arbeitnehmer für dessen Arbeitsleistung dar, sind also de facto Teile des Arbeitsentgelts.[329] Verblieben mithin die Aufwendungen infolge der Gesundheitsschäden endgültig bei den Sozialversicherungsträgern, wäre in der Tat das Kollektiv der Geschädigten belastet und nicht die Gemeinschaft der Schädiger. Vielmehr ist nach allem der Personenkreis, der in wirtschaftlicher Hinsicht

---

[327] Vgl. *Weyers*, Unfallschäden, S. 616; *ders.*, ZRP 1977, 292, 294; *Kötz*, Sozialer Wandel, S. 30 ff.; *Brüggemeier*, Deliktsrecht, Rz. 62.

[328] So aber *G. Wagner*, VersR 1991, 249, 257 (anders noch *ders.*, Kollektives Umwelthaftungsrecht, S. 162); *P. Marburger*, AcP 192 (1992) 1, 30.

[329] Vgl. die Amtliche Begründung zum Entwurf des Unfallversicherungsneuregelungsgesetzes, BT Drucksache IV/120 S. 48 ff.; sowie BGHZ 70, 7, 10; BGHZ 79, 26, 34 m. w. N.; *Weyers*, Unfallschäden, S. 616.

die Sozialversicherungsbeiträge erbringt, von dem Personenkreis, der die Haftpflichtversicherungsprämien zahlt, verschieden. Insgesamt erscheint es daher nicht als sinnlos, sich vom Immissionshaftungsrecht die Durchsetzung des Verursacherprinzips zu erhoffen. Als Fazit gilt es festzuhalten, daß die Ausgleichsfunktion des Immissionshaftungsrechts, die wegen des bestehenden Sozialversicherungsschutzes nur noch als Risikozuweisungs-Funktion fortlebt, als wichtigster Zweck dieses Rechtsgebiets anzuerkennen ist. Die erwähnten Bedenken dagegen sind nicht stichhaltig. Das Ausgleichsziel läßt sich freilich nur dann realisieren, wenn die Sozialversicherungsträger ihre Rückgriffsbemühungen mit der tatsächlichen Rechtslage in Einklang bringen.

2. Präventionszweck

Auch der Präventionsgedanke des Immissionshaftungsrechts läßt sich einem übergreifenden Ziel des Umweltrechts zuordnen, nämlich dem Vorsorgeprinzip.[330] Allerdings hängt der Präventionsgedanke auch mit dem Verursacherprinzip zusammen. Je mehr nämlich dem Verursacherprinzip Geltung verschafft wird, desto günstiger dürften die Folgen für die erhoffte Prävention sein.[331]

Die Überlegungen zur Präventionswirkung des Immissionshaftungsrechts harren noch der empirischen Verifizierung. Unter diesem Vorbehalt wird man die Prävention aber als ernstzunehmenden Haftungszweck anerkennen können, jedenfalls dann, wenn man auf die differenzierenden Aussagen von *Weyers* Bedacht nimmt. Entgegen *Medicus* sind auch und gerade der Gefährdungshaftung wirkungsvolle Präventionsaussichten einzuräumen. Der Eintritt der Sozialversicherungsträger läßt das Präventionsziel an sich unberührt. Das hat die Funktionsanalyse zu § 116 Abs. 1 SGB X ergeben. Die Untersuchung der Zwecke des § 640 RVO hat sogar gezeigt, daß der Präventionsgedanke die Regreßanordnung allein zu rechtfertigen vermag. Mit der h. M. wird man den Präventionsgedanken freilich nicht als Hauptzweck des Immissionshaftungs-

---

[330] *Littbarski*, Zivilrechtliche Probleme des Umweltschutzes, S. 16 f.; *Töpfer*, VW 1988, 466, 472 f.; *Rehbinder*, NuR 1989, 149, 151; *Feldmann*, UPR 1991, 45, 46. A. A. ist *G. Wagner*, NuR 1992, 201, 202, der meint, daß das Vorsorgeprinzip im „rechtsgutsverhafteten System zivilrechtlicher Schutzansprüche keine Entsprechung hat."

[331] Dazu *Rehbinder*, RabelsZ 40 (1976) 363, 383. Vgl noch *Motsch*, JZ 1984, 211, 220; *v. Hippel*, Rechtspolitik, S. 312.

rechts anerkennen können. Die Entscheidung für den Haftpflichtversicherungsschutz der Schädiger wirkt sich nachteilig auf die Prävention aus. Zumindest gegenwärtig sind die Haftpflichtversicherer nicht in der Lage, eine dem Haftungsrecht adäquate Präventionswirkung bei ihren Versicherten aufrechtzuerhalten bzw. herzustellen.

E. Regreßverpflichtung der Sozialversicherungsträger im Immissionshaftungsrecht

An sich bedeutet Haftungsrecht ein Angebot an die Gesellschaftsmitglieder, in bestimmter Weise auf die Handlungen anderer zu reagieren. Erleidet jemand in tatbestandsmäßiger Weise einen Schaden, steht es ihm frei, ob er den Schaden, aus was für Gründen auch immer, selbst tragen oder auf den Verursacher überwälzen will. Das Recht stellt die Anspruchsgrundlagen und ein Verfahren zur Rechtsdurchsetzung zur Verfügung. Die Wahrnehmung ist naturgemäß nicht verpflichtend, es gilt der Grundsatz der Privatautonomie sowie die Dispositionsmaxim. E. Fraglich ist, ob diese Handlungsfreiheit auch für den Sozialversicherungsträger besteht, dem ein Schadensersatzanspruch, originär oder legalzediert, gegen den Schädiger eines Sozialversicherten zugeordnet wird.[1]

Im vorangegangenen Kapitel sind die Aufgaben und Ziele des Immissionshaftungs- und Regreßrechts herausgearbeitet worden. Sodann ist dargestellt worden, daß die Ausgleichs- und Präventionszwecke dieses Rechtsgebietes in der Praxis vor allem deswegen leerlaufen, weil die Sozialversicherungsträger offensichtlich keine den tatsächlichen Verhältnissen entsprechenden Rückgriffsbemühungen zeigen. Eine adäquate haftungsrechtliche Prävention und Reaktion im Hinblick auf die Umweltkrankheiten und sonstigen umweltbedingten Gesundheitsschäden unterbleibt möglicherweise deshalb, weil die zuständigen Sozialversicherungsträger schlicht kein Interesse an der Durchführung der Regresse haben.[2] So gesehen sind rechtspolitische Vorschläge, die auf verbesserte oder veränderte Regreßansprüche der Sozialversicherungsträger zielen,[3] um die Wirksamkeit des Immissionshaftungsrechts zu erhöhen, zumindest voreilig, denn noch ist nicht erwiesen, ob das Potential des geltenden Rechts tatsächlich ausgeschöpft ist. Denn bestünde schon nach geltendem Recht eine Verpflichtung der Sozialversicherungsträger zur Regreßdurchführung, wäre jedenfalls mangelndes Interesse kein zureichender Grund für die offensichtliche gegenwärtige Regreßschwäche. Sofern es bereits eine Regreßverpflichtung geben sollte, müßten die Sozialversicherungsträger

---

[1] Eine Regreßverpflichtung der Privatversicherer (§ 67 VVG) besteht offensichtlich nicht. Das hat aber keine Auswirkungen auf das Regreßwesen der Sozialversicherungsträger. Insoweit ist das Sozialversicherungsrecht eigenständig und eigentümlich. Bestrebungen zur Koordination der beiden Rechtsmaterien, wie von *Fuchs*, VSSR 1991, 281 ff., 313, vorgeschlagen, wären in diesem Bereich verfehlt.

[2] Vgl. *G. Wagner*, JZ 1991, 175, 180 sowie oben C.III.3.c).

[3] Vgl. *Harald B. Schäfer*, ZAU 1989, 9, 10; *G. Wagner*, JZ 1991, 175, 181 ff.

in erster Linie daran erinnert werden.[4] Zweifelhaft ist daher auch die Bemerkung *Rehbinders*, daß die immissionshaftungsrechtliche Gefährdungshaftung ihre Zwecke erst dann sinnvoll erfüllen könnte, wenn die Sozialversicherungsträger durch Änderung des § 116 SGB X zum Regreß angehalten würden.[5] Insoweit wird nämlich stillschweigend vorausgesetzt, daß es eine Regreßverpflichtung nach geltendem Recht noch nicht gibt. Dieser Frage soll im folgenden nachgegangen werden.

I. Regreßverpflichtung nach geltendem Recht

Eine gesetzliche Vorschrift, die die Sozialversicherungsträger ausdrücklich dazu verpflichtet, bestehende Regreßforderungen auch tatsächlich durchzusetzen oder Zweifelsfragen im Hinblick auf Bestand oder Durchsetzbarkeit etwaiger Regreßansprüche hinreichend aufzuklären, existiert nicht. Selbst § 116 SGB X, der die Legalzession anordnet, gibt auf diese Frage keine Antwort. Soweit ersichtlich, geben auch die Kommentierungen oder monographischen Abhandlungen zu dieser Vorschrift keinen Hinweis auf eventuell bestehende Rückgriffsverpflichtungen der Sozialversicherungsträger. Eine begründungslose Andeutung in Richtung Regreßverpflichtung findet sich immerhin bei *Hermann Lange*, wenn er schreibt, daß die Sozialversicherungsträger in der Entscheidung über einen ihnen rechtlich zustehenden Anspruch „weniger frei" seien als die Privatversicherer,[6] sowie bei *Kötz*, der meint, daß an der Durchführung des Regresses auch ein öffentliches Interesse bestehe, nämlich das Interesse daran, daß die Sozialversicherungsträger nicht mit solchen Aufwendungen belastet werden, welche durch Risiken veranlaßt seien, die nach Kriterien des Haftungsrechts nicht den Sozialversicherungsträgern, sondern der Gemeinschaft der durch Haftpflichtversicherung zusammengeschlossenen potentiellen Schädiger zuzurechnen seien.[7]

1. § 31 SGB AT

Nach Auffassung von *H. Baumann* sei das Regreßrecht auf seiten der öffentlich-rechtlichen Sozialleistungsträger prinzipiell zugleich als Regreßpflicht zu begreifen. Dies werde heute bereits aufgrund des weitgefaßten § 31 SGB AT (Vorbehalt des Gesetzes) anzunehmen sein.[8] Die offensichtliche Tatsache,

[4] Siehe auch *Schloen*, in: Wussow, Unfallhaftpflichtrecht, Rz. 1558 a: „Der Versicherungsträger darf nicht ohne gewichtigen Grund auf den begründeten Anspruch verzichten. Ein unbegründeter Verzicht könnte einen Verstoß gegen § 42 Abs. 2 SGB IV bedeuten."

[5] *Rehbinder*, NuR 1989, 149, 151.

[6] *Hermann Lange*, Schadensersatz, § 11 C II 2, S. 699.

[7] *Kötz*, Deliktsrecht, Rz. 615.

[8] *H. Baumann*, Regreß, S. 22. Vgl. auch *Ahrens*, AcP 189 (1989) 526, 542 Fn. 58.

daß schon heute häufig von einem Regreß abgesehen werde, stoße wegen der fehlenden Rechtsgrundlage, der nicht auszuschließenden Gefahr einer willkürlichen Handhabung und der fehlenden Justiziabilität derartigen Verhaltens auf rechtsstaatliche Bedenken.[9]

Der Begründung *H. Baumanns* kann nicht zugestimmt werden. § 31 SGB AT beantwortet die Frage nach der Regreßverpflichtung der Sozialversicherungsträger nicht. Zwar ist die Vorschrift in der Tat „weitgefaßt", da sie den sog. Totalvorbehalt des Gesetzes statuiert, wonach jegliche Tätigkeit vor allem der vollziehenden Gewalt, soweit dadurch Rechte und/oder Pflichten „begründet, festgestellt, geändert oder aufgehoben werden" nunmehr der Stütze in einem förmlichen Gesetz bedarf. Allerdings erstreckt sich § 31 SGB AT nur auf die Rechte und Pflichten in den Sozialleistungsbereichen des SGB, womit die in den §§ 3 bis 9 bzw. §§ 18 bis 28 SGB AT erwähnten Gebiete angesprochen sind.[10] Der Regreßsektor gehört indes nicht zu diesen Sozialleistungsbereichen. § 31 SGB AT gilt also nicht für den Regreß. Im übrigen könnte auch über den allgemeinen, Art. 20 Abs. 3 GG entstammenden Vorbehalt des Gesetzes eine Regreßverpflichtung nicht konstituiert werden. Der Vorbehalt des Gesetzes wäre erst und allenfalls dann berührt, wenn die Sozialversicherungsträger ohne Rechtsgrundlage Regreßforderungen durchsetzen wollten oder bei einer vorauszusetzenden Regreßverpflichtung auf den Rückgriff verzichten wollten. Aus dem Vorbehalt des Gesetzes kann sich die Regreßverpflichtung der Sozialversicherungsträger isoliert also nicht ergeben.

2. § 76 Abs. 1 i. V. m. Abs. 2 SGB IV

§ 76 Abs. 1 SGB IV enthält den für alle Sozialversicherungsträger geltenden Grundsatz rechtzeitiger und vollständiger Einnahmeerhebung. § 76 Abs. 2 SGB IV zählt abschließend drei Ausnahmetatbestände von diesem Prinzip der Anspruchsverwirklichung auf.

a) Regelungsgehalt

Bei § 76 SGB IV handelt es sich um eine haushaltsrechtliche Vorschrift, die entsprechenden Normen der Bundes- und Landeshaushaltsordnungen nachgebildet ist.[11] Möglicherweise findet sich in dieser haushaltsrechtlichen Bestimmung des § 76 Abs. 1 SGB IV, daß nämlich Einnahmen vollständig zu erheben sind, die gesuchte Regelung, die eine Verpflichtung der Sozialversicherungsträger zur Regreßdurchführung anordnet.

---

[9] *H. Baumann*, Regreß, S. 33.

[10] Vgl. Bochumer Kommentar/*Schnapp*, SGB AT, § 31, Rz. 18 ff.

[11] Dazu schon oben D.IV.5.d).

Regreßforderungen lassen sich an sich ohne weiteres unter den Begriff der „Einnahmen“ subsumieren. Das SGB IV enthält zwar keine Definition oder beispielhafte Aufzählung. Etwas deutlicher ist insoweit § 220 Abs. 1 S. 1 SGB V hinsichtlich der Finanzierung der Krankenversicherung, wonach die Mittel für die Krankenversicherung durch „Beiträge und sonstige Einnahmen“ aufgebracht werden. Hier wird indes vor allem erkennbar, daß die Beitragseinnahmen schon von Gesetzes wegen die mit Abstand wichtigste Einnahmequelle darstellen.[12] Es ist jedoch anerkannt, daß der Begriff der „sonstigen Einnahmen“ sämtliche anderen Arten des Geldzuflusses bei den Krankenkassen umfaßt wie Miet- und Kapitalerträge, Zinsen und Gebühren sowie Zahlungseingänge aus Erstattungs- und eben Ersatzansprüchen.[13] Das Schweigen des Sozialgesetzgebers gegenüber den Regreßeinnahmen setzt sich freilich auch in der Literatur fort[14] und deckt sich mit dem praktischen Befund, daß die Regreßerlöse keinen ernstzunehmenden Finanzierungsposten der Sozialversicherungsträger ausmachen.[15] Auch in den rechtspolitischen Diskussionen zur Finanzierungsreform der Krankenversicherung macht man sich offensichtlich keine Gedanken über die Regreßeinnahmen.[16]

Nach dem Gesagten läßt sich also aus dem in § 76 Abs. 1 SGB IV wurzelnden Prinzip der Anspruchsverwirklichung an sich eine zumindest grundsätzliche Pflicht der Sozialversicherungsträger zur Durchsetzung von Regreßansprüchen herleiten. Allerdings vermag eine haushaltsrechtliche Bestimmung als sedes materiae für die Regreßpflicht dogmatisch nicht restlos zu befriedigen.[17] Das liegt nicht nur daran, wie soeben gesehen, daß die Regreßeinnahmen de jure und de facto im Haushaltsplan der Sozialversicherungsträger keine Relevanz haben. Bei der Ermittlung der Regreßzwecke hat sich denn auch weiterhin gezeigt, daß der Regreß nicht der Finanzierung dient, sondern der Perpetuierung der Haftungszweke.[18] Daß sich der Regreßerlös als „Einnahme“ darstellt, ist mehr Nebenwirkung als Ziel der Regreßvorschriften. Nach allem läßt sich zwar der Regreßerlös unproblematisch dem Wortlaut nach als „Einnahme“ im Sinne von § 76 SGB IV qualifizieren. Ob die

---

[12] Das zeigt sich auch daran, daß das gesamte 8. Kapitel des SGB V („Finanzierung“) den Beitragseinnahmen gewidmet ist. Nur § 220 SGB V erwähnt die sonstigen Einnahmen. Auch § 76 SGB IV enthält in den Absätzen 3 und 4 nur für Beitragseinnahmen geltende Spezialvorschriften.

[13] *Gitter*, Sozialrecht, S. 103.

[14] So erwähnt etwa *Gleitze*, in: GK-SGB, § 76 SGB IV, Rz. 3 bei seiner Aufzählung der Einnahmearten die Regreßeinnahmen nicht einmal.

[15] Dazu ausführlich oben C.III.

[16] Vgl. etwa *v. Maydell*, NZS 1993, 425, 426 f.

[17] Hier sei nochmals an die Bemerkung *Steffens* erinnert, daß die Frage der Regreßbeschränkung in Zusammenhang mit § 76 SGB IV zu bringen, „Zeitverschwendung“ sei. Vgl. VersR 1987, 529, 532.

[18] Vgl. oben D.V.2.

Vorschrift ihrem Sinn und Zweck nach tatsächlich eine Regreßverpflichtung aussprechen will, erscheint demgegenüber zweifelhaft.

b) Regreßverpflichtung und Teilungsabkommen

Freilich ist die Frage der Regreßverpflichtung der Sozialversicherungsträger schon einmal größeren Umfangs im Zusammenhang mit haushaltsrechtlichen Grundsätzen diskutiert worden. Gegen die Zulässigkeit von Teilungs- und Regreßverzichtsabkommen bestanden insbesondere in den 30er Jahren wegen dieses Problemkontextes Bedenken. Mit Bescheid vom 6.1.1936 hat das Reichsversicherungsamt den Krankenkassen die Berechtigung zum Abschluß von Teilungsabkommen versagt.[19] Darin würde ein allgemeiner Verzicht der Kasse auf ihr etwa entstehende Ersatzansprüche enthalten sein. Auf ihre in Zukunft etwa erwachsenden Ersatzansprüche könne aber die Krankenkasse nicht allgemein im voraus verzichten.

Dieser Grundsatz wurde seinerzeit aus §§ 363, 509 RVO a. F. hergeleitet und ist heute in § 76 SGB IV verankert sowie in § 30 Abs. 1 SGB IV, der wie die §§ 363, 509 RVO a. F. die Mittelverwendungsmöglichkeiten für die Sozialversicherungsträger beschränkt.[20] § 76 Abs. 2 Nr. 3 SGB IV nennt nunmehr die engen Voraussetzungen, unter denen allein ein Anspruchsverzicht zulässig ist. Die Zweifelhaftigkeit der Bedenken des RVA gegen die Zulässigkeit von Teilungsabkommen auch nach damaliger Rechtslage können hier dahinstehen.[21] Die Berechtigung zum Abschluß von Teilungsabkommen steht heute gem. § 116 Abs. 9 SGB X außer Frage.[22] Entscheidend für unsere Zwecke ist insoweit nur, daß das RVA den auch heute[23] noch anerkannten Grundsatz des Verbots des allgemeinen Anspruchsverzichts - positiv formuliert mithin den Grundsatz der Regreßverpflichtung der Sozialversicherungsträger - wesentlich aus haushaltsrechtlichen Vorschriften herleitet.

c) Reichweite der Regreßverpflichtung

Die haushaltsrechtliche Fundierung der Regreßverpflichtung der Sozialversicherungsträger hat insbesondere Konsequenzen für die Reichweite der Verpflichtung. Der in § 76 Abs. 1 SGB IV verankerte Grundsatz vollständiger Einnahmeerhebung steht nicht etwa an der Spitze des Haushaltsrechts, sondern ist als Ausfluß der gem. § 69 Abs. 2 SGB IV vom Versicherungsträger

---

[19] RVA DOK 1936, 295, im Wortlaut zitiert bei *Geiger*, SozVers 1957, 212.

[20] Vgl. *Kaiser*, Risikozuweisung, S. 75 f.

[21] Dazu *Seitz*, Ersatzansprüche, S. 278 f.; *Kaiser*, Risikozuweisung, S. 76 f.

[22] Vgl. *v. Maydell*, in: GK-SGB, § 116 SGB X, Rz. 522.

[23] So *Kaiser*, Risikozuweisung, S. 75 mit Nachweis.

zu beachtenden Grundsätze der Wirtschaftlichkeit und Sparsamkeit anzusehen.[24] Diese Überwölbung des Anspruchsverwirklichungsprinzips ist an sich unproblematisch, stellt sich doch die Geltendmachung von (Regreß-)forderungen regelmäßig als Ausdruck wirtschaftlichen Verhaltens dar. In Konflikt geraten Vollständigkeitsgrundsatz und Wirtschaftlichkeitsprinzip aber dann, wenn Prüfung und Durchsetzung der Regreßforderungen Kosten verursachen, die die einzutreibenden Beträge übersteigen. Wirtschaftlichkeit ist nämlich nur dann gegeben, wenn Aufwand und Erfolg in einem angemessenen Verhältnis stehen, also mit dem geringstmöglichen Aufwand der bestmögliche Erfolg erzielt wird.[25] Bei den im Regreßwege zu verfolgenden Schadensersatzansprüchen infolge immissionsbedingter Gesundheitsschäden wird es sich indes oftmals um solche handeln, bei denen das Verhältnis von Aufwand und Erfolg ungünstig ist. Die haushaltsrechtliche Begründung der Regreßverpflichtung bedeutet dann, daß mehr oder weniger aussichtslose Regreße sowie solche, die einen unverhältnismäßigen Kostenaufwand verursachen, nicht nur nicht durchgeführt werden müssen, sondern es nicht einmal dürfen.[26] Infolgedessen wird die Postulierung einer Regreßverpflichtung im Bereich der Immissionshaftung jedenfalls dann weithin wirkungslos bleiben, wenn sie nur auf haushaltsrechtliche Bestimmungen gegründet werden kann. Die haushaltsrechtlich begründbare Regreßverpflichtung wird an dem gegenwärtigen Zustand offensichtlichen Rückgriffsausfalls wohl kaum etwas ändern können. Freilich läßt sich das von *G. Wagner* konstatierte[27] fehlende Interesse der Sozialversicherungsträger an der Regreßdurchführung selbst mit § 76 Abs. 1 SGB IV nicht vereinbaren. Auch eine Regreßverpflichtung, die unter dem Primat der Wirtschaftlichkeit und Sparsamkeit steht, gestattet nicht, Regresse willkürlich zu unterlassen. Eine Prüfung der Erfolgsaussichten sowie eine Berechnung von Aufwand und Erfolg potentieller Regresse verlangt auch das Haushaltsrecht von den Sozialversicherungsträgern.

3. Weiterreichende Regreßverpflichtung aus sonstigen normativen Vorgaben

a) § 640 Abs. 2 RVO

Wortlaut und Systematik des § 116 SGB X geben für die Antwort auf die Frage nach der Regreßverpflichtung der Sozialversicherungsträger nichts her. Anders liegt es möglicherweise im Falle des § 640 RVO. Wäre dem so, fragt sich, ob sich daraus eine verallgemeinerbare Wertung entnehmen ließe.

---

[24] Vgl. *Gleitze*, in: GK-SGB, § 76 SGB IV, Rz. 2.

[25] *Gleitze*, in: GK-SGB, § 69 SGB IV, Rz. 6.

[26] Eine solche Vorgehensweise entspricht wohl auch der gängigen Praxis. Vgl. *Plumeyer*, BG 1973, 105, 108, zu § 1542 RVO.

[27] Vgl oben Fn. 2.

Die Sozialversicherungsträger können gem. § 640 Abs. 2 RVO nach billigem Ermessen auf den Ersatzanspruch nach § 640 Abs. 1 RVO verzichten. Die Verzichtsentscheidung darf nicht etwa willkürlich fallen, sondern hat pflichtgemäß nach billigem Ermessen zu erfolgen. Die Sozialversicherungsträger dürfen insbesondere nicht ohne gewichtigen Grund auf Ansprüche verzichten.[28] Die Existenz des § 640 Abs. 2 RVO belegt mithin, daß den Sozialversicherungsträgern der originäre Rückgriffsanspruch gem. § 640 Abs. 1 RVO nicht lediglich als fakultativ geltend zu machender Anspruch eingeräumt worden ist. Es steht nicht im Belieben der Sozialversicherungsträger, den Rückgriff zu nehmen oder nicht. Aus der Konstruktion des § 640 RVO läßt sich demnach ableiten, daß die Sozialversicherungsträger grundsätzlich zur Regreßdurchführung verpflichtet sind. Setzte man diese grundsätzliche Regreßpflicht nicht voraus, wäre § 640 Abs. 2 RVO dogmatisch nicht zu erklären. In dogmatischer Hinsicht zumindest zweifelhaft ist daher die Formulierung *Steffens*, daß die Sozialversicherungsträger nicht verpflichtet seien, Rückgriff zu nehmen; sie könnten nach billigem Ermessen insbesondere unter Berücksichtigung der wirtschaftlichen Verhältnisse des Schädigers auf den Anspruch verzichten.[29] Nach dem Gesagten besteht für die Sozialversicherungsträger im Bereich des § 640 RVO vielmehr entgegen *Steffen* eine grundsätzliche Regreßverpflichtung.[30] Nur soweit die Voraussetzungen des § 640 Abs. 2 RVO erfüllt sind, sind Ausnahmen von der Regreßverpflichtung zulässig.

Damit erhebt sich die Frage, wie angesichts dieser bei § 640 RVO festgestellten Regreßverpflichtung, die der Vorschrift vorausgesetzt oder immanent ist, der vergleichbare § 116 SGB X zu würdigen ist. Da der Wortlaut der Norm für die Annahme einer Regreßverpflichtung nichts hergibt und eine dem § 640 Abs. 2 RVO entsprechende Regelung bei der Legalzession fehlt, können aus der unterschiedlichen Konstruktion der beiden Regreßvorschriften zwei methodisch gegenläufige Schlüsse gezogen werden. In Betracht kommen ein Umkehrschluß oder ein Erst-recht-Schluß. Methodisch zulässig erscheint es zunächst, aus dem Fehlen einer § 640 Abs. 2 RVO entsprechenden Regelung bei § 116 SGB X im Umkehrschluß zu folgern, daß eine immanente Regreßverpflichtung zwar bei § 640 RVO, nicht aber bei § 116 Abs. 1 SGB X besteht. Das argumentum a majore ad minus lautet hingegen: Wenn man schon bei § 640 Abs. 1 RVO aus dem Vorhandensein einer Einschränkungsmöglichkeit (§ 640 Abs. 2 RVO) auf das Bestehen einer immanenten Regreßverpflichtung schließt, dann muß die Regreßverpflichtung für § 116 Abs. 1 SGB X erst recht gelten, weil es dort keine Einschränkungsmöglichkeit gibt.

---

[28] Lauterbach/*Watermann*, Unfallversicherung, § 640 RVO, Rz. 46.

[29] BGB-RGRK/*Steffen*, Vor § 823, Rz. 104.

[30] So auch BSGE 37, 20, 25 f.: Ohne die in § 640 Abs. 2 RVO geschaffene Verzichtsmöglichkeit wäre der Versicherungsträger im Hinblick auf den in § 640 Abs. 1 RVO uneingeschränkt normierten Ersatzanspruch verpflichtet, gegen den Schädiger Rückgriff zu nehmen.

Soweit ersichtlich, ist diese methodische Antinomie noch nirgends befriedigend aufgelöst worden. Freilich läßt sich feststellen, daß der Umkehrschluß, also die zu § 640 RVO gegenläufige Auslegung des § 116 SGB X im Schrifttum nicht vertreten wird. Sofern die Frage überhaupt angeschnitten wird, geht man von einer grundsätzlichen Regreßverpflichtung auch bei § 116 SGB X aus.[31] Daher ist es in den wenigen literarischen Stellungnahmen zu diesem Themenkomplex stets nur um die nachrangige Frage gegangen, ob § 640 Abs. 2 RVO nicht analog auf den § 116 Abs. 1 SGB X anwendbar, der Regreß nach § 116 Abs. 1 SGB X also einschränkbar sei.[32]

Tatsächlich sprechen einige weitere Erwägungen für die Richtigkeit des Erst-recht-Schlusses, also die Annahme, daß die Regreßverpflichtung im Rahmen der Legalzession gem. § 116 SGB X noch strenger sein muß als bei dem Rückgriff nach § 640 Abs. 1 RVO. Der Rückgriffsanspruch gem. § 640 Abs. 1 RVO richtet sich gegen den Unternehmer oder die Arbeitskollegen des Geschädigten. Diese sind selbst Versicherte in der gesetzlichen Unfallversicherung, jener finanziert durch seine Beiträge die Unfallversicherung und soll damit de facto wie ein Versicherter gestellt sein. Wegen §§ 636, 637 RVO wirkt sich die Unfallversicherung für den Unternehmer in der Sache wie eine Haftpflichtversicherung aus, die Entlastung des schädigenden Unternehmers ist durch die Unfallversicherung beabsichtigt.[33] Es mutete nun befremdlich an, wollte man postulieren, daß die Verpflichtung zum Rückgriff gegenüber einem - tatsächlichen oder faktischen - Mitglied der eigenen Versichertengemeinschaft stärker wäre als gegenüber einem externen Dritten. Vielmehr wird das Gegenteil etwa auch durch die Vorschrift des § 52 SGB V nahegelegt, der die Rückforderung von Leistungen an die Versicherten in das Ermessen der Krankenversicherungsträger stellt. Läßt man den Blick von § 52 SGB V über § 640 RVO hin zu § 116 SGB X wandern, wird eine sinnvolle Stufenfolge erkennbar: Rückgriff gegen Mitglied im Ermessen (arg § 52 SGB V), Rückgriff gegen faktisches Mitglied verpflichtend, aber einschränkbar (arg § 640 Abs. 2 RVO), Rückgriff gegen externen Dritten verpflichtend (§ 116 SGB X). Hielte man den Regreß nach § 116 Abs. 1 SGB X nicht für verpflichtend, hieße das, daß der Schädiger als Nichtversicherter gewissermaßen an den Leistungen der Geschädigtenversicherung partizipierte.[34] Das Ausbleiben des Rückgriffs entlastet den Schädiger, dieser erhält de facto Versicherungsschutz durch die Sozialversicherung, was aber § 116 SGB X gerade verhindern will.

---

[31] Vgl. *Plumeyer*, BG 1973, 105, 108; *H. Baumann*, Regreß, S. 22.

[32] Vgl. insbesondere *H. Baumann*, Regreß, S. 22 ff. Auch die Bemühungen von *Ahrens*, AcP 189 (1989) 527, 541 ff. sind so einzuordnen. *Ahrens* geht gleichfalls von einer grundsätzlichen Regreßverpflichtung aus, beschreitet zur Einschränkung dann aber nicht den Weg der Analogie zu § 640 Abs. 2 RVO, sondern versucht, den Anwendungsbereich des § 76 Abs. 2 Nr. 3 SGB IV entsprechend zu erweitern.

[33] Vgl. oben C.I.1.b).

[34] Vgl. zu diesem Argument schon oben D.IV.5.d) mit Fn. 257.

Die ausführliche Untersuchung der Zwecke des Haftungs- und Regreßrechts[35] hat gezeigt, daß der Sinn des §§ 116 SGB X in der Perpetuierung der Haftungszwecke liegt, insbesondere mithin in der Zuweisung des Risikos auf den Schädiger (Ausgleichszweck, Verursacherprinzip) sowie in der Prävention. Die Verwirklichung dieser Ziele würde faktisch derogiert, wenn man den Regreß gewissermaßen in das Belieben der Sozialversicherungsträger stellte. Endlich harmonisiert nur die Bejahung einer Regreßverpflichtung mit dem „Treuhandgedanken“, der in allen Fällen gesetzlich angeordneter Fremdvermögensverwaltung anzutreffen ist. Sieht man den Sozialversicherungsträger als „Treuhänder“ der nicht mehr aktivlegitimierten Versicherten, bedeutet das, daß der Versicherungsträger mit den Regreßforderungen nicht willkürlich, sondern nur im Interesse der Gefahrengemeinschaft verfahren darf.[36] Der Treuhänder hat sich bei der Geltendmachung von Ansprüchen stets nach dem Interesse des Treugebers zu richten, das grundsätzlich auf eine vollständige Anspruchsverwirklichung zielt. Erst an dieser Stelle wäre es übrigens sinnvoll, das Prinzip vom Vorbehalt des Gesetzes zu erwähnen.[37] Geht man von einer dem § 116 SGB X immanten Regreßverpflichtung aus, fordert das Prinzip vom Vorbehalt des Gesetzes für Verzicht, Niederschlagung oder sonstiges Unterlassen des Rückgriffs eine gesetzliche Grundlage.

b) § 20 Abs. 1 S. 2 SGB V

Speziell für die Träger der gesetzlichen Krankenversicherung existiert eine weitere positivrechtliche Aufgabenzuweisung, die verstärkte Regreßanstrengungen zur Konsequenz haben könnte. Nach den §§ 20-24 SGB V sind die Krankenkassen zur Erbringung von Präventionsleistungen verpflichtet. § 20 Abs. 1 S. 1 SGB V normiert, wie zuvor § 364 Abs. 1 Nr. 1 RVO a. F, Aufklärungs- und Beratungspflichten über Gesundheitsgefährdungen und über die Verhütung von Krankheiten zugunsten der Versicherten. Gem. § 20 Abs. 1 S. 2 SGB V trifft die Krankenkassen die Aufgabe, den Ursachen von Gesundheitsgefährdungen und -schäden nachzugehen und auf ihre Beseitigung hinzuwirken.

§ 20 Abs. 1 S. 2 SGB V ist erst durch das Gesundheits-Reform-Gesetz vom 20.12.1988[38] geschaffen worden. In den durch das SGB V abgelösten Vorschriften der RVO (§§ 165-536) hat die Norm keine Entsprechung gehabt. Der Gesetzgeber betont damit die Bedeutung der Prävention innerhalb der modernen Gesundheitspolitik, indem er den Krankenkassen auf diesem Feld

---

[35] Vgl. oben D.

[36] Vgl. zu diesem Argument jüngst etwa *v. der Heide*, VersR 1994, 274, 275 f. Grundsätzlich zum Treuhandgedanken in der Versicherung *J. Prölss*, Festschrift Larenz, 1983, S. 487 ff.

[37] Dazu oben E.I.1.

[38] BGBl. I, S. 2477 ff.

ganz neue Aufgaben zuweist.[39] Gesetzgeberische Motivation für die neue Regelung war die Erkenntnis, daß trotz der Modernität und Leistungsfähigkeit des bundesdeutschen Gesundheitswesens „Volkskrankheiten", wie Allergien, Krebs usw. noch im Vordringen befindlich sind. Obwohl diagnostische und therapeutische Verfahren immer mehr verfeinert werden, ist insgesamt keine - hierzu im Verhältnis stehende - Verbesserung der Gesundheit der Bevölkerung in der Bundesrepublik erreicht worden und dies bei weiterhin steigenden Kosten für das Gesundheitswesen.[40] Einerseits sollen die Krankenkassen daher nun auch verpflichtet werden - ähnlich wie die Berufsgenossenschaften in Erfüllung des Gesetzesauftrages zur Unfallverhütung gem. §§ 537 Nr. 1, 546 Abs. 1 RVO - darauf hinzuwirken, daß gesundheitsgefährdende Arbeits- und Umweltbedingungen abgebaut werden.[41] Diese Aufgabe bewegt sich noch im überkommenen Bereich der hier sog. „nach innen gerichteten" Prävention.[42] Weiterreichend bedeutet diese Vorschrift aber zumindest auf dem Feld der immissionsbedingten Erkrankungen auch eine verpflichtende Aufgabenzuweisung zu verstärkten Regreßbemühungen, um die Steuerungswirkungen des Immissionshaftungsrechts zur Geltung zu bringen.[43]

Was mit „verstärkten Regreßbemühungen" gemeint ist, und wie insbesondere die Aufgabe des § 20 Abs. 1 S. 2 SGB V für den Regreßsektor konkretisiert werden kann, soll im folgenden ausgeführt werden. Dazu bedarf es zunächst einer knappen Auseinandersetzung mit den vorfindlichen Gründen für die gegenwärtige Regreßschwäche der Sozialversicherungsträger.

II. Tatsächliche Regreßschwäche und Auswege

Der faktische Ausfall der Regreßaktivitäten seitens der Sozialversicherungsträger auf dem Gebiet des Immissionshaftungsrechts sowie die Gründe für dieses Phänomen, soweit sie in der Literatur überhaupt thematisiert werden, sind bereits kurz dargestellt worden.[44] Im folgenden sollen die genannten Gründe einer kritischen Stellungnahme unterzogen werden. Interessant ist in diesem Zusammenhang die voranzustellende Überlegung, inwieweit sich die

---

[39] Vgl. *W. Gerlach*, in: Hauck/Haines, SGB V, § 20, Rz. 2.

[40] *W. Gerlach*, in: Hauck/Haines, SGB V, § 20, Rz. 7; *Igl*, in: GK-SGB, § 20 SGB V, Rz. 7.

[41] So *W. Gerlach*, in: Hauck/Haines, SGB V, § 20, Rz. 9. Insoweit bietet sich eine Zusammenarbeit mit den in diesem Bereich erfahrenen Berufsgenossenschaften an. Vgl. § 20 Abs. 2 S. 2 SGB V sowie den Vorschlag von *Krasney*, in: Nicklisch, Prävention im Umweltrecht, S. 233, 240.

[42] Vgl. dazu oben D.III.3.

[43] Zu eng, wenn auch verbreitet, ist die Auffassung, daß sich Prävention - allein - auf den noch nicht erkrankten Versicherten beziehe. Symptomatisch etwa *Igl*, in: GK-SGB, § 20 SGB V, Rz. 8.

[44] Vgl. dazu oben C.III.3.

Gründe für das Regreßversagen mit den Ursachen decken, die auch Private hindern, umwelthaftungsrechtliche Klagen anzustrengen.

Schon seit langem wird eine allgemeine Scheu bei den umweltbeeinträchtigten Bürgern beobachtet, zivilrechtliche Prozesse auf dem Gebiet des Immissionshaftungsrechts zu führen.[45] Sehr zweifelhaft erscheint demgegenüber die wiederholt vorgebrachte Prognose *Schmidt-Salzers*, daß gesteigertes Anspruchsdenken und durchsetzungsfreundlichere Gesetze diesen Zustand schon bald in sein Gegenteil verkehren werden.[46] Denn die eigentlichen Gründe für die Prozeßarmut bestehen nach wie vor. Zunächst ist die regelmäßig abschreckend wirkende Kostenlast eines Prozesses zu nennen, die im Immissionshaftungsrecht insbesondere wegen der hohen Gutachter- und Sachverständigenkosten fast immer beträchtlich ist.[47] Der Kostenfaktor spielt naturgemäß auch bei den Sozialversicherungsträgern eine prozeßhindernde Rolle (dazu sogleich unter 3). Freilich besteht bei den privaten Klägern in aller Regel ein ungünstigeres Kosten-Nutzen-Verhältnis als bei den Versicherungsträgern, weil die einzuklagenden Schadenssummen regelmäßig geringfügiger sind. Zum einen fehlt wegen der Legalzession des § 116 Abs. 1 SGB X für etliche Schadensposten schon die Aktivlegitimation. Der teilweise sozialrechtliche Schadensausgleich wirkt sich dann insgesamt „anspruchsberuhigend“ aus.[48] Zum anderen sind Umweltschäden häufig über eine Vielzahl von Individuen verteilt. Die Summe aller Einzelschäden mag groß sein, der Einzelschaden ist aber oft nur klein. Regelmäßig steht dann die geringe Höhe der zu erwartenden Schadensersatzzahlungen in keinem Verhältnis zum persönlichen Aufwand und zu den Kosten der Durchsetzung des Schadensersatzes.[49] Sozialversicherungsträger haben im Gegensatz zu den individuellen Geschädigten bei Massenschäden die Möglichkeit der Bündelung der Schadensersatzansprüche.[50]

Ein weiterer Grund für die geringe Zahl von Prozessen ist die informationelle Unterlegenheit der Geschädigten. Mangelnde Transparenz bei der Frage der Verursachung von Umweltschäden läßt aussichtsreiche Klagen illusorisch

---

[45] Vgl. *Zweigert/Gessner*, Aus Politik und Zeitgeschichte, 1975, B 30, S. 31; *Lummert/Thiem*, Rechte des Bürgers, S. 187. Empirische Nachweise bei *Gessner*, RabelsZ 40 (1976) 430 ff.

[46] *Schmidt-Salzer*, KF 1990, S. 21, 25 ff.; *ders.*, VersR 1990, 12, 13; *ders.*, VersR 1991, 17 f.; *ders.*, VersR 1992, 389, 396 f.; *ders.*, Kommentar Umwelthaftungsrecht, Einführung Rz. 54 ff.; *ders.*, NJW 1994, 1305, 1313. Dagegen aber *Diederichsen/G. Wagner*, VersR 1993, 641, 642; *Alsleben*, Zufall und subjektives Risiko, S. 45 f.

[47] *Lummert/Thiem*, Rechte des Bürgers, S. 187; *Alsleben*, Zufall und subjektives Risiko, S. 45 ff.

[48] Vgl. nur *Zekoll*, US-amerikanisches Produkthaftpflichtrecht, S. 75.

[49] *Lummert/Thiem*, Rechte des Bürgers, S. 188; *Finsinger/Simon*, in: Müller, Haftpflichtrisiken in Unternehmen, S. 23, 63.

[50] Vgl. dazu ausführlicher unten E.III.4.

erscheinen.[51] Dieses Problem begegnet in ähnlicher Form auch bei den Sozialversicherungsträgern (unten 4.).

Ein wesentlicher Grund für mangelnde immissionshaftungsrechtliche Klagen endlich liegt in der großen Machtdistanz zwischen den Parteien. Die Vorstellung scheint verbreitet zu sein, daß man gegen große und einflußreiche Industrieunternehmen ohnehin nichts ausrichten kann.[52] Insoweit sind kollektive Vorsorgeträger dem Privatkläger überlegen. Ein wichtiger Vorzug der Regreßsituation liegt darin, daß die an sich bestehende Waffenungleichheit zwischen Schädiger und Geschädigtem deutlich verringert ist, wenn ein Sozialversicherungsträger als Kläger auftritt.

1. Grund: Schutz der Verletzteninteressen

Rückgriffsansprüche werden angeblich oftmals deshalb nicht geltend gemacht, weil das den Wünschen oder Interessen des Verletzten zuwiderlaufen könnte.[53] Eine solche - vermeintliche - Rücksichtnahme auf den Verletzten ist den Sozialversicherungsträgern grundsätzlich verwehrt. Sie verträgt sich nicht mit der bestehenden Regreßverpflichtung der Sozialversicherungsträger, die für solche Fälle keine Ausnahme zuläßt. Soweit sich der Regreßanspruch gegen einen Angehörigen des Verletzten richtet - im Immissionshaftungsrecht wohl nur theoretisch vorstellbar - findet sich in § 116 Abs. 6 SGB X eine abschließende Regelung. Sofern geltend gemacht wird, daß der Regreß deshalb unterbleibt, weil die Sozialversicherungsträger ihre Mitglieder nicht durch inquisitorische Fragen belasten wollen, handelt es sich um eine unzulässige Schutzbehauptung. Eine derartige „Rücksichtnahme" gegenüber den Verletzten kann nicht im Interesse der Versichertengemeinschaft liegen. Überdies dürfte es sich regelmäßig nicht um „inquisitorische Fragen" handeln, sondern um die völlig normale Ausübung gesetzlich normierter Befugnisse. Den verletzten Versicherten treffen diverse Mitwirkungspflichten,[54] damit der Sozialversicherungsträger seiner Regreßverpflichtung nachkommen kann. Endlich ist zu berücksichtigen, daß es anläßlich eines Krankheitsfalles regelmäßig nicht zu einem direkten Kontakt zwischen Verletzten und Sozialversicherungsträgern kommt, weil insoweit nur ihre Erfüllungsgehilfen (Ärzte, Krankenhauspersonal) in Erscheinung treten, zu denen möglicherweise ein weniger „anfälliges Vertrauensverhältnis" besteht.

---

[51] *Micklitz*, ZVP 1979, 329, 330; *Lummert/Thiem*, Rechte des Bürgers, S. 187; *G. Wagner*, Kollektives Umwelthaftungsrecht, S. 32; *ders.*, JZ 1991, 175, 178.

[52] *Micklitz*, ZVP 1979, 329, 332 („Schwellenangst"); *Lummert/Thiem*, Rechte des Bürgers, S. 187; *G. Wagner*, Kollektives Umwelthaftungsrecht, S. 32; *ders.*, JZ 1991, 175, 178 („David-gegen-Goliath-Situation").

[53] Dazu oben C.III.3.d).

[54] Vgl. § 60 SGB AT, §§ 69, 98-100 SGB X und dazu *v. Maydell*, in: GK-SGB, § 116 SGB X, Rz. 294 ff.

2. Grund: Kein Interesse

Die Behauptung, Regreße im Immissionshaftungsbereich unterblieben deshalb, weil die ausreichend finanzierten Sozialversicherungsträger schlicht kein Interesse an der Rechtsverfolgung hätten,[55] mag den Ist-Zustand zutreffend beschreiben. Tolerabel ist ein derartiges Verhalten jedenfalls nicht. Die de lege lata bestehende Regreßverpflichtung, selbst wenn man sie nur aus haushaltsrechtlichen Bestimmungen begründen wollte, steht einer solchen Willkür entgegen. Das Anspruchsverwirklichungsprinzip gem. § 76 Abs. 1 SGB IV verlangt jedenfalls, daß die Sozialversicherungsträger die Geltendmachung von Regreßforderungen von einer Kosten-Nutzen-Abwägung abhängig machen. Sachfremde Erwägungen dürfen die Regreßentscheidung nicht beeinflußen. Sofern tatsächlich mangelndes Interesse für die gegenwärtige Regreßschwäche (mit-)ursächlich wäre, ist aufsichtsrechtliches Einschreiten angezeigt.[56]

3. Grund: Kosten

Als den zentralen Grund für die geringe Regreßbereitschaft führt die Literatur am häufigsten den Kostenfaktor ins Feld. Regreßverwaltungs- und Prozeßkosten dürften gerade in einem so schwierigen Rechtsgebiet wie dem Immissionshaftungsrecht nicht selten prohibitiv wirken. Die Regreßpraxis der Sozialversicherungsträger wird vom Prinzip der Wirtschaftlichkeit und Sparsamkeit beherrscht. Daraus resultiert eine unemotionale, zweckorientierte, rationale Praxis der Rechtsverfolgung, die notwendig an einem günstigen ökonomischen Verhältnis von Aufwand und Erfolg ausgerichtet ist. *Weyers* charakterisiert die Wirklichkeit der Rückgriffe der Vorsorgeträger dahin, daß Regresse grundsätzlich systematisch nur dann angestrebt werden, wenn der erwartete Netto-Erfolg in günstigem Verhältnis zu den erwarteten notwendigen Verwaltungsaufwendungen und Barkosten der Durchführung stehe. Regresse wegen kleinerer Schadenssummen würden deshalb vielfach überhaupt nicht genommen.[57]

Eine derartige Regreßpraxis, wie von *Weyers* beschrieben, kann mit dem Immissionshaftungsrecht offensichtlich nichts oder nur wenig anfangen. Die haftungsrechtliche Relevanz umweltbedingter Krankheiten aufzuspüren setzt kostenintensive Ermittlungsarbeit voraus. Die gewichtigen Beweisschwierigkeiten insbesondere im Kausalitätsbereich bergen hohe Prozeßkostenrisiken. Oftmals handelt es sich bei den Umweltkrankheiten, man denke nur etwa an Allergien, um vergleichsweise geringfügige Schadenssummen. Zusammenge-

---

[55] Vgl. oben C.III.3.c).

[56] Dazu noch sogleich unten E.III.5.

[57] *Weyers*, Unfallschäden, S. 418; *Micklitz*, ZVP 1979, 329, 331.

sehen lassen diese Besonderheiten das Immissionshaftungsrecht im Hinblick auf ernsthafte Regreßbemühungen unattraktiv erscheinen. Vor dem Hintergrund der hier herausgearbeiteten grundsätzlichen Regreßverpflichtung der Sozialversicherungsträger darf man sich mit diesem Zustand indes nicht ohne weiteres abfinden.

Die Sozialversicherungsträger dürfen ihre Aufklärungs- und Ermittlungsarbeit bezüglich umweltbedingter Erkrankungen nicht a priori beschränken. Auch eine unter dem Regime des Wirtschaftlichkeitsprinzips stehende Regreßverpflichtung verlangt von den Sozialversicherungsträgern Bemühungen um Sachverhaltsaufklärung im Vorfeld eines potentiellen Regresses. Diese Bemühungen dürfen frühestens dann eingestellt werden, wenn die ökonomische Zwecklosigkeit eines Regresses offenbar ist. Überdies sei schon hier die nachfolgend im Zusammenhang darzustellende epidemiologische Forschung erwähnt. Die Epidemiologie kann und muß auch für die Regreßpraxis der Sozialversicherungsträger fruchtbar gemacht werden, was u. a. nicht ohne positive Auswirkungen auf die Regreßkosten bleiben wird.

Das Prinzip der Wirtschaftlichkeit muß als Regreßgrenze flexibler gehandhabt werden. Es hat sich gezeigt, daß die Regreßverpflichtung sich nicht nur haushaltrechtlich begründen läßt, sondern auch und vor allem aus Sinn und Zweck der Haftpflicht- und Regreßnormen selbst abzuleiten ist. Nicht zuletzt die gebotene Ablehnung des Finanzierungszwecks[58] des § 116 Abs. 1 SGB X deutet darauf hin, daß das pauschale Ersticken von Regreßaktivitäten mit dem Kostenargument verfehlt ist. Wichtig erscheint daher, nicht den potentiellen Individual-Regreß mit seiner womöglich geringfügigen Schadenshöhe in die Kosten-Nutzen-Analyse einzustellen, sondern den Blick zu weiten für die umwelttypischen Massenkrankheiten, die rechtlich und tatsächlich ähnlich gelagert sind und bei denen an eine Art „Regreß-Bündelung" gedacht werden kann.[59] Nicht zu unterschätzen ist auch die Signalwirkung von Muster- oder Grundsatzverfahren.[60] Gerade im Immissionshaftungsrecht sind Prozesse so selten, daß sie, auch wenn die Konstellationen für den Kläger ungünstig sein sollten, rechtsfortbildende und präventive Auswirkungen haben können.[61] Endlich muß auch der eventuelle Abschluß rationeller Teilungsabkommen im Bereich des Ausgleichs immissionsbedingter Gesundheitsverletzungen ins Kalkül gezogen werden. Solange es freilich keine Individualregresse auf diesem Feld gibt, werden die Sozialversicherungsträger auch nicht zu Vereinbarungen über Teilungsabkommen gelangen.[62] Es bedarf also jedenfalls einer

---

[58] Dazu oben D.V.2.b).

[59] Dazu noch unten E.III.4.

[60] Diese werden gelegentlich schon bisher von Sozialversicherungsträgern geführt. Vgl. *Weyers*, Unfallschäden, S. 419.

[61] Man denke nur an den inzwischen berühmten Kupolofen-Fall des BGH (BGHZ 92, 143 ff.). Dazu oben B.II.1.b)aa).

[62] Vgl. dazu oben C.IV.4.d).

gewissen Quantität von Regreßverfahren, um die „Geschäftsgrundlage" für Teilungsabkommen herzustellen. Aus alledem folgt, daß das Wirtschaftlichkeitsprinzip nicht strikt einzelfallbezogen, d. h. nicht nur in Hinsicht auf den Individual-Regreß angewendet werden darf.

4. Grund: Keine Kenntnis

Schließlich wird als Grund für die fehlende Regreßpraxis im Immissionshaftungsrecht genannt, daß die Sozialversicherungsträger oftmals schon keine Kenntnis von haftungsrechtlich relevanten Erkrankungen oder Verletzungen erhalten.[63]

Dieses generelle Informationsdefizit steht an sich im Widerspruch zur Regreßverpflichtung, die auch eine Pflicht zur Sachverhaltsaufklärung beinhaltet, zumal diese Pflicht für die Krankenkassen verstärkt wird durch den schon erwähnten § 20 Abs. 1 S. 2 SGB V, der positiv aufgibt, den Ursachen von Gesundheitsgefährdungen und -schäden nachzugehen und auf ihre Beseitigung hinzuwirken.

Die Sozialversicherungsträger sind für ihre Regreßaktivitäten weithin auf die Versorgung mit Informationen durch ihre Leistungserbringer (Ärzte, Krankenhäuser) angewiesen, weil ein direkter Kontakt zwischen Patient und Sozialversicherungsträger regelmäßig nicht besteht. Die Mitwirkungspflichten des Geschädigten und weiterer Personen[64] sowie das Bestehen sonstiger Auskunftsansprüche[65] sind demgegenüber von sekundärer Bedeutung. Ein entsprechender Informationstransfer von den Leistungserbringern an die Sozialversicherungsträger findet jedoch praktisch nicht statt. Das liegt wesentlich daran, daß schon auf der Primärebene der Leistungserbringung keine Erforschung der Ursachen potentieller Umwelterkrankungen, Archivierung statistischen Materials, Sammlung erheblicher Daten oä. erfolgt.[66] Als Gründe für diese Unterlassungen kommen in Betracht, daß der praktizierende Arzt Gesundheitsschäden nicht als immissionshaftpflichtrechtlich interessant erkennt, daß und weil er allein nicht in der Lage ist, effektive und erfolgversprechende Ursachenforschung zu leisten, ganz zu schweigen davon, daß solche Arbeit für ihn wirtschaftlich reizlos ist.[67]

---

[63] Dazu oben C.III.3.b).

[64] Vgl. dazu soeben Fn. 51.

[65] Vgl. dazu *Hüpers*, VersR 1994, 653 ff.

[66] Vgl. etwa *Feess-Dörr/Prätorius/Steger*, Umwelthaftungsrecht, S. 63 sowie allgemein *Wemmer/Korczak*, Gesundheit, S. 73, 151.

[67] Dazu *G. Wagner*, JZ 1991, 175, 180; *ders.*, NuR 1992, 201, 209.

Das schon auf der Primärebene der Leistungserbringung angesiedelte Dilemma der Informationsdefizite entlastet die Sozialversicherungsträger freilich nicht. Die Delegation der tatsächlichen Krankenbehandlung auf Erfüllungsgehilfen bedeutet nicht, daß die Krankenkassen ihre Verpflichtungen aus § 20 Abs. 1 S. 2 SGB V an Ärzte und Krankenhäuser mit befreiender Wirkung weitergeben könnten.[68] Vielmehr haben die Sozialversicherungsträger durch geeignete Maßnahmen sicherzustellen, daß die Ursachenforschung und Informationsgewinnung schon bei den Leistungserbringern stattfindet. § 20 Abs. 4 S. 1 SGB V schreibt denn auch eine enge Kooperation der Krankenkassen insbesondere mit den Kassenärztlichen Vereinigungen (§ 77 Abs. 1, 4 SGB V) und den Ärzten auf dem Gebiet der Ursachenforschung vor.[69]

5. Ausweg: Epidemiologische Forschung

In der Literatur wird vereinzelt vorgeschlagen, daß die Sozialversicherungsträger die in der Bundesrepublik noch in den Kinderschuhen steckende epidemiologische Forschung verstärkt und systematisch betreiben und fördern sollen.[70] Die Krankenkassen im besonderen können auf diese Weise ihrem Auftrag gem. § 20 Abs. 1 S. 2 SGB V nachkommen.[71] Im folgenden soll der Begriff der Umweltepidemiologie, soweit für die Zwecke dieser Arbeit unabdingbar, kurz umrissen werden. Der Stand der medizinisch/naturwissenschaftlichen Forschung wird aber nicht näher dargestellt. Sodann wird versucht, die epidemiologischen Studien mit der Regreßverpflichtung in Beziehung zu setzen. Die Sozialversicherungsträger können die Umweltepidemiologie für ihre Rückgriffsaktivitäten im Immissionshaftungsrecht fruchtbar machen.

---

[68] Vgl. *Igl*, in: GK-SGB, § 20 SGB V, Rz. 10.

[69] Nicht ausreichend erscheint es, wenn die Sozialversicherungsträger versuchen, für Regreße erforderliche Informationen allein auf direktem Wege unter Ausschaltung der Ärzte zu erlangen. Vgl. etwa BARMER Nr. 3/1993, S. 12 f.: „Die BARMER appelliert deshalb an alle Mitglieder: Sollten Sie ärztliche Hilfe und Behandlung in Anspruch nehmen müssen, weil sie durch ein fehlerhaftes Produkt zu Schaden gekommen sind, informieren Sie bitte Ihre Geschäftsstelle, damit geprüft werden kann, ob die der BARMER entstandenen Kosten beim Produzenten der fehlerhaften Ware geltend gemacht werden können.“ Richtigerweise sollte die diesbezügliche Zusammenarbeit mit den Leistungserbringern gesucht und verstärkt werden, damit die Regreßfrage nicht von der willkürlichen Initiative einiger altruistischer Versicherter abhängt.

[70] Vgl. allgemein für eine Intensivierung *SRU*, Umweltgutachten 1987, BT-Drs 11/1568, Tz. 105, 1652 ff.; *Seewald*, NuR 1988, 161, 166; speziell für eine Intensivierung bei den Sozialversicherungsträgern *G. Wagner*, JZ 1991, 175, 182.

[71] Vgl. *W. Gerlach*, in: Hauck/Haines, SGB V, § 20, Rz. 14. Die Auffassung von *Krasney*, in: Nicklisch, Prävention im Umweltrecht, S. 233, 235, die Untätigkeit auf dem Gebiet der epidemiologischen Forschung könne den Krankenkassen nicht vorgeworfen werden, ist zumindest nach Inkrafttreten des § 20 Abs. 1 S. 2 SGB V nicht mehr haltbar. Wegen dieser Vorschrift und der allgemeinen Regreßverpflichtung bedürfen die Krankenkassen entgegen *G. Wagner*, JZ 1991, 175, 182; *G. Hager*, in: Koch, Auf dem Weg zum UGB, S. 125 Fn. 2, zur Durchführung solcher Forschungen auch keiner weiteren gesetzgeberischen Anreize.

a) Bedeutung

Unter Epidemiologie versteht man die Untersuchung der Verteilung und Häufigkeit von Krankheiten und Todesursachen in der Bevölkerung. Durch spezielle Analyseverfahren wird versucht, Beziehungen zwischen verschiedenen Umwelteinflüssen und dem Gesundheitszustand oder der Lebenserwartung der Menschen aufzudecken.[72] Epidemiologische Studien können in zwei Verfahren betrieben werden und dienen zunächst der Ermittlung des sog. relativen Risikos. Nach dem prospektiven Verfahren werden zwei Bevölkerungsgruppen gebildet, von denen die eine dem verdächtigen Stoff ausgesetzt ist oder war und die andere nicht. Beide Gruppen werden im Hinblick auf die zu untersuchende Krankheit miteinander verglichen. Ist die Zahl der Erkrankungen in der exponierten Gruppe nach Herausrechnung des Zufallsfaktors höher, kann davon ausgegangen werden, daß die Erhöhung auf dem verdächtigen Stoff beruht. Das Verhältnis zwischen der Zahl der Erkrankungen in der exponierten Gruppe zu der Zahl von Erkrankungen innerhalb der anderen Gruppe ist das sog. relative Risiko. Das andere, retrospektiv genannte Verfahren setzt eine Gruppe voraus, die an der zu untersuchenden Krankheit bereits leidet. Dieser Gruppe wird eine zweite gegenübergestellt, deren Lebensbedingungen denen der ersten Gruppe soweit wie möglich gleicht. Die Personen dieser Kontrollgruppe leiden aber nicht an der fraglichen Krankheit. Man fragt dann, wieviele Personen in den jeweiligen Gruppen dem verdächtigen Stoff ausgesetzt waren. Hier bezeichnet das sog. relative Risiko die Zahl der Krankheitsfälle, die ohne Einwirkung des verdächtigen Stoffes entstanden sind. Von der Ermittlung des relativen Risikos schreitet man zur Berechnung des sog. erhöhten oder zurechenbaren Risikos, welches das statistische Maß der Beziehung des verdächtigen Stoffes zu der Krankheit in der Bevölkerung darstellt. Diese Größe wiederum ermöglicht die Berechnung, wieviel Prozent der Krankheitsfälle auf die fragliche Substanz zurückzuführen sind.

Insgesamt betrachtet verschaffen epidemiologische Untersuchungen also Aussagen über die prozentuale Wahrscheinlichkeit, zu der die Krankheit durch den untersuchten Stoff verursacht worden ist.[73] Daraus kann zunächst allgemein gefolgert werden, daß jeder Fortschritt der Epidemiologie zugleich eine Abnahme von Unsicherheit über „Kausalitäten" (Dosis-Wirkung-Beziehungen) bedeutet und damit Zuwachs an (bekannten) Risiken der Industriegesellschaft.[74] Speziell für die Sozialversicherungsträger folgt daraus, daß umweltepidemiologische Studien ein wichtiges Glied beim Nachweis einer

---

[72] Siehe nur etwa *Walletschek/Graw*, Öko-Lexikon, Stichwort: Epidemiologie; Beispiel bei *Spiller*, Umweltproblem, S. 117.

[73] Vgl. Landmann/Rohmer/*G. Hager*, Kommentar, § 6 UmweltHG, Rz. 25 f., auch zum Vorstehenden.

[74] So *Brüggemeier*, KJ 1989, 209, 217.

Beziehung zwischen einem spezifischen Umweltfaktor und einer von ihnen zu betreuenden Krankheit sein können.[75]

Die Sozialversicherungsträger stellen sich als gewissermaßen von Haus aus geeignete Institutionen dar, um epidemiologische Forschung zu betreiben und zu intensivieren. Sie verfügen schon jetzt über etliches in diesem Zusammenhang unverzichtbare Zahlenmaterial, sitzen also gleichsam „an der Quelle".[76] So haben die Berufsgenossenschaften zentrale Dokumentationssysteme (z. B. die Medizinische Dokumentation und die Berufskrankheiten-Dokumentation) aufgebaut, mit deren Hilfe nicht nur gesundheitliche Gefährdungen frühzeitig erkannt und bekämpft werden können, sondern auch wertvolles Basismaterial für epidemiologische Fragestellungen bereitsteht.[77] Die Krankenkassen halten bei solchen Erkrankungen, die zur Arbeitsunfähigkeit führen, die Art der Erkrankung, den Zeitpunkt und die Dauer der Behandlung neben den persönlichen Merkmalen wie Alter, Geschlecht, Beruf, Ausbildung, Wohn- und Arbeitsort für jeden Versicherten über mehrere Jahre auf EDV-Anlagen fest. Auch diese Daten bilden eine Grundlage für epidemiologische Forschung.[78]

Nach allem muß diese „Prädisposition" der Sozialversicherungsträger zu umweltepidemiologischer Forschung in die Forderung einmünden, die gesetzlichen Präventionsaufträge (§ 537 Abs. 1 RVO, § 20 Abs. 1 S. 2 SGB V) jedenfalls auch durch Auf- und Ausbau der Umweltepidemiologie zu konkretisieren, um mehr Licht in das Dunkel umweltbedingter Erkrankungen zu bringen.

b) Regreßverpflichtung und Epidemiologie

Gleichzeitig folgt der Appell an die Sozialversicherungsträger zu intensiverer umweltepidemiologischer Forschung aus ihrer Regreßverpflichtung. Zu erwägen ist nämlich, ob man die Einsatzfähigkeit der immissionshaftungsrechtlichen Normen zugunsten der regressierenden Sozialversicherungsträger durch die Zulassung eines epidemiologischen Kausalitätsnachweises erhöhen könnte. Die Umweltepidemiologie könnte möglicherweise zumindest für einen Teilbereich umweltbedingter Gesundheitsschäden den Weg durch zur Zeit unüberwindlich scheinende Kausalitätsbarrieren bahnen.

Die Meinungen über die haftungsrechtliche Verwertbarkeit eines epidemiologischen Kausalitätsbeweises sind geteilt. Der Rat der Sachverständigen für

---

[75] Vgl. *SRU*, Umweltgutachten 1987, BT-Drs 11/1568, Tz. 1652; *G. Wagner*, Kollektives Umwelthaftungsrecht, S. 162.

[76] So *G. Wagner*, JZ 1991, 175, 182; wiederholt in *ders.*, NuR 1992, 201, 209.

[77] Vgl. *Radek*, NZS 1994, 6, 7.

[78] Vgl. dazu *Heinz*, ZfU 1992, 45, 47.

Umweltfragen hat 1987 davor gewarnt, die Erwartungen in die Leistungsfähigkeit der epidemiologischen Forschung zu hoch zu stecken.[79] Kausalität im strengen Sinne sei durch sie nicht beweisbar. Der Kausalitätsbegriff der Epidemiologie sei ein eher gradueller im Sinne von zunehmender Evidenz durch das Zusammentragen von Indizien.[80] Freilich erkennt auch der *SRU* die zunehmende Bedeutung der Epidemiologie in der Krankheitsursachenforschung, vor allem bei Krebskrankheiten, und tritt daher für eine weitere Verbesserung der epidemiologischen Forschung ein.[81] Ähnlich skeptisch billigt auch *G. Hager* epidemiologischen Forschungsergebnissen nur eine beschränkte Beweiskraft zu.[82] Als Beweismittel für den Verursachungszusammenhang beim einzelnen Betroffenen seien epidemiologische Gutachten nur in Ausnahmefällen verwendbar. Einmal seien epidemiologische Untersuchungen Unsicherheitsfaktoren ausgesetzt, weil jedermann mit einer Vielzahl von Stoffen in Berührung komme und die Untersuchungen nicht unter klinischen Bedingungen stattfinden.[83] Desweiteren könnten die Untersuchungen nur Aussagen über statistische Zusammenhänge machen, weil die Gutachten nur Aussagen über die Auswirkungen eines Schadstoffes für die gesamte exponierte Bevölkerung erlaubten, nicht aber über die Auswirkungen des Schadstoffes auf den Einzelnen.[84]

Demgegenüber mehren sich die Stimmen derer, die auf die juristische Erheblichkeit der epidemiologischen Untersuchungen hinweisen. Schon 1986 hat *Diederichsen* die Bedeutung des epidemiologischen Kausalitätsnachweises betont. Dieser sei wichtig für die Eignungskausalität bei spezifischen Krankheitsbildern, zum anderen könne er aber auch den Vollbeweis im Sinne von § 286 ZPO für die Grundkausalität begründen, etwa bei Explosionsepidemien.[85] Auch *G. Wagner*[86] und *Kniep*[87] sehen die Verwertbarkeit epidemiologi-

---

[79] *SRU*, Umweltgutachten 1987, BT-Drucksache 11/1568, Tz. 1644.

[80] *SRU*, a. a. O., Tz. 1646.

[81] *SRU*, a. a. O., Tz. 1649, 1652 ff. Die Bundesregierung bemüht sich derzeit, ein Gesetz zur flächendeckenden Registrierung von Krebserkrankungen in Westdeutschland über die parlamentarischen Hürden zu bringen. Die angestrebte Registrierungspflicht soll der epidemiologische Wegbereiter für neue Erkenntnisse in der Krebsbekämpfung sein (SZ vom 7.12.1993, S. 5).

[82] Landmann/Rohmer/*G. Hager*, Kommentar, § 6 UmweltHG, Rz. 22 ff.; *ders.*, NJW 1991, 134, 137.

[83] Gegen dieses Argument aber schon *SRU*, BT-Drucksache 11/1568, Tz. 1650: die schädliche Wirkung einer gegebenen Luftverschmutzung werde nicht dadurch aufgehoben, daß häufig gleichzeitig schlechte Ernährung und Lärm auftreten und die Faktoren nicht isoliert betrachtet werden könnten.

[84] Ähnlich zurückhaltend wie *G. Hager* noch *Lungershausen*, Unbekannte Klägerfälle, S. 62 ff.; Lauterbach/*Watermann*, Unfallversicherung, § 551 RVO, Anm. 10c.

[85] *Diederichsen*, DJT-Referat, L 84; auf die Begriffe Eignungs- und Grundkausalität wird unten E.III.1. näher eingegangen.

[86] *G. Wagner*, Kollektives Umwelthaftungsrecht, S. 164.

[87] *Kniep*, GewArch 1991, 173, 174.

scher Studien im Rahmen von Schadensersatzansprüchen aufgrund umweltbedingter Gesundheitsschäden optimistisch. Mittlerweile befürchtet *Diederichsen* offenbar sogar schon eine bundesweite Industriegefährdung, wenn die Krankenversicherer zum Regreß-Angriff blasen, der ihnen durch epidemiologische Studien im Verein mit der Eignungsvermutung gem. § 6 UmweltHG ermöglicht wird.[88]

Über die Einstellung der Gerichte hinsichtlich epidemiologischer Kausalitätsnachweise in Immissionshaftungsfällen ist, soweit ersichtlich, noch nichts bekannt. Das LG Aachen hat in seiner strafgerichtlichen Contergan-Entscheidung einen epidemiologischen Kausalitätsnachweis anerkannt.[89] Allgemeine Lehren, zumal für den Zivilprozeß, dürften aus diesem Beschluß indes nicht zu ziehen sein. In anderen Staaten ist die Akzeptanz des epidemiologischen Kausalitätsnachweises weiter fortgeschritten. Namentlich in dem japanischen Gesetz über die Entschädigung von umweltbedingten Gesundheitsschäden von 1973 kann der Nachweis eines Umweltschadens durch ein Verfahren geführt werden, das einem standardisierten epidemiologischen Nachweis entspricht.[90] Auch in den USA ist die haftungsrechtliche Bedeutung der Epidemiologie entwickelter.[91]

III. Epidemiologisch-probabilistischer Kausalitätsbeweis im Immissionshaftungsrecht

Trotz der allseits erwähnten Entwicklungsbedürftigkeit und angesichts der ebenso bestehenden Entwicklungsfähigkeit der epidemiologischen Forschung soll im folgenden versucht werden, einige Einsatzfelder für den epidemiologischen Kausalitätsbeweis im Immissionshaftungsrecht aufzuzeigen.

1. Der Kausalitätsnachweis im einzelnen

Zunächst gilt es, die für einen immissionshaftungsrechtlichen Sachverhalt typische Kausalitäts- und Beweissituation kurz aufzubereiten. Der Sozialversicherungsträger, der ein Industrieunternehmen im Regreßwege in Anspruch nehmen will, hat insbesondere die Kausalität zwischen Verletzungshandlung und Rechtsgutsverletzung, also die haftungsbegründende Kausalität, und den Ursachenzusammenhang zwischen Rechtsgutsverletzung und eingetretenem Schaden, also die haftungsausfüllende Kausalität, darzulegen und im Bestrei-

---

[88] *Diederichsen*, PHI 1992, 162, 169.

[89] LG Aachen JZ 1971, 507, 510 ff., 512.

[90] Vgl. *Lummert/Thiem*, Rechte des Bürgers, S. 202.

[91] Vgl. die Nachweise bei Landmann/Rohmer/*G. Hager*, Kommentar, § 6 UmweltHG, Rz. 22; *Lungershausen*, Unbekannte Klägerfälle, S. 62.

tensfall zu beweisen. Im Nachweis der haftungsbegründenden Kausalität liegt das Kardinalproblem des Immissionshaftungsrechts, unabhängig davon, ob sich der Anspruch auf § 823 BGB, § 1 UmweltHG oder eine sonstige Rechtsgrundlage stützt. Die Problematik der haftungsbegründenden Kausalität läßt sich in verschiedene Kausalitätsstufen unterteilen.[92]

Zunächst muß die Eignungskausalität nachgewiesen werden. Der Anspruchsteller hat darzutun, daß die in Frage stehende Emission grundsätzlich geeignet ist, die eingetretene Gesundheitsverletzung auszulösen. Das beinhaltet auch die Feststellung, daß der Geschädigte den fraglichen Stoffen überhaupt ausgesetzt war.[93] Die Kausalitätseignung ist Forschungsgegenstand der Naturwissenschaften und kann insbesondere durch epidemiologische Untersuchungen bewiesen werden. Verbesserte epidemiologische Forschungen können also schon auf der ersten Stufe der Kausalitätsprüfung die klägerische Ausgangsposition stärken.

Sodann hat der Sozialversicherungsträger die sog. Initialkausalität darzulegen. Dabei geht es um den Nachweis, daß die spezifischen Schadstoffe, die er für den eingetretenen Schaden verantwortlich macht, bei dem Betrieb der in Anspruch genommenen Anlage auch tatsächlich emittiert worden sind.

Regelmäßig große Schwierigkeiten bereitet der anschließende Nachweis der sog. Grundkausalität. Der Kläger hat darzutun, daß die von der beklagten Anlage ausgehende Emission die Rechtsgutsverletzung tatsächlich verursacht hat. Der Nachweis wird um so schwerer, je größer die Entfernung des in Anspruch genommenen Unternehmens vom Ort des Schadensfalles und je verbreiteter die schadensverursachenden Stoffe wegen anderer in Betracht kommender Emissionsquellen sind.

Soweit als Anspruchsgrundlage ein Tatbestand der Verschuldenshaftung zu prüfen ist, hat der Anspruchssteller endlich noch die Handlungskausalität darzutun, also nachzuweisen, daß die Rechtsgutsverletzung auf einem zurechenbaren, insbesondere rechtswidrigen Verhalten des Verursachers beruht. Da für die Gefährdungshaftung, etwa nach § 1 UmweltHG, die Rechtswidrigkeit unerheblich ist, kommt es insofern auf den Nachweis der Handlungskausalität nicht an und kann auch hier im weiteren unbeachtet bleiben.

---

[92] Die folgende Aufschlüsselung folgt terminologisch der Darstellung bei *Diederichsen*, DJT-Referat, L 80 ff. Ebenso etwa *v. Dörnberg*, in: v. Dörnberg/Gasser/Gassner, Umweltschäden, S. 21. Vgl. ferner *Gmehling*, Beweislastverteilung, S. 186 ff.

[93] Landmann/Rohmer/*G. Hager*, Kommentar, § 6 UmweltHG, Rz. 1.

2. Kausalitätserleichterungen durch das UmweltHG?

Angesichts dieser vom Kläger zu leistenden, nicht unbeträchtlichen Beweisarbeit fragt sich, welche Erleichterungen insoweit das neue UmweltHG mit seiner Verursachungsvermutung (§§ 6, 7) und seinen Auskunftsansprüchen (§§ 8, 9) bringt.[94] Nach § 6 Abs. 1 UmweltHG wird vermutet, daß eine beim Geschädigten vorliegende Rechtsgutsverletzung durch eine Umwelteinwirkung verursacht ist und daß diese Umwelteinwirkung von einer bestimmten Anlage ausgegangen ist, wenn diese Anlage nach den konkreten Gegebenheiten des Einzelfalles geeignet war, eine derartige Umwelteinwirkung zu verursachen und diese Umwelteinwirkung ihrerseits konkret geeignet war, die eingetretene Rechtsgutsverletzung zu verursachen.[95] § 6 Abs. 1 UmweltHG ist danach also nicht so zu verstehen, daß er eine Vermutung für die Grundkausalität begründet, wenn der Kläger Eignungs- und Initialkausalität dargetan und bewiesen hat.[96] Dieser Nachweis läßt die Anlage nur als abstrakt geeignet erscheinen, die Rechtsgutsverletzung verursacht zu haben. § 6 Abs. 1 S. 1 UmweltHG errichtet aber erst dann eine Vermutung für die Grundkausalität, wenn der Kläger nicht nur die abstrakte, sondern auch die konkrete Eignung der Anlage zur Schadensverursachung dartut und beweist.[97] Der Nachweis der konkreten Eignung ist aber noch sehr voraussetzungsvoll (vgl. § 6 Abs. 1 S. 2 UmweltHG).[98] Die Ursachenvermutung ist ausgeschlossen, wenn der Inhaber der Anlage nachweist, daß er den bestimmungsgemäßen Betrieb eingehalten hat (§ 6 Abs. 2 UmweltHG). Dieser wird unter Umständen von Gesetzes wegen vermutet (§ 6 Abs. 3, 4 UmweltHG).[99] Die Verursachungsvermutung gilt nach § 7 UmweltHG ferner dann nicht, wenn ein anderer Umstand als (irgend-)eine Anlage geeignet ist, den Schaden zu verursachen.[100]

Alles in allem fällt die Beweiserleichterung des § 6 Abs. 1 S. 1 UmweltHG für den Geschädigten bzw. seinen Rechtsnachfolger eher mager aus. Sofern die Verursachungsvermutung nicht ohnehin ausgeschlossen ist (§§ 6 Abs. 2, 7 UmweltHG), lastet auf dem Anspruchsteller der Vollbeweis der abstrakten und konkreten Geeignetheit der Anlage zur Schadensverursachung. Nach *Diederichsen* liegt im Nachweis abstrakter und konkreter Geeignetheit regel-

---

[94] Allgemeiner Überblick bei *Landsberg/Lülling*, DB 1991, 479 ff.

[95] Vgl. *Landsberg/Lülling*, Kommentar, § 6 UmweltHG, Rz. 49.

[96] So aber offenbar beiläufig *Fikentscher*, Schuldrecht, Rz. 484.

[97] *Schmidt-Salzer*, Kommentar, § 6 UmweltHG, Rz. 51.

[98] Einzelheiten bei *Landsberg/Lülling*, Kommentar, § 6 UmweltHG, Rz. 51 ff.; *Schmidt-Salzer*, Kommentar, § 6 UmweltHG, Rz. 187 ff.

[99] Zu den Einzelheiten des Ausschlußes nach § 6 Abs. 2 UmweltHG *Landsberg/Lülling*, Kommentar, § 6 UmweltHG, Rz. 68 ff.; *Salje*, Kommentar, § 6 UmweltHG, Rz. 33 ff.

[100] So die Lesart bei *Landsberg/Lülling*, Kommentar, § 7 UmweltHG, Rz. 2. Für den Ausstieg aus der Ursachenvermutung trägt der Anspruchsgegner die Beweislast, *Schmidt-Salzer*, Kommentar, § 6 UmweltHG, Rz. 5.

mäßig schon der Vollbeweis für die Grundkausalität, die Vermutung des § 6 Abs. 1 S. 1 UmweltHG gehe also ins Leere. Es werde etwas geregelt, was in unserer Rechtsordnung bereits in einem viel eindeutigeren Sinne geregelt sei.[101] *Gottwald* ist zumal angesichts der in der Rechtsprechung schon anerkannten Beweiserleichterungen für den Geschädigten der gleichen Ansicht. § 6 Abs. 1 S. 1 UmweltHG gehe von einer Vermutungsbasis aus, die bereits die Würdigung des gesamten Sachverhalts voraussetze. Die Verursachungsvermutung sei daher „funktionslos, überflüssig und verwirrend“ und gebe dem Anspruchsteller „Steine statt Brot“.[102] Diese negative Einschätzung des § 6 Abs. 1 S. 1 UmweltHG findet auch in der übrigen Literatur ein deutliches Echo.[103] Soeben hat eine Entscheidung des OLG Düsseldorf vor Augen geführt, wie unwahrscheinlich das tatsächliche Eingreifen der Verursachungsvermutung in der Praxis ist, weil der Kläger regelmäßig den Nachweis der konkreten Eignung nicht wird erbringen können.[104]

Für den Nachweis der hier sog. Initialkausalität können indes die Auskunftsansprüche nach §§ 8, 9 UmweltHG Erleichterungen bringen, da auf diese Weise Daten verfügbar werden, die sonst nicht oder nur schwer zu erlangen sind.[105] Soweit ein Sozialversicherungsträger als Rechtsnachfolger des Geschädigten Schadensersatz nach dem UmweltHG verlangt, steht ihm ebenfalls der Auskunftsanspruch gegen den vermeintlichen Schädiger gem. § 8 UmweltHG zu, nicht jedoch der Anspruch gem. § 9 UmweltHG.[106]

3. Kausalitätserleichterungen durch die Epidemiologie

Das neue UmweltHG hat die prinzipiellen Beweisschwierigkeiten des Anspruchstellers mithin nur unwesentlich erleichtert. Inwieweit der Nachweis der haftungsbegründenden Kausalität durch epidemiologische Studien unterstützt werden kann, soll nunmehr überlegt werden.

---

[101] *Diederichsen*, PHI 1990, 78, 88. Zustimmend *v. Dörnberg*, in: v. Dörnberg/Gasser/Gassner, Umweltschäden, S. 26.

[102] *Gottwald*, Festschrift Hermann Lange, S. 447, 454, 456, 467.

[103] Aus der Kommentarliteratur *Landsberg/Lülling*, Kommentar, § 7 UmweltHG, Rz. 17: „geringe Bedeutung“; *Schmidt-Salzer*, Kommentar, § 6 UmweltHG, Rz. 200: „deklaratorischer Charakter“; *Salje*, Kommentar, § 6 UmweltHG, Rz. 8, 31 f.; abwartend allerdings *Paschke*, Kommentar, § 6 UmweltHG, Rz. 5. Vgl. im übrigen die gleichlautende Kritik bei *Weber/Weber*, VersR 1990, 688; *Schimikowski*, Haftung für Umweltrisiken, Rz. 44, 48; *Engelhardt*, Haftung für Umweltschäden, S. 242 ff.; weniger hart *P. Marburger*, AcP 191 (1991) 1, 24 f.

[104] OLG Düsseldorf NJW-RR 1994, 1181 f.

[105] Vgl. Landmann/Rohmer/*G. Hager*, Kommentar, § 6 UmweltHG, Rz. 17.

[106] Zur Begründung *Hüpers*, VersR 1994, 653, 654 ff.

a) Eignungskausalität

Schon beim Nachweis der Eignungskausalität wird der private Kläger oftmals vor großen Wissenslücken stehen. Die Sozialversicherungsträger können hingegen u. a. durch epidemiologische Forschungen ihren Kenntnisstand um die Toxizität chemischer Stoffe, die synergistische Wirkung von Immissionen usw. verbessern. Das Wissen um die Kausalitätseignung emittierter chemischer Verbindungen ist nur auf dem Weg über die naturwissenschaftliche Forschung zu erlangen. Die Auskunftsansprüche des UmweltHG bieten insoweit keine „Abkürzung". Es mag zwar sein, daß insbesondere bei den Industrieunternehmen Erkenntnisse über die Wirkung der emittierten Stoffe vorliegen. Insoweit verhelfen die Auskunftsansprüche aber nicht zu einem Abbau des Informationsgefälles.[107] Um derartige, umfassende Informationen, die beim Anspruchsgegner vorhanden sein könnten, in die Hand zu bekommen, bedürfte es weiterreichender Auskunftsbefugnisse, wie sie in den USA etwa mit dem discovery-Verfahren zur Verfügung stehen.[108] Ohne discovery wären etwa die Beweismittel, die letztlich Zehntausenden Asbestose-Kranken erfolgreiche Klagen gegen Hersteller und Verarbeiter von Asbest-Produkten ermöglicht haben, nicht zu erlangen gewesen.[109] Die Auskunfts- und Einsichtsrechte nach dem UmweltHG sind in ihrer Reichweite mit den discovery-Regeln schon im Ansatz nicht zu vergleichen.[110] Epidemiologische Forschungen sind also für den Nachweis der Eignungskausalität in immissionshaftungsrechtlichen Sachverhalten ebenso wertvoll wie unabdingbar.

b) Grundkausalität bei schadstoffspezifischen Schäden

Für den Nachweis der Grundkausalität oder zumindest der konkreten Eignung einer Anlage zur Schadensverursachung im Sinne des § 6 Abs. 1 S. 1 UmweltHG sind epidemiologische Studien an sich nicht ohne weiteres geeignet. Denkbar ist jedoch, daß bei schadstoffspezifischen Schäden,[111] zumal wenn sie durch seltene, ungewöhnliche Stoffe ausgelöst werden, schon über epidemiologische Studien der Vollbeweis gem. § 286 ZPO geführt werden kann.[112]

---

[107] Nach § 8 Abs. 1 S. 2 UmweltHG erstreckt sich die Auskunftspflicht nur auf „Art und Konzentration" der fraglichen Stoffe, nicht auf ihre Wirkung auf den Menschen.

[108] Vgl. dazu *Paulus*, ZZP 104 (1991) 397 ff. m. w. N.

[109] Vgl. dazu *Reitz*, ZZP 104 (1991) 381, 388 ff.

[110] Vgl. nur etwa *Reuter*, BB 1991, 145, 148.

[111] Zur Unterscheidung schadstoffspezifischer von schadstoffunspezifischen Gesundheitsschäden oben B.II.1.b)dd)(2).

[112] Landmann/Rohmer/*G. Hager*, Kommentar, § 6 UmweltHG, Rz. 20; *Diederichsen*, DJT-

c) *Grundkausalität bei schadstoffunspezifischen Schäden*

Für die quantitativ wichtigste Gruppe der schadstoffunspezifischen Schäden werden epidemiologische Forschungsergebnisse für den Nachweis der Grundkausalität allein regelmäßig nicht ausreichen. Mit Hilfe der Epidemiologie läßt sich das sog. erhöhte Risiko ermitteln, bezogen auf den Einzelfall also nicht mehr als eine Aussage über die prozentuale Wahrscheinlichkeit, zu der die Krankheit durch den untersuchten Stoff verursacht worden ist. Die bloß statistisch nachgewiesene Risikoerhöhung eines Stoffes genügt zur Beweisführung grundsätzlich noch nicht, zumal der schadstoffunspezifische Schaden auch auf anderen Stoffen oder Faktoren beruhen kann.

4. Epidemiologisch-probabilistischer Kausalitätsnachweis durch Sozialversicherungsträger

Im folgenden sollen anhand eines auch für den deutschen Rechtsraums häufig diskutierten Beispielsfalles einer schadstoffunspezifischen Massenschädigung einige erste Überlegungen vorgelegt werden, ob eine epidemiologisch-probabilistische Beweisführung[113] jedenfalls dann zuzulassen ist, wenn ein Sozialversicherungsträger als Anspruchsteller auftritt.

a) *Beispielsfall*

Fall[114]: Epidemiologische Studien mögen ergeben haben, daß an einem bestimmten Ort schon immer jährlich ca. 100 Fälle einer bestimmten Krebsart auftreten, die auf natürlichen Ursachen beruhen. An dem Ort siedelt sich ein Chemieunternehmen an, daß Stoffe emittiert, die die bezeichnete Krebsart verursachen können. In der Folge stellt man fest, daß die Zahl der Krebsfälle auf jährlich 200 ansteigt. Es läßt sich jedoch nicht feststellen, ob die Krankheiten auf die natürlichen oder auf die von dem Unternehmen emittierten

---

Referat, L 84, bezeichnet diese Fälle als „Explosionsepidemien" und nennt als Beispiele die Itai-Itai- und Minamata-Krankheiten in Japan in den 50er Jahren. Regionale Abgeschiedenheit und mangelnde industrielle Durchmischung haben die Beweisführung allein aufgrund der Epidemiologie noch begünstigt. Vgl. zu diesen Krankheiten schon oben B.II.1.b)dd)(1). Zustimmend zur Zulassung des epidemiologischen Kausalitätsnachweises in diesen Fällen noch *Kloepfer*, Umweltrecht, § 4, Rz. 324; *ders.*, Zur Rechtsumbildung durch Umweltschutz, S. 12; *P. Marburger*, in: Held, Chemiepolitik, S. 221, 228.

[113] Bei dem probabilistischen oder statistischen Kausalitätsnachweis handelt es sich dogmatisch um die Problematik der Reduzierung des Beweismaßes. Vgl. allgemein dazu etwa *Prütting*, KF 1989, S. 6 ff.

[114] Vgl. *Köndgen*, UPR 1983, 345, 347; *Bodewig*, AcP 185 (1985) 505, 528 f.; *Medicus*, JZ 1986, 778, 781; *G. Hager*, NJW 1986, 1961, 1967; *Gottwald*, KF 1986, S. 27; *Diederichsen*, DJT-Referat, L 87 f.; *Adams*, ZZP 99 (1986) 129, 148, 157; *P. Marburger*, in: Held, Chemiepolitik, S. 221, 231; *Gmehling*, Beweislastverteilung, S. 226.

Stoffe zurückzuführen sind. Klar ist jedoch, daß entweder die natürlichen oder die Industrieimmissionen die Schäden ausgelöst haben. Eine kumulative Kausalität oder eine sonstige Verursachungsquelle scheiden aus.[115]

In diesem Fall vermag der Geschädigte bzw. sein Rechtsnachfolger, der gegen das Unternehmen vorgeht, Eignungs- und Initialkausalität nachzuweisen. Darlegung und Beweis der Grundkausalität oder der konkreten Geeignetheit im Sinne von § 6 Abs. 1 S. 1 UmweltHG werden indessen nicht gelingen. § 286 Abs. 1 ZPO verlangt vom Kläger den Vollbeweis. Das Regelbeweismaß ist erst dann erreicht, wenn für die streitige Behauptung nicht nur die überwiegende Wahrscheinlichkeit, sondern sogar eine sehr hohe Wahrscheinlichkeit spricht, damit der Richter die behauptete Tatsache für wahr erachtet.[116] Der einzelne Anspruchsteller wird aber zur Überzeugung des Gerichts nicht ausschließen können, daß die Krankheit nicht von dem Unternehmen verursacht wurde, sondern durch natürliche Ursachen entstanden ist. Auch § 830 Abs. 1 S. 2 BGB hilft hier nicht weiter, weil diese Vorschrift voraussetzt, daß die Ersatzberechtigung des Verletzten zweifelsfrei feststeht. Das ist aber nicht der Fall, weil und wenn die Schädigung auf natürlichen Ursachen beruhen kann. Dieses Risiko hat der Verletzte bzw. die Sozialversicherung zu tragen. Im Ergebnis haftet das Unternehmen also zumindest nach h. M. nicht.[117]

b) Die Lösung Bodewigs

Insbesondere *Bodewig* kommt das Verdienst zu, die materielle Ungerechtigkeit dieser Lösung der h. M. aufgezeigt zu haben.[118] Bezogen auf den Zwei-Parteien-Prozeß betrachtet die h. M. den Fall isoliert aus der Warte des einzelnen Geschädigten und kommt so notwendig zur Versagung von Schadensersatzansprüchen. Diese Sichtweise wird aber den Massenschäden-Fällen nicht gerecht. Dem Täter steht hier eine Vielzahl von Geschädigten gegenüber, und das muß bei der Würdigung des Falles berücksichtigt werden. Es handelt sich gewissermaßen um die umgekehrte Konstellation des § 830 Abs. 1 S. 2 BGB. *Bodewig* spricht insoweit von „alternativer Opferschaft“, weil

---

[115] In der Praxis werden derart einfach gelagerte Sachverhalte naturgemäß kaum vorkommen. Zu den Konsequenzen vgl. *Gmehling*, Beweislastverteilung, S. 230 f. Auf die Kausalitätsprobleme bei Beteiligung mehrerer Emittenten soll hier nicht eingegangen werden. Vgl. allgemein *Brüggemeier*, UTR 12 (1990) 261 ff.

[116] Statt vieler Münchener Kommentar/*Prütting*, ZPO, § 286, Rz. 39.

[117] *Weckerle*, Verantwortlichkeit, S. 139, 143; *Henckel*, JuS 1975, 221, 223; *Larenz*, Schuldrecht II, BT, § 74 I b, S. 668; teilweise a. A. aber jetzt *Larenz/Canaris*, Schuldrecht II/2, § 82 II 3, S. 576 ff.; Soergel/*Zeuner*, BGB, § 830, Rz. 18; Münchener Kommentar/*Mertens*, BGB, § 830, Rz. 23 f.; RGRK/*Steffen*, § 830, Rz. 18. Zur h. M. noch *Bodewig*, AcP 185 (185) 505, 529, 537.

[118] *Bodewig*, AcP 185 (1985) 505, 530 ff.; zustimmend nur insoweit *Diederichsen*, DJT-Referat, L 88.

die Geschädigten nicht einzeln, sondern als Gruppe gesehen werden müssen. Nach § 830 Abs. 1 S. 2 BGB kann jemand als Schädiger in Anspruch genommen werden, obwohl er den Schaden tatsächlich nicht verursacht hat. Das entsprechende Ausgleichsbedürfnis entsteht in den Fällen alternativer Opferschaft. Der Verletzte soll Schadensersatz verlangen können, obwohl er nicht unbedingt von dem in Anspruch genommenen Unternehmen geschädigt zu sein braucht. Bei § 830 Abs. 1 S. 2 BGB hat der Gesetzgeber in Kauf genommen, daß auch solche Täter haften sollen, die möglicherweise keinerlei Schaden verursacht haben. Um so mehr ist die Haftungsanordnung dann gerechtfertigt, wenn die Kausalität im Grundsatz (wenn auch nicht im Einzelfall) feststeht und somit mit Sicherheit kein „Unschuldiger" getroffen wird. Bei der alternativen Opferschaft steht fest, daß der Täter jedenfalls für einen Teil der Schäden verantwortlich ist (100 Krebserkrankungen hat in unserem Fall das Unternehmen verursacht). Betrachtet man die Geschädigten als Gruppe, kann also mit Sicherheit festgestellt werden, daß ein Teil der Geschädigten einen Anspruch gegen das Unternehmen hätte.[119]

c) *Zuordnung und Durchsetzung der Ansprüche*

So sehr die grundsätzliche Haftpflicht des Unternehmens in unserem Fall auch einleuchtet, so schwierig gestaltet sich die Zuordnung der Ansprüche an die einzelnen Geschädigten. Die erste Frage lautet, was jeder einzelne Kranke erhalten, die zweite Frage, wie er es durchsetzen können soll.

Zunächst sind nach *Bodewig* alle Kranken als Solidargemeinschaft anzusehen. Interessengerecht erscheine allein eine gleichmäßige Verteilung des Schadensersatzes unter alle Geschädigten. Die Solidargemeinschaft der Opfer bestehe dann darin, daß diejenigen, die tatsächlich durch die Emissionen geschädigt wurden und bei nachgewiesener Kausalität einen Anspruch auf vollen Ersatz ihres Schadens hätten, mit der Hälfte vorlieb nehmen müßten, während die, die wegen der natürlichen Verursachung eigentlich gar keinen Anspruch hätten, ebenfalls die Hälfte ersetzt bekommen. Im Beispielsfall würde das Unternehmen bei jedem der 200 Erkrankten für 50% des Schadens aufkommen müssen.[120] Für die Frage der Durchsetzung hat schon zuvor *Köndgen* auf zwei Lösungswege hingewiesen.[121]

Köndgen bezeichnet die erste Lösung als „materiell-rechtliche", hier soll sie Individuallösung genannt werden. Unter Aufgabe des Prinzips der Totalreparation (Alles-oder-Nichts-Prinzips) wird der Anspruch jedes möglicherweise Betroffenen auf das Wahrscheinlichkeitsmaß der Verursachung durch das Unternehmen, im Fall also 50%, reduziert. Der auf Schadensersatz klagende

---

[119] *Bodewig*, a. a. O., S. 530 f., 537 ff.

[120] *Bodewig*, AcP 185 (1985) 505, 543 f., 547.

[121] *Köndgen*, UPR 1983, 345, 347.

Krebskranke kann also 50% seines Schadens geltend machen. Der Vollbeweis der Grundkausalität wird durch einen probabilistischen Kausalitätsnachweis ersetzt.

Der zweite Weg wird durch eine Kollektivlösung gebildet, *Köndgen* nennt sie „prozessual". Es wird eine Klägergemeinschaft aus allen Erkrankten geformt, zu deren Gunsten die Ursächlichkeit „nach dem Muster des § 830 Abs. 1 S. 2 BGB" vermutet wird. Die Aufteilung des insgesamt geschuldeten Schadensersatzes (Schadensersatz für 100 Krebserkrankungen) wird dem Innenverhältnis unter allen Klägern überlassen. Nach *Köndgen* würde das im Ergebnis mangels weiterer Aufklärbarkeit auf eine pro-capite-Aufteilung des Gesamtschadensersatzes hinauslaufen. In unserem Fall bekäme also jeder der 200 Erkrankten auch nach dieser Lösung prinzipiell 50% seines Schadens ersetzt. *Bodewig* behandelt diese Frage der Anspruchsdurchsetzung in seinem Aufsatz an sich nicht mehr, sondern deutet nur in Richtung auf eine Kollektivlösung, wenn er meint, daß die individualistische Betrachtung durch eine Bündelung der Schadensersatzansprüche ersetzt werden müsse. Dies wäre denkbar durch eine class action, eine Fonds- oder eine Versicherungslösung.[122]

d) Kritik am probabilistischen Kausalitätsnachweis

Im folgenden sollen die im Schrifttum erhobenen Einwände gegen die unter c) dargestellte Lösung diskutiert werden.

aa) Kritik am Sachverhalt

Erste grundsätzliche Zweifel betreffen an sich weniger die Zulässigkeit des statistischen Kausalitätsbeweises, als vielmehr die vorgelagerte, vor allem epidemiologische „Aufbereitung" des Sachverhalts. *Adams* und *Gmehling* weisen darauf hin, daß sich praktische Fälle von unserem Beispielsfall dadurch unterscheiden werden, daß wesentlich mehr und verwickeltere Verursachungsquellen in Betracht kommen und dem entscheidenden Gericht vielfältigere Informationen zu Gebote stehen werden.[123] *Diederichsen* wendet ein, daß ein Teil der Verursachung in der Disposition des Opfers liegen könne, der mit statistischen Methoden nicht oder nur höchst ungerecht Rechnung getragen werden könne.[124]

Diese Kritik richtet sich im Kern gegen die Aussagekraft epidemiologischer Studien und die Herstellbarkeit abgesicherter statistischer Zusammenhänge. Folglich kann hier auf die schon oben E.II.5.b) referierten Einwände an der Epidemiologie als solcher verwiesen werden, mit denen sich diese Kritik

---

[122] *Bodewig*, AcP 185 (1985) 505, 557 f.

[123] *Adams*, ZZP 99 (1986) 129, 146, 158; *Gmehling*, Beweislastverteilung, S. 230 f.

[124] *Diederichsen*, DJT-Referat, L 89. Vgl. auch *v. Bar*, KF 1987, S. 16.

weithin deckt. Strenggenommen gehen diese Zweifel an dem Problem der Zulassung eines probabilistischen Kausalitätsnachweises vorbei. Natürlich muß eingeräumt werden, daß ein derart einfach gelagerter Sachverhalt wie der unseres Beispielsfalles in der Realität wohl nur selten vorkommen wird. Denkbare Massenschädenfälle werden praktisch exzeptionell bleiben. Gleichwohl kann bei der fortschreitenden Verfeinerung der epidemiologischen Forschung nicht ausgeschlossen werden, daß mehr oder weniger signifikante statische Auffälligkeiten mit einem oder mehreren schadstoffemittierenden Unternehmen in Verbindung gebracht werden können. Schon 1987 hat der *SRU* ausgeführt, daß die schädlichen Auswirkungen der Luftverschmutzung trotz anderer Einflüsse und gegebener unterschiedlicher Dispositionen der Menschen ermittelbar bleiben, weil die schädlichen Auswirkungen durch andere Einflüsse nicht aufgehoben werden.[125]

bb) Materielle Richtigkeit der Lösung?

Sofern man davon ausgeht, daß der zu beurteilende Sachverhalt mit epidemiologischen und sonstigen Methoden ähnlich klar herauszupräparieren ist wie bei unserem Beispielsfall, dann erscheint die von *Bodewig* gefundene materiell-rechtliche Ersatzberechtigung der Solidargemeinschaft der Opfer in Höhe des statistischen Verursachungsanteils und die verhältnismäßige Aufteilung des Gesamtschadensersatzes auf alle Erkrankten als zutreffend. Hiergegen opponiert jedoch *Gmehling*, daß nach diesem Modell jede der Gerichtsentscheidungen mit Sicherheit falsch wäre, denn die tatsächlichen Opfer bekämen im Prozeß nur die Hälfte des ihnen materiell zustehenden Schadensersatzes zugesprochen, die Nicht-Opfer aber einen Anspruch, der mit Sicherheit jeglicher materieller Grundlage entbehre. Der Richter müsse also unzumutbarerweise „sehenden Auges“ falsche Urteile fällen.[126]

Diese Kritik geht fehl. Der Richter wird schon deshalb nicht „sehenden Auges“ falsch entscheiden, weil eine Grenzziehung zwischen Berechtigten und Nichtberechtigten in unserem Fall nicht möglich wäre, allenfalls willkürlich und nach sachfremden Erwägungen vorgenommen werden könnte. Die Gefahr der Realisierung des Risikos durch die Natur oder durch die Emission des Unternehmens war für alle Betroffenen gleich groß. Aus der Geschädigtensicht war für jeden die Chance, durch die Emission oder aufgrund der natürlichen Umstände krank zu werden, gleich verteilt. Diese „Chancengleichheit“ spricht für gleiche Teilhabe. Im übrigen wird keinem Kranken zuwenig zugeordnet, da nach der individualistischen Betrachtungsweise der h. M. ja jedes Opfer leer ausgehen würde.[127] Auch das emittierende Unterneh-

---

[125] *SRU*, BT-Drucksache 11/1568, Tz. 1650.

[126] *Gmehling*, Beweislastverteilung, S. 229; ähnliche Zweifel schon bei *Köndgen*, UPR 1983, 345, 347.

[127] Vgl. *Bodewig*, AcP 185 (1985) 505, 544.

men wird durch diese Schadensverteilung nicht ungerechtfertigt belastet, da der zu zahlende Gesamtschadensersatz die statistische Gefahrerhöhung nicht übersteigt. Auch aus Sicht der Ökonomischen Analyse ist die Lösung *Bodewigs* effizient. Danach wäre in unserem Fall sowohl ein im vollen Umfang klageabweisendes als auch ein in vollem Umfang die Klage zusprechendes Urteil verfehlt. Beide Entscheidungen führten zu Fehlallokationen. Lediglich die Aufteilung des Schadens in Höhe der jeweiligen Verursachungswahrscheinlichkeiten vermeide die andernfalls eintretende Sanktionslücke oder Übermaßhaftung.[128] Auch Gegner des probabilistischen Kausalitätsbegriffes räumen ein, daß von dieser Schadensaufteilung an sich richtige präventive Anreize ausgehen.[129]

cc) Probabilistischer Kausalitätsnachweis verträgt sich nicht mit Individuallösung

Tatsächlich erklärt sich die soeben geschilderte Kritik *Gmehlings* aus der individualistischen Sichtweise der h. M. Betrachtet man nur das einzelne Opfer, dann ist naturgemäß die statistische Lösung materiell-rechtlich verfehlt. Für Statistiken ist es ja geradezu charakteristisch, daß sie nur für das Kollektiv nach den mathematischen Regeln der Spieltheorie stimmen, bezogen auf den Einzelnen indes nur zufällig richtig sind.[130] Dieser individualistische, auf den Zwei-Parteien-Prozeß bezogene Blickwinkel ist es denn auch, der im Grunde die wohl überwiegende Ablehnung des statistischen Kausalitätsbeweises durch die Literatur begründet. Verengt man den Blick auf den einzelnen Kläger, bedeutet die Zulassung des probabilistischen Kausalitätsbegriffes den Verzicht auf den Nachweis eines individuellen Betroffenseins. Diese Vorverlegung der Haftung stellt dann eine Durchbrechung des Verursacherprinzips dar.[131] Die Gewährung von Schadensersatz für ein nur potentielles Opfer läßt sich auch mit der Ausgleichsfunktion des Haftungsrechts nicht mehr begründen, sondern allenfalls mit einer dem Haftpflichtrecht fremden privaten Straffunktion.[132] Bezogen auf den einzelnen Kläger stellt die Anwendung des probabilistischen Kausalitätsnachweises desweiteren einen schwerwiegenden Einbruch in das Prinzip der Totalreparation dar. Eine individuelle Schadensberechnung wäre nicht mehr möglich.[133]

---

[128] *Adams*, ZZP 99 (1986) 129, 149 f., 156. Vgl. noch *Rehbinder*, NuR 1989, 149, 157.

[129] *Köndgen*, UPR 1983, 345, 347; *Gottwald*, KF 1986, S. 28. Allgemein zu den zum Vorliegenden „spiegelbildlichen" Haftungsfunktionen des § 830 Abs. 1 S. 2 BGB, *Brehm*, JZ 1980, 585, 587 ff.

[130] So *Medicus*, JZ 1986, 778, 781; *Steffen*, VP 1990, 97, 98.

[131] *Köndgen*, UPR 1983, 345, 347; *Steffen*, VP 1990, 97, 98. Hinsichtlich der dadurch verfehlten Präventionsanreize vgl. *Assmann*, in: Fenyves/Weyers, Multikausale Schäden, S. 99, 111.

[132] *Köndgen*, UPR 1983, 345, 347; *Diederichsen*, DJT-Referat, L 89.

[133] *Diederichsen*, DJT-Referat, L 89; *Medicus*, JZ 1986, 778, 781.

Diese Kritik gegen den probabilistischen Kausalitätsnachweis ist stichhaltig, soweit man sich auf ihre Prämisse, die individualistische Sichtweise, einläßt. Daraus folgt zunächst nur, daß die oben E.III.4.c)aa) dargestellte Individuallösung mit der Begründung der h. M. abzulehnen ist. Die Individuallösung gibt auch nahezu unlösbare praktische Probleme auf. Angenommen, in unserem Beispielsfall klagte ein einziges Opfer auf Schadensersatz. Wie sollte sich das Gericht den umfassenden Überblick über den Gesamtkomplex verschaffen? Der einzelne Kläger wäre hier schon überfordert, die entsprechende Datenbasis zu liefern. Je geringer überdies die Verursachungswahrscheinlichkeit, desto höher stiege im Verhältnis das Prozeßrisiko für den Kläger. Bevor dem einzelnen Kläger der ihm statistisch zustehende Schadensanteil zugesprochen werden könnte, wüchse der Prozeßstoff ins Riesenhafte, und der Prozeß würde nahezu undurchführbar.[134] Zusammenfassend ist also die Zulassung des probabilistischen Kausalitätsnachweises in der Durchsetzungsvariante der Individuallösung mit der h. M. abzulehnen.[135]

e) Zulässigkeit des probabilistischen Kausalitätsnachweises, sofern Sozialversicherungsträger als Kläger auftreten?

Die im Schrifttum gegen den statistischen Kausalitätsnachweis vorgebrachten, zutreffenden Argumente richten sich an sich nur gegen die Individuallösung. Die materiell-rechtliche Plausibilität der *Bodewigschen* Lösung bleibt von der Kritik unangetastet.[136] Fraglich ist daher noch, ob die Durchsetzung der Schadensersatzansprüche im Wege einer Kollektivlösung denkbar ist, ohne daß tragende Prinzipien des Haftungs-, Schadens- und Prozeßrechts verletzt werden. *Bodewig* selbst schlägt als Weg eine class action, eine Fonds- oder Versicherungslösung vor.[137] Sämtliche dieser Institute sind dem deutschen geltenden Recht gegenwärtig fremd. Die Einführung der im US-amerikanischen Recht beheimateten class action,[138] deren Tauglichkeit für Ansprüche aus Massenunfällen zudem zweifelhaft ist,[139] ist dem Gesetzgeber vorbehal-

---

[134] Vgl. *Medicus*, JZ 1976, 778, 781; *Gmehling*, Beweislastverteilung, S. 228 Fn. 301. Siehe auch die Andeutung bei *Bodewig*, AcP 185 (1985) 505, 555 Fn. 176.

[135] Den statistischen Kausalitätsnachweis offensichtlich insgesamt ablehnend: *Köndgen*, UPR 1983, 345, 347 f.; *G. Hager*, NJW 1986, 1961, 1967; *Diederichsen*, DJT-Referat, L 88 f.; *v. Bar*, KF 1987, S. 16; *P. Marburger*, in: Held, Chemiepolitik, S. 221, 231; *Steffen*, VP 1990, 97, 98; *Schmidt-Salzer*, Kommentar, § 7 UmweltHG, Rz. 93. Die Individuallösung ablehnend *Medicus*, JZ 1986, 778, 781; *Gottwald*, KF 1986, S. 27 ff.; *Gmehling*, Beweislastverteilung, S. 228 ff., 231. Für eine statistische Individuallösung aber schon *Deutsch*, Haftungsrecht, S. 248 f., *Jabornegg*, VR 1988, 37, 55 f.; *Fikentscher*, Schuldrecht, Rz. 484 sowie die Praxis vieler amerikanischer Gerichte, vgl. *Lungershausen*, Unbekannte Klägerfälle, S. 66, 77.

[136] Deutlich etwa *Diederichsen*, DJT-Referat, L 88: „einleuchtender Ansatz".

[137] *Bodewig*, AcP 185 (1985) 505, 558.

[138] Dazu etwa *Koch*, Kollektiver Rechtsschutz im Zivilprozeß; *ders.*, KritV 1991, 386, 393; *Lungershausen*, Unbekannte Klägerfälle, S. 38 ff. Jüngst *Mann*, NJW 1994, 1187 ff.

[139] Ablehnend insoweit *Gottwald*, ZZP 91 (1978) 1, 6.

ten.[140] Gleiches gilt für die Fonds- oder Versicherungslösungen, die überdies schon deshalb nicht passen, weil sie nicht die Geschädigtenseite, sondern die Schädigerseite zusammenfassen.[141]

Von *Bodewig* oder anderen Autoren wird die Frage unberührt gelassen, ob in den Fällen alternativer Opferschaft nicht schon de lege lata eine geeignete Kollektivlösung zur Verfügung steht. Zu erwägen wäre eine Kollektivlösung in Form einer „gebündelten" Geltendmachung von Schadensersatzansprüchen durch Sozialversicherungsträger. Im folgenden soll die Anregung gegeben werden, die Frage der Entschädigungsfähigkeit alternativer Opferschaften vor dem Hintergrund eines kollektiven Rückgriffs durch Vorsorgeträger zu diskutieren. Eine Durchdringung sämtlicher damit zusammenhängender materiellrechtlicher und insbesondere prozessualer Probleme soll und kann hier nicht geleistet werden.

Die alternative Opferschaft mit dem Regreß der Sozialversicherungsträger in Verbindung zu bringen, liegt schon deshalb nahe, wenn man sich vergegenwärtigt, daß unser theoretischer Beispielsfall zumindest in zweifacher Hinsicht unrealistisch ist. Erstens verschweigt er das Faktum, daß die weit überwiegende Mehrheit der Bevölkerung Mitglied der gesetzlichen Sozialversicherung ist. Geht man davon aus, daß etwa 90% der 200 Krebskranken sozialversichert sind, scheidet eine Individuallösung zur Geltendmachung der Heilungskosten schon wegen des grundsätzlichen Forderungsübergangs auf die Sozialversicherungsträger praktisch aus. Wenn sie denn vorkommen, sind Fälle alternativer Opferschaft mithin dadurch gekennzeichnet, daß die Opfer regelmäßig nicht aktivlegitimiert sind. Zweitens erscheint es wegen der Legalzession der Schadensersatzforderungen kaum vorstellbar, daß ohne Mitwirkung der Sozialversicherungsträger die Ausmaße der Immissionsschäden und die statistischen Dimensionen des Falles ermittelbar sein sollten. Wenn überhaupt irgendjemand, dann sitzen die Sozialversicherungsträger an der Quelle der Krankheitsdaten. Fälle alternativer Opferschaft werden realistischerweise am ehesten dadurch auffallen, daß ein Sozialversicherungsträger in einer bestimmten Region eine beachtliche statistische Verschiebung in der Häufigkeit bestimmter Erkrankungen feststellt.

Fraglich ist dann, wie die Sozialversicherungsträger die Schadensersatzansprüche durchsetzen können. Ein Individualregreß, also die isolierte Geltendmachung der Kosten nur eines Erkrankten, bringt gegenüber der oben dargestellten Individuallösung keine Veränderung und ist daher aus denselben Gründen abzulehnen. Sinnvoll kann nur die Geltendmachung einer möglichst umfassenden Anzahl potentieller Ansprüche im Wege eines Kollektivregresses

---

[140] Münchener Kommentar/*Mertens*, BGB, Vor §§ 823-853, Rz. 65a; *Gottwald*, KF 1986, S. 29.

[141] Vgl. *Gmehling*, Beweislastverteilung, S. 229. Siehe außerdem die gegen Fonds- und Versicherungslösungen allgemein geäußerte Kritik oben D.IV.4.

sein. Einerseits wird der einzelne betroffene Sozialversicherungsträger die Schadensersatzansprüche der mehreren bei ihm versicherten Opfer bündeln. Andererseits wird bei den Fällen alternativer Opferschaft regelmäßig nicht nur ein einziger Sozialversicherungsträger betroffen sein. Kollektive Durchsetzung bedeutet dann Zusammenarbeit und gemeinsame Klage der mehreren Sozialversicherungsträger. Organisatorische und prozessuale Problematiken dieses vorbildlosen Kollektivregresses sind noch nicht durchdacht. Inwieweit er sich in den überkommenen Zwei-Personen-Prozeß einfügt, bleibt zu klären. Tatsächlich stehen sich im denkbar einfachsten Fall nur der Sozialversicherungsträger und der Schädiger gegenüber. Der Sozialversicherungsträger ist nicht etwa Repräsentant einer aktivlegitimierten Klägerschar, sondern allein aktivlegitimiert. Er klagt nicht die Schäden für jeden einzelnen Geschädigten ein, sondern fordert Globalersatz für die Gesamtkrankenkosten. Der Individualschaden mutiert zu einem unselbständigen Aufwendungsposten.

Die geschilderten materiell-rechtlichen Bedenken gegen den statistischen Kausalitätsnachweis, die hinsichtlich der Individuallösung gerechtfertigt sind, verlieren im Hinblick auf den Kollektivregreß an Kraft. Der Kollektivregreß stellt keine Vorverlegung der Haftung dar, das im Einzelfall gegebene Risiko unberechtigter Inanspruchnahme sinkt. Werden über den Kollektivregreß alle oder nahezu alle Opfer berücksichtigt, kann das Haftungsrecht seine Funktionen erfüllen. Dem emittierenden Unternehmen wird wirtschaftlich der annähernd verursachte Schadensanteil zugewiesen. Folglich findet Schadenswiedergutmachung durch gerechte Risikozuweisung statt, und es werden durch den Regreß präventive Anreize gesetzt. Ein pönales Element wohnt dem Kollektivregreß nicht inne. Weiterhin stellt die kollektive Einforderung des statistisch geschuldeten Schadensersatzes durch die Sozialversicherungsträger keine unerträgliche Durchbrechung des Prinzips der Totalreparation dar. Die Regreßforderungen der Sozialversicherungsträger sind ohnedies dadurch geprägt, daß keine vollständige, individuelle Schadensberechnung stattfindet, sondern wegen des kollektiven Abrechnungssystems nach § 116 VIII, IX SGB X pauschaliert und ohne Rücksicht auf die tatsächlichen Aufwendungen berechnet werden. Auch *Gottwald* sieht in der Geltendmachung der nur statistisch berechneten und geschuldeten Gesamtkrankenkosten kein Hindernis für den Kollektivregreß. Man mache ja zugunsten des Pools der Gläubiger von Mobiliarsicherheiten auch gewisse Abstriche von der Bestimmtheit des Einzelrechts, wenn sicher sei, daß der Konkursmasse dadurch kein Vermögen zu Unrecht entzogen werde. Daher könne auch hier der Globalersatz statistisch anteiliger Gesamtkrankenkosten oder Gesamtschäden zu Recht erfolgen.[142] In verfahrensrechtlicher Hinsicht steht das Erfordernis des Vollbeweises gem. § 286 ZPO, wie aufgezeigt, der Zulassung eines probabilistischen Kausalitäts-

---

[142] *Gottwald*, KF 1986, S. 29; dem Kollektivregreß der Sozialversicherungsträger ebenfalls positiv gegenüberstehend *Medicus*, JZ 1986, 778, 781; *Gmehling*, Beweislastverteilung, S. 229. Unbegründet ablehnend jedoch etwa *Assmann*, in: Fenyves/Weyers, Multikausale Schäden, S. 99, 129 f.

nachweises im Individualprozeß entgegen. Beim Kollektivregreß geht es jedoch nicht darum, daß das Gericht die volle Überzeugung von der tatbestandsmäßigen Schädigung einer bestimmten erkrankten Person erlangt, sondern es muß überzeugt sein davon, daß der beklagte Schädiger eine bestimmte Anzahl von Schadensfällen verursacht hat. § 286 ZPO verbietet die Zulassung des probabilistischen Kausalitätsnachweises insofern womöglich nicht, zumal schon jetzt anerkannt ist, daß für den Nachweis der Kausalität in manchen Fällen bereits aus den Gründen des materiellen Rechts geringere Beweisanforderungen zu stellen sind.[143]

5. Zusammenfassung

Im Verlauf dieser Untersuchung hat sich gezeigt, daß das gegenwärtige Regreßverhalten der Sozialversicherungsträger im Immissionshaftungsrecht der von Gesetzes wegen bestehenden Regreßverpflichtung nicht genügt. Die Regreßverpflichtung erstreckt sich auch auf im weiteren Sinne „vorbereitende" Maßnahmen, etwa die epidemiologische Forschung. Es ist gezeigt worden, wie diese Studien eingesetzt werden können, um die tatsächliche Handhabbarkeit des Immissionshaftungsrechts insbesondere im Kausalitätsbereich zu erleichtern. Abschließend bedarf es eines Appells an die gem. §§ 87 ff. SGB IV zuständigen staatlichen Aufsichtsbehörden, die Einhaltung der Regreßverpflichtung zu überwachen. Für die Aufsicht gilt der Grundsatz der Universalität. Die Aufsichtsbehörden besitzen ein umfassendes Prüfungs- und Informationsrecht, das sich auf alle Angelegenheiten des Versicherungsträgers erstreckt.[144] Sollte sich herausstellen, daß Regreße und schon Regreßbemühungen schlicht aus mangelndem Interesse der Sozialversicherungsträger unterbleiben, müssen die Aufsichtsbehörden gegen dieses „Vollzugsdefizit" einschreiten.

---

[143] Vgl. nur Münchener Kommentar/*Prütting*, ZPO, § 286, Rn. 46 m. w. N.

[144] Statt aller *Brackmann*, Handbuch der Sozialversicherung, S. 226 ff.

F. Zusammenfassung der wichtigsten Ergebnisse

1. Die Sozialversicherungsträger der Bundesrepublik sind mit der Regulierung von Umweltschäden befaßt, weil zu diesen auch umweltbedingte Krankheiten zählen. Soweit Sozialversicherungsträger immissionsbedingte Gesundheitsschäden aufgrund sozialrechtlicher Verpflichtungen ausgleichen, gehen etwaige Schadensersatzansprüche der Geschädigten im Wege der Legalzession auf die Vorsorgeträger über. Diese Schadensersatzansprüche gehören dem Immissionshaftungsrecht an, das einen Ausschnitt des Umwelthaftungsrechts bildet. Die dritte Spur des Immissionshaftungsrechts, die Aufopferungshaftung gem. § 906 Abs. 2 S. 2 BGB und § 14 S. 2 BImSchG, bildet allerdings kein Regreßinstrument, weil diese Ansprüche von der Legalzession des § 116 Abs. 1 SGB X nicht erfaßt werden.

2. Im Bereich der gesetzlichen Unfallversicherung ist die potentielle Immissionshaftpflicht des Unternehmers/Arbeitgebers grundsätzlich durch Versicherung ersetzt, § 636 RVO. Der originäre Rückgriffsanspruch gem. § 640 Abs. 1 RVO dürfte wegen seiner qualifizierten Voraussetzungen beim Ausgleich immissionsbedingter Gesundheitsschäden keine praktische Bedeutung erlangen. Die zentrale Regreßvorschrift stellt vielmehr § 116 Abs. 1 SGB X dar.

3. Der Ausgleich immissionsbedingter Gesundheitsschäden vollzieht sich regelmäßig nicht im Verhältnis Schädiger-Geschädigter, sondern zwischen Sozialversicherern und Haftpflichtversicherern. Die Versicherbarkeit der immissionshaftungsrechtlichen Risiken ist grundsätzlich zu bejahen. Freilich hat die Assekuranz mit dem Umwelthaftpflicht-Versicherungsmodell die sich aus dem Normalbetrieb emittierender Anlagen ergebenden Risiken nur unvollkommen in Deckung genommen. Soweit die Deckung reicht, beeinflußt der Haftpflichtversicherungsschutz die Rechtsstellung des Schädigers. Das überkommene Trennungsprinzip weist in formeller und materieller Hinsicht Durchbrechungen auf. Die Haftpflichtversicherung hat in der Praxis immer mehr Züge einer Unfallversicherung zugunsten des Geschädigten angenommen.

4. Regresse der Sozialversicherungsträger auf dem Gebiet des Immissionshaftungsrechts kommen praktisch so gut wie nicht vor. Das liegt jedoch nicht daran, daß das Immissionshaftungsrecht etwa schon durch Teilungsabkommen verdrängt worden ist. Bei den Teilungsabkommen handelt es sich um vertragliche Ausgleichsinstitute zwischen Haftpflicht- und

Sozialversicherern, die anstelle der Vielzahl der Individualregresse einen Pauschalausgleich setzen. Die Besonderheiten des Immissionshaftungsrechts stehen jedoch einer Ersetzung durch derlei rahmenvertragliche Pauschalvereinbarungen entgegen.

5. Das Immissionshaftungsrecht im besonderen wie das Haftungsrecht im allgemeinen bezwecken primär die Schadenswiedergutmachung. Diese Ausgleichsfunktion hat zwei Elemente. Zum einen soll der Schaden beim Geschädigten wirtschaftlich ausgeglichen werden. Zum anderen soll der Ausgleich gerade durch den Schädiger bewirkt werden. Diese Risikozuweisungskomponente stimmt weitgehend mit dem das Umweltrecht beherrschenden Verursacherprinzip überein, das auch und gerade ein Postulat der Gerechtigkeit darstellt. Daneben soll das Immissionshaftungsrecht eine Präventivfunktion entfalten.

6. Der Eintritt der Versicherungskollektive beeinflußt Ausgleichs- und Präventionsfunktion. Haftpflichtversicherungsschutz bedeutet zunächst eine Stärkung des Ausgleichszwecks, weil die Schadensabnahme durch das Hinzutreten eines solventen Schuldners nahezu garantiert wird. Andererseits lenkt die Haftpflichtdekung die Haftungslast vom Schädiger auf die Versichertengemeinschaft und führt so zu einer Schadensstreuung. Der versicherte Anlagenbetreiber emittiert weithin ohne Haftungserwartung. Die Haftpflichtversicherung beeinträchtigt also, soweit der Dekungsschutz reicht, die Risikozuweisungsfunktion ebenso wie den Präventionszweck. Darin liegt für die Haftpflichtversicherer das sog. moralische Risiko. Die Versuche der Haftpflichtversicherer, die verlorenen Anreizwirkungen des Haftungsrechts über versicherungsvertragliche Instrumente wiederherzustellen, gelingen nur unvollkommen. Der Eintritt der Sozialversicherungsträger macht den Schadensabnahmeaspekt der Ausgleichsfunktion obsolet. Soweit er reicht, kommt der sozialrechtliche dem zivilrechtlichen Ausgleich zuvor. Die Legalzession des Schadensersatzanspruchs stellt an sich sicher, daß Risikozuweisungs- und Präventivfunktion des Immissionshaftungsrechts aufrechterhalten werden. Die Funktion für sich genommen zweckneutralen § 116 Abs. 1 SGB X liegt in einer Perpetuierung der Haftungszwecke. In der Praxis laufen diese Haftpflichtfunktionen aber wegen des nahezu gänzlichen Ausfalls an Regreßaktivitäten weithin leer. Das Immissionshaftungsrecht erfüllt also gegenwärtig keine der ihm an sich zugedachten Aufgaben.

7. Erfüllt das Haftungsrecht seine eigentlichen Funktionen nicht, liegt der Gedanke nahe, es zu verabschieden und stattdessen alternative Formen der Schadensabwicklung zu installieren. Rechtspolitische Pläne zur Haftungsersetzung durch Versicherungs- oder Fondsmodelle oder Reformvorhaben zur Abschaffung des Regresses der Sozialversicherungsträger, die schon längere Zeit diskutiert werden, vermögen jedoch allesamt nicht

zu überzeugen. Zwar gelingt es ihnen, die eine oder andere unleugbare Schwäche des geltenden Schadenstragungssystems auszugleichen, insgesamt überwiegen bei den Reformplänen indes die Schwächen. Eine adäquate Alternative zum Haftungsrecht als gerechtem Verteilungsschlüssel von Risiken ist nicht in Sicht.

8. Die Lösung zur Wiederbelebung der Funktionen des Immissionshaftungsrechts für den Bereich der Gesundheitsschäden muß im Regreßrecht ansetzen. Versuche des Gesetzgebers, die Problematik durch opferfreundlicheres Schadensersatzrecht (UmweltHG) zu entschärfen, bewirken jedenfalls so lange nichts, wie die Sozialversicherungsträger schlicht kein Interesse an Rückgriffen gegen schädigende Anlagenbetreiber haben. Dieses Vollzugsdefizit der Sozialversicherungsträger auf dem Regreßsektor ist freilich mit geltendem Recht nicht vereinbar. Schon aus der haushaltsrechtlichen Vorschrift des § 76 SGB IV läßt sich eine grundsätzliche Regreßverpflichtung der Sozialversicherungsträger herleiten, die allerdings unter dem Primat des Wirtschaftlichkeitsprinzips steht. Weiterreichende Verpflichtungen zur Regreßnahme lassen sich aus dem Telos des Immissionshaftungsrechts, der Auslegung des § 116 SGB X im Lichte des § 640 Abs. 2 RVO und endlich § 20 Abs. 1 S. 2 SGB V begründen.

9. Als ein wesentlicher Grund für die defizitäre Regreßtätigkeit der Sozialversicherungsträger wird häufig deren weitreichende Unkenntnis von haftungsrechtlich relevanten immissionsbedingten Gesundheitsschäden ihrer Versicherten vorgetragen. Insbesondere die Frage nach der haftungsbegründenden Kausalität ist bei Gesundheitsschäden, die möglicherweise durch industrielle Immissionen verursacht worden sind, regelmäßig kaum zu beantworten. Der einzelne Geschädigte und sein behandelnder Arzt sind mit der Ermittlung der externen Krankheitsursachen in aller Regel überfordert. Eine erfolgversprechende Methode für die Sozialversicherungsträger, die gewissermaßen „an der Quelle" der Krankendaten sitzen, besteht nun in der Intensivierung der epidemiologischen Forschung, um auf diese Weise immissionsbedingte Erkrankungen als solche aufzuspüren. Die Epidemiologie kann auf verschiedenen Ebenen den Kausalitätsnachweis erleichtern. Die Forderung nach verstärkten epidemiologischen Anstrengungen ist eine Konsequenz der Regreßverpflichtung der Sozialversicherungsträger, die schon im Vorfeld eines konkreten Rückgriffs zu vorbereitenden Maßnahmen anhält.

Literaturverzeichnis

Wenn aus Literatur zitiert wird, die in dieses Verzeichnis aufgenommen worden ist, sind in den Fußnoten alle bibliographischen Angaben weggelassen und jeweils nur der Autorenname, der Titel des Buches bzw. bei häufiger zitierten Werken ein Kurztitel und die Seitenzahl vermerkt worden. Zeitschriftenbeiträge werden ohne Titel nach Autorenname, Titelabkürzung, Jahrgang und Seite zitiert.

Abraham, Kenneth S.: Environmental Liability and the Limits of Insurance, Columbia Law Review, Vol. 88: 942-988, 1988

Adams, Michael: Ökonomische Analyse der Gefährdungs- und Verschuldenshaftung, Heidelberg 1985 (zit.: Gefährdungs- und Verschuldenshaftung)

– Zur Aufgabe des Haftungsrechts im Umweltschutz, ZZP 99 (1986) 129-165

– Das „Verursacherprinzip" als Leerformel, JZ 1989, 787-789

Ahrens, Hans-Jürgen: Die Beschränkung des Regresses der Sozialversicherungsträger gegen deliktische Schädiger, AcP 189 (1989), 526-558

– Der Rechtsschutz des unversicherten deliktischen Schädigers beim Regreß des Sozialversicherungsträgers, NJW 1989, 1704-1708

– Urteilsanmerkung, VersR 1990, 177-178

Albrechtskirchinger, Georg/*Braun*, Peter: Versicherung von Umweltschäden, in: Held, Martin (Hrsg.), Chemiepolitik, 1988, S. 234-239

Alsleben, Detlef: Zufall und subjektives Risiko, Eine Betrachtung zu den systematischen Grenzen der Versicherbarkeit von industriell verursachten Umweltschäden auf der Grundlage alten und neuen Haftungsrechts mit einem Nachtrag zum neuen Umwelthaftpflichtmodell, Karlsruhe 1993

Alten, Felix: Der Regreß des Versorgungsträgers gegen den Schädiger bei Körperverletzung und Tötung, Diss. iur. Bonn 1957 (zit.: Der Regreß des Versorgungsträgers)

Alternativkommentar zum BGB, Band 3, 1979 (zit.: AK-BGB)

Andersen, Arne/*Brüggemeier*, F. J.: Gase, Rauch und saurer Regen, in Brüggemeier, F. J./Rommelspacher, Besiegte Natur, S. 64-86

André, Achim: Der Zeitpunkt des Forderungsübergangs nach § 116 SGB X, NZS 1994, 307

Anger, Reinhard: Störfall und Daueremission, VW 1988, 1609-1610

Assmann, Heinz-Dieter: Multikausale Schäden im deutschen Haftungsrecht, in: Fenyves/Weyers, Multikausale Schäden, 1988, S. 99-151

Assmann, Heinz-Dieter/*Kirchner*, Christian/*Schanze*, Erich (Hrsg.): Ökonomische Analyse des Rechts, Kronberg, 2.Aufl. 1993

Bäcker, Gerhard: Normalarbeitsverhältnis und soziale Sicherung: Sozialversicherung und/oder Grundsicherung?, ZSR 1988, 595-629

Bälz, Ulrich:Ersatz oder Ausgleich?, JZ 1992, 57-72

Baltzer, Johannes: Der Verzicht des Sozialversicherungsträgers auf den Rückgriff aus § 640 RVO, VersR 1973, 101-110

- Rückgriffsbeschränkung durch Verschuldenserstrekung?, SGb. 1987, 529-547

Balzer, H.: Änderungen des Selbstverwaltungsrechts und des Dienstrechts der gesetzlichen Krankenkassen durch das GSG, NZS 1994, 1-6

Bar, Christian von: Verkehrspflichten, Habilitationsschrift, Köln, Berlin, Bonn, München 1980

- Das „Trennungsprinzip" und die Geschichte des Wandels der Haftpflichtversicherung, AcP 181 (1981) 289-327

- Zur Dogmatik des zivilrechtlichen Ausgleichs von Umweltschäden, Karlsruher Forum 1987

- Neues Haftungsrecht durch Europäisches Gemeinschaftsrecht, FS für Hermann Lange, 1992, 373-395

- Besprechung von Blaschczok, Gefährdungshaftung, AcP 194 (1994) 93-97

Baumann, Horst: Soziale Sicherung gegen Unfälle im Straßenverkehr, VSSR 1975, 1-45

- Der Regreß kollektiver Schadensträger im freiheitlichen Sozialstaat, Tübingen 1977 (Recht und Staat 472/473) (zit.: Regreß)

Baumann, Peter: Die Haftung für Umweltschäden aus zivilrechtlicher Sicht, JuS 1989, 433-440

Baur, Fritz: Zur Entstehung des Umweltschutzrechts aus dem Sachenrecht des BGB, JZ 1987, 317-322

Beck, Ulrich: Risikogesellschaft, Frankfurt 1986

Benöhr, Hans-Peter: Zur außervertraglichen Haftung im gemeinen Recht, Festschrift Max Kaser zum 70. Geburtstag, München 1976, S. 689-713

Blaschczok, Andreas: Gefährdungshaftung und Risikozuweisung, Habilitationsschrift, Köln, Berlin usw. 1993 (zit.: Gefährdungshaftung)

Bley, Helmar: Sozialrecht, 6. Aufl., 1988

Bley, Helmar/*Kreikebohm*, Ralf: Sozialrecht, 7. Aufl., 1993

Bloth, Christian: Das Umweltschadensgesetz und die Umweltschadensversicherung in Schweden, NuR 1991, 372-379

Bochumer Kommentar zum Sozialgesetzbuch, AT, hrsg. von Wertenbruch, Wilhelm, Berlin 1979

Bock, Michael: Prävention und Empirie - Über das Verhältnis von Strafzwecken und Erfahrungswissen, JuS 1994, 89-99

Bodewig, Theo: Probleme alternativer Kausalität bei Massenschäden, AcP 185 (1985) 505-558

Bonus, Holger: Der Schutz des Schwächeren in der Umweltökonomie, RabelsZ 40 (1976) 409-429

Bosselmann, Klaus: Eigene Rechte für die Natur? Ansätze einer ökologischen Rechtsauffassung, KJ 1986, 1-22

- Die Natur im Umweltrecht, NuR 1987, 1-6

Boujong, Karlheinz: Entschädigungs- und Ausgleichsansprüche im Zusammenhang mit Umweltschäden, UPR 1987, 81-88

- Die Rechtsprechung des Bundesgerichtshofs zur Umwelthaftung, Bitburger Gespräche, Jahrbuch, München 1989, S. 35-45

Brackmann, Kurt: Handbuch der Sozialversicherung, Loseblatt, Stand 1988, Sankt Augustin

Brehm, Wolfgang: Zur Haftung bei alternativer Kausalität, JZ 1980, 585-590

Brehm, Wolfgang: Berufsgenossenschaft - Ein Modell für die Umwelthaftung?, BG 1991, 595-601

Breining, Walter: Umwelthaftung und Umwelthaftpflichtversicherung, ZVersWiss 79 (1990) 193-203

- Umwelthaftung und Umwelthaftpflichtversicherung, in Reform des Umwelthaftungsrechts, Schriftenreihe der Kölnischen Rück, Köln 1990, S. 49-59

- Umwelthaftung und Umwelthaftpflichtversicherung in der Bundesrepublik Deutschland, VR 1991, 29-37

- Die Versicherung der Umwelthaftung, VP 1991, 279-282

- Die Haftpflichtbranche bleibt interessant, VW 1991, 1327-1334

- Im Mittelpunkt: Die Umwelthaftpflicht, VW 1992, 1328-1334

Brox, Hans: Besonderes Schuldrecht, 18. Aufl., München 1992

Bruck, Ernst/*Möller*, Hans/*Johannsen*, Ralf: VVG, Kommentar, Band IV, Berlin 1970

Brüggemeier, Franz-Josef/*Rommelspacher*, Thomas (Hrsg.): Besiegte Natur, Geschichte der Umwelt im 19. und 20. Jahrhundert, München 2. Aufl. 1989

Brüggemeier, Gert: Gesellschaftliche Schadensverteilung und Deliktsrecht, AcP 182 (1982) 385-452

- Deliktsrecht, Baden-Baden, 1986

- Umwelthaftungsrecht Ein Beitrag zum Recht der „Risikogesellschaft"?, KJ 1989, 209-230

- Umwelthaftung als Kodifikationsproblem. Das Beispiel des Entwurfs eines Umwelthaftungsgesetzes der GRÜNEN, in: Donner/Magoulas/Simon/Wolf, Umweltschutz zwischen Staat und Markt, 1989, S. 325-336 (zit.: Umweltschutz)

- Die Haftung mehrerer im Umweltrecht Multikausalität - Nebentäterschaft - „Teilkausalität", UTR 12 (1990) 261-280

- Jenseits des Verursacherprinzips? Zur Diskussion um den Kausalitätsnachweis im Umwelthaftungsrecht, KritV 1991, 297-310

- Unternehmenshaftung für „Umweltschäden" im deutschen Recht und nach EG-Recht, Festschrift G. Jahr zum 70. Geburtstag, Tübingen 1993, S. 223-250

Bullinger, Martin: Haftungsprobleme des Umweltschutzes aus der Sicht des Verwaltungsrechts, VersR 1972, 599-610

Burow, Patrick: Einführung in die ökonomische Analyse des Rechts, JuS 1993, 8-12

Caemmerer, Ernst von: Gesammelte Schriften Band 3, Tübingen 1983

Canaris, Claus-Wilhelm: Verstöße gegen das verfassungsrechtliche Übermaßverbot im Recht der Geschäftsfähigkeit und im Schadensersatzrecht, JZ 1987, 993-1004

- Zur Problematik von Privatrecht und verfassungsrechtlichem Übermaßverbot, JZ 1988, 494-499

- Funktion, Struktur und Falsifikation juristischer Theorien, JZ 1993, 377-384

Clasen, Günther: Teilungs- und Regreßverzichtsabkommen mit Haftpflichtversicherern, Karlsruhe 1958 (zit.: Teilungs- und Regreßverzichtsabkommen)

Clauß, Karl: Teilungsabkommen mit Krankenkassen, VersR 1957, 557-561

Cosack, Tilman: Die Gefährdungshaftung im Vordringen, VersR 1992, 1439-1444

Cremer, Fritz-Jürgen: Haftungsrisiken - Bedrohung und Bewältigung aus der Sicht der Industrie, in: Wolfgang Müller (Hrsg.), Haftpflichtrisiken in Unternehmen, Wiesbaden 1989, S. 85-108

- Erwartungen der Industrie an die Assekuranz, in Reform des Umwelthaftungsrechts, Schriftenreihe der Kölnischen Rück, Köln 1990, S. 35-47

Denck, Johannes: Verdrängung des Haftungsrechts durch Teilungsabkommen?, NJW 1982, 2048-2056

Deutsch, Erwin: Grundmechanismen der Haftung nach deutschem Recht, JZ 1968, 721-727

- Die Zwecke des Haftungsrechts, JZ 1971, 244-248

- Haftungsrecht, Erster Band: Allgemeine Lehren, Köln, Berlin u.a., 1976 (zit.: Haftungsrecht)

- Haftung und Versicherung, öJBl. (Juristische Blätter) 1980, 298-304

- Schadenszurechnung und Schadensverteilung, KF 1990, 33-34

- Umwelthaftung: Theorie und Grundsätze, JZ 1991, 1097-1102

- Das neue System der Gefährdungshaftungen: Gefährdungshaftung, erweiterte Gefährdungshaftung und Kausal-Vermutungshaftung, NJW 1992, 73-77

- Urteilsanmerkung BGH NJW 1993, 781, NJW 1993, 784

- Das „allgemeine Lebensrisiko" als negativer Zurechnungsgrund, VersR 1993, 1041-1046 = Festschrift G. Jahr zum 70. Geburtstag, 1993, S. 251-265

- (Besprechung von Salje, Umwelthaftungsgesetz), VersR 1993, 1211

- Versicherungsvertragsrecht, 3. Aufl. Karlsruhe 1993

- Die Wiederkehr der Fahrlässigkeit, VersR 1994, 381-384

Diederichsen, Uwe: Die Haftung für Umweltschäden, BB 1973, 485-491 = VW 1973, 921-928

- Zivilrechtliche Probleme des Umweltschutzes, Festschrift für Reimer Schmidt, Karlsruhe 1976, S. 1-19

- Gefährdungshaftung im Umweltrecht, unveröff. Forschungsbericht (10106002) im Auftrag des Umweltbundesamts, 1978

- Referat zum 56. Deutschen Juristentag, Ausbau des Individualschutzes gegen Umweltbelastungen als Aufgabe des bürgerlichen und des öffentlichen Rechts, L 48-106, München 1986 (zit.: DJT-Referat)

- (Diskussionsbeitrag), KF 1987, 35-36

- Stand und Entwicklungstendenzen des Umwelthaftungsrechts - Gefährdungshaftung und Umweltschutz -, UTR 5 (1988) 189-203

- Umwelthaftung zwischen gestern und morgen, Festschrift für Rudolf Lukes zum 65. Geburtstag, Köln, Berlin, Bonn, München 1989, S. 41-56

- Die Beurteilung der Regierungsvorschläge aus rechtswissenschaftlicher Sicht, Bitburger Gespräche, Jahrbuch, München 1989, S. 47-73

- BR-Deutschland: Industriegefährdung durch Umweltgefährdungshaftung?, PHI 1990, 78-95 = ders., in Reform des Umwelthaftungsrechts, Schriftenreihe der Kölnischen Rück, Köln 1990, S. 5-33

- Die Haftung für Umweltschäden in Deutschland, PHI 1992, 162-173

Diederichsen, Uwe/*Scholz*, Andreas: Kausalitäts- und Beweisprobleme im zivilrechtlichen Umweltschutz, WiVerw. 1984, 23-46

Diederichsen, Uwe/*Wagner*, Gerhard: Das UmweltHG zwischen gesetzgeberischer Intention und interpretatorischer Phantasie, VersR 1993, 641-652

Dörnberg, Hans-Friedrich Frhr. von/*Gasser*, Volker/*Gassner*, Erich: Umweltschäden, Haftung, Vermeidung und Versicherung, Projektgenehmigung; Hamburg, Berlin 1992 (zit.: Umweltschäden)

Domeyer, Andreas: Die Auswirkungen eines veränderten Umwelthaftungsrechts auf Verursacherindustrie und Versicherungswirtschaft, Frankfurt am Main 1992 (zit.: Auswirkungen)

Donath, Rudolf: Offene Fragen zum Regreß nach dem Sozialgesetzbuch, VersR 1984, 401-406

Donner, Hartwig/*Magoulas*, Georgios/*Simon*, Jürgen/*Wolf*, Rainer(Hrsg.): Umweltschutz zwischen Staat und Markt, Baden-Baden 1989 (zit.: Umweltschutz)

Ebel, Friedrich: Die Leistungszweckbestimmung bei Zahlungen auf Teilungsabkommen zwischen Haftpflichtversicherer und Sozialversicherungsträger, Jura 1979, 357-366

Elling, Peter: Drei Urteile von Sozialgerichten zu Schadstoffkontaminationen am Arbeitsplatz, VuR 1993, 110-116

Emmerich, Heinrich: Nochmals: Teilungsabkommen mit Krankenkassen, VersR 1958, 141-142

Enders, Rainald/*Reiter*, Birgit: Die Umwelthaftung im System des Umweltgesetzbuches, VersR 1991, 1329-1341

Endres, Alfred: Ökonomische Grundlagen des Haftungsrechts, Heidelberg 1991

Endres, Alfred/*Rehbinder*, Eckard/*Schwarze*, Reimund: Haftung und Versicherung für Umweltschäden aus ökonomischer und juristischer Sicht, Berlin usw. 1992 (zit.: Haftung und Versicherung)

Endres, Alfred/*Schwarze*, Reimund: Allokationswirkungen einer Umwelthaftpflicht-Versicherung, ZfU 1991, 1-25 = dies., in: Endres/Rehbinder/Schwarze, Haftung und Versicherng, S. 58-82

– Gibt es Grenzen der Versicherbarkeit von Umweltrisiken?, in: Endres/Rehbinder/Schwarze, Haftung und Versicherung, S. 84-119

Engelhardt, Wolfgang: Die deliktsrechtliche Haftung für Umweltschäden, Diss. Hamburg 1992 (zit.: Haftung für Umweltschäden)

Erman: BGB Handkommentar, 9. Aufl. Münster 1993

Esser, Josef: Grundlagen und Entwicklung der Gefährdungshaftung, München, 2. Aufl. 1969 (zit.: Grundlagen)

Esser, Josef/*Schmidt*, Eike: Schuldrecht Band I, Allgemeiner Teil, Teilband 2, 7. Aufl., Heidelberg 1993

Esser, Josef/*Weyers*, Hans Leo: Schuldrecht Band II, Besonderer Teil, 7. Aufl., Heidelberg 1991

Feess-Dörr, Eberhard/*Prätorius*, Gerhard/*Steger*, Ulrich: Umwelthaftungsrecht, 2. Aufl. Wiesbaden 1992

Feldhaus, Gerhard: Umwelthaftungsgesetz und Bundes-Immissionsschutzgesetz, UPR 1992, 161-167

Feldmann, Franz-Josef: Umwelthaftung aus umweltpolitischer Sicht, UPR 1991, 45-50

– Deutschland: Zur Ausgestaltung der gesetzlichen Deckungsvorsorge aus umweltpolitischer Sicht, PHI 1994, 164-168

Fenyves, Attila/*Weyers*, Hans-Leo (Hrsg.): Multikausale Schäden in modernen Haftungsrechten, Frankfurt am Main 1988 (zit.: Multikausale Schäden)

Fezer, Karl-Heinz: Aspekte einer Rechtskritik an der economic analysis of law und am property rights approach, JZ 1986, 817-824

- Nochmals: Kritik an der ökonomischen Analyse des Rechts, JZ 1988, 223-228

- Homo Constitutionis - Über das Verhältnis von Wirtschaft und Verfassung, JuS 1991, 889-896

Fikentscher, Wolfgang: Schuldrecht, 8. Aufl. Berlin 1991

Finke, Hans-Otto: Entwicklung und Stand der Geräuschmessung - objektive und subjektive Beurteilung von Lärm, Festschrift Heinrich v. Lersner, Berlin 1990, S. 71-84

Finsinger, Jörg/*Simon*, Jürgen: Eine ökonomische Bewertung der EG-Produkthaftungsrichtlinie, des Produkthaftungsgesetzes und der Umwelthaftung, in: Müller, Wolfgang, Haftpflichtrisiken in Unternehmen, 1989, S. 23-72

Fischer, Klaus: Vom Wert und Unwert eines Teilungsabkommens, WzS 1957, 161-166

Fleck, Peter: Die Umwelthaftung - Haftungsgrundlagen und Versicherbarkeit, AgrarR Beilage II/1993, 2-5

Fleischer, Gerald: Die Ruhe - geliebt, ersehnt, zu Tode gemessen, Festschrift Heinrich v. Lersner, Berlin 1990, S. 85-94

Fleming, John G./*Hellner*, Jan/*Hippel*, Eike von: Haftungsersetzung durch Versicherungsschutz, Frankfurt am Main 1980 (zit.: Haftungsersetzung)

Forkel, Hans: Immissionsschutz und Persönlichkeitsrecht, Köln, Berlin usw. 1968

Frey, Peter/*Walter*, Wulf: Beitrag der Versicherung zur Bewältigung von Existenzrisiken der Gesellschaft, ZVersWiss 77 (1988) 363-383

Friehe, Heinz-Josef: Der Konventionsentwurf des Europarats über die zivilrechtliche Haftung für Schäden, die aus umweltgefährlichen Aktivitäten herrühren, NuR 1992, 249-253

Fuchs, Maximilian: Privatversicherung und Sozialversicherung, VSSR 1991, 281-315

- Versicherungsschutz und Versicherbarkeit als Argumente bei der Schadensverteilung, AcP 191 (1991), 318-345

- Zivilrecht und Sozialrecht, Habilitationsschrift, München 1992

Gärtner, Rudolf: Das Bereicherungsverbot, Berlin 1970

- Privatversicherungsrecht, 2. Aufl., Neuwied 1980

- Leistungsfähigkeit als Haftungsgrenze?, JZ 1988, 579-584

Ganten, Reinhard H./*Lemke*, Michael: Haftungsprobleme im Umweltbereich, UPR 1989, 1-14

Gassner, Erich: Der Ersatz des ökologischen Schadens nach geltendem Recht, UPR 1987, 370-374

- Zur Verwaltung von Umweltschäden, FS für Werner Lorenz zum 70. Geburtstag, Tübingen 1991, S. 81-95

Geigel: Der Haftpflichtprozeß, hrsg. von Schlegelmilch, Günter, bearbeitet von Haag, Kurt; Kolb, Hans-Ulrich; Kunschert, Adalbert; Plagemann, Hermann; Rixecker, Roland; Schlegelmilch, Günter; Schönwerth, Erich; 21. Aufl., München 1993

Geiger, Heinz: Schadensteilungsabkommen über Ersatzansprüche nach § 1542 RVO zwischen Haftpflichtversicherungsgesellschaften und Ortskrankenkassen, SozVers 1957, 212-215

Geisendörfer, Ulrich: Umwelthaftungsrecht in der Marktwirtschaft, VersR 1988, 421-423

- Umwelthaftung und Deckungsvorsorge aus wirtschaftspolitischer Sicht, in: Nicklisch, Prävention im Umweltrecht, S. 221-232 (zit.: Prävention)

- Das Zivilrecht als Instrument der Umweltpolitik aus ökonomischer Sicht, Bitburger Gespräche, Jahrbuch, München 1989, S. 11-19 = VersR 1989, 433-437

Gemeinschaftskommentar zum Sozialgesetzbuch - Gemeinsame Vorschriften für die Sozialversicherung (GK-SGB IV); bearb. von Gleitze, Wilfried; Krause, Peter; v. Maydell, Bernd; Merten, Detlev; 2. Aufl., Neuwied 1992

Gemeinschaftskommentar zum Sozialgesetzbuch - Gesetzliche Krankenversicherung (GK-SGB V), hrsg. von v. Maydell, Bernd, Neuwied ab 1992

Gemeinschaftskommentar zum Sozialgesetzbuch - Zusammenarbeit der Leistungsträger und ihre Beziehungen zu Dritten (GK-SGB X3), hrsg. von v. Maydell, Bernd/Schellhorn, Walter, Neuwied 1984

Gerlach, Johann W.: Die Grundstrukturen des privaten Umweltrechts im Spannungsverhältnis zum öffentlichen Recht, JZ 88, 161-176

- Privatrecht und Umweltschutz im System des Umweltrechts, Berlin 1989 (zit.: System)

Gessner, Volkmar: Soziale Voraussetzungen des Selbstschutzes gegen Umweltschäden, RabelsZ 40 (1976) 430-448

Gieseke, Paul/*Wiedemann*, Werner/*Czychowski*, Manfred: Wasserhaushaltsgesetz, Kommentar, 6. Aufl., München 1992

Gitter, Wolfgang: Schadensausgleich im Arbeitsunfallrecht, Tübingen, 1969 (zit.: Schadensausgleich)

- Sozialrecht, 3. Aufl., München 1992

Gmehling, Bernhard: Die Beweislastverteilung bei Schäden aus Industrieimmissionen, Diss. jur. Regensburg; Köln, Berlin 1988 (zit.: Beweislastverteilung)

Gottwald, Peter: Class Actions auf Leistung von Schadensersatz nach amerikanischem Vorbild im deutschen Zivilprozeß?, ZZP 91 (1978) 1-38

- Kausalität und Zurechnung, Karlsruher Forum 1986

– Die Schadenszurechnung nach dem Umwelthaftungsgesetz, FS für Hermann Lange, 1992, 447-467

Grell, Dieter: Versicherungsmäßige Deckung bei Umweltschäden, ZVersWiss 65 (1976) 73-87

– Neue Schwerpunkte in der Haftpflichtversicherung, VW 1987, 1509-1517

– (Diskussionsbeitrag), KF 1987, 24-25

– Umwelt und Versicherung, VR 1988, 57-64

Großfeld, Bernhard: Haftpflichtversicherung im Wandel, VW 1974, 693-702

Großfeld, Bernhard/*Hübner*, Ulrich: Schadensverhütung und Versicherung, ZVersWiss 66 (1977) 393-430

Gückelhorn, Herwig/*Steger*, Ulrich: Umwelthaftungsrecht, Umwelt-Unternehmen-Haftung, Landsberg/Lech, München 1988

Güllemann, Dirk: Ausgleich von Verkehrsunfallschäden im Licht internationaler Reformprojekte, Berlin 1969 (zit.: Ausgleich)

– Der Ausgleich von Verkehrsunfallschäden - ein ungelöstes Problem, ZRP 1974, 35-43

Gunkel, Werner/*Hebmüller*, Fritz: Die Ersatzansprüche nach § 1542 RVO, 3 Bände, Bad Godesberg, 3. Aufl. 1969 (zit.: Ersatzansprüche)

Hager, Günter: Umweltschäden - ein Prüfstein für die Wandlungs- und Leistungsfähigkeit des Deliktsrechts, NJW 1986, 1961-1971

– Umwelthaftung und Produkthaftung, JZ 1990, 397-409

– Das neue Umwelthaftungsgesetz, NJW 1991, 134-143

– Die Haftung des Abfallerzeugers nach dem Vorschlag der EG-Abfallhaftungsrichtlinie aus Sicht des deutschen Rechts, UTR 15 (1991) 149-168

– Umwelthaftung, in: H.J. Koch, Auf dem Weg zum Umweltgesetzbuch, 1992, S. 125-147

Hager, Johannes: Der Kupolofenfall - BGHZ 92, 143ff -, JURA 1991, 303-308

Haidinger, Oskar: Schadensteilungsabkommen mit Haftpflichtversicherern, VersR 1951, 57-59

Hanau, Peter: Rückwirkungen der Haftpflichtversicherung auf die Haftung, VersR 1969, 291-298

– Ist der Haftungsausschluß bei Arbeitsunfällen (§§ 636, 637 RVO) noch gerechtfertigt?, JurA 1970, 112-129

Hasse, Andreas: Der Regreß im Sozial- und Privatversicherungsrecht als Regelungsgegenstand der Gesamtschuld, Berlin 1992 (zit.: Der Regreß im Sozial- und Privatversicherungsrecht)

Hauck, Karl/*Haines*, Hartmut: SGB V, Gesetzliche Krankenversicherung, Kommentar, Stand 1989-1992

- SGB X/3: Zusammenarbeit der Leistungsträger, Kommentar, 1993

Heck, Philipp: Grundriß des Schuldrechts, Tübingen 1929

Heide, Dirk von der: Der Beitragsregreß nach dem RRG 1992, VersR 1994, 274-277

Heinz, Ingo: Kostensteigerungen im Gesundheitswesen durch Luftverunreinigungen, ZfU 1992, 45-58

Held, Martin (Hrsg.): Chemiepolitik: Gespräch über eine neue Kontroverse, Weinheim 1988

Helmrich, Herbert: Die Verantwortung des Gesetzgebers bei der Schaffung neuer Haftungstatbestände, Bitburger Gespräche, Jahrbuch, München 1989, S. 21-34

Henckel, Wolfram: Grenzen richterlicher Schadensschätzung - BGH NJW 1973, 1283, JuS 1975, 221-224

Henseler, Paul: Grundfragen einer Umweltgefährdungshaftung, UTR 5 (1988) 205-259

Heß, Burkhard: Staatenimmunität bei Distanzdelikten, München 1991

Hinsch, Christian: Das sogenannte Restrisiko in der Gewässerschadenhaftpflichtversicherung, VersR 1991, 1221-1228

Hippel, Eike von: Schadensausgleich bei Verkehrsunfällen, Habilitationsschrift, Berlin, Tübingen 1968 (zit.: Schadensausgleich)

- Reform des Regresses der Sozialversicherer?, ZRP 1972, 49-51

- Haftungsersetzung durch Versicherungsschutz, in: Fleming/Hellner/v. Hippel, Haftungsersetzung durch Versicherungsschutz, 1980, S. 40-75

- Reform des Ausgleichs für Umweltschäden?, ZRP 1986, 233-235

- Anm. (zu OLG Köln, NJW 1986, 589-592), NJW 1986, 592-593

- Rechtspolitik, Berlin 1992

Hohloch, Gerhard: Empfiehlt sich eine Neufassung der gesetzlichen Regelung des Schadensrechts (§§ 249-255 BGB), in: Gutachten und Vorschläge zur Überarbeitung des Schuldrechts, Band 1, 1981, S. 375-478

- Ausgleich von Umweltschäden in Teilgebieten durch Entschädigungsfonds, IUR 1992,73-78

Hohmann, Ralf/*Matt*, Holger: Ist die Strafbarkeit der Selbstschädigung verfassungswidrig? - BGH NJW 1992, 2975, JuS 1993, 370-374

Holtmann, Rüdiger: Das Quotenvorrecht des Versicherungsnehmers, JuS 1991, 649-652

Honsell, Heinrich/*Harrer*, Friedrich: Entwicklungstendenzen im Schadensersatzrecht, JuS 1985, 161-170

- Schaden und Schadensberechnung, JuS 1991, 441-448

Hoppe, Werner/*Beckmann*, Martin: Grundfragen des Umweltrechts, JuS 1989, 425-433

Horlitz, Thomas: Monetäre Bewertung von Umweltschäden - Ein geeignetes Instrument zur Erfassung ökologischer Folgekosten?, in Donner/Magoulas/Simon/Wolf (Hrsg.), Umweltschutz zwischen Staat und Markt, 1989, S. 125-151

Horn, Norbert: Zur ökonomischen Rationalität des Privatrechts. - Die privatrechtstheoretische Verwertbarkeit der „Economic Analysis of Law", AcP 176 (1976) 307-333

Huber, Christian: Fragen der Schadensberechnung, österr. Habilitationsschrift, Wien 1993

Hübner, Ulrich: Haftungsprobleme der technischen Kontrolle, NJW 1988, 441-452

– Rechtsdogmatische und rechtspolitische Fragen einer Haftung für Umweltschäden, ZfBR 1988, 199-203

– Künftige Umwelten und Versicherungen: Entwicklungen des Rechts, ZVersWiss 81 (1992) 103-114

Hüffer, Uwe: Der Rückgriff gegen den deliktisch handelnden Schädiger bei Entschädigungsleistungen Dritter, Heidelberg 1970 (zit.: Der Rückgriff gegen den deliktisch handelnden Schädiger)

– Fehlentwicklungen im Regreßrecht, VersR 1984, 197-204

Hüpers, Frank: Auskunftsansprüche der SVT nach dem UmweltHG?, VersR 1994, 653-656

Ihrig, Dieter/*Rühling*, Uwe: Umwelthaftungsgesetz und Erläuterungen, Loseblatt Iserlohn 1991

Jabornegg, Peter: Der Schutz der Umwelt durch das Zivilrecht, VR 1988, 37-57

Jarass, Hans D.: Kommentar zum BImSchG, 2. Aufl. München 1993

Jarre, Jan: Die verteilungspolitische Bedeutung von Umweltschäden, Göttingen 1976 (zit.: Verteilungspolitische Bedeutung)

Jayme, Erik: Haftung bei grenzüberschreitenden Umweltbelastungen, in Nicklisch (Hrsg.), Prävention im Umweltrecht, Heidelberg 1988, S. 205-219

Jost, Peter J.: Betriebliche Umweltschutzmaßnahmen als Antwort auf den Entwurf zum neuen Umwelthaftungsgesetz, DB 1990, 2381-2385

Kaiser, Heinrich: Risikozuweisung durch Teilungsabkommen, Sozialpolitik und Recht Band 2, Köln, Berlin u.a., 1981 (zit.: Risikozuweisung)

Kamps, Hans: Das sog. Quotenvorrecht des Versicherungsnehmers in der Privatversicherung, JURA 1981, 410-414

Kargados, Panagiotis: Zur Beweislast bei der Haftung für Umweltschäden, Festschrift für Gottfried Baumgärtel zum 70. Geburtstag, 1990, S. 187-200

Karl, Helmut: Mehr Umweltschutz durch zivilrechtliche Umwelthaftung?, ZAU 1993, 35-43

Karten, Walter: Zum Problem der Versicherbarkeit und zur Risikopolitik des Versicherungsunternehmens - betriebswirtschaftliche Aspekte, ZVersWiss 61 (1972) 279-299

– Existenzrisiken der Gesellschaft - Herausforderung für die Assekuranz, ZVersWiss 77 (1988) 343-362

Ketteler, Gerd/*Kippels*, Kurt: Umweltrecht, Köln 1988

– Grundzüge des neuen Umwelthaftungsgesetzes, AnwBl 1992, 3-8

Kiethe, Kurth/*Schwab*, Michael: EG-rechtliche Tendenzen zur Haftung für Umweltschäden, EuZW 1993, 437-440

Kinkel, Klaus: Zivil- und strafrechtliche Umweltgesetzgebung, in: Gückelhorn/Steger, Umwelthaftungsrecht, S. 3-19

– Möglichkeiten und Grenzen der Bewältigung von umwelttypischen Distanz- und Summationsschäden, ZRP 1989, 293-298 = Bitburger Gespräche, Jahrbuch 1989, S. 103-117

Kirchgässner, Gebhard: Das Verursacherprinzip: Leerformel oder regulative Idee?, JZ 1990, 1042-1046

– Haftungsrecht und Schadensersatzansprüche als umweltpolitische Instrumente, ZfU 1992, 15-44

Kleindorfer, Paul R.: Die Umweltschaden-Haftpflicht-Versicherung: Ein Ausblick auf die Krise in der US-Versicherungswirtschaft, ZVersWiss 76 (1987) 1-23

Klingmüller, Ernst: Umweltschutz und Versicherung, ZVersWiss 67 (1978) 1-31

Klinkhammer, Georg: Aspekte der Haftung des Unternehmers für Umweltschäden und deren Begrenzbarkeit, VP 1989, 141-144, 164-166

– Deckungsprobleme bei Umwelt-Altlasten im Lichte bestehender Aufbewahrungspflichten, VP 1994, 54-56

Kloepfer, Michael: Umweltrisiken und Haftungsregeln - Rechtspolitische Aspekte -, ZfU 1988, 243-258

– Umweltrecht, München 1989

– Zur Rechtsumbildung durch Umweltschutz, Heidelberg 1990 (Jur. Studiengesellschaft Karlsruhe Heft 189)

– Umweltschutz als Aufgabe des Zivilrechts - aus öffentlich-rechtlicher Sicht, UTR 11 (1990) 35-70 = NuR 1990, 337-349

Kloepfer, Michael/*Rehbinder*, Eckard/*Schmidt-Aßmann*, Eberhard/*Kunig*, Philip: Umweltgesetzbuch - Allgemeiner Teil -, Berichte des Umwelt-Bundesamtes 7/90

– Marktwirtschaft und Umweltschutz als Rechtsproblem, JURA 1993, 583-590

Knebel, Jürgen: Überlegungen zur Fortentwicklung des Umwelthaftungsrechts, UTR 5 (1988) 261-280

Kniep, Klaus: Das neue Umwelthaftungsgesetz, GewArch 1991, 173-175

Koch, Detlef/*Sigulla*, Stefan: Die sog. „Nullstellung für Umweltschäden" in der Haftpflichtversicherung - ein Beitrag zur Systematik des Haftpflichtversicherungsrechts, VP 1993, 181-184

Koch, Hans-Joachim (Hrsg.): Auf dem Weg zum Umweltgesetzbuch, Baden-Baden 1992

Koch, Harald: Kollektiver Rechtsschutz im Zivilprozeß, Frankfurt am Main 1976

- Die Funktionäre des Sozialschutzes im Prozeß. Ein rechtsvergleichender Überblick, KritV 1991, 386-401

Köck, Wolfgang: Finanzierungsprobleme eines staatlichen Umweltschadenshaftungssystems - ein Beitrag aus Anlaß des Umweltschadensfondsgesetzentwurfs der GRÜNEN, in Donner/-Magoulas/Simon/Wolf (Hrsg.), Umweltschutz zwischen Staat und Markt, S. 337-358

- Organisation und Finanzierung kollektiver Ausgleichssysteme für Umweltschäden, KritV 1991, 311-323

- Umweltrechtsentwicklung und ökonomische Analyse, NuR 1992, 412-420

Köck, Wolfgang/*Meier*, Klaus: Vertragsrechtliche Sicherheitsgewährleistung und „Neue Risiken", JZ 1992, 548-557

- Die rechtliche Bewältigung technischer Risiken, KJ 1993, 125-145

Köndgen, Johannes: Haftpflichtfunktionen und Immaterialschaden, Berlin 1976

- Überlegungen zur Fortbildung des Umwelthaftpflichtrechts, UPR 1983, 345-356

Kötz, Hein: Haftung für besondere Gefahr, AcP 170 (1970) 1-41

- Sozialer Wandel im Unfallrecht, Heidelberg 1976 (Jur. Studiengesellschaft Karlsruhe Heft 125)

- Versicherungsschutz gegen Umweltschäden Neue Entwicklungstendenzen in den USA, UTR 12 (1990) 391-404

- Schadenszurechnung und Schadensverteilung aus juristischer und ökonomischer Sicht, Karlsruher Forum 1990, 14-21

- Ziele des Haftungsrechts, FS für Ernst Steindorff, hrsg. von Jürgen F. Baur, Klaus J. Hopt, K. Peter Mailänder; Berlin, New York 1990, 643-666

- Deliktsrecht, 6. Aufl., Neuwied, Kriftel, Berlin 1994

- Die ökonomische Analyse des Rechts, ZVersWiss 82 (1993) 57-70

Kötz, Hein/*Schäfer*, Hans-Bernd: Schadensverhütung durch ökonomische Anreize, AcP 189 (1989) 501-525

Koller, Ingo: Haftungsfreizeichnungsklauseln zwischen Schadensausgleich und Schadensprävention, ZIP 1986, 1089-1100

- Schadenszurechnung und Schadensverteilung, KF 1990, 37-38

Kolvenbach, Walter: Internationale Umwelthaftung - eine neue Gefahr für Multinationale Unternehmen? DWiR 1992, 322-329

Kormann, Joachim: Lastenverteilung bei Mehrheit von Umweltstörern, UPR 1983, 281-288

Koziol, Helmut: Erlaubte Risiken und Gefährdungshaftung, in: Nicklisch, Prävention im Umweltrecht, S. 143-153

Krasney, Otto Ernst: Das System der Sozialversicherung als Ansatz für Lösungen im Umweltschutz, in Nicklisch (Hrsg.), Prävention im Umweltrecht, S. 233-247

Kretschmer, Friedrich: Betrachtungen zum europäischen Haftungsrecht, VP 1991, 94-99

Kreuzer, Arthur: Zur Bewertung von Haschisch in der Strafrechtsprechung des BGH, DRiZ 1991, 173-176

Kreuzer, Karl: Prinzipien des deutschen außervertraglichen Haftungsrechts, FS W. Lorenz, Tübingen 1991, S. 123-141

– Das neue Umwelthaftungsgesetz, JA 1991, 209-214

Kübler, Friedrich: Effizienz als Rechtsprinzip, FS für Ernst Steindorff, hrsg. von Jürgen F. Baur, Klaus J. Hopt, K. Peter Mailänder; Berlin, New York 1990, 687-704

Küpper, Georg: Das zukünftige Umwelthaftungsrecht, VP 1989, 161-164

– Macht das neue Umwelthaftungsgesetz eine Anpassung des Versicherungsschutzes erforderlich?, VP 1990, 181-186

– Hinweise zu dem neuen Umwelthaftpflicht-Modell, VP 1992, 1-12

– Anmerkungen zu dem genehmigten Umwelthaftpflicht-Modell und Umwelthaftpflicht-Tarif des HUK-Verbandes, VP 1993, 17-24

Kurth, Jürgen: Deutschland: Umwelthaftung und Versicherung, PHI 1992, 48-56

Ladeur, Karl-Heinz: Schadensersatzansprüche des Bundes für die durch den Sandoz-Unfall entstandenen „ökologischen Schäden"?, NJW 1987, 1236-1241

– Der „Umwelthaftungsfonds" - ein Irrweg der Flexibilisierung des Umweltrechts?, VersR 1993, 257-265

Landmann/Rohmer: Umweltrecht, Band I und II, Kommentar, hrsg. von Klaus Hansmann, Stand Oktober 1993

Landsberg, Gerd/*Lülling*, Wilhelm: Das neue Umwelthaftungsgesetz, DB 1990, 2205-2211

– Umwelthaftungsrecht, Kommentar, Bundesanzeiger, Köln 1991

– Die Ursachenvermutung und die Auskunftsansprüche nach dem neuen Umwelthaftungsgesetz, DB 1991, 479-484

Lange, Hermann: Schadensersatz, Handbuch des Schuldrechts Band 1, Tübingen, 2. Aufl., 1990

Larenz, Karl: Präventionsprinzip und Ausgleichsprinzip im Schadensersatzrecht (Urteilanm.), NJW 1959, 865-866

- Die Prinzipien der Schadenszurechnung, JuS 1965, 373-379

- Lehrbuch des Schuldrechts, Band I, Allgemeiner Teil, 14. Aufl. München 1987

- Lehrbuch des Schuldrechts, Band II Besonderer Teil, 12. Aufl. München 1981

Larenz, Karl/*Canaris*, Claus-Wilhelm: Lehrbuch des Schuldrechts, Band II Teilband 2 Besonderer Teil, 13. Aufl. München 1994

Lauer, Hanswerner: Prävention und genossenschaftliche Haftung im Arbeitsschutz, in: Nicklisch, Prävention im Umweltrecht, S. 249-262

Lauterbach, Herbert/*Watermann*, Friedrich: Unfallversicherung, Kommentar, Stuttgart, Stand 1. September 1992

Lersner, Heinrich Freiherr von: Zur Konvergenz von Raumordnung und Umweltschutz, UPR 1984, 177-182

- Bemerkungen zu Eigenrechten der Natur, UTR 12 (1990) 55-67

Limberger, Gerhard/*Koch*, Detlef: Der Versicherungsfall in der Gewässerschadenhaftpflichtversicherung, VersR 1991, 134-146

Lipp, Martin: Krankheitsbedingte Schadensdisposition und „psychisch vermittelter" Gesundheitsschaden - BGHZ 107, 359, JuS 1991, 809-813

Littbarski, Sigurd: Zivilrechtliche Probleme des Umweltschutzes im Spiegel der höchstrichterlichen Rechtsprechung, Gerling-Konzern, Köln 1984

- Aktuelle Probleme der Gewässerschaden-Haftpflichtversicherung, VersR 1987, 127-132

- Herstellerhaftung ohne Ende - ein Segen für den Verbraucher?, NJW 1995, im Erscheinen

Lorenz, Egon: Billigkeitshaftung und Haftpflichtversicherung, VersR 1980, 697-703

- Anm. zu OLG Celle, VersR 1989, 709 ff., VersR 1989, 711-713

Lübbe-Wolff, Gertrude: Vollzugsprobleme der Umweltverwaltung, NuR 1993, 217-229

Lukes, Rudolf: Das Schadensausgleichsrecht - Funktionen und Faktoren im Zeitalter der Technik, VersR 1983, 697-705

Lummert, Rüdiger: Diskussionsbericht - Umweltschutz, RabelsZ 40 (1976) 505-512

Lummert, Rüdiger/*Thiem*, Volker: Rechte des Bürgers zur Verhütung und zum Ersatz von Umweltschäden, Umweltbundesamt, Berichte 3/80, Berlin 1980

Lungershausen, Dorothea: Unbekannte Klägerfälle im amerikanischen Umwelthaftungsrecht, Frankfurt a. M. 1993 (zit.: Unbekannte Klägerfälle)

Mann, Roger: Die Anerkennungsfähigkeit von US-amerikanischen „class-action"-Urteilen, NJW 1994, 1187-1189

Marburger, Ernst Albrecht: Zur ökonomischen Bewertung gesundheitlicher Schäden durch Luftverschmutzung, in: Umweltbundesamt (Hrsg.), Kosten der Luftverschmutzung, S. 51-62, Berlin 1986

Marburger, Horst: Das neue Gesetz über die Umwelthaftung und Schadensersatzansprüche nach § 116 SGB X, WzS 1991, 129-133

– Gutachten zum 56. Deutschen Juristentag, Ausbau des Individualschutzes gegen Umweltbelastungen als Aufgabe des bürgerlichen und des öffentlichen Rechts, C 1-125, München 1986 (zit.: DJT-Gutachten)

– Zur Reform des Umwelthaftungsrechts, in: Held, Martin (Hrsg.) Chemiepolitik, 1988, S. 221-233

– Umwelthaftung im Agrarbereich, Beilage III in AgrarR 1990, 7-20

– Schadenszurechnung und Schadensverteilung, Karlsruher Forum 1990

– Grundsatzfragen des Haftungsrechts unter dem Einfluß der gesetzlichen Regelungen zur Produzenten- und zur Umwelthaftung, AcP 192 (1992) 1-34

Marburger, Peter/*Herrmann*, Heinrich: Zur Verteilung der Darlegungs- und Beweislast bei der Haftung für Umweltschäden - BGHZ 92, 143, JuS 1986, 354-359

Marschall v. Bieberstein, W. Frhr.: Reflexschäden und Regreßrechte, Habilitationsschrift, Stuttgart, Berlin usw. 1967 (zit.: Reflexschäden)

– Haftungsbefreiung im dreispurigen Schadensausgleich, VersR 1968, 509-516

– Der Regreß in der sozialen Unfallversicherung und in der Privatversicherung, VersR 1972, 991-997

– Versicherungsleistungen bei Amtspflichtverletzungen, Festschrift für Reimer Schmidt, Karlsruhe 1976, S. 771-785

– Zum Einfluß von Versicherungsschutz auf die Haftpflicht, BB 1983, 467-473

– Zur Neuregelung des Haftpflichtregresses der Sozialversicherungsträger in § 116 SGB X, ZVersWiss 72 (1983) 99-119

Martin, Klaus: Die Risikoanalyse bei Umwelt-Haftpflicht-Deckungen, VW 1992, 602-608

Marton, Géza: Versuch eines einheitlichen Systems der zivilrechtlichen Haftung, AcP 162 (1963) 1-87

Maydell, Bernd Baron v.: Gedanken zur nächsten Reform des Krankenversicherungsrechts, NZS 1993, 425-430

Mayer, Kurt: Das neue Umwelthaftungsrecht, MDR 1991, 813-818

Meder, Stephan: Risiko als Kriterium der Schadensverteilung, JZ 1993, 539-545

Medicus, Dieter: Schadensersatz und Sozialversicherung, SchlHA 1964, 179-184

– Durchblick: Schadensabwälzung beim Verkehrsunfall, JuS 1972, 553-561

- Zivilrecht und Umweltschutz, JZ 1986, 778-785

- Anm. zum Waldschadenurteil, BGHZ 102, 350, JZ 1988, 458-459

- Umweltschutz als Aufgabe des Zivilrechts - aus zivilrechtlicher Sicht, NuR 1990, 145-155 = UTR 11 (1990), 5-33

- Allgemeiner Teil des BGB, 6. Aufl., Heidelberg 1994

- Schuldrecht I, Allgemeiner Teil, 7. Aufl., München 1993

- Bürgerliches Recht, 16. Aufl., Köln, Berlin usw. 1993

- Zum Schutzbereich des Umwelthaftungsgesetzes, Festschrift Gernhuber zum 70. Geburtstag, Tübingen 1993, S. 299-313

Mehlhorn, Peter: Die Haftpflichtversicherung im Visier, VW 1987, 688-693; VW 1988, 596-599

Merkisch, Dietrich: Haftung für Umweltschäden, BB 1990, 223-227

Mertens, Hans-Joachim: Der Begriff des Vermögensschadens im Bürgerlichen Recht, Habilitationsschrift, Stuttgart, Berlin, Köln, Mainz 1967 (zit.: Vermögensschaden)

Meyer-Kahlen, Walter: Umwelthaftungsrisiken und Betriebshaftpflichtversicherung, VP 1988, 1-8, 21-26, 41-47

- Zur Mitversicherung von §§ 1 und 2 UmweltHG im Bestandsgeschäft der Haftpflichtversicherung von Unternehmen, VP 1991, 109-119

- Deutschland: Vergleich der Deckung nach dem Umwelthaftpflichtmodell mit den bisherigen Deckungen, PHI 1992, 126-130

Micklitz, Hans-W.: Produzentenhaftung - ein Problem des Verbraucherschutzes?, ZVP 1979, 329-340

Mittenzwei, Ingo: Umweltverträglichkeit statt Ortsüblichkeit als Tatbestandsvoraussetzung des privatrechtlichen Immissionsschutzes, MDR 1977, 99-105

Möller, Hans: Schadensersatzrecht und Sozialversicherung, JuS 1961, 10-13

Motsch, Richard: Schadenersatz als Erziehungsmittel, JZ 1984, 211-221

Müller, Andreas: Der Zeitpunkt der Legalzession des Sozialhilfeträgers nach § 116 I SGB X, NZS 1994, 13-17

Müller, Klaus: Die Bedeutung der rechtspolitischen Zwecksetzung für den Tatbestand des § 1542 RVO, SGb. 1972, 302-307

Müller, Wolfgang (Hrsg.): Haftpflichtrisiken in Unternehmen, SzU, Band 41, Wiesbaden 1989

Münchener Kommentar, BGB, hrsg. von Rebmann, Kurt/Säcker, Franz-Jürgen, Band 2, 3. Aufl. München 1994; Band 3, 2. Aufl., München 1985

Münchener Kommentar, ZPO, hrsg. von Lüke, Gerhard/Walchshöfer, Alfred, Band 1 München 1992

Nawrath, Axel: Die Haftung für Schäden durch Umweltchemikalien, Frankfurt a. Main 1982 (zit.: Umweltchemikalien)

Nickel, Friedhelm: Der Umweltschaden in der Betriebshaftpflichtversicherung: Keine Deckung für Daueremissionen, VW 1987, 1170-1176

- Der Begriff des industriell verursachten Umweltschadens, VW 1987, 1236-1241

- Der Umweltschaden in der Betriebshaftpflichtversicherung, VW 1988, 600-611

- Industrielle Produktion und Gefährdungshaftung, VW 1988, 961-966

- Störfall und Daueremission, VW 1988, 1311-1313

Nickel, Friedhelm/*Mirkes*, Marco: Der Umweltschaden in der Betriebs-Haftpflichtversicherung: Die Berechnung des Emissionsradius, VP 1992, 161-166

Nicklisch, Fritz: Das Recht im Umgang mit dem Ungewissen in Wissenschaft und Technik, NJW 1986, 2287-2291

- (Hrsg.): Prävention im Umweltrecht, Heidelberg 1988

- Umweltschutz und Haftungsrisiken, VersR 1991, 1093-1098

- Die Haftung für Risiken des Ungewissen in der jüngsten Gesetzgebung zur Produkt-, Gentechnik- und Umwelthaftung, FS für Hubert Niederländer zum 70. Geburtstag, Heidelberg 1991, S. 341-352

- Zur Grundkonzeption der Technik- und Umweltgefährdungshaftung, FS für Rolf Serick zum 70. Geburtstag, Heidelberg 1992, S. 297-311

Ogorek, Regina: Untersuchungen zur Entwicklung der Gefährdungshaftung im 19. Jahrhundert, Köln, Wien 1975 (zit.: Entwicklung der Gefährdungshaftung)

Olzen, Dirk: Zivilrechtlicher Schutz gegen Belastungen aus der Umwelt, Jura 1991, 281-289

Ott, Claus/*Schäfer*, Hans-Bernd: Die ökonomische Analyse des Rechts - Irrweg oder Chance wissenschaftlicher Rechtserkenntnis?, JZ 1988, 213-223

Otto, Eberhard: Begrenzung der auf Sozialversicherungsträger übergegangenen Ansprüche, VersR 1982, 820-821

Palandt: Bürgerliches Gesetzbuch, bearb. von Bassenge, Diederichsen, Edenhofer, Heinrichs, Heldrich, Putzo, Thomas; 53. Aufl. München 1994

Panther, Stephan: Zivilrecht und Umweltschutz, aus: Ott, Claus/Schäfer, Hans-Bernd (Hrsg.), Ökonomische Probleme des Zivilrechts. Beiträge zum 2. Travemünder Symposion zur ökonomischen Analyse des Rechts, 21.-24. März 1990, Berlin u.a. 1991, 267-296

Papier, Hans-Jürgen: Umwelthaftung, in: H.J. Koch, Auf dem Weg zum Umweltgesetzbuch, 1992, S.148-156

Paschke, Marian: Eckwerte zivilrechtlicher Umwelthaftung - Zum Diskussionsentwurf eines Gesetzes über die Haftung für Umweltschäden, UTR 12 (1990) 281-300

– Kommentar zum Umwelthaftungsgesetz, Berlin, Heidelberg usw. 1993

Paulus, Christoph: Discovery, Deutsches Recht und das Haager Beweisübereinkommen, ZZP 104 (1991), 397-412

– Ein Plädoyer für unscheinbare Normen, JuS 1994, 367-370

Peine, Franz-Joseph: Privatrechtsgestaltung durch Anlagengenehmigung, NJW 1990, 2442-2449

Peter, Jörg/*Salje*, Peter: Haftpflichtversicherung und Dekungsvorsorge nach dem neuen Umwelthaftungsgesetz (UmweltHG), VP 1991, 5-14

– Die Versicherung von Umweltrisiken, IUR 1992, 79-83

– Gestörter Gleichklang zwischen Umwelthaftungs- und Umweltverwaltungsrecht - Änderungen des Kreises der dekungsvorsorgepflichtigen Anlagen, VP 1992, 150-154

Peters, Horst: Handbuch der Krankenversicherung, Teil I/2, SGB IV; Stuttgart, Berlin, Loseblatt Stand 1993

Pfeiffer, Thomas: Die Bedeutung des privatrechtlichen Immissionsschutzes, Eine Untersuchung zu §§ 1004, 906 BGB, Frankfurt am Main, Bern, New York 1987 (zit.: Bedeutung)

– Der Umweltgerichtsstand als zuständigkeitsrechtlicher Störfall - Bemerkungen zu § 32 a ZPO, ZZP 106 (1993), 159-179

Plagemann, Hermann: Regreßpflichten Dritter (§§ 116 ff. SGB X), SGb. 1993, 197-203

Plumeyer, Heinz: Reform des Schadensausgleichs bei Verkehrsunfällen, BG 1973, 105-109

Poschen, Alfons: Das Deckungskonzept für die Versicherung der Haftpflicht wegen Schäden durch Umwelteinwirkung (Umwelthaftpflichtmodell), VersR 1993, 653-659

Priest, George L.: The Current Insurance Crisis and Modern Tort Law, The Yale Law Journal, Vol. 96: 1521-1590 (1987)

– The New Legal Structure of Risk Control, Daedalus 1990, 207-227

Prölss, Jürgen: Der Versicherer als „Treuhänder der Gefahrengemeinschaft“ - Zur Wahrnehmung kollektiver Belange der Versicherungsnehmer durch den Privatversicherer, Festschrift Karl Larenz, 1983, S. 487-535

Prölss, Jürgen/*Martin*, Anton: Versicherungsvertragsgesetz, Kommentar, von Knappmann; Martin; Prölss; Voit; Kollhosser, 25. Aufl., München 1992

Prütting, Hanns: Beweiserleichterungen für den Geschädigten, Möglichkeiten und Grenzen, Karlsruher Forum 1989

Radek, Erwin: Die Selbstverwaltung in der gesetzlichen Unfallversicherung - Erfolge und aktuelle Probleme -, NZS 1994, 6-12

Raeschke-Kessler, Hilmar/*Hamm*, Rainer/*Grüter*, Karl: Aktuelle Rechtsfragen und Rechtsprechung zum Umwelthaftungsrecht der Unternehmen, 2. Aufl. Köln 1990 (zit.: Aktuelle Rechtsfragen)

Ramm, Thilo: Drittwirkung und Übermaßverbot, JZ 1988, 489-493

Rat von Sachverständigen für Umweltfragen: Sondergutachten Waldschäden und Luftverunreinigungen, BT-Drs. 10/113

Rat von Sachverständigen für Umweltfragen: Umweltgutachten 1987, BT-Drs. 11/1568

Rehbinder, Eckard: Politische und rechtliche Probleme des Verursacherprinzips, Berlin 1973 (zit.: Verursacherprinzip)

– Umweltrecht, Rechtsvergleichendes Generalreferat, RabelsZ 40 (1976) 363-408

– Ersatz ökologischer Schäden - Begriff, Anspruchsberechtigung und Umfang des Ersatzes unter Berücksichtigung rechtsvergleichender Erfahrungen, NuR 1988, 105-115

– Fortentwicklung des Umwelthaftungsrechts in der Bundesrepublik Deutschland, NuR 1989, 149-163

– Fortentwicklung des Umwelthaftungsrechts in der Bundesrepublik Deutschland, ZAU 1989, 5-9

– Haftpflichtrecht und Verhütung von Umweltschäden aus juristischer Sicht, in: Endres/Rehbinder/Schwarze, Haftung und Versicherung, 1992, S. 34-57

– Der Beitrag von Versicherungs- und Fondslösungen zur Verhütung von Umweltschäden aus juristischer Sicht, in: Endres/Rehbinder/Schwarze, Haftung und Versicherung, S. 120-150

– Risikomanagement von Versicherungen, Schadensfonds und Umweltgenossenschaften zur Verhütung von Umweltschäden aus juristischer Sicht, in: Endres/Rehbinder/Schwarze, Haftung und Versicherung, S. 151-171

Rehbinder, Eckard/*Burgbacher*, Hans-Gerwin/*Knieper*, Rolf: Bürgerklage im Umweltrecht, Berlin 1972

Reichsgerichtsräte-Kommentar, BGB, Band II, Teil 5, Berlin, 12. Aufl. 1974, 1981, 1989 (zit.: RGRK)

Reiff, Manfred: Umwelthaftpflichtversicherung, VW 1992, 122-131

Reinhardt, R./*Schultz*, D.: Schadensersatzrecht und Sozialversicherung, JuS 1961, 2-10

Reinicke, G. und D.: Zur Frage des Überganges von Schadensersatzansprüchen auf Arbeitgeber und Versicherungsträger, NJW 1953, 1243-1247

Reitz, John C.: Grundlegende Unterschiede zwischen dem deutschen und dem U.S.-amerikanischem Zivilprozeßrecht: Vorzüge, die sich ausschließen?, ZZP 104 (1991) 381-396

Renger, Reinhard: Deutschland: Überlegungen zur Verordnung über die Deckungsvorsorge nach dem Umwelthaftungsgesetz, PHI 1992, 86-93

Rest, Alfred: Luftverschmutzung und Haftung in Europa, Kehl am Rhein, 1986 (zit.: Luftverschmutzung)

– Die Chemie-Unfälle und die Rheinverseuchung, VersR 1987, 6-19

– Neue Tendenzen im internationalen Umwelthaftungsrecht, NJW 1989, 2153-2160

Reuter, Alexander: Das neue Gesetz über die Umwelthaftung, BB 1991, 145-149

– Umwelthaftung, strikte Organisation und kreative Unordnung, DB 1993, 1605-1609

Rieger, Walter: „No-fault" in Deutschland? Die Faszination ist geschwunden, ZVersWiss 75 (1986) 11-34

Rigoleth, René: Das Recht im Kampf gegen die Luftverschmutzung, Zürich 1973 (zit.: Luftverschmutzung)

Rodewoldt, Dirk: Das neue Umwelthaftungsgesetz, in: Schulz, Albrecht, Haftungsrisiken, 1993, S. 51-73

Rodopoulos, Georges: Kritische Studie der Reflexwirkungen der Haftpflichtversicherung auf die Haftung, Frankfurt am Main 1981 (zit.: Reflexwirkungen)

Rohde-Liebenau, Wolfram: Umwelthaftung, ZfV 1988, 348-357

– Umwelthaftung als Anreiz zum Umweltschutz, ZfU 1992, 299-309

Roller, Gerhard: Die neuere Entwicklung des Umwelthaftungsrechts - Internationale, gemeinschaftsrechtliche und nationale Regelungen und Vorschläge, PHI 1990, 154-165

Roth, Günter H.: Materiellrechtliche und prozessuale Aspekte eines privatrechtlichen Umweltschutzes, NJW 1972, 921-926

Roth, Herbert: Das „selbst gesetzte Risiko" als Argument im Schadensrecht - BGHZ 115, 84, JuS 1993, 716-719

Rother, Werner: Haftungsbeschränkung im Schadensrecht, Habilitationsschrift, München 1965 (zit.: Haftungsbeschränkung)

Salje, Peter: Reform des Umwelthaftungsrechts, ZRP 1988, 153-158

– Zur Kritik des Diskussionsentwurfs eines Umwelthaftungsgesetzes, ZRP 1989, 408-412

– Deutsche Umwelthaftung versus europäische Abfallhaftung, DB 1990, 2053-2057

– Verschärfung der Haftung für Umweltschäden? - zum Diskussionsentwurf eines Umwelthaftungsgesetzes, UPR 1990, 1-6

– Risikovorsorge durch Errichtung eines Umwelthaftungsfonds am Beispiel des „Hamburger Entwurfs", KritV 1991, 324-343

– Umwelthaftungsgesetz, Kommentar, München 1993

Salzwedel, Jürgen: Umwelthaftungsrecht als System wirtschaftlicher Anreize? Ein Beitrag zu Meinungsverschiedenheiten zwischen den Bundesministerien der Justiz und für Umwelt zur Reform des Umwelthaftungsrechts, UTR 9 (1989) 147-162

Schäfer, Dieter: Soziale Schäden, soziale Kosten und soziale Sicherung, Habilitationsschrift, Berlin 1972 (zit.: Soziale Schäden)

Schäfer, Hans-Bernd/*Ott*, Claus: Lehrbuch der ökonomischen Analyse des Zivilrechts, Berlin, Heidelberg u.a., 1986 (zit.: Lehrbuch)

Schäfer, Harald B.: Perspektiven des Umwelthaftungsrechts, obligatorische Umwelthaftpflichtversicherung und Schadensersatzfonds, ZAU 1989, 9-11

Schilcher, Bernd: Theorie der sozialen Schadensverteilung, Habilitationsschrift, Berlin 1977 (zit.: Schadensverteilung)

Schimikowski, Peter: Haftung für Umweltrisiken, Sankt Augustin 1991

– Haftung und Versicherungsschutz für Umweltschäden durch landwirtschaftliche Produktion, VersR 1992, 923-932

– Entwicklungstendenzen im Umwelthaftungsrecht, r+s 1992, 253-258

– Konturen künftiger Umwelthaftpflicht-Versicherung, ZfV 1992, 262-271

– Ein neues Modell zur Versicherung der Umwelthaftpflicht, DB Beil 14/1992, S. 22-24

– Umwelthaftungsrecht und Umwelthaftpflichtversicherung, Karlsruhe 1993 (zit.: Umwelthaftungsrecht)

Schink, Alexander: Vollzugsdefizite im kommunalen Umweltschutz, ZUR (vormals IUR) 1993, 1-10

Schirmer, Helmut: Die Haftung im Umweltschutz, ZVersWiss 79 (1990) 137-191

Schlechtriem, Peter: Schuldrecht Besonderer Teil, 2. Aufl., Tübingen 1991

Schlosser, Peter: Die lange deutsche Reise in die prozessuale Moderne, JZ 1991, 599-608

– Das Bundesverfassungsgericht und der Zugang zu den Informationsquellen im Zivilprozeß, NJW 1992, 3275-3277

Schmeer, Herbert: Haftungsersetzung durch Versicherungsschutz?, VersR 1973, 390-395

Schmidt, Eike: Effizienzbedingungen für privatrechtlichen Sozialschutz, KritV 1991, 378-385

Schmidt, Guido: Haftung für Umweltschäden, DÖV 1991, 878-883

Schmidt, Jürgen: Schadensersatz und Strafe, Bern, Frankfurt am Main 1973

– Verursacherprinzip und Sozialkosten, AcP 175 (1975) 222-251

– Prävention als Zielbestimmung im Zivilrecht, KritV 1986, 83-103

Schmidt-Leithoff, Christian: Auswirkungen des neuen Umwelt-Haftungsrechts auf die Industrie, VP 1991, 204-208

– Entwicklungen im Umweltbereich, VP 1992, 197-209

Schmidt-Salzer, Joachim: Umwelthaftpflicht und Umwelthaftpflichtversicherung (I), VersR 1988, 424-432

– Umwelthaftung und Umwelthaftpflichtversicherung (II), VersR 1990, 12-22

- Umwelthaftung und Umwelthaftpflichtversicherung (II/2), VersR 1990, 124-137

- Haftung und Versicherung, Karlsruher Forum 1990

- Umwelthaftpflicht und Umwelthaftpflichtversicherung (III): das Umwelthaftungsgesetz 1991, VersR 1991, 9-18

- Umwelthaftpflicht und Umwelthaftpflichtversicherung (IV): Umwelthaftung in der westlichen Industriegesellschaft - Deutschland und Westeuropa, VersR 1992, 389-399

- Umwelthaftpflicht und Umwelthaftpflichtversicherung (V): Grundsatzfragen der Umwelthaftpflichtversicherung, VersR 1992, 793-804

- Kommentar zum Umwelthaftungsrecht, Heidelberg 1992

- Umwelthaftpflicht und Umwelthaftpflichtversicherung (VI): Skizzen zur Deckungsvorsorge-Umwelthaftpflichtversicherung, VersR 1993, 1311-1318

- Verbraucherschutz, Produkthaftung, Umwelthaftung, Unternehmensverantwortung, NJW 1994, 1305-1315

Schmidt-Salzer, Joachim/*Schramm*, Stephan: Kommentar zur Umwelthaftpflichtversicherung, Heidelberg 1993

Schoser, Franz: Rechtsstaatliche versus undifferenzierte Umwelthaftung, ZAU 1989, 11-14

Schröder, Christoph: Vorsorge als Prinzip des Immissionsschutzrechts, Frankfurt am Main 1987 (zit.: Vorsorge)

Schröder, Jochen: Die wasserrechtliche Gefährdungshaftung nach § 22 WHG in ihren bürgerlichrechtlichen Bezügen, BB 1976, 63-70

Schroeder-Printzen, Günther, (Hrsg.): Kommentar zum SGB X, München 2. Aufl. 1990

Schubert, Mathias: Asbestgefahren als rechtliches Ordnungsproblem - Erfahrungen aus den Vereinigten Staaten von Amerika, RabelsZ 47 (1983) 367-380

Schünemann, Wolfgang B.: Kausalität in der Gefährdungshaftung, NJW 1981, 2796-2797

Schulte, Hans: Zivilrechtsdogmatische Probleme im Hinblick auf den Ersatz „ökologischer Schäden", JZ 1988, 278-286

Schulz, Albrecht (Hrsg.): Alte und neue Haftungsrisiken des Unternehmers im EG-Binnenmarkt, Stuttgart 1993

Schulz, Andreas: Überlegungen zur ökonomischen Analyse des Haftungsrechts, VersR 1984, 608-618

Schulz, Lorenz (Hrsg.): Ökologie und Recht, Köln, Berlin usw. 1991

Seewald, Otfried: Die Bedeutung der Gesundheit im Umweltrecht, NuR 1988, 161-166

Seibt, Christoph H.: Grünbuch der EG-Kommission zur zivilrechtlichen Umwelthaftung, PHI 1993, 124130

Seitz, Herbert: Die Ersatzansprüche der Sozialversicherungsträger nach § 640 und 1542 RVO, Berlin, 2. Aufl. 1964

Shavell, Steven: Economic Analysis of Accident Law, Cambridge, Massachusetts 1987

Sieg, Karl: Haftungsersetzung durch Versicherungsschutz?, ZHR 113 (1950) 95-118

- Der Regreß des Versicherers in neuerer Sicht, VR 1968, 181-199

- Quotenvorrecht in Sozial- und Privatversicherung - LG Berlin, VersR 1967, 1176, JuS 1968, 357-362

- Kumul der Leistungen, Regreß und Subrogation in der privaten und in der staatlichen Versicherung, ZVersWiss 63 (1974) 319-342

- Überlagerung der bürgerlich-rechtlichen Haftung durch kollektive Ausgleichssysteme, VersR 1980, 1085-1091

- Bespr. von H. Kaiser, Risikozuweisung ..., ZVersWiss 71 (1982) 133-137

- Haftung und Haftpflichtversicherung für Umweltschäden, SGb. 1987, 441-442

Simitis, Spiros: Haftungsprobleme beim Umweltschutz, VersR 1972, 1087-1095

Soergel: BGB, Kommentar, Band 2 Schuldrecht AT, 12. Aufl. 1991; Band 4 Schuldrecht (§§ 705-853), 11. Aufl. 1985

Späte, Bernd: Haftpflichtversicherung, Kommentar, München 1993

Spiecker, Herbert: Das Umwelthaftungsgesetz, BayVBl. 1991, 263-266

Spiller, Jürg: Umweltproblem und Versicherung, Diss., St. Gallen 1980 (zit.: Umweltproblem)

Staudinger: Kommentar zum BGB, 12. Aufl. 1986

Steffen, Erich: Der SVT-Regreß bei „kranker" KH-Versicherung, VersR 1987, 529-533

- Verschuldenshaftung und Gefährdungshaftung für Umweltschäden, NJW 1990, 1817-1822 = UTR 11 (1990) 71-93

- Kausalitäts- und Zurechnungsprobleme bei Umweltschäden nach dem geltenden und dem geplanten Umwelthaftungsrecht, VP 1990, 97-103

- Schadenszurechnung und Schadensverteilung, KF 1990, 31-32

- Haftung im Wandel, ZVersWiss 82 (1993) 13-37

Steger, Ulrich: Ökonomische Analyse der Umwelthaftung, in: Wiebecke, Umwelthaftung und Umwelthaftungsrecht, 1990, 56-69

Steindorff, Ernst: Anm. zu BAG SAE 1967, 268-272, SAE 1967, 272

Steiner, Gert H.: Schadensverhütung als Alternative zum Schadensersatz, Köln, Berlin, Bonn, München 1983 (zit.: Schadensverhütung)

Stoll, Hans: Haftungsverlagerung durch beweisrechtliche Mittel, AcP 176 (1976) 145-196

Streckel, Siegmar: Umweltschutz und Versicherung; Zivilrechtliche Haftung im Umweltschutz, ZVersWiss 65 (1976) 55-72

Stürner, Rolf: Zur Gerechtigkeit richterlicher Schadenszuweisung, VersR 1984, 297-308

Sugarman, Stephen D.: Doing away with Tort Law, Calf. Law Review Vol. 73, 1985, 555-664

Taupitz, Jochen: Das Umwelthaftungsgesetz als Zwischenschritt auf dem Weg zu einem effektiven Umwelthaftungsrecht, Jura 1992, 113-120

Tempel, Otto: Materielles Recht im Zivilprozeß, München, 2. Aufl. 1992 (zit.: Materielles Recht)

Thiem, Volker: Haftung für Umweltschäden durch Luftverunreinigungen, RdL 1983, 283-286

Thomas, Jürgen: Untenehmenshaftung - Ein neuer Tatbestand an den Grenzen des zivilen Haftungsrechts, UTR 15 (1991) 87-97

Töpfer, Klaus: Die politische Verantwortung der Umweltpolitik für das Umwelthaftungsrecht, VW 1988, 466-473 = ders., in: Gückelhorn/Steger, Umwelthaftungsrecht, S. 49-64

– Das Umwelthaftungsgesetz kommt!, Bitburger Gespräche, Jahrbuch, München 1989, S. 119-128

– Reform des Umwelthaftungsrechts, ZAU 1989, 1-4

Umweltbundesamt: Daten zur Umwelt 1986/87, Berlin 1986

Vetter, Erwin: Erweiterung des Umwelthaftungsrechts, in: Nicklisch, Prävention im Umweltrecht, S. 133-140

Vieweg, Klaus: Nachbarrecht und Naturschutz, NJW 1993, 2570-2577

Voigt, Rüdiger: Das Verursacherprinzip im Umweltrecht, WiVerw 1983, 142-157

Voit, Wolfgang: Zum Ausschluß von Allmählichkeitsschäden in der allgemeinen Haftpflichtversicherung (§ 4 I Nr. 5 AHB), VersR 1991, 627-634

Voß, Rainer: Neuere Entwicklungen im Agrarumweltrecht, AgrarR 1991, 293-297

Wachsmuth, Michael: Voraussetzungen und Wirkungen der versicherungsrechtlichen Legalzession Ein Vergleich mit dem Abtretungsrecht des BGB, Diss. Berlin, 1978 (zit.: Voraussetzungen)

Wagner, Gerhard: Öffentlich-rechtliche Genehmigung und zivilrechtliche Rechtswidrigkeit, Köln Berlin usw. 1989 (zit.: Öffentlich-rechtliche Genehmigung)

– Kollektives Umwelthaftungsrecht auf genossenschaftlicher Grundlage, Berlin 1990 (zit.: Kollektives Umwelthaftungsrecht)

– Umwelthaftung und Versicherung, VersR 1991, 248-260

– Die Aufgaben des Haftungsrechts - eine Untersuchung am Beispiel der Umwelthaftungsrechts-Reform, JZ 1991, 175-183

– Die Zukunft der Umwelthaftpflichtversicherung, VersR 1992, 261-272

– Umweltschutz mit zivilrechtlichen Mitteln, NuR 1992, 201-210

Walletschek, Hartwig/*Graw*, Jochen (Hrsg.): Öko-Lexikon, 2. Aufl., München 1990

Walz, Rainer: Marktbezogener Umweltschutz und privatrechtlicher Immissionsschutz, Festschrift für Ludwig Raiser, 1974, S. 185-222

Weber, Hubert/*Weber*, Christine: Der Gesetzentwurf der Bundesregierung zum Umwelthaftungsgesetz, VersR 1990, 688-691

Weckerle, Thomas: Die deliktische Verantwortlichkeit mehrerer, Karlsruhe 1974 (zit.: Verantwortlichkeit)

Wegerhoff, Udo: Bewertung und Tarifierung von Umwelthaftpflichtrisiken, PHI 1993, 170-178

Wemmer, Ulrich/*Korczak*, Dieter: Gesundheit in Gefahr, Datenreport 1993/94, Frankfurt am Main 1993

Werber, Manfred: Haftungsverschärfendes Gesetz und Haftpflichtversicherung, VersR 1991, 522-527

Westermann, Harm Peter: Umwelthaftung im Konzern, ZHR 155 (1991) 223-246

Westermann, Harry: Welche gesetzlichen Maßnahmen zur Luftreinhaltung und zur Verbesserung des Nachbarrechts sind erforderlich?, Köln und Opladen 1958 (zit.: Maßnahmen)

Weyers, Hans-Leo: Unfallschäden, Habilitationsschrift, Frankfurt/M. 1971

– Perspektiven für das Unfallschadensrecht, ZRP 1977, 292-295

– Versicherungsvertragsrecht, Frankfurt/M. 1986

Wiebecke, Ferdinand (Hrsg.): Umwelthaftung und Umwelthaftungsrecht, Wiesbaden 1990, unter Mitarb. von Peter Fleck, Bernd Kummer und Ulrich Steger

Wiegand, Herbert: Wirkungen von Luftverunreinigungen auf den Menschen, in Umweltbundesamt (Hrsg.), Kosten der Umweltverschmutzung, S. 35-49, Berlin 1986

Winter, Gerd: Perspektiven des Umweltrechts, DVBl. 1988, 659-665

Winter, Stephan: Fondslösungen im Umweltrecht, Diss. Augsburg, 1992

Wolf, Manfred: Privatisierung oder Sozialisierung von Umweltgütern, UTR 12 (1990) 243-259

Wollschläger, Christian: Das Finanzierungssystem der Krankenversicherung der Rentner und der Haftpflichtregreß aus § 1542 RVO, VersR 1979, 1-4

Wollstein, Thomas: Das neue Umwelthaftungsgesetz, Münchener Rück, Betriebsinfo Juni 1991, 2-6

Wussow, Werner: Teilungsabkommen zwischen Sozialversicherern und Haftpflichtversicherern, 4. Aufl., Frankfurt am Main 1975 (zit.: Teilungsabkommen)

– Unfallhaftpflichrecht, Köln, Berlin, usw. 13. Aufl. 1985

Yamanaka, Keiichi: Umweltkatastrophen, Massenprozesse und rechtlicher Ökologieschutz in Japan, in: Schulz, Lorenz (Hrsg.), Ökologie und Recht, Köln, Berlin usw. 1991

Zekoll, Joachim: US-Amerikanisches Produkthaftpflichtrecht vor deutschen Gerichten, Baden-Baden 1987 (zit.: US-Amerikanisches Produkthaftpflichtrecht)

Zinke, Horst: Umweltschutz als Herausforderung für die Ziviljustiz, NuR 1988, 1-6

Zweigert, Konrad/*Gessner*, Volkmar: Der Umweltschaden, Aus Politik und Zeitgeschichte, 1975 B 30 S. 20-31

Zweng, Johann/*Scheerer*, Reinhard/*Buschmann*, Gerhard/*Dörr*, Gernot: Handbuch der Rentenversicherung, SGB VI, Stuttgart, 3. Aufl. 1991

Kolibri 360 GmbH
Ferdinand-Jühlke-Straße 7
99095 Erfurt, Deutschland
produktsicherheit@kolibri360.de

Druck:
CPI Druckdienstleistungen GmbH
im Auftrag der
Kolibri 360 GmbH
Ferdinand-Jühlke-Str. 7
99095 Erfurt